"十四五"职业教育国家规划教材

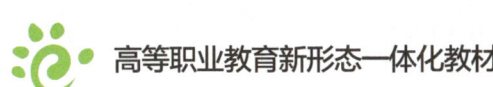

高等职业教育新形态一体化教材

体育与健康

（北方版）

刘景刚 主编

中国教育出版传媒集团
高等教育出版社·北京

内容提要

本书为"十四五"职业教育国家规划教材。本书紧紧围绕培养人才这个核心内容，按照运动参与、增强体质、体育技能、身体健康、心理健康、社会适应、职业素质7个学校教学目标，将体育融于文化、审美、休闲、健身、养生等诸多学科，突出了时代性、实用性、人文性、主体性和以人为本的教育理念。本书在选择教学内容时，把握"教育性与发展性""理论性与实践性""科学性与可行性""健康性与文化性""民族性与世界性""竞技性与养生性""统一性与选择性"等原则，并结合北方地区的学校体育特色项目，把田径、体操、球类、游泳、民族传统体育、冰上运动、水上运动等作为重点内容。同时考虑现代社会时尚运动和学生兴趣以及教育性，选择了健美操、体育舞蹈、跆拳道、网球、羽毛球、形体和拓展训练等内容。

本书可作为本科院校及高职高专院校公共体育课程教材，也可供社会人士自学选用。

图书在版编目（ＣＩＰ）数据

体育与健康：北方版 / 刘景刚主编. -- 北京 ：高等教育出版社，2021.2（2024.8重印）

ISBN 978-7-04-055069-6

Ⅰ.①体… Ⅱ.①刘… Ⅲ.①体育－高等职业教育－教材②健康教育－高等职业教育－教材 Ⅳ.①G807.4②G717.9

中国版本图书馆CIP数据核字(2020)第182758号

TIYU YU JIANKANG

| 策划编辑 | 李伟楠 | 责任编辑 | 王 博 李伟楠 | 封面设计 | 李小璐 | 版式设计 | 杜微言 |
| 插图绘制 | 黄云燕 | 责任校对 | 陈 杨 | 责任印制 | 刁 毅 | | |

出版发行	高等教育出版社	网　　址	http://www.hep.edu.cn
社　　址	北京市西城区德外大街4号		http://www.hep.com.cn
邮政编码	100120	网上订购	http://www.hepmall.com.cn
印　　刷	涿州市京南印刷厂		http://www.hepmall.com
开　　本	787 mm×1092 mm　1/16		http://www.hepmall.cn
印　　张	21.25		
字　　数	440 千字	版　　次	2021 年 2 月第 1 版
购书热线	010-58581118	印　　次	2024 年 8 月第 4 次印刷
咨询电话	400-810-0598	定　　价	42.00 元

本书如有缺页、倒页、脱页等质量问题，请到所购图书销售部门联系调换
版权所有　侵权必究
物 料 号　55069-A0

编写人员名单

主　编：刘景刚

副主编：吴景全　黑龙江农业工程职业学院
　　　　雷建辉　咸阳职业技术学院
　　　　刘　辉　辽宁轻工职业学院
　　　　王思勉　锦州师范高等专科学校
　　　　魏　亮　辽宁轻工职业学院
　　　　林　卫　大连职业技术学院

编　委：刘　娜　西安铁路职业技术学院
　　　　高　栋　咸阳职业技术学院
　　　　黄　易　咸阳职业技术学院
　　　　武丽媛　哈尔滨职业技术学院
　　　　孙茂奎　大连海洋大学应用技术学院
　　　　周海洋　辽宁轻工职业学院
　　　　黄志锋　大连职工大学
　　　　沈浩博　辽宁职业学院

序

  党的二十大报告提出，教育是国之大计、党之大计。培养什么人、怎样培养人、为谁培养人是教育的根本问题。育人的根本在于立德。全面贯彻党的教育方针，落实立德树人根本任务，培养德智体美劳全面发展的社会主义建设者和接班人。学校体育教育是我国教育事业的重要组成部分。2020年8月，国家体育总局、教育部印发了《关于深化体教融合促进青少年健康发展的意见》，明确了体教融合对青少年健康成长的重要意义，指明了青少年体育的发展方向。根据中共中央、国务院《关于加强青少年体育 增强青少年体质的意见》提出的要求，为了进一步全面贯彻全国学校体育工作会议精神，坚持"健康第一"的指导思想，学校体育教育课应作为素质教育的重要内容。它是促进学生身心和谐的重要途径，在培养学生的社会适应能力和顽强的意志品质等方面发挥着特殊作用，对培养高素质人才具有重要意义。

  健康体魄是高素质人才的物质载体，是实现为祖国和人民服务的基本前提，是促进学生身心和谐发展的重要途径，在培养学生的社会适应能力和顽强的意志品质等方面发挥着特殊作用，对于培养高素质劳动者具有重要的意义。职业院校的学生在未来常常从事对某一类身体素质有特殊要求的岗位，这就需要良好的身体素质作为基础和保证。作为一本专门为职业院校学生打造的体育通识教材，既要具备体育教材的基本特征，又要有针对性地为学生服务，为职业人才的培养服务，本书在职业体能一章中，根据不同职业的体能需求和健康隐患，为学生制定了相应的锻炼方案和规划，使学生在未来的职业生涯中，能够时刻关注自身的健康状况，自主解决健康问题。

  本书在编写的过程中，以提高学生综合运动能力为主要手段，以培养学生体育兴趣为途径，以增强学生体质为最终目的。体育运动习惯的培养是系统的、循序渐进的过程。基于这样的指导思想，本书并未局限于单纯的运动技能的传授，而是积极地向学生传递健康知识和"终身体育"的意识。使其提高对于体育锻炼的认识，享受体育锻炼的过程。

  本书包含内容广泛，既有球类、田径等被广泛接受的传统体育教学项目，又有瑜伽、定向越野、气排球等新兴的休闲体育项目，可以满足不同职业院校多种层次的教学需求，还有利于丰富学生的体育文化生活。同时，还增加了防身术、游泳救护等实用性较强的体育技能，使学生具备一定的应对生活中突发事件的能力。

考虑到 2022 年北京冬奥会举办在即，为响应"3 亿人上冰雪"的号召，在体育文化和审美方面，本书着重考量并选取了奥林匹克运动和 2022 年北京冬奥会的相关知识，通过奥林匹克运动悠久的历史和独特魅力，发挥奥林匹克精神的强大感染力和教育功能，使学生从内心产生对体育的认同与热爱。

本书作者一直从事职业院校的一线体育教学工作，本书正是其多年教学经验和感悟的总结，也是对教学实践的反思。作者在探究问题的视角和方法及抓住事物本质方面颇具创意。希望本书可以对职业院校学生的体育锻炼水平、高素质劳动者综合能力的提高提供帮助。

教育部全国高等学校体育教学指导委员会顾问
上海交通大学讲席教授，博士生导师

2023 年 7 月

前　言

　　党的二十大报告指出，广泛开展全民健身活动，加强青少年体育工作，促进群众体育和竞技体育全面发展，加快建设体育强国。体育与健康课程，是以身体练习为基本手段，以增强人的体质，促进人的全面发展，丰富社会文化生活和促进精神文明为目的的一种有意识、有组织的社会活动。健康不仅指躯体没有疾病，还指心理健康、社会适应良好和道德健康。体育与健康能够发挥人体的运动能力，提高人的健康水平，促进人的全面发展。

　　职业教育是深化教育改革的重要突破口，它肩负着培养技术技能型职业人才，引导学生就业、创业、创新的重要责任。高等职业学校体育与健康课程是各专业学生必修的公共基础课程。本课程是以身体练习为主要手段，以体育与健康的知识、技能和方法的传授为主要内容，以培养高等职业学校学生的体育与健康学科核心素养和促进学生身心健康发展为主要目标的综合性课程。它对于建设健康中国和人力资源强国，实现中华民族伟大复兴的中国梦具有重要意义。为了进一步完善高等职业院校的体育课程教材，顺应我国高等职业院校迅速发展和人才培养的需要，我们依据2020年8月国家体育总局、教育部印发的《关于深化体教融合促进青少年健康发展的意见》，在参阅大量国内外文献资料和近期学者研究成果的基础上，全面修订2014年9月出版的《体育与健康》教材。

　　体育教学可以说是学校教育得以实现目标的基础教学之一。随着体育领域知识的扩展，出现了跨学科和交换学科的研究，产生了许多新的体育领域，如休闲体育、民族体育、职业体育等。鉴于越来越多的体育教育活动发生在家里而不是在学校，学校需要编写适合职业院校的"体育与健康课程"来满足学生的需要。为此，我们依据《全国高等职业(专科)院校体育课程指导纲要(试行)》的相关精神，再次以体育课程性质、任务、目的、目标和选择内容的原则为基础，编写了《体育与健康》北方版这部教材，使其成为可以具体实施的教学内容。

　　职业院校的体育课程作为教育活动的媒介或手段存在于教育系统中。教育学科原理是体育课程文化品质与标准的依据，知识、经验、竞技是体育课程文化的本原特征，也是体育课程文化的来源。本教材强调还原体育的本质，要求体育必须融教育、精神、技能和审美于一体，进而达到全面育人的目的。

本教材按照运动参与、增强体质、体育技能、身体健康、心理健康、社会适应、职业素质7个学校教学目标,紧紧围绕培养人才这个核心,将体育融合于文化、审美、休闲、健身、职业等诸多学科,突出了时代性、实用性、人文性、主体性的特点和以人为本的教育理念。

本教材在选择教学内容时,注重"教育性与发展性""理论性与实践性""科学性与可行性""健康性与文化性""民族性与世界性""竞技性与职业性""同一性与选择性"等原则,把田径、体操、球类、游泳、冰雪运动、民族传统体育、户外运动、休闲体育运动等作为重点内容,并结合现代社会时尚、学生兴趣以及教育性和地域性选择了形体、体操、健美操、啦啦操、防身术、简化太极拳、网球、羽毛球、跳绳、毽球、拓展训练等内容。

本教材全面贯彻党的教育方针,落实立德树人根本任务,坚持"健康第一"的教育理念;紧密结合学校和学生实际,对学生进行体育与健康知识、运动技术、技能和锻炼方法教育,培养运动爱好和专长,提高学生的体育运动能力和未来职业的适应性;促进学生形成良好的健康行为与生活方式,养成终身体育锻炼的习惯;帮助学生强健体魄、健全人格、锤炼意志;培育锻炼能力、健康习惯、体育精神、职业适应等核心素养;引领学生自觉践行社会主义核心价值观,成为德智体美劳全面发展的高素质技术技能人才。通过五进教材的渗透和体育知识技能学习,使学生具备体育运动项目的专项能力和职业体能,养成良好的健康生活习惯和心理品质,并在体育品德及体育精神等方面获得提升。

由于编者的水平有限,故本教材中的不妥之处在所难免,恳请广大读者批评指正。

编 者

2023 年 7 月

目　录

第一章　身体运动与健康教育 …… 1
　第一节　身体与身体运动 …… 1
　第二节　身体运动与身体素质 …… 5
　第三节　健康教育与健康促进 …… 11
　第四节　生活方式与身体健康 …… 17

第二章　体育文化与体育教育 …… 36
　第一节　体育文化概述 …… 36
　第二节　体育精神与体育教育 …… 39

第三章　奥林匹克运动 …… 45
　第一节　奥林匹克运动精魂 …… 45
　第二节　中国与奥林匹克运动 …… 50
　第三节　怎样欣赏体育竞技之美 …… 53
　第四节　2022 年北京冬季奥林匹克运动会 …… 56

第四章　职业体能 …… 59
　第一节　职业体能概述 …… 59
　第二节　职业素质与职业体能分类 …… 59
　第三节　职业体能的锻炼方法 …… 60

第五章　田径运动 …… 69
　第一节　走、跑项目的教学与练习 …… 71
　第二节　跳跃项目的教学与练习 …… 77
　第三节　投掷项目教学 …… 84

第六章　球类运动 …… 88
　第一节　篮球项目的教学与练习 …… 89
　第二节　排球项目的教学与练习 …… 99
　第三节　足球项目的教学与练习 …… 109
　第四节　橄榄球、棒球、垒球简介 …… 120
　第五节　网球、羽毛球、乒乓球的教学与练习 …… 129

第七章　体育舞蹈运动 …… 159
　第一节　形体与健美操 …… 159
　第二节　啦啦操 …… 171
　第三节　竞技体操 …… 184

第八章　民族传统体育 …… 194
　第一节　中国武术的源流与发展 …… 194
　第二节　武术基本动作和初级长拳 …… 196
　第三节　散手、防身术（女子防身术） …… 212
　第四节　二十四式简化太极拳 …… 230

第九章　游泳运动 …… 243
　第一节　竞技游泳的教学与练习 …… 243
　第二节　实用游泳 …… 249
　第三节　水上救护 …… 253

第十章　冰雪运动 …… 256
　第一节　滑冰的教学与练习 …… 257
　第二节　滑雪运动简介 …… 261
　第三节　冰球、冰壶、冰橇简介 …… 266

第十一章　休闲体育运动 …… 270
　第一节　健身走和健身跑 …… 271
　第二节　保龄球、高尔夫运动、气排球 …… 275
　第三节　轮滑、跳绳运动、毽球 …… 284
　第四节　瑜伽 …… 306
　第五节　定向运动 …… 311
　第六节　拓展运动 …… 319
　第七节　跆拳道 …… 322

参考文献 …… 327

第一章
身体运动与健康教育

党的二十大报告提出,青年强,则国家强。生命在于运动,身体运动最初是原始社会中人们延续生命的一种生存需要,后来逐渐发展成为劳动之余的娱乐游戏。随着社会的发展与进步,体育运动已经成为人们为了获得生理需要和精神享受而专门设计的一种活动。

身体素质即生理素质,或叫自然素质,是指人体活动的一种能力,同时也是身体健康水平和大脑机能状况的反映。

第一节 身体与身体运动

一、了解身体

(一)身体的本源

身体,原本是每个人是其所是的根据,是人区别于他物的前提。正是人的身体创造了全部的物质文明和精神文明,在作用、认知、实践和拥有着整个世界,在体验和感受着人世间的美丑善恶、痛苦欢愉。追溯人类的起源和文明进化,并不是"得天独厚"的理性思维,而是"身体直立的姿态、发情期的抑制、性欲的连续性、父权制家庭"的建立,以及作为主要功能的视觉的出现,才共同构成了人类文明的开端。

实际上,身体是大智慧,是一个有着心灵的复合体。身体比心灵有着更优越的感知力、领悟力与智慧。因此,强调身体就是强调整体的生命力。以尼采为代表的"身体一元论"者认为:"一切事和人都可以统一于身体、归因于身体和还原为身体,身体就是知识和真理、正义和善良、健康和美丽,除了身体,其他全是身外之物。"当然,人不能离开物质财富而生存。但是,一切求生的最终目的还是为了拥有一个健康、快乐和完美的身体。身体在连续地进行生产、评估、创造和享受着生活与快乐,身体是创造整个人类文明的机器。

由此不难看出,身体不但是一个人的生命有机体,同时也是人的精神寓所。它是多维度、多层次的现象,其意义随民族与性别的不同而不同,随历史与境遇的变化而变化。一方面身体是由自然、社会和文化构成的;另一方面,身体又是构成世界的原型。

我国对"身体学"的研究,早在先秦时期就形成了儒家"身体观"和"行—气—心"的理论类型。儒家学说认为,身体既是礼的象征符号,又是其践行的场域,礼的精神亦借社会空间中的身体实践而呈现,生理之身乃由之转化为社会的身体、道德的身体。孔子"以体合礼"的威仪身体观、"以体习礼"的体育身体观,孟子"仁内义外"的践行身体观,荀子"以礼导体""以体体礼"的礼义身体观、乐舞身体观,都使社会规范与个体身心达成统一。儒家的礼义教育,特别强调形体与心志的正直,特别强调身体运动要与道德要求融合在一起,达到身心高度的和谐。此所谓,"身体"非唯生物性的肉体,是蕴含身与心、感性与灵性、自然与价值及生理、意识和无意识,且在时空中动态生成、展现的生命整体。这"寓体于礼""以体行礼""以体扬礼"的身、心、礼一体思想,可为现代体育运动的身体异化提供新的思想方向和启示作用。

由此可见,身体教育应当是对一个人完整的教育,包括他的生命有机体、情感、思想、认知等方面。进行身体教育,会使我们正确认识自己的身体,正视自己的身体,了解自己的身体,淘汰陈腐的身体观念。素质教育作为身体教育的一部分,它主要包括身体素质、心理素质、社会素质、创新素质四大类,其实质就是培养人全面发展的教育,最终目的就是提高全民族的综合素质。

(二)身体运动的含义

身体运动是完成身体教育的一种手段,一种形式。首先,人们通过走、跑、跳、投、跨越障碍、攀爬等形式可以改善身体机能,提高身体素质、发展体能、增强体质。其次,通过这些身体运动形式,可以培养人的良好思想品德、提高心理素质、发展顽强意志以及养成健康向上的精神风貌。

> 如果你想强壮,跑步吧!如果你想健美,跑步吧!如果你想聪明,跑步吧!
>
> ——古希腊格言

身体运动在发展的过程中,由于受各种因素的影响与制约,根据不同层次、不同群体、不同社会意识形态和社会政治经济发展的需要,逐渐形成各具特色的运动类别。这些不同形式的体育运动之间不是相互独立存在的,而是密切相连的。首先,体育运动都是以人的身体为素材,通过不同的形式和方法,从而达到对身体的完善与改造。此外,体育运动形式不是保持永恒不变的,它是动态的,随着人所处的环境的变化而发生变化。因而,我们说体育运动形式再怎么变,它的中心轴始终是人。顾拜旦曾经针对学生因学业过重而过分劳累的问题提出:"唯一解决的方法是让孩子们游戏。"从而确立这样一种理念:"体育竞技就是身体的游戏。"体育运动的最高奖赏和激励就是授予胜利者光荣和爱心,其最高目的就是强身健体、磨炼意志、调摄精神、保养正气、陶冶情操、涵养性格、促进世界和平和增进人间友谊。它的整个过程就是展现身体美、运动美、技艺美、心灵美,展示生命固有的激情、热情、意志、力量、速度、强度、活力、魅力和智慧。

二、身体运动对身体的促进作用

(一) 身体运动对促进大脑神经发育的作用

人的生理活动主要是通过反射的方式进行的。反射可分为非条件反射与条件反射两类,非条件反射具有遗传性,其中枢在大脑皮质下部;条件反射是通过后天训练建立起来的,是反射活动的高级形式,其中枢主要在大脑皮质。而身体活动中的各种技术动作和变化莫测的战术配合,是通过感受器不断地对大脑皮质进行复合性的强化刺激,产生刺激效应,使大脑皮质的兴奋与抑制更加深刻、更加集中。在打乒乓球时,在接发球的一瞬间,大脑皮质所进行的分析与综合的过程是非常复杂的。例如,对方发球的姿势、击球部位、声音、球的方向、弧度、旋转和落台地点相继出现,所有的刺激由相应的感受器接受并传入大脑皮质,引起大脑皮质细胞活动,依靠暂时的神经联系,把所有的活动连成一个整体,使接球者对发过来的球得到一个综合的概念:是好球还是坏球?是怎样旋转的球?用什么方法把球击过去?由此可知,体育锻炼使机体的每一种非条件反射都可与各种各样的外界刺激结合起来而建立起相应的条件反射,从而使人的头脑发达、思维敏捷,达到促进大脑神经发育的效果。

(二) 身体运动对促进血液循环,提高心脏功能的作用

在身体活动时,由于体内能量物质消耗增强和代谢产物增多,因此必须加快血液的流通速度,及时满足机体各部分能源的供应和代谢物的排出。如在激烈运动时,运动员每搏输出量要从安静时的 100 毫升急增到 180 毫升,每分钟向全身输送血液可高达 35 000 毫升。这就促进了血液循环,同时也增加了血液中高密度脂蛋白的数量,降低和限制了胆固醇在血管壁上的存积。由于血液循环的加快,血液需求量的急增,从而又促使心脏从形态和功能上产生良好的适应。

(三) 身体运动对改善人体呼吸功能的作用

身体活动对于人体的呼吸系统影响甚大。体内的一切活动需要能量,而这些能量都来源于体内营养物质的氧化。身体借助于不停的呼吸运动及时排出二氧化碳,吸进新鲜空气。经常参加身体锻炼,能使呼吸肌功能增强,肺通气量提高、肺活量增大、氧利用率提高。在剧烈运动时,足部血液量增加,氧利用率也提高了,因此,毛细血管与细胞间的氧分压增加,氧气供应率明显提高安静时每分钟呼吸次数减少,一般人约为 18 次,而锻炼有素者只有 12 次左右。以上这些都充分证明身体锻炼能有效地提高人体的有氧工作能力,充分改善呼吸系统的功能。

(四) 身体运动具有提高消化系统机能的作用

身体在运动时,体内代谢活动加强,能量物质大量消耗,机体必须通过消化系统摄取营养,为运动提供动力。身体锻炼对消化系统有良好的作用,对肠胃起到按摩和刺激作用,

提高消化和吸收能力,有利于增强体质。参加身体锻炼可调节人的情绪使人精神振奋、情绪乐观,从而充满生命活力,进而使人忘却悲伤。另外,身体锻炼还能促进和改善脏器自身的血液循环,加强新陈代谢,有利于增强肝和肠胃道等消化脏器功能,有利于这些脏器病变的康复。

(五)身体运动对促进骨骼、肌肉生长发育的作用

身体运动能促进机体的生长发育,提高运动器官的机能,使管状骨变粗,骨密质增加,骨小梁排列密集,骨结节粗隆增大等。如坚持参加身体活动的人,骨密质可增厚8~15毫米。所有这些变化均赋予骨骼坚固、密实、抗压性强等特性。人在进行身体锻炼时,由于肌肉工作加强,血液循环加快,使原有的肌肉纤维增粗,肌肉块增大。通过锻炼,臂围、腿围等可得到适当的增长,肌肉的重量可占体重的50%以上,而不锻炼者这种比率只占35%~40%。因此,身体锻炼能使肌肉更加结实有力、更有弹性。

(六)身体运动可使人保持良好的心态

在现实生活中,一个人的身体和精神是密不可分的。毛泽东在《体育之研究》一文中指出:"身体健全,感情斯正。"这些精辟的论述都充分说明体质强壮、精力充沛、生命力旺盛,对一个人的精神面貌、思想情绪、心理状态具有重大的影响和作用。反之,就会有如我国古代医书《黄帝内经》所说的"怒伤肝、思伤脾、忧伤肺、恐伤肾"的不良情绪而直接危害人体的健康。

此外,身体运动大多属室外运动,它能把人们带进大自然的怀抱之中。在阳光灿烂、空气新鲜的环境下进行锻炼,可使人充分享受大自然赋予人们的无穷乐趣。使人们感到心情舒畅、精神愉快。

(七)身体运动可提高机体的免疫功能

近年来,随着现代免疫学和分子生物学技术的飞速发展,尤其是通过运动医学工作者与免疫学家的合作,诞生了一门新兴的学科——运动免疫学。运动免疫学主要是研究身体训练与锻炼,包括训练与锻炼的量与强度以及训练的手段和方法是如何与免疫系统相互影响而使人体健康状态发生改变,同时它也提供了有效的实验方法,使运动和健康之间的关系这一由来已久的课题找到了科学的立足点,并已成为现代免疫学的一个重要分支。

从预防医学角度出发,可把身体运动看作是一种增强人体非特异性免疫的手段。免疫系统对运动的应答反应受多种因素的影响。一般认为,适宜负荷的运动会增强免疫功能,提高机体的能力。有研究发现,运动训练6~8周的小鼠抗体反应增强,染细菌后存活率高于对照组,对接种的肿瘤生长的抑制作用增强。人体研究发现,中度肥胖的妇女进行6周的步行运动后,呼吸道感染的发病率明显下降。

(八)身体运动可培养人良好的社会适应能力

在科学技术高速发展的现代社会,伴随着人们生活、工作节奏的越来越快,人际间的交流、协作也越来越多,这不但需要人们拥有一个健康的体魄,同时也需要人们具备良好的心

理承受能力，与他人团结协作的精神，较好的人际沟通能力。而参加身体运动可以使人在瞬间感到成功与失败，这种感受的不断冲击，可以使人的心理承受能力不断得到发展；在集体项目中，只有与同伴默契配合，才有可能获取胜利。如篮球等集体项目，每个参与者都明白在集体中与他人合作的重要性；在身体运动中，要与同伴交流、与对手交流、与教练交流、与裁判交流、与观众交流等，这需要参与者主动、积极地与周围环境融为一体，这样才能发挥出最好水平，表现出最佳状态。由此可见，身体运动不是单纯的身体活动，它是对人全方位培养和教育的过程。人们通过参与身体运动培养出来的良好素质和各项能力，会在社会实践中得到充分发挥。

第二节　身体运动与身体素质

一、身体素质的内涵

在阐述身体素质内涵之前，我们有必要先来了解体质与健康这两者之间的关系和内涵，因为对身体素质的评价更能直接地反映出体质与健康的核心价值。

体质与健康这两个概念在本质上是相通的，都是一种对人的生活质量和生存状态的评价，然而两者还是有些差别的。近年来，健康用得越来越频繁，而体质的使用日见其少。

体质这个概念较为单纯，基本保持在身体的范围内，体质具有长期和稳定的特征，而健康具有短期和变化的特征。同样处在健康状态的人，基本体质状况可能千差万别；同样体质状况的人，在短期内可能由于疾病的影响在健康方面有不同表现。

> 世上没有比结实的肌肉和新鲜的皮肤更美丽的衣裳。
> ——马雅可夫斯基

健康对人所做的评价相对静态，而体质则相对动态，但重点都在于对人的生活能力、劳动能力、适应能力和运动能力的评价。运动能力对于人类的进化和发展十分重要，不能把运动能力仅仅看成是一种游戏能力、竞技能力。儿童和青少年时期培养的身体素质和运动素质，对其一生的体质发展和其他生活、生产技能的掌握都是有益的。

身体素质即生理素质，或叫自然素质，是指人体活动的一种能力，同时也是身体健康水平和大脑机能状况的反映。身体素质就其本质而言，是指人的体质的强弱和运动的机能能力。而"身体素质是指人体活动的一种能力"这句话指出身体素质不仅仅是人体运动的机能能力(如力量、速度、耐力、灵敏及柔韧等)，而且也是人体劳动和生活的机能能力。美国"健康、娱乐、舞蹈协会"把身体素质概括为两个意思，即与健康相关的身体素质(亦称健康素质)和完成运动动作相关的身体素质(亦称运动素质)。从运动生理学角度讲,身体素质是指人体在肌肉活动中所表现出来的力量、速度、耐力、灵敏及柔韧等机能能力。

身体素质还可以解释为:人体在运动中所表现出来的力量、速度、耐力等身体基本状态和功能能力,是人体的各种与运动相关的综合功能状态,同时也包括运动员在其特殊运动项目中的运动能力。

> **论 素 质**
>
> 心理学家认为:素质是一个人生来所具有的解剖生理特点,它是一切心理特征形成和发展的自然前提。
>
> 教育学家认为:素质是表示人在先天基础上受后天环境影响,通过个体认识与社会实践培养形成的比较稳定的身心发展的基本品质。
>
> 哲学家认为:素质是一个事物的主要成分的质量。

二、身体素质的外延

身体素质的外延十分复杂广泛,归纳起来,大致有如下几种不同的看法:

(1) 身体素质包括体质基础、心理发展水平、体育文化素养、终身体育能力等内容。

(2) 身体素质由人体形态结构、生理机能、适应能力和心理因素构成。

(3) 身体素质主要包括以下素质:①力量素质。它是指人的身体或身体某些部分用力的能力或肌肉在人体活动中克服内部和外部阻力的能力。②速度素质。它是指人体或人体某部位快速运动的能力,也就是人体或人体某一部位快速作出运动反应、快速完成动作、快速移动的能力。③耐力素质。它是指人体在长时间进行工作或运动中克服疲劳的能力,也是反映人体健康水平或体质强弱的一个重要标志。④柔韧素质。它是指人体关节活动幅度的大小以及跨过关节的韧带、肌腱、肌肉、皮肤及其他组织的弹性和伸展能力。⑤灵敏素质。它是指人体在各种突然变换的条件下快速、协调、敏捷、准确地完成动作的能力,同时也是人的运动技能、神经反应和各种身体素质的综合表现。

三、身体素质的结构

(一) 与健康有关的身体素质

1. 心肺耐力

心肺耐力指一个人持续进行身体活动的能力。心肺和血管的功能对于氧和营养物质的分配、消除体内代谢产物具有重要的作用;尤其是在进行有一定强度的活动时,良好的心肺功能则显得更加重要。心肺功能越强,运动、学习和工作就会越轻松,进行各种活动持续的时间也会越长。

2. 柔韧性

柔韧性是指身体各个关节的活动幅度以及跨过关节的肌肉、韧带、皮肤和其他组织的弹性和伸展能力,可以通过经常性的身体练习而得到提高。柔韧性是绝大多数的锻炼项目所必需的身体素质成分之一,对于提高身体活动水平、预防肌肉紧张以及保持良好的体态等具有重要作用。

3. 肌肉力量

肌肉力量是一块肌肉或肌肉群一次竭尽全力抵抗阻力的活动能力,所有的身体活动均需要使用力量。肌肉强壮有助于减少运动损伤,缓解肌肉疼痛和身体疲劳。

4. 肌肉耐力

肌肉耐力是指一块肌肉或肌肉群在一段时间内重复进行肌肉收缩的能力,与肌肉力量密切相关。一个肌肉强壮和耐力好的人更易抵御疲劳的发生,因为这样的人只需花很少的力气就可以重复收缩肌肉。

(二) 与动作机能有关的身体素质

1. 力量素质

力量素质是指运动时肌肉活动克服阻力的能力。肌肉收缩是人体运动的动力,肌肉活动是人体运动的核心,在中枢系统的统一调节下,体内其他器官系统的活动,都是为了保证肌肉的工作。力量素质的表现形式是多样化的,一般包括最大力量(单纯力量、绝对力量)、速度性力量(爆发力)、耐久性力量(力量耐力)等。

2. 速度素质

速度素质是指快速运动的能力。它包括反应速度和运动速度,而运动速度又可分为动作速度和移动速度。影响速度的因素很多,除中枢神经系统外,还有肌肉的收缩特征、能力和其他协调性,以及机体的各种技能和技能状况。不同的运动项目有不同的速度特征,因此,速度素质的培养有明显的专项特点。对青少年来说,由于他们在不同的年龄阶段,对速度素质发展的敏感程度不同,训练也应有不同的侧重。

> 奔跑的速度主要取决于步频和步长,而影响步频的最主要因素是神经系统的灵活性和协调性。由于神经系统发育较早,成熟也早,在10~13岁后步频就不再提高,所以提高步频应尽早进行。步长主要取决于后蹬力量,而力量在10~13岁之后才快速发展。

3. 耐力素质

耐力素质是机体长时间工作克服疲劳的能力。耐力是相对疲劳而言的。运动中的疲劳有多种表现形式,如感觉的、心理的和运动器官的疲劳等。不过,所有疲劳都与机体能量供应系统的功能和神经系统的兴奋程度有关。耐力的培养提高,应以运动所需的能源储备与供应为基础,提高心肺功能,提高乳酸耐受力等抗疲劳的能力。对于青少年的耐力训练应注意全面打好基础,从有氧耐力入手,根据其不同的年龄特征进行训练。

4. 柔韧素质

柔韧是指各关节活动的幅度、肌肉韧带的伸展能力。影响柔韧素质的主要因素是肌肉、韧带组织的弹性和关节的骨结构等。柔韧素质的训练方法有两种,即主动练习和被动练习,这两种方法又都可以采用静力性练习和动力性练习两种方式。青少年时期是训练并提高柔韧素质的关键时期,训练期间要注意做到经常、适度、渐进。

5. 灵敏素质

灵敏素质是指人体迅速改变体位、转换动作、变换身体姿势和方向的能力。灵敏与大脑皮质神经过程的灵活性有密切的关系。突然地起动急停、变换方向等,都要求兴奋和抑制过程迅速地转换。影响灵敏的其他因素还有年龄、体重、疲劳等。灵敏素质是人体各种能力的综合表现,在发展灵敏素质的训练中,应从培养人体的各种能力入手,培养其掌握动作的能力、反应能力和平衡能力等。

(三) 与心理生活有关的身体素质

1. 神经过程的强度

神经过程的强度是指神经细胞在工作中经受刺激的强弱程度。如果一个人能经受得起较强的刺激,并能较持久地工作,就表明他的神经系统功能较强,否则就是较弱的。

2. 神经过程的平衡性

神经过程的平衡性是指兴奋与抑制的力量对比的程度。如果兴奋强度大于抑制强度,或抑制强度大于兴奋强度,就会表现为平衡性低或不平衡;如果兴奋强度与抑制强度势均力敌,那就是平衡性高。

3. 神经过程的灵活性

神经过程的灵活性是指兴奋和抑制互相转换或彼此替代的速度。如果兴奋转为抑制很快,或抑制转为兴奋也很快,就是灵活性高;如果兴奋与抑制的相互转换与彼此替代都很慢,就是灵活性低。

四、影响身体素质的因素

青少年生长发育是有规律的,各种结构、机能与行为的出现也是有一定先后顺序的,但是发展也常常受到种种因素的影响。例如,世上没有完全相同的人,就是因为人的发展条件不可能完全相同。概括起来,影响身体素质的因素主要有两大类——社会因素和自然因素。

(一) 社会因素

1. 遗传

所谓遗传,是指父母与子女之间在形态结构和生理功能等方面的相似。遗传的物质基础是染色体,染色体上有许多基因。在人体发育过程中,遗传基因发挥作用,决定各种遗传性质。一般来说,父母高的子女也高,父母矮的子女也矮。

2. 种族

种族因素对体格影响很大。例如,白种人的身高通常大于黄种人。研究发现,不同种族之间,在体型、躯干和四肢的比例上,比身高更多地受种族遗传特性的影响。

3. 生活方式和生活习惯

在现代社会中,每个人的生活方式、生活习惯、生活空间、生活节奏、消费需求等因素都会影响人们的健康水平。抽烟、酗酒、吸毒、不良性行为、睡眠不足、生活节奏过快、营养失衡、生活无规律、缺乏体育锻炼等不健康的生活方式和生活习惯,也是影响身体素质的重要因素。

(二) 自然因素

1. 环境

环境同样也分为社会环境和自然环境,但对身体素质发展的影响主要是自然因素。俗话说,一方水土养一方人。这句话生动地说明了环境对人生长发育的影响。由于人们生长的自然环境和生活的家庭环境不同,造成个体间的差异,如我国东北人平均身高较四川人个子高,城市儿童较农村儿童发育快等。

2. 气候

个体的生长发育速度也因气候而异,儿童体重的增长在秋季最快,身高则在春季增长最快。

3. 运动

适当的运动可以帮助身体生长,也能促进肌肉发展。坚持体育运动不仅能使肌肉获得健全的生长,也有助于全身的协调,还可以避免或减少情绪上的忧郁。

4. 营养

食物和营养是保证生长和发育的物质基础。青少年必须不断地从外界摄取足够的和良好的营养,尤其是足够的热量及钙、铁等一些微量元素和各种维生素,才能保证正常的生长发育和良好的身体素质。

5. 疾病

在人的生长发育期间,任何疾病均可阻碍生长,但一般性疾病只能暂时影响生长,病愈后不久就可以恢复其生长能力,慢性或长久性疾病对人的生长发育影响较大,如结核病、肠道寄生虫、肝炎、肾炎等,都会严重影响人的正常生长发育和身体素质。

> 身体的健康因静止不动而破坏,因运动练习而长期保持。
>
> ——苏格拉底

五、良好身体素质的特征

良好的身体素质是健康的基础,身体素质良好的大学生应该具备以下的表现:

(一) 生理方面

(1) 身体发育正常,体重适中,无肥胖或豆芽形体形的发展。

(2) 皮肤光滑、清爽、不干燥,表皮油脂分泌正常。

(3) 毛发整齐而有光泽。

(4) 眼睛明亮有神,眼白清洁无疵,眼圈不发黑。

(5) 牙齿清洁整齐,无龋齿。

(6) 手指活动灵活,指甲光滑。

(7) 脚趾向前,无弯曲现象,不是扁平足。

(8) 坐、卧、立、行都能保持良好的姿势。

(9) 身体各部分功能均正常。

(10) 运动后虽感疲劳,但经过适当休息后,即可恢复如常。

(11) 食欲良好,睡眠充足,且定时排便。

(12) 能够完成日常学习活动和家庭作业,并且不产生过度疲劳或情绪紊乱。

(二) 运动能力方面

(1) 能够正常参加课程表中规定的体育课和其他体力活动。

(2) 在游戏和身体基本姿势方面,能够表现出与其年龄、性别、体形和运动经验相适应的技巧。

(3) 对于他人普遍喜爱的大部分活动感兴趣并热心参加。

(4) 对自己的能力具有自信心,也善于与他人共同工作和游戏。

(三) 心理方面

(1) 有足够的自我安全感。

(2) 能充分地了解自己,并能对自己的能力作出适度的评价。

(3) 生活理想切合实际。

(4) 不脱离周围现实环境。

(5) 能保持人格的完整与和谐。

(6) 善于从经验中学习。

(7) 能保持良好的人际关系。

(8) 能适当地发泄情绪和控制情绪。

(9) 在符合集体要求的前提下,能有限度地发挥个性。

(10) 在不违背社会规范的前提下,能恰当地满足个人的基本需求。

第三节 健康教育与健康促进

健康,不仅仅是指没有疾病或身体不虚弱的状态,也指包含心理、社会适应能力和道德方面的健全的状态。

健康教育(Health Education)是通过有计划、有组织、有系统的社会和教育活动,促使人们自愿地改变不良的行为,消除或减少影响健康的危险因素,预防疾病,促进健康和提高生活质量。

一、树立正确健康观的现实意义

随着社会的飞速发展和科学技术的进步,越来越多的体力活动被机械所代替。机械化和自动化的飞速发展确实在很大程度上提高了生产力、生产效率,也为人们的生活提供了很多便捷,节省了很多时间。但另一方面,它在很大程度上推动了"少动"的生活方式的流行,使各种"文明病"逐渐侵入人们的生活,人类潜能出现了巨大的浪费,许多人身体机能下降,经常低于自己生理上的健康潜能,甚至出现超重、肥胖、冠心病等,人类健康受到极大威胁,缺乏体育运动成为一个全球性的问题。

拥有健康的身体是人类的共同愿望,也是人类生存和发展的基础,更是人类得以繁衍的基本条件。从古至今,人们都在追求健康,由于人们所处的时代不同,环境和条件也不同,因此,对健康的理解也不相同,有时甚至出现一些偏颇狭窄的误区。为此,能进一步深刻理解健康,形成正确的健康观和健康意识,具有很重要的现实意义。

> 健康的身体是灵魂的客厅,病弱的身体是灵魂的监狱。
>
> ——培根

二、健康认识中的误区

健康虽然是人们一直谈论的永恒话题,但人们对于健康的认识仍存在一些误区,现将存在较为普遍的错误认识列举如下:

1. 身体无病就是健康

很多人认为,没有病症就是健康,这种认识是片面的。单纯的身体没病只能表明该个体在一定程度上具备了身体健康,而心理是否健康、社会适应能力是否良好和道德修养水平如何都决定着该个体是否真正的健康。一个生理方面十分健康的人,假如他有自卑心理、焦虑等不健康的心理状况,将会直接影响他的人际交往、社会适应等方面,甚至很难在社会上立足,这样的人怎么能称之为健康的人呢?

2. 健康靠的是吃补药

有些人认为"健康靠的是补药",这也是目前存在的较为普遍的误区之一。随着人们生活水平的提高,各种滋补品和营养品受到越来越多消费者的欢迎,补铁、补锌、补钙、复合维生素、深海鱼油等相关产品铺天盖地。很多人认为单纯靠这些保健品、营养品就能把自己的身体调理得很健康,很显然这是错误的。俗话说得好:"药补不如食补,食补不如睡补。"真正的健康并不是靠吃补药获得的,而是有节制的饮食、充足的睡眠、良好的生活习惯等共同作用的结果。

3. 人老脑必衰

人的大脑神经细胞有120亿~140亿个,人脑每天要死亡1万~5万个细胞,这意味着人到老年时大脑细胞要减少10%左右。有人认为,大脑细胞数目的减少是不可逆转的,这会使人的年龄越大,就越健忘,行动越迟缓,因此,在日常生活中,不少老人常常自认为记忆力差。经研究发现,脑细胞的部分死亡属于人体的正常代谢过程,大脑在衰亡的过程中神经元并未死亡,仅仅是缩小了。人步入老年之后,神经元上的"树突"仍然在不断长大,甚至过了90岁以后还会发出新枝。有些专家甚至推测,神经元树突新枝就是所谓"年高知识博"的物质体现。长期以来,人们认为大脑会随着年龄而老化,是一种错误的认识。

4. 晨练有益健康

不少人喜欢晨练,认为早晨是锻炼的最佳时机,但并不是一年四季都适合晨练。研究表明,零摄氏度以下,特别是 −5 摄氏度以下,冷空气容易诱发冠状动脉痉挛,引起心绞痛和心肌梗死,甚至猝死。因此,应尽量避免在寒冷的季节进行晨练。按照人体生物钟规律,下午4—6时心脏功能和微循环处于最佳状态,适宜进行身体锻炼。

5. 饭后百步走,活到九十九

"饭后百步走,活到九十九"这是老百姓的一句口头禅。然而生理活动的规律是饭后胃肠分泌大量消化液以消化食物,如果饭后立即开始锻炼,血液必然大量涌入四肢等运动器官,减少了消化道的供血,从而影响了消化功能。正确的做法应在餐后半小时至一小时以后活动,但仍不能进行剧烈的活动。

> 健康是智慧的条件,是愉快的标志。
>
> ——爱默生

三、健康的基本概念

1. 健康概念的演变

健康(Health)一词在古代英语中是完整(Whole)的意思。

人是一个既有生物属性,又有社会属性的高度文明智慧和感情社会化的高级动物。人从诞生开始,就意识到何谓"生",何谓"死",就懂得健康的重要。随着社会和经济的不断发展,健康的概念也在不断地更新。因此说,健康是一个发展着的概念。不同的历史时期,人们对健康的认识和理解不同。

远古时期,生产力极其低下,人们对自然界的认知还处于感性阶段,不能正确解释疾病的实质,只能用"上天和神灵的力量或惩罚"来认识疾病。把人类的健康与并不存在的鬼神联系在一起,形成了唯心的不科学的健康观。随着生产力水平的迅速提高,医药学以及相关学科的不断发展,人们开始认识到健康是可以把握的,是不依赖于天命的,并逐渐形成了健康就是能正常工作或没有疾病的机械唯物论的健康观。

14—16世纪,欧洲兴起了思想发展史上的文艺复兴运动。新兴资产阶级在反抗封建制度的斗争中,为了冲破罗马教皇控制下的教会对社会精神生活的垄断,主张以人为本,以人为中心,强调人的尊严和力量,提倡对健康、积极、乐观的崇拜,形成了人文主义思潮。在这种思潮影响下,人文主义的思想家们开始提倡关怀人、尊重人,保护个人权利,宣传以人为中心的世界观,提出了人性健康的观念。于是人们对健康意义的理解开始扩大,即由人体的生物意义扩大到人性意义,它标示着思想文化领域的一种革命活动和社会进步。

19世纪末,人们开始对疾病产生的原因有了一定了解,形成了健康就是保持病原、人体和环境之间的生态平衡的健康观。同时这一时期也出现了通过炼丹术和养生之道等途径来显现预防疾病、长生不老效果的做法,这反映出了当时人们对健康的极度渴求。

进入20世纪中期以后,健康的内涵不断发展,由过去单一的生理健康(一维)发展到生理、心理健康(二维),又发展到生理、心理、社会良好(三维)。在1948年,世界卫生组织(WHO)提出了著名的健康三维概念,即"健康不仅是没有疾病或不虚弱,而是身体的、心理的和社会适应的完美状态"。

1989年,世界卫生组织进一步定义了四维健康新概念,即"一个人在身体健康、心理健康、社会适应健康和道德健康四个方面皆健全"。由此可以看出,健康不仅仅涉及人的体能方面,也涉及人的精神方面。将道德修养作为精神健康的内涵,其内容包括:健康者不以损害他人利益来满足自己的需要,具有辨别真与伪、善与恶、美与丑、荣与辱等是非观念,能按照社会行为规范准则来约束自己,支配自己的思想和行为。把道德健康纳入健康的大范围,是具有科学依据的。巴西医学家马丁斯经过10年的研究证实,丧失道德者不但没有政治前途,而且身体上也远比廉洁、忠诚、善良、正直的人多病少寿。孔子曰:"大德必得其寿。"古代医学家孙思邈认为:"德行不克,纵服玉液金丹未能延寿。"足见养生需先养德,养德有益于健康长寿。加强道德修养不仅对自身健康有益,也对社会文明、人类长寿大有裨益。

四维健康新概念是世界卫生组织对全球21世纪医学发展动向的展望和概括,要求当前的生物医学模式必须向"生物—心理—社会"新模式改革发展,要求由单纯治疗疾病的药物医学变为预防、保健、养生、治疗、康复相结合的护理医学,要求药物治疗与非药物、无药物治疗相结合,与环境自然和谐发展,与科学和社会协调、可持续、系统化发展。

美利坚大学的国家健康中心提出"健康五要素说"指出,健康应该包括身体健康、情绪健康、精神健康、社交健康和智力健康五个方面,也称为五个要素。这五要素之间相互联系,相互影响。其中任何一个因素不正常,都会导致其他因素也发生异常,从而使个体出现不健康状态。因此,要想真正保持健康状态,必须使五个因素均衡发展。此观点的提出使健康的概念有了更全面的阐述。

虽然健康五要素的说法也全面阐述了健康的概念,但由世界卫生组织提出的"四维健康"概念仍作为权威定义广泛传播。因此,本书也以"四维健康概念"为标准展开论述。

2. 健康的基本概念及内涵

世界卫生组织这样定义健康的概念:"健康,不仅仅是指没有疾病或身体不虚弱的状态,而且包含心理、社会适应能力和道德方面的健全的状态。"人具有两种属性,即自然属性和社会属性。自然属性是指人作为客观存在的生物物种,在长期进化过程中所形成的身体形态和生理功能特性;社会属性则是指在社会生活中在社会环境影响下形成的心理品质、社会关系和思想意识。当然,我们应该认识到,健康的概念不是静止不变的,而是不断发展变化的。不同地区、不同国家的人也有着不同的健康概念和健康标准。人的健康是一个整体概念,而不应当将人的躯体、心理和社会适应性等分割开来理解,它们之间相互影响、促进,存在着内在的联系。

为了进一步使人们完整和准确地理解健康的概念,世界卫生组织又规定了衡量一个人是否健康的十大准则:

(1) 有充沛的精力,能从容不迫地担负日常生活和繁重的工作,而且不感到过分紧张与疲劳。

(2) 处事乐观,态度积极,乐于承担责任,不挑剔。

(3) 善于休息,睡眠好。

(4) 应变能力强,能适应外界环境的各种变化。

(5) 能够抵抗一般性感冒和传染。

(6) 体重适当,身体匀称;站立时,头、肩、臂部位协调。

(7) 眼睛明亮,反应敏捷,眼睑不易发炎。

(8) 牙齿清洁,无龋齿,不疼痛;牙龈颜色正常,无出血现象。

(9) 头发有光泽,无头屑。

(10) 肌肉丰满,皮肤有弹性,走路轻松。

3. 学科核心素养

我国在2016年10月发布了《"健康中国2030"规划纲要》中对学校健康教育提出了明确要求,即,将健康教育纳入国民教育体系,把健康教育作为所有教育阶段素质的重要内容。

体育与健康学科以促进学生体育核心素养和身心健康发展为主要目标,包括运动能力、健康行为和体育精神三个方面,特别是健康教育思维的"健康行为"素养,使得培养和评价职业院校高素质人才的维度更为清晰、完善,职业院校学生通过学习体育与健康课程,能够逐步形成正确的价值观念,必备品格与行为能力,为未来个人健康成长和职业发展提供必要的基础保障。

四、健康促进

(一)健康促进的定义

世界卫生组织将健康促进定义为:"健康促进是促进人们维护和改善自身健康的过程,是协调人类与环境之间的战略,规定个人与社会对健康各自所负的责任。"

(二)健康教育与健康促进的关系

健康教育是通过有计划、有组织、有系统的社会和教育活动,促使人们自愿地改变不良的健康行为,消除或减少影响健康的危险因素,预防疾病,促进健康和提高生活质量。因为健康促进涵盖了健康教育和生态学因素(环境因素和行政手段),所以,健康促进的概念要比健康教育更为完整。健康教育是健康促进的必要条件,健康促进是健康教育发展的最高阶段,要实现真正意义上的健康促进,必须依靠健康教育的具体活动,从医学角度和公共卫生角度来推动健康促进策略的实现。

(三)健康促进策略

1986年,世界卫生组织在加拿大渥太华召开第一届国际健康促进大会,审议通过了《渥太华宪章》(也有人翻译成《渥太华宣言》),宪章中明确提出了健康促进策略应包含以下五个方面:

1. 制定健康的公共政策

健康促进超越了保健范畴,它把健康问题提到了各个部门、各级领导的议事日程上,使他们了解他们的决策对健康后果的影响并承担健康的责任。

健康促进的政策由多样而互补的各方面综合而成,它包括政策、法规、财政、税收和组织改变等。

2. 创造支持性环境

人类与其生存的环境是密不可分的,这是对健康采取社会生态学方法的基础。健康促进在于创造一种安全、舒适、满意、愉悦的生活和工作条件。任何健康促进策略必须做到:保护自然,创造良好的环境以及保护自然资源。

3. 强化社区性行动

健康促进工作是通过具体和有效的社区行动(包括确定需优先解决的健康问题),做出决策、设计策略及其执行,以达到促进健康的目标。这一过程的核心问题是赋予社区以当家做主、积极参与和主宰自己命运的权利。

4. 发展个人技能

健康促进通过提供信息、健康教育和提高生活技能以支持个人和社会的发展,这样做的目的是使群众能更有效地维护自身的健康和他们的生存环境,并做出有利于健康的选择。

5. 调整卫生服务方向

卫生部门的作用不仅仅是提供临床与治疗服务，还必须坚持引导健康促进的方向。调整卫生服务方向要求卫生部门更重视卫生研究及专业教育与培训，并立足于把一个完整的人的总需求作为服务对象。

（四）选择健康

对身体健康的关注是我们每个人的共同追求。人人都希望能过上有高质量的和与疾病无缘的生活。

世界上只有一种疾病，就是细胞故障。当细胞出了故障时，人的身体就不能够维持生态平衡来调节和维护自己，细胞故障是疾病的根源。所以我们要做的就是去预防这种疾病的产生。

> 在健康与疾病之间，存在七条渠道：营养、毒素、心理、生理、遗传、医药与体育。

如果身体所有的细胞都是健康的话，那么，你就不会生病。如果因为某种原因，一个细胞的运作开始出现了故障，它就不会理想地去完成它应该完成的任务，这样问题就出现了。当此种故障大范围出现以致影响到身体自身调节的能力时，疾病就来了。

只有当大量的细胞出现了故障以后，人们才会生病。而细胞出现故障的原因与营养不良和毒素侵袭有关。它可以使人们更加容易患上可以检测到的疾病，等到你染上某种可以检测出来的疾病(不管是一般的感冒、过敏、癌症或心脏病)时，你也许已经"病了"好长一段时间了。病症的出现，说明细胞的故障已经扩散开来了，细胞与细胞之间的协调已经被打乱，而表现出来的就是病的症状了。

细胞不单纯是一大堆分子和原子的组合，细胞是生命的本体。人体由约75万亿个细胞组成，包括全身上下大约200种有着各种不同功能的专门细胞，如脑细胞、血细胞、神经细胞、肌肉细胞、肝细胞等。因此，我们必须学会选择促进细胞健康的身体活动方式，这就需要我们了解建造细胞的原材料是什么，因为这涉及营养问题。所以，要跟疾病作斗争和促进身体健康的最重要的事情之一就是掌握健康知识。

> 生命是有高度的，它和智能、体能等组成人生质量的内涵。

我们要关注自己的血压。高血压不是一个独立的病症，它是导致心脏病、脑出血、肾衰竭等疾病的重要危险因素。

要重视自己的肺活量。一个人的肺活量与胸腔大小、肌肉功能等有关，但最主要的是胸腔壁的扩张与收缩的程度。肺活量低的人难以和肺活量高的人一样同享长寿。运用体育的手段可提高肺部通气量，增强耐力，这与健康长寿密切相关。

要重视自己的心率。心率与健康息息相关，过快的心脏搏动，会使生命过早终结。有关专家的研究结论说:"八亿次心跳是动物生命的极限。也就是说,心率快的寿命短,心率慢的寿命长。龟心率最慢,每分钟不足10次,而寿命至500年以上。猫的心跳每分钟达240次,只消几年就垂垂老矣。因心跳越快,间歇时间越短,越易发生劳损。"

第四节　生活方式与身体健康

一、影响健康的因素

健康是人们从古至今追求的永恒目标,要想获得真正的健康,必须学会维护健康。我们在谈论维护健康之前,有必要了解影响健康的因素,这样才能从根本上理解和正确运用维护健康的方法,做到既"知其然",又"知其所以然"。

关于健康影响因素的研究、观点和说法颇多,根据影响因素产生根源划分,我们将影响健康的因素分为内部因素和外部因素两个方面。

(一) 内部因素

内部因素是指由个体自身原因产生的对健康有影响的因素,主要包括个体自身条件、生活习惯和道德修养水平等。

个体自身条件主要指个人的身体状况、体质、免疫力等。个体自身条件的不同导致人与人之间健康状况存在差异,该因素主要受遗传因素的影响,家族遗传病史、直系亲属的身高、体型等,都对个体健康有直接的影响。

生活习惯主要是指饮食、风俗习惯、体育锻炼、日常行为等。生活习惯对健康有很大影响,良好的饮食习惯有利于保持有序的生物节律,使新陈代谢有规律,身体健康状况良好。相反,暴饮暴食容易造成人体新陈代谢紊乱,内分泌失调,身体健康状况下降。坚持科学的体育锻炼或运用运动处方,是维护身体健康的最有效手段之一。

> 健康是最好的天赋,知足为最大的财富,信任为最佳的品德。
>
> ——释迦牟尼

道德修养水平对个体的健康也有很大的影响。社会心理学家认为,一个人心中充满善意,多行善事,视他人为朋友,乐于助人,使他人摆脱困境,心中必然会涌起欣慰之感;一个人坚信自己活在世上于他人有益,甚至是他人的生活支柱,这就会成为自己的一种精神力量。这种欣慰之感和精神力量,不仅是自我完善的催化剂,更是健康的营养素。因为欣慰使人精神愉快,而一个经常处于愉快心境的人,免疫力高,抗病力强,就不容易生病。相反,缺少道德修养的人,特别是套上名利枷锁的人,遇事总是计较个人得失,既要算计别人,又要防备别人的暗算。长久以往,必定会对健康产生不良影响。

> 殊不知有健全之身体，始有健全之精神；若身体柔弱，则思想精神何由发达？或曰，非困苦其身体，则精神不能自由。然所谓困苦者，乃锻炼之谓，非使之柔弱以自苦也。
>
> ——蔡元培

（二）外部环境因素

人类环境主要是指环绕于我们周围的各种自然及社会因素的总和，是指人类赖以生存并从事生产和生活的外界条件。人类不仅生活在自然界，具有生物属性；而且生活在复杂的人与人之间关系总和的社会中，又具有社会属性。因此，人类环境包括自然环境和社会环境两部分。

自然环境是指由地球表层的大气圈、岩石圈、水圈和生物圈所组成的相互渗透、相互制约和相互作用的庞大、独特、复杂的物质体系。而社会环境主要是指人类生存和活动范围内的物质、精神条件的总和，它以人群聚集和活动作为环境的主要特征和标志。这种环境是人类有目的、有计划创造出来的生存环境，是人类利用自然、改造自然以及创造更加良好的生存环境的产物和基地。

造成环境污染的原因大体上可分为三个方面，即化学的、物理的和生物的。化学的原因指的是某些单质或有机及无机化合物被引入环境，由于化学反应而发生了对环境的破坏作用，如汞、氰、酚、镉及各种农药等。物理的原因是指由粉尘、固体废弃物、各种破坏性辐射、噪声、废气等造成对环境的破坏。生物的原因是指各种病菌或真菌等对环境的侵袭。进入环境并可引起环境污染或环境破坏的物质叫作环境污染物。环境污染物可为气态、液态、固态及胶态，被污染的对象则为大气、水、土壤、食物及生物（包括人类）（图1-4-1）。

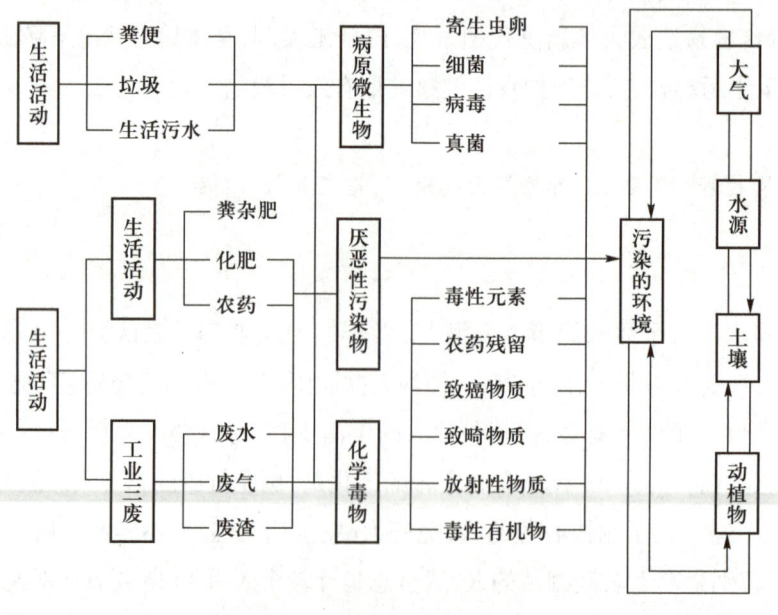

图1-4-1　环境污染物来源示意图

由于环境污染都发生于大气圈内，是人类活动对大气圈的破坏，由此也对人类的健康产生了极其严重的危害。因为，每人每天要吸入 10 000 升空气，人体有 5.5 亿个肺泡，把它们铺展开来有 200 平方米，而人体皮肤仅为 4.5 平方米。肺泡虽小却对有害气体十分敏感，有很强的吸收能力。人们生活在大气污染的环境里，二氧化硫刺激呼吸道，使呼吸道阻力升高，支气管和肺组织受到损伤，就会诱发慢性支气管炎、慢性鼻炎等。悬浮颗粒物通过呼吸道沉积在肺泡上，这些颗粒物成分复杂，含有多种致癌物，随着血液循环，致癌物就会被带到人体的其他组织和器官。由于大气圈的破坏，大气环境中各种有害物质浓度严重超标，致使肺癌的发病率一直呈逐年上升趋势，有些地区甚至成为恶性肿瘤的高发区。

1. 空气污染

人类随时都需要吸进新鲜、清洁的空气以维持生命，所以空气中如有污染物，就能很快进入体内，影响健康。我国每年往大气中排放粉尘总量约 2 230 万吨，仅二氧化硫就高达 1 800 万吨。

在人类社会里，燃烧作用十分重要，如工业生产、交通运输、炊事、取暖、吸烟等都需要燃料的燃烧，许多有机废弃物、医院废弃物的无害化处理也需要焚烧，军事演习、卫星发射等更需要燃料的燃烧。这些燃料经燃烧后会产生各种有害物质。在各种燃料中，煤的燃烧引起的污染最严重，它燃烧的主要产物是颗粒物和二氧化硫，这也是造成大气污染的两个主要污染物。其他常见的还有一氧化碳、二氧化氮、二氧化碳等。煤燃烧之后产生的煤灰、煤烟等主要颗粒物中含有很多致癌物，其中最常见的是苯并芘，这是一种强致癌物。经专家研究，煤焦油中就含有这类致癌物。

2. 水质污染

水是人类生活和生产中不可缺少的基本物质之一。现在世界上许多国家的城市，由于工业膨胀、人口猛增、人均用水量的提高以及一些水源受污染而出现水荒。水质污染是城市生态环境中一个重大的问题。工业生产产生的大量不能分解的物质，其中有些就具有毒性，特别是像氰化物或汞、铅等无机物质。这些工业废物堆积在地面上，通过渗透作用而将毒物渗入地下水或流进邻近河流，从而造成水质污染。据统计，当前世界上每年排入水系中的工业废水约 4 200 亿吨，这些废水所造成的污染相当严重。如城市废水使美国 52 条主要河流和五大湖泊遭到污染，俄罗斯的废水污染每年造成的损失达 66 亿美元。据我国对 87 条河流的调查，受到一种以上有害物质污染的有 54 条，污染严重的 14 条。长江某段，曾经由于一个工厂的废水，形成了一条宽 150 米、长 23 公里的污染带。

工业废水中的重金属，如汞、镉、铅，化学物质如氯联苯和酚、氰化物，以及农药中的 DDT、六六六，被认为是水质污染中最重要的毒物。氯联苯和酚是多种废水的主要成分，主要来自炼油、炼焦、合成树脂、木材防腐、造纸等工业生产。这种污水若被饮用，就会引起急性中毒，出现头晕、头痛、恶心、腹泻、皮肤瘙痒等症状。氰化物主要来自冶金、电镀、选矿、化工、合成纤维等工矿企业产生的废水。氰化物急性毒作用很强，有致命危险。主要原因是氰化物进入细胞后破坏了细胞内的呼吸酶,使细胞失去呼吸功能,造成细胞缺氧而死亡。慢性中毒主要表现为神经衰弱综合征或甲状腺肿大。砷化物主要来自冶炼、农药、木材防腐、颜料、制药等工矿企业的生产废水。砷化物有较多种类,毒性最大的是三氧化二砷,又称"砒霜",急性中毒主要表现为恶心、呕吐,剧烈腹痛、腹泻等症状。硝酸盐主要来自生活污水及含氮肥料的生产和使用。硝酸盐本身毒性不大,但很容易被某些细菌还原成亚硝酸盐。亚硝酸盐的毒性很大,能与血红蛋白结合形成高铁血红蛋白,影响血红蛋白的正常带氧功能,严重时能使人缺氧而死。

生活污水和农用化肥,都可导致水源水质的有机物含量过多,使水中氨化物、氯化物、磷酸盐、油污等增多而形成富营养化的水质,使得藻类增生,造成水质恶化,不能作为自来水水源。

3. 噪声对人体的危害

在人们生活环境中不协调的、吵闹的或不需要的声音,统称为噪声。声音的强弱大小,一般以分贝为单位来衡量。关于分贝大小的感性概念,可见表1-4-1所示:

表1-4-1 人体对声音的感受

噪声/分贝	0~20	20~40	40~60	60~80	80~100	100~120	120以上
人体感受	很静	安静	一般	吵闹	很吵闹	难忍受	痛苦

从表中可知,60~100分贝为吵闹声,如公共汽车、火车、摩托车、电视机声等;100~120分贝为烦人的声音,如110分贝的纺织机、114分贝的压路机、120分贝的凿岩机;120分贝以上为令人难受、痛苦的声音,如发射声为160分贝的导弹等。

噪声污染对人的健康影响较大,它可使正常人出现听觉疲乏、耳鸣、耳痛、言语听力损伤,严重的可造成不可逆的耳聋;还能引发心、脑血管疾病,引起消化系统紊乱、内分泌失调等。噪音还可对神经、精神系统造成影响,接触噪声的人会出现头晕、头痛、失眠、多梦、全身乏力、胸闷、平衡失调等症状,有的还会出现精神障碍。强噪声地区的交通事故、工伤事故比一般地区多,而且居住在这些地区的儿童,智力发展普遍低于正常水平。

随着现代工业的发展,噪声问题也日益严重。据统计,城市中的噪音来自交通工具的占75%,来自工业生产的占9.8%,来自公共活动的占14.4%。

为了更好地控制噪声,我国原卫生部和国家劳动总局曾制定一个标准,以限制工业企业中噪声强度。标准规定:噪声强度容许值为85分贝,不得超过90分贝;接触时间不足8小时,容许值可适当放宽。

4. 高温对人体的影响

气温的高低取决于季节、地区和各种热源散发在空气中热量的多少,如果生产环境内产生的热量超过了所能排出的热量,就能使气温升高。在生产环境中,高温来源主要为车间内的各种热源,如高温炉、加热的钢锭、铸件等物体,生产中使用的各种热溶液和化学工业中的放热等。另外，高温还源于太阳光的辐射。

高温对人体的影响主要表现在影响体温调节和水盐代谢。体温升高和水盐代谢紊乱会导致循环系统和消化系统的功能失调。在高温、热辐射环境下工作，会使人的中枢神经系统受到抑制，注意力不集中，共济失调，反应迟钝，动作的准确性降低，致使工作能力下降，易发生工伤事故。

5. 土地的污染与退化

土地哺育着人类，人类却无休止地向土地倾倒各种有毒有害的废弃物，致使全球的可利用土地资源越来越少。除地质中的有害物质外，工业生产中的种种有害物质对土地的污染也不少。污水随处排放，使用农药等都会直接对土地造成污染。

土地中的有害成分来自两个方面。一方面来自地质本身，另一方面来自人为的污染。地质中的有害成分，如砷化物、硝酸盐等可以通过地下水影响人体健康。另外，还有一些放射性物质，可以直接作用于人体。氡元素除了可以从某些建筑材料中释放出来以外，还能从土地中直接释放。如果房基地中含有较高水平的镭、铀等放射性物质，就会蜕变成氡释放到房屋中来。在这种情况下，房屋内氡的浓度分布有一个特点，就是越靠近地面的空气中，氡的浓度越高，楼房层数越高，氡浓度越低。美国科学家曾经做过研究，通过大数量人群的流行病学调查，发现居住在靠近地面的居民中的肺癌发病率高于住在离地面较高的居民。这说明氡的浓度与肺癌具有一定相关性。

工业生产过程中的种种有害物质污染了土地，事后这片土地上又住上了居民，这极易引起各种急、慢性中毒事件。曾经有一个街道小化工作坊，在生产过程中污染了土地。若干年后，作坊迁走，房屋供人居住，逐渐发现该地居民癌症发病率增加。由此可见，居住区用地的选择是何等重要，尤其是建造住宅的房基地，必须确保用地的清洁无害。所以，在决定使用土地前，一定要了解这片土地的既往使用历史，以便及早妥善安排。

在生产、生活过程中必须严格管理污水排放，各类废水的排放都得通过管道排放到固定的处理场所。否则，各种病原体或有毒化学物质就会污染土地，对人体健康构成威胁。含粪污水中含有大量致病微生物和寄生虫卵，如霍乱菌、伤寒杆菌、肝炎病毒、蛔虫卵、钩虫卵等。人们在污染的土地上活动，接触了这种土地，就会感染上疾病。尤其是在阴暗潮湿的地区，得不到日光来进行杀菌，污染更为严重。在温热地区的农村，如果粪便到处污染，当地的蛔虫感染率和钩虫感染率就会增高。

将有毒生产废水用于农田灌溉，农作物就会受到污染，人们食用了这类被污染的农作物，就会受到各种危害。有的灌溉区内居民的健康状况明显受到影响，肝肿大、慢性胃炎、胃癌、恶性肿瘤、先天畸形发生率均明显增高。

6. 居住环境对人体的威胁

居住环境包括室内环境和居住区环境以及工作区的环境。

建筑物为人们创造了室内环境。人们约有80%的时间是在室内度过的。尤其是老、幼、病、残、孕等体弱人群,在室内生活的时间更多。还有学生在教室学习的时间也较多,室内空气质量的好坏,对他们更为重要。如果在建筑、装饰过程中使用的材料和化学用品释放出有害气体,就会直接威胁人们的健康。

在高分子合成的建筑材料中,脲醛树脂制品释放的甲醛量最大。脲醛树脂隔热性能好,往往用作房屋的保暖材料,致使住房内的甲醛含量严重超标,有的每立方米为4~8毫克。而空气卫生标准只容许0.13毫克/立方米,室内不得超过0.08毫克/立方米。许多家用装饰物,如某些化纤地毯、油漆涂料、塑料地板革、地板砖、压制板家具等都会释放一定量的甲醛。装修面积越大,甲醛浓度越高,众多居住者的健康由此而受到影响。轻者感到刺激、流泪、咳嗽、胸闷、胸痛、头痛、口干、咽喉干、眼睛干,产生皮肤过敏、哮喘,重者引起中毒性肝炎。

7. 家用电器对人体的作用

随着社会物质生活的不断丰富,各种家用电器进入寻常百姓人家。除了电冰箱、电视机、录像机、家庭影院以外,还有微波炉、电烤箱、电热毯、电脑、空调等。

大多数家用电器使用时会产生电磁场,但都是低功率的,一般只有50~60赫兹,属于极低频电磁场。这种磁场对人体健康是否有影响,目前尚处于研究阶段。有的研究发现,长期处于极低频电磁场的人,可能产生精神抑郁,可能引起孕妇流产,还有可能引发白血病。但这些至今都还没有进行科学的论证。我们在使用时应加强预防措施,尽量不要同时使用多种电器,尽量与使用着的能产生磁场的电器保持一定距离,不要靠得太近。

8. 居住区的卫生

我国自20世纪90年代以来,人们的居住环境发生了极大的变化,各大城市高楼鳞次栉比,迁到新居的家庭大都进行了装饰,以美化自己的小环境。但是建筑物的日益密集,车辆的显著增加,使空气变得更污浊,噪声明显升高,人们的健康又面临着新的威胁。

居住区空气污染来自工业生产、交通运输所产生的废气以及取暖锅炉的烟气。这些排放废气的污染源与居民住宅区之间应适当保持防护距离,废气排出前应有必要的净化措施。同时,对居住区的公厕、垃圾箱、各楼房的垃圾通道和垃圾储存室,应及时清扫。在城市内就地燃烧垃圾和树叶会严重污染空气。所以,垃圾应及时收集、清运,加强管理,减少有害物的排放,减轻燃烧对空气的污染。

城市居民最好不要饲养家禽家畜,如鸡、鸭、狗、猫等,因这些动物的皮毛内常常蓄积有大量的病原微生物,与人接触后,极易给人带来危害。动物的粪便也是造成污染的来源,有时还会成为传染病流行的媒介。

应重视居住区环境的绿化。绿地可提供新鲜空气,居民在此可自由活动、锻炼身体、吐故纳新,弥补居住拥挤、室内无阳光、室内空气不新鲜之不足。居民区的环境除草地之外,还应植树,因树木不仅能吸收二氧化碳、呼出氧气,还能吸收二氧化硫、二氧化氮等其他多种有害气体,是天然的污染净化物。

人类与外环境是相互连通的。人类外环境除了大气、日光、水、土壤、食物等无生命环境以外,人类与其他生物之间也有着密切的联系,如地球上的氧气就是绿色植物的光合作用制造出来的。大量的二氧化碳也要依靠绿色植物吸收进行转化。另外,许多植物不仅是人类的食物来源,而且也是供人类观赏游览的主要景物。

总之,现代人们已明显感受到环境污染问题带来的危害:气温增高了;空气愈来愈污浊;饮水越来越不洁净;环境污染导致癌症患者和死亡增多了,新生儿畸形和残疾增多了;生态破坏日益加重,人类安全受到严重威胁。

环境问题是制约社会经济持续发展的最重要因素。环境污染不仅威胁人类健康生活,而且严重制约经济发展。各国报告指出,环境污染造成的直接经济损失占国民经济总产值的1%~9%。据有关专家估算,我国每年环境污染和生态破坏所造成的经济损失为6 100亿元人民币;控制污染的支出同样是一个巨大的数字;世界环境保护产品的商品值达3 000亿~6 000亿美元;环保设备的安装和运转,也需要大量资金投入。环境问题已成为一个重要的经济问题。

我们一定要保护好我们的地球。在物质文明高度发展的时代,我们要保持身心健康,一方面要重视自我保健,另一方面也要重视环境保护,要遵守公共卫生规则,要按照法规办事。无论是个人或集体,都应该爱护我们赖以生存的环境。

二、心理健康与社会适应

(一) 心理健康的维护

1. 加强高职院校学生心理健康教育工作,提高对健康重要性的认识

创建高职院校学生心理健康教育的学科体系,开设专门的心理健康教育课程,加强学生心理意识的引导和人格教育,可使学生学会运用心理学方面的知识进行自我调适,保持心理平衡,促进身心健康。因此,应进一步加强高职院校学生的心理健康教育工作,多开设心理健康知识讲座、观看心理视频资料等;通过多种渠道了解心理健康知识,提高对健康重要性的认识。

2. 调节情绪,保持心理平衡,以良好的心态对待外界事物

积极的心态是维护心理健康的必要条件,积极良好的心理可形成乐观的人生态度,能承受突如其来的打击和变故,保持机体内外环境的平衡与协调,增强神经系统的调节功能和机体的免疫力。维护良好的外部环境需要建立一个和谐的人际关系,正确处理人际交往问题,自觉适应环境的变化。人际交往可满足人对爱的需要、心理归属的需要、友情的需要和受人尊重的需要,从中实现自我价值。因此,积极的人生态度是维护心理健康的有效手段之一。

> 当你的希望一个个落空,你也要坚定,要沉着!
>
> ——朗费罗

学会调控自己的情绪。自我安慰是改变个人不良情绪的重要方法之一。它是用一种未必能够成立或实现的假设来安慰自己，从而求得心理平衡的方法。例如，你若是被别人误解错怪，你就想："唉！早晚他会知道事情真相的。"这样，你的心情必定能够顺畅多了。在生活中遇到困难和挫折，你应该想："人生不可能是一帆风顺的，谁的一生没有挫折啊？"

> 在我年轻时，我所做的事，十中有九都是失败的，为了不甘于失败，我便十倍努力于工作。
>
> ——萧伯纳

3. 合理宣泄

合理宣泄，是指采取不违法、不违反道德规范、不伤害自己和他人，适当、适时、适地地将内心消极的情绪发泄出来，以缓解、消除不良情绪反应，使心理恢复正常的方法。一些人受挫后，心理上处于焦虑、愤怒、冲动的状态，如果得不到合理宣泄，心中淤积的消极情绪会对身心造成极大的伤害。因此，采取合理宣泄的方式将其释放出来，是一种自我保健的有效措施。

宣泄的方式通常有以下几种：

（1）倾诉。这是最常用的宣泄方式。倾诉的对象可以是自己的亲朋好友、心理咨询热线；也可以是自我，即通过写日记的方式向自己倾诉。不要把痛苦闷在心里，要尝试争取别人的谅解与帮助，这样可以减轻挫折感，增强克服挫折的信心。

（2）自我宣泄。这是指独自一个人时采取的对他人和社会没有危害的发泄行为，如在没人的地方放声大喊或大哭，甚至可以对一些废物进行摔打等。

（3）运动调节。即通过参加某些运动以达到释放消极情绪的目的。遭受挫折后，一般人都会感觉度日如年，这时，要适当安排一些运动项目，尤其是一些比较激烈的、带有对抗性的运动项目，如拳击、足球等运动可以使挫折感转移方向，扩大思路，使内心产生一种向上的激情，从而增强自信心。

正确认识和对待失败也是调节情感的重要手段之一。因此，学校教育中应加强挫折教育，对于失败进行正确的归因。当遭受挫折而产生精神压力和思想负担，引起紧张的情绪时，要采取合理的宣泄方式，松弛紧张情绪。对待自己的一些过失，应采取宽容的态度。只有这样，才能更好地消除消极心理，维护心理健康。

> 成大事者，不恤小耻；立大功者，不拘小谅。
>
> ——冯梦龙

4. 乐于交往，融洽人际关系

人际关系学家丁赞博士曾说："所有的心理适应不良均来自人际关系的适应不良。"在高职院校里，同宿舍舍友之间的心理交往状况，往往决定了一个学生对高职院校生活是否满意。那些生活在没有形成友好、合作、融洽的心理交往氛围里的学生，常常显示出压抑、反感、自我防卫、难以合作的特点，对生活的满意程度较低；而在人际关系比较融洽的宿舍里生活的学生常常表现出愉快、轻松、健康向上的心态，在行为上也注重学习和成就，乐于与人交往和帮助别人。由此看来，良好的人际关系环境对每个人健康发展都是至关重要的。而且，良好的人际关系还有助于增强学生的自信心，降低挫折感，缓解内心的苦闷，宣泄压抑在心中的烦恼和恐惧。因此，每个高职院校学生应积极与同学交往，并与周围的人多交流、多沟通，努力建设一个和谐的人际交往环境。

5. 正确认识和评价自己，勤于学习，提升自我价值

俗话说，人贵有自知之明。一个人只有正确地认识自己，才能在人生的坐标系上找准自己的位置，进而才能确定发展的方向，才能谈得上生活的美好和事业的成功。所以，一个人应对自己有正确的认识和评价，并了解自己的优缺点。勤于学习，不断丰富自己的综合素质和文化内涵，提升自我价值，才能使自己获得更多的机遇，得到发展和自我实现。如果对自己的评价过低，就会形成自卑心理，导致原本能完成的任务都没有信心完成，不能获得成功体验，内心就越自卑，形成恶性循环。相反，如果对自己的评价过高，又会变得自负，常常会"痴心妄想"，同样很难获得成功体验，形成心理疾病。由此可见，正确的认识和评价自己，对于每一个人的成功都有重要作用，为了使自身能更好地发展，提高成功的概率，必须勤于学习，不断提升自我价值。

> 不患位之不尊，而患德之不崇；不耻禄之不伙，而耻智之不博。
>
> ——张衡

6. 积极参加体育活动，利用体育手段增进心理健康

实践证明，经常参加中等运动量的体育锻炼的学生在身体素质、人际交往等方面的健康水平明显高于常人。体育活动是一种人与人之间相互交往的良好形式，能增加人与人、人与社会的联系。通过参加体育锻炼，会使个体的需要得到满足。丰富和发展个体生活方式，有利于消除工作、学习和生活等带来的诸多烦恼，消除精神压力和孤独感。同时，通过学校体育课程教学，可以提高学生的自我责任感、群体责任感和社会责任感，学会尊重他人和关心他人，并以积极的心态关心他人和社会的健康。体育锻炼改善心理环境，增进心理健康，是进行心理健康教育的重要手段。

7. 心理健康测量与评价方法

对心理健康全面测评应包括行为表现（或症状）、人格特征及社会因素三个方面。行为

是心理活动的物质外壳,心理活动的正常或异常往往通过外部行为表现出来。人与外界相互作用同样也会留下痕迹,这个痕迹就是人的心理活动及其行为表现。心理学界常常难以判断"标准的正常健康人",但可以甄别"心理异常人",通过对异常症状的内容、性质及其程度进行分析、评价,来推断心理健康水平,由此形成众多的心理健康测量工具。

由于人的心理健康状况是复杂多变的,因而无论是对个体还是对群体的心理健康状况进行界定时,既要坚持标准,又要灵活掌握。对人的心理健康状况的界定,应以其较长时间内持续的心态为依据,某个心理健康的人,偶尔或暂时出现情绪波动或心理异常应视为正常现象。因此,对心理健康的界定,与其说是健康与疾病之分,不如说是程度上的差异。另外,心理健康的标准应与社会文化氛围相符合,随着社会的发展而发展。在同一时期,不同地区、国家、民族的心理测评常模存在着明显差异,所以其心理健康的划定,就应以所属地区的标准为依据。

在多年心理健康教育与心理咨询的理论研究和临床实践中,国内外不少专家、学者尝试设计和应用了一些测试与筛查大学生心理健康状况、建立心理档案的量表。我们列举了部分量表,供大家参考使用。

心理健康自测问卷

对下列各题做出"是"或"否"的回答,"是"画"√","否"画"×"。

(1) 每当考试提问时,会紧张得出汗。
(2) 看见不熟悉的人会手足无措。
(3) 心里紧张时,头脑会不清醒。
(4) 常因处境艰难而沮丧气馁。
(5) 身体经常会发抖。
(6) 会因突然的声音而跳起来,全身发抖。
(7) 别人做了错事,自己也会感到不安。
(8) 经常做噩梦。
(9) 经常有恐怖的景象浮现在眼前。
(10) 经常会胆怯和害怕。
(11) 常常会突然间出冷汗。
(12) 常常稍不如意就会怒气冲冲。
(13) 当被别人批评时,会暴跳如雷。
(14) 在别人请求帮助时,会感到不耐烦。
(15) 做任何事情都松松垮垮,没有条理。
(16) 脾气暴躁。
(17) 一点也不能宽容他人,甚至对自己的朋友也是这样。

(18) 被别人认为是个爱挑剔的人。

(19) 总是会被别人误解。

(20) 常常犹豫不决,下不了决心。

(21) 经常把别人交办的事情搞砸。

(22) 会因不愉快的事缠身,一直郁郁寡欢,无法解脱。

(23) 有些奇怪的念头老是浮现在脑海,自己虽知其无聊,却又无法摆脱。

(24) 尽管四周的人都在快乐地嬉闹,自己却觉得孤独。

(25) 常常自言自语或独自发笑。

(26) 总觉得父母或朋友对自己缺少关爱。

(27) 情绪极其不稳定,很善变。

(28) 常有生不如死的想法或感觉。

(29) 半夜里听到声响会难以入睡。

(30) 感情很容易冲动。

评分与结果:

每题回答"是"计1分,回答"否"计0分。各题得分相加,统计得分。总得分0~5分,你属于正常的人;6~15分,说明你的精神有些疲倦了,最好能合理地安排学习,劳逸结合,让神经得到松弛;16~30分,说明你的心理极其不健康,有必要请心理咨询专家给予指导,相信你会很快从烦恼中走出来。

心理适应能力自测问卷

提示语:下面的问题能帮助你进行心理适应能力的自我判断,并决定其与你实际情况的符合程度。请认真阅读,然后从每个题目下面所附的三种备选答案中选出一个来。

(1) 我最怕转学或转班,每到一个新的环境,我总要经过很长一段时间才能适应。

  A. 是   B. 无法肯定   C. 不是

(2) 每到一个新地方,我很容易同别人接近。

  A. 是   B. 无法肯定   C. 不是

(3) 在陌生人面前,我常无话可说,以致感到尴尬。

  A. 是   B. 无法肯定   C. 不是

(4) 我最喜欢学习新知识或新科学,它给我一种新鲜感,能调动我的积极性。

  A. 是   B. 无法肯定   C. 不是

(5) 每到一个新地方,我第一天总是睡不好,就是在家里,只要换一张床,有时也会失眠。

  A. 是   B. 无法肯定   C. 不是

(6) 不管生活条件有多大变化,我都能很快习惯。

  A. 是   B. 无法肯定   C. 不是

(7) 越是人多的地方,我越感到紧张。

　　A. 是　　　　　　B. 无法肯定　　　　　C. 不是

(8) 我的期末成绩多半不会比平时练习差。

　　A. 是　　　　　　B. 无法肯定　　　　　C. 不是

(9) 全班同学都看着我,心都跳出来了。

　　A. 是　　　　　　B. 无法肯定　　　　　C. 不是

(10) 对他(她)有看法,我仍能同他(她)交往。

　　A. 是　　　　　　B. 无法肯定　　　　　C. 不是

(11) 我做事情总有些不自在。

　　A. 是　　　　　　B. 无法肯定　　　　　C. 不是

(12) 我很少固执己见,常常乐于采纳别人的观点。

　　A. 是　　　　　　B. 无法肯定　　　　　C. 不是

(13) 同别人争论时,我常常感到语塞,事后才想起该怎样反驳对方,可惜已经太迟了。

　　A. 是　　　　　　B. 无法肯定　　　　　C. 不是

(14) 我对生活条件要求不高,即使生活条件很艰苦,我也能过得很愉快。

　　A. 是　　　　　　B. 无法肯定　　　　　C. 不是

(15) 有时自己私下里明明把材料背得滚瓜烂熟,可在当众背的时候,还是会出错。

　　A. 是　　　　　　B. 无法肯定　　　　　C. 不是

(16) 在决定胜负成败的关键时刻,我虽然很紧张,但总能很快使自己镇定下来。

　　A. 是　　　　　　B. 无法肯定　　　　　C. 不是

(17) 我不喜欢的东西,不管怎么学也学不会。

　　A. 是　　　　　　B. 无法肯定　　　　　C. 不是

(18) 在嘈杂混乱的环境里,我仍然能集中精力学习,并且效率很高。

　　A. 是　　　　　　B. 无法肯定　　　　　C. 不是

(19) 我不喜欢陌生人来家里做客,每逢这种情况,我就有意回避。

　　A. 是　　　　　　B. 无法肯定　　　　　C. 不是

(20) 我很喜欢参加社交活动,我感到这是交朋友的好机会。

　　A. 是　　　　　　B. 无法肯定　　　　　C. 不是

评分规则:

(1) 凡是单数号题(1,3,5,7……),选"是",得0分;选"无法肯定",得1分;选"不是",得2分。

(2) 凡是双数号题(2,4,6,8……),选"是",得2分;选"无法肯定",得1分;选"不是",得0分。

(3) 将各题的得分相加,即总得分。

结果解释：

30~40分：心理适应能力强。能较快地适应新的学习、生活环境，与人交往轻松、大方，给人印象好。无论进入什么样的环境，都能应付自如。

29~34分：心理适应能力良好。

17~28分：心理适应能力一般。当进入一个新的环境，经过一段时间的努力后，基本上能适应。

6~16分：心理适应能力较差。依赖于较好的学习、生活环境。一旦遇到困难，则易怨天尤人，甚至消沉。

5分以下：心理适应能力较差。在各种新环境中，即使经过相当长时间的努力，也不一定能够适应，常常因与周围环境格格不入而十分苦恼。在与他人交往中，总是显得拘谨、羞怯、手足无措。

挫折承受能力自测问卷

指导语：每个人的生活中都会不同程度地受到挫折，但人们在受挫折后恢复的能力却各不相同。有些人弹性十足，有些人受挫后一蹶不振，而大多数人则介于两者之间。下列问题可以测验出你应对困难的能力。在回答这些问题时，请你用"同意"或"不同意"作答，同意画"√"，不同意画"×"。回答愈坦白，愈能测验出你的受挫弹性。

(1) 胜利就是一切。

(2) 我基本上是个幸运儿。

(3) 白天工作不顺利，会影响我整晚的心情。

(4) 一个训练了两年还名列最后的球队，应退出比赛。

(5) 我喜欢雨天，因为雨后通常是阳光普照。

(6) 如果某人擅自动用我的东西，我会气上一段时间。

(7) 汽车经过时溅了我一身泥水，我很生气，但一会儿就气消了。

(8) 只要我继续努力，我便会得到应有的回报。

(9) 如果有流行性感冒，我常是第一个被感染的人。

(10) 如果不是因为几次霉运，我一定比现在更有成就。

(11) 失败并不可耻。

(12) 我是有自信心的人。

(13) 落在最后，常叫人提不起竞争心。

(14) 我喜欢冒险。

(15) 假期过后，我需要好几天才能进入工作状态。

(16) 遭遇到的每一次否定都使我更进一步接近肯定。

(17) 我想我一定受不了被解雇的羞辱。

(18) 如果向我爱的人求婚被拒绝,我一定会精神崩溃。

(19) 我总是忘不掉过去的错误。

(20) 我的生活中,常有些令人沮丧、气馁的日子。

(21) 负债累累的光景叫我寒心。

(22) 我觉得要建立新的人际关系相当容易。

(23) 如果周末不愉快,周一便很难集中精力学习和工作。

(24) 在我生命中,我已有过失败的教训。

(25) 我对受辱很在意。

(26) 如果聘任职务失败,我还会愿意尝试。

(27) 遗失了钥匙会令我整星期不安。

(28) 我已达到能够不介意大多数事情的地步。

(29) 想到可能无法完成某项重要事情,会使我不寒而栗。

(30) 我很少为昨天发生的事情烦心。

(31) 我不易心灰意冷。

(32) 必须要有50%以上的把握,我才敢冒险把时间投资在某件事上。

(33) 命运对我不公平。

(34) 对他人的恨会维持很久。

(35) 聪明的人知道什么时候该放弃。

(36) 偶尔做个失败者,我也能坦然接受。

(37) 新闻报道中的大灾难,使我无法专心工作。

(38) 任何一件事遭到否决,我都会寻求报复的机会。

评分标准及说明:

上列问题列入"不同意"者为1、3、4、6、9、10、15、17、18、19、20、21、23、24、25、27、28、29、32、33、34、35、36、37,其余为"同意"。

依照上列答案,相符者得1分,相反为0分。

如果你只得到10分或更少,你就是那种易被逆境、失望或挫折所左右的人,你易于把逆境看得太严重,一旦跌倒,要很久才能站起。这类人不相信"胜利在望",只承认"见风使舵"。

如果你的总分为11~25分,在遇到某些灾祸或逆境的时候,往往需要相当长时间才能振作起来。不过这类人却能找到很多的技巧和策略来获取个人利益。

如果你的总分高于25分,则显示你应对逆境的弹性极佳。逆境对你虽然会造成伤害,但不会持久。这类人在情感上通常相当成熟,对生活充满热爱,他不承认有失败,即使一时失败,仍坚信有"东山再起"的一天。

(引自:韩延明. 大学生心理健康教育[M]. 上海:华东师范大学出版社,2007.)

（二）社会适应健康的维护

社会适应是社会学和心理学领域分析个体生存发展状况和针对社会环境进行适应性改变的重要内容，是世界卫生组织评价个体健康的重要指标。社会发展对社会适应影响深远，作为个体与人文社会环境的互动过程，社会适应在急剧变动的社会中会变得更为复杂和艰难。为此，我们有必要探讨如何维护社会并适应健康。

1. 积极参加体育活动，增强社会适应能力

积极参加体育活动，能提高人际交往能力；通过活动过程中的团结协作，能增进同学之间的友谊，加强人与人之间的沟通，尤其是课外体育活动。体育课外活动是高校体育教育的第二课堂，充分利用好这个平台，是学校创建校园文化乃至和谐校园的重要途径。良好的体育课外活动是帮助学生实现自我教育、自我管理、自我服务和建立起良好的自我评价体系的方式，更是学生提高素质，培养综合能力和增强社会适应力的重要途径。

2. 加强社会适应教育，提高社会适应能力

在高职院校的学习阶段是学生们彻底脱离家庭、全面走向社会的开始，学校是连接家庭和社会的桥梁。在这一阶段，学生必须完成从基本理念认知到实际生活观念准则形成、从基础知识训练到职业技能培养的重要转化，还要学会独立进行自身心理调整以及复杂人际关系的处理，并能从家庭、学校相对单纯的角色扮演过渡到胜任在社会系统中的自我定位与发展。凡此种种，都需要高职院校担负起教育、引导和支持的重大责任。在我们的教育体系中，需要增加社会适应性教育这一环节和内容。要有效引导学生对具有特殊性的中国国情进行学习、认识和理解，尤其要让学生了解社会发展实际，清醒地认识自我，并在此基础上帮助学生形成正确的价值观、职业观，做好择业、就业准备。大学生活，应成为造就成熟社会角色的重要经历。

3. 学生自身要淡化精英意识，接受社会选择，合理定位

学生个人要淡化精英意识，接受社会选择；要面向社会和大众，合理定位，有意识地进行自我培养和训练。良好的社会适应，总是以恰当的社会认知和自我定位为前提，通过有效地融入现实生活、胜任社会角色来实现的。在今天这样一个快速多变的现代社会，每个人都可能要面对与以往完全不同的境遇，没有人能从被动教育中获得所有需求，只能是自己去思考、认知和应对。对此，每个大学生都需要做好面对现实的充分的心理准备，而加强综合素质训练是提高自己竞争力的关键。

（三）道德健康的维护

1. 注重诚信

儒家以诚信作为实现道德理念和教化百姓的动力，其目的是加强个人的思想道德修养，重德性、自律，培养"内圣外王"的品格。诚信要求"是即是，否即否"，而不能口是心非，前诺后违。孟子和荀子都讲诚信，他们认为人的道德行为应表里如一，不一就是不诚。由此，诚信是指真心实意地履行道德的信念。践行诚信，有很高的社会价值。所以孟子说："反身而诚，

乐莫大焉。"荀子也重视诚信。《荀子·不苟》中说："君子养心莫善于诚,至诚则无它事矣,唯仁之为守,唯义之为行,诚心守仁则形,形则神,神则能化矣。"又说："天地为大矣,不诚则不能化万物;圣人为知矣,不诚则不能化万民。"可见,诚信是自古以来维护道德健康的重要原则之一,因此,要想拥有道德健康,首先要做到讲诚信。

> 人在智慧上应当是明达的,道德上应该是清白的,身体上应该是清洁的。
>
> ——契诃夫

> 应该热心地致力于照道德行事,而不要空谈道德。
>
> ——德谟克利特

2. 加强敬业精神教育,树立正确的人生观和价值观

坚持"无私奉献,为人民服务"是当代高职院校学生的人生追求,也是他们实现人生价值的动力源泉和精神支柱,绝不能"以个人为中心,以私人利益为半径画圆"。学生是国家未来的建设者和接班人,也应该是同龄人中思想境界较高,知识水平渊博的人群。因此,他们更有义务和责任树立远大志向,培养乐观向上的生活态度和坚韧不拔的意志品质。同时,要让他们学会以积极的眼光看待周围的事物,看待他人和自己,树立利他精神,在帮助别人、奉献自己的过程中不断树立正确的人生观。

> 良心是由人的知识和全部生活方式来决定的。
>
> ——马克思

(四)营养健康的维护

科学合理的膳食是保证营养均衡的关键。在日常生活中,每天的膳食必须保证糖类、蛋白质、脂类、矿物质、维生素等人体所必需的营养物质的摄入。同时,还应当注意克服两种不良的膳食倾向:一是食物营养和热量过剩;二是为了减肥或美容而节食,以致食物中某些营养素和热量不足。具体地说,学生每天需要约 6.3 kJ 的热量,学习任务重或经常坚持体育锻炼者则需要 8.4 kJ 的热量,不断补充营养才能确保精力充沛(图 1-4-2)。

1. 合理的营养素

我国现有越来越多的在校学生存在营养不良问题。那么,什么才是身体需要的,什么才是恢复健康和保持健康的食品呢？身体需要的营养素有:维生素、矿物质、氨基酸、氧气、水、阳光和燃料(热量)。除了水、空气和阳光以外,保持细胞健康的必要营养素一定要从你所吃的健康的植物和动物食品得来。通常吃大自然直接提供的不经加工的新鲜的食物为最佳。

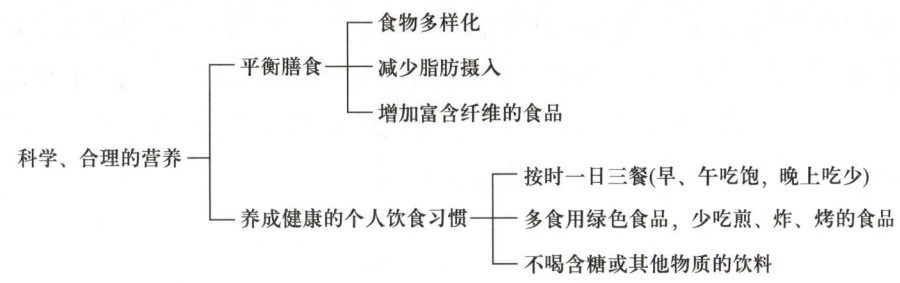

图 1-4-2　科学、合理的营养

但是,目前我们所吃的食物大多是煮熟的、风干的、磨碎过的、罐装的、水解的、辐射过的或以其他方式改变过的。因此,这些食物缺乏基本的营养素。如今,人们是既营养不够,又因暴饮暴食、缺乏运动而体重超重。当人们进食真正的、营养丰富的食物(含比较低的卡路里)时,便会得到身体所需要的营养素,因此也就可能不会对食物贪馋了。

遗憾的是,如今超重的人们通常会减少食物的摄入,而不去对所吃的食物种类做任何改变,这会导致营养不良的加重,因而会有更强的食欲。由于身体缺乏营养素,疾病就会接踵而来。

虽然同学们受着高等教育,但见,许多同学却不会选择食物,因此造成营养不良。

所以,我们必须注意,进食的生物目的是在每天的基础上给我们的细胞提供它们所需的营养素。吃进什么,就吸收什么,生命和健康决定于所选择的食物,吃大自然所提供的活生生的"真正的"食物,以及服用高质量的维生素补充剂是十分重要的。

我们还必须注意,不能多吃含盐量高的食物,因过多的钠进入细胞里,易打乱身体的钠钾平衡。多余的钠会干扰细胞的能源生产,引起疲劳。钠会紧紧地附着在水分子上,所以,当很多的钠进入细胞的时候,更多的水也会随之而入。水滞留会提高血压,因而导致体重增加。食用过多的盐还会引发癌症和癌转移、心脏病、卒中、肾病、支气管炎和肾结石等疾病。

过多的糖类易破坏我们免疫系统的细胞,会导致维生素、矿物质和荷尔蒙失去平衡,使我们容易患上伤风、感冒、蛀牙、糖尿病、骨质疏松、癌症、关节炎和心脏病等一些疾病。可以说没有节制地吃糖就是一步步走向死亡。

另外,要避免吃机械化饲养的动物及其制品,如鸡本应在充满阳光和新鲜空气的室外饲养,应该吃自然的、活的虫子等食物。而机械化饲养的鸡却被圈养在笼子里,得不到运动和阳光,喂的是处理过的鸡饲料。这些鸡缺乏营养,几乎全是不健康的,甚至患有癌症等疾病。当你吃了这种鸡的肉和蛋之后,你的细胞还会健康吗?猪也一样,如果喂养的全是回收废料制成的饲料,这种饲料本身就是毒素,再加之催长素、催肥素等,你想想,这样的肉吃下去身体能健康吗?毒素是从体外被带入我们身体之内的或者是那些在我们身体内部制造出来的某种物质,它是细胞出故障的两大原因之一,也是疾病的两个起因之一。为了预防或逆转疾病,我们必须限制自己与毒素的接触。

经营养学家研究证实,人体需要的营养素有40余种,学生通过摄入各类食品来补充机体热能消耗。如果人体内一旦缺少哪种营养素或者哪种营养素过剩,都会引起生理功能失调,以致身体的健康受到影响。据科学证明,人体健康生存必不可少的营养素主要有蛋白质、脂类、糖类、无机盐、维生素、水和食物纤维等(表1-4-2)。

表1-4-2 人体所需营养素和生理功能及食物来源

营养素成分	主要功能	食物来源
蛋白质	人体细胞、激素、酶、抗体的主要成分,也可提供热能	动物性蛋白:肉、鱼、蛋、奶 植物性蛋白:大豆、米、面、杂粮、坚果以及豆腐等豆制品
糖类	人体最重要的热能来源,参与构成机体组织	谷类、薯类、干果、炒货以及各种点心
脂类	人体细胞的重要成分,供给热能,维生素的载体,合成激素	油类、禽肉类以及奶类等食品
无机盐	构成人体组织的原料,维持和调节生命活动	铁:动物肝脏、瘦肉;钙:牛奶;碘:海鲜与海产等
维生素	构成辅酶,参与新陈代谢,如缺乏会导致疾病	蔬菜、水果、动物肝脏等
水	占人体质量70%,物质代谢的载体,各关节活动的润滑剂	白开水、纯净水、过滤水
膳食纤维	促进胃肠蠕动,预防便秘和结肠癌;降低餐后血糖,预防糖尿病	各种粗粮、蔬菜、水果

2. 平衡膳食

根据人体需要,以及对年龄、性别和工作性质的考量,每人每天应食用300~500克谷类食物、400~500克蔬菜、100~200克水果、奶制品100克、肉类50~100克、海鲜类50克、蛋类25~50克、干果类30~50克、油盐类25克、水1 200毫升(图1-4-3)。

膳食方面必须多吃蔬菜、水果和薯类食品;多吃谷类食品,粗细粮搭配;吃新鲜卫生的食品,不吃变质食品;多吃含铁和维生素C的食物;每天饮用1 200毫升饮用水,勿喝带糖类碳酸饮料;减少烹调油用量,吃清淡少盐食品;常吃奶类、豆类、鱼、禽、蛋和瘦肉食品;保持饮食不过量,坚持每天运动,以保持正常体重;不抽烟、不喝酒、早睡早起。

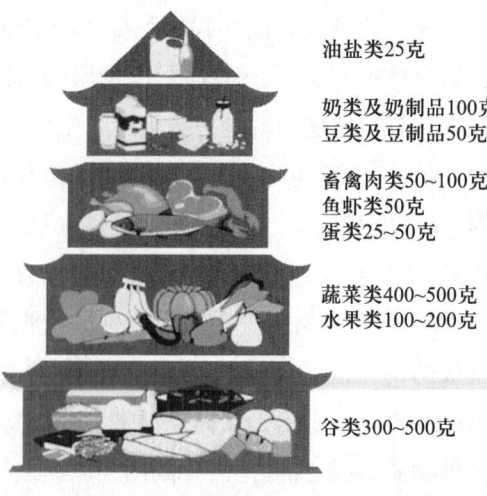

图1-4-3 平衡膳食宝塔

（五）高职院校学生和蓝领工作人员的营养与膳食

高职院校学生由于每天课时较多,加之实习等校外活动,大脑处于高度紧张状态,神经细胞能量消耗多,需氧量增加;还有参与体育课和课外体育活动训练等,体能消耗较大,需要营养的补充。一般男生每日约需 2 900 卡,而蓝领则需 3 200~3 500 卡;女生每日约需 2 500 卡,蓝领约需 2 900 卡。在进食时,应注意增加肉、蛋、奶、豆类、水果、蔬菜等食物,多吃含纤维素高的食物,如胡萝卜、芹菜、荠菜、枸杞、番茄等;少吃高脂肪、高糖的食品;饮食必须定时定量,每餐进食以七八分饱为宜;注意不要偏食,因偏食极易导致营养缺乏;零食不能当正餐,更不能妨碍正餐的摄入;尽量不要食用街头的煎、炸、烧烤食品,因其极易诱发癌症。由于身体的大部分是由水构成的,肾脏需要水来排泄水溶性的毒素。水在人的身体中不断地流动,它必须频繁地被更换来保持它的纯洁度。所以一个人每天必须摄入 1 500 毫升以上的水,以保持体内充足的水分。青少年绝不可用碳酸饮料替代日常补充水的主要来源,以防诱发肥胖、骨质疏松、龋齿等疾病。

复习与思考

1. 简述身体、身体学、身体运动的概念。
2. 你了解身体素质的内涵、外延及结构吗?
3. 简述健康的基本概念和内涵。
4. 如何选择健康？如何建立良好的生活方式？你对自己的健康负责吗？

第二章
体育文化与体育教育

党的二十大报告提出,在全社会弘扬劳动精神、奋斗精神、奉献精神、创造精神,培育时代新风新貌。体育比赛和训练,可以培养队员团结战斗的集体主义精神,培养"胜不骄、败不馁"良好品质。体育是通过人们的身体来进行的一种实践活动,而文化又是人类在实践过程中获得的能力和创造的成果。因而把体育作为一种文化现象来加以认识的体育文化,也就成为综合全部体育活动的概念和人类体育的一个独特领域。

第一节 体育文化概述

一、体育文化的定义

体育文化可以理解为一个以体育这一核心概念来命名的与体育有关的多种文化的集合。按照对核心概念类文化的认定以及对体育文化概念的理解,所谓的体育文化,至少应该包括体育运动、体育道德、运动训练、体育教育、体育竞赛、体育制度、体育组织、体育器械、体育服装、体育雕塑和体育作品等以体育为核心的人们所创造的与体育直接相关的内容。因此,体育文化是一个综合概念,而不是对某种特殊文化的特指。这一概念以体育为核心,以体育人的心理期待为半径,为关注体育的人们画了一个很有意义的文化圈。而所谓体育文化的定义,应该是由人类创造的,与体育直接相关的,并以体育为核心,包括体育在内的与体育有关的多种文化的综合。

二、体育文化的属性

人类所有的创造物都是文化,人类文化的所有类型或所有分支都有其自身的属性。就体育文化而言,也有其自身的属性。但体育文化的属性更多的是其他很多文化也具备的共性。我们这里要谈的是体育文化的广义属性。要想真正地了解体育文化,不但需要了解其独有的个性,更需要全面地了解其具有的所有属性。

(一) 时代性与创造性

体育文化是文化的一个分支,体育文化的形成与发展和文化的形成与发展一样,都要受到社会经济基础和上层建筑的制约。社会形态领域中的政治、法律、宗教、道德等,能对人的思维方式和行为规范产生最直接的影响和制约,并能表现出符合一定时期社会需要的价值取向。体育文化不是一成不变的,而是在不断地变化和发展的。从这个层面上说,体育文化离不开特定的社会文化背景和社会意识形态。因此,体育文化具有鲜明的时代性。

(二) 竞争性与交融性

竞争是现代体育的灵魂,自然也是体育文化的重要属性。体育的竞争,是指在运动场上由两个或两个以上的个人或集体,在同一规则下争夺同一目标的活动。体育的竞争,不仅仅反映在竞技体育上,还反映在群众体育上。现代体育比赛,不仅比身体、技术和经验,而且比思想意志品质与顽强拼搏精神,是一种全面的竞争。竞争性原则的内涵是,遵循体育文化在教育、发展、教养等各方面相统一的规律,实现发展体能和运动技术的统一。

(三) 群众性与全民性

由于体育文化的娱乐健身功能被越来越多的人所接受,所以在传承和发展过程中形成了相当稳定的群众基础。例如,太极拳、太极剑、秧歌、少数民族舞蹈等这些深受广大群众喜爱的运动,就是极具健身特点的体育娱乐项目。随着社会的进步,人们生活水平的不断提高和人们闲暇时间的增多,许多简单易学、老少皆宜的运动项目变得更加普及,并有了更加广泛的群众基础。

体育文化的全民性,表现为全民对体育文化自发地积极参与。随着社会、经济的不断进步和科学技术的不断发展,人们不断地从繁重的生产劳动中解放出来,有了更多的闲暇时间来积极地参加各种体育锻炼,以达到强身健体、愉悦身心的目的。与此同时,人们还可以通过电视、网络、报纸、杂志等新闻媒体关心体育赛事或者亲身到体育现场观看比赛。这些都表明,体育文化将成为人们生活中必不可少的内容。

(四) 时间性和空间性

体育文化的时间性,表明了体育文化不是一成不变的,而是有着自身的起源、演化和变迁过程的;体育文化的空间性,表明了体育文化的差异性及其文化层、文化群与空间的内在联系。体育文化的形成和发展,不可能脱离历史而单独存在,必然有其源头和流向。一种完善的体育文化,会以其自身的活力、辐射力和引人入胜的魅力,在一定的时空中以"文化圈"或"文化链"的方式传播,从而形成不同的"文化群"或"文化区"。

(五) 多样性和民族性

体育文化的多样性,是指参与的人们由于具有不同的目的、不同的价值取向和不同的参与方式所形成的不同的体育文化形态。就体育文化的内容而言,不仅包括竞技体育,如田径、体操、游泳等,而且包括休闲体育,如轮滑、健美操等;不仅有以个人练习为主的体育活动,如武术等,而就体育文化的形式来说,其多样性的表现更具特色,有物质形式,如体育场馆、运动器材、体育教材、服装等;有制度形式,如各种教学、管理的规章制度和行为准则等;有意识形态,如体育价值、体育精神、体育道德等;还有行为模式形式,如体育课、体育讲座、体育社团、体育展览等。

(六) 开放性和互动性

体育文化是一个开放的体系,而这种开放的特性使得体育文化不断地从外界汲取营养并不断壮大自己。无论什么样的体育文化,只有主动借鉴其他民族、其他地区的体育发展模式,在体育发展观和实践操作上用科学的理论做指导,才能摆脱故步自封、停滞不前的局面。正因为体育文化本身具有开放性,才使得所有的体育文化都成了人类共同的财富。

体育文化本身具有对外选择性互动的特点,这种互动包括对各种文化的吸纳和排斥,这正是体育文化开放性的实质。这种开放强调了选择的过程,而选择这种过程本身就具有互动性。另外,体育文化可以通过体育的激烈竞争去吸引、激励人,同时通过这种激烈的竞争使人与人之间更加团结。体育的发展水平越高,与之相联系的科技、文化渗入就越多,科技和文化渗入的质量和效率也会更高级、更丰富。

三、体育文化的功能

由于共同生活的需要,人类创造出了可以服务于社会大众的文化。文化产生的初衷就是要服务于人,所以,包括体育文化在内的所有文化,必然都会具有不尽相同的功能。

(一) 社会功能

体育文化的社会功能,具体表现为凝聚功能和辐射功能。

体育文化是通过体育这种载体来反映和传播整个社会的某种文化形态,具有无形的感染力、震撼力和凝聚力。在体育文化的熏陶下,很多不同性格的人们可能会形成共同的事业责任感、历史使命感、道德情操和行为习惯。通过集体活动,调动人们的参与热情,从而使每个人都能积极参与。体育文化在建设中具有活跃气氛和增强活力的作用。它所散发出的能量可以激励人们全面发展、积极向上,促使人们团结一致、高度凝聚。在文化建设中,体育文化常常会比很多其他的文化形态更具活力与凝聚力。

(二) 教育功能

体育文化以其特有的内容和形式营造了良好的文化氛围,对于改善人的思想状况和生活观念具有积极的导向作用。

体育文化的教育功能,是通过有目的、有组织、有计划的教学、训练、竞赛以及各种体育文化活动而实现的,其主要方式是传授体育技能、体育知识和体育观念。

其具体形式,是在具体的体育活动中,通过统一的规则、严密的组织、规范的制度或者约定俗成的规定,使参与者在潜移默化中接受教育,并内化其行为习惯,同时将这种精神逐步地内化为个人的思想意识和行为。

以球类比赛为例,开展一场球赛,有助于参与者之间相互交流和信任,并帮助人们逐渐形成一种以集体荣誉为目标的共同价值取向,使参与者将自己与集体融为一体,形成强烈的责任感和使命感。同时还可以体验到集体的温暖和力量,产生进取、催人向上的力量。体育文化中的优胜劣汰原则、公平竞争意识、顽强拼搏精神和创新能力,都能使人们实现精神和价值观的塑造,使个体与社会环境、社会要求之间实现平衡和协调,从而在正确价值观的指导下,对个体体育习惯的形成产生积极的影响。

(三) 情感功能

体育文化的情感功能,具体表现在娱乐功能、陶冶功能等方面。

许多体育活动都兼具娱乐性和休闲性。在现代社会生活中,许多体育运动日益成为人们改善生活方式和提高生活质量的重要内容。它为人们提供了一种积极的、健康向上的生活方式,给人们带来了无穷的乐趣。体育活动项目广泛而丰富多彩,可分为竞技、表演、游戏和休闲等不同形式,这些项目都带有浓厚的娱乐和休闲色彩。

体育文化的陶冶功能,指的是体育文化的良好氛围会在潜移默化中感染和影响着主体,并使之产生共鸣,从而使主体的情操得到陶冶。

(四) 传续功能

体育文化不但可以一代又一代地传续下去,还可以将其承载着的相关的文化也一代又一代地传续下去,这就是体育文化的传续功能。

在体育文化中,民族传统体育文化所体现出来的传续功能最为明显。民族传统体育文化是一种历代传承的文化。现实生活中的民族传统体育文化,绝大多数都是从前人那里承袭而来的。民族体育活动的形式一旦出现,它就会沿着既定的轨迹向前发展。虽然在与其他民族的交融过程中,本民族的传统体育文化会不断吸取其他民族的文化养分来完善自己,但无论进行怎样的交流、交融,自身的文化特点始终都能保留下来。

体育文化的功能还有很多,如心理疏导、社会实践等,这里就不再赘述。

第二节 体育精神与体育教育

体育精神既反映了人体的优美,也展示了人性的崇高,传达出人类面对各种挑战与风险时豁达自信的乐观状态,凸显了人类不愿屈服、蓬勃向上的旺盛生命力。在体育精神中,公平竞争精神保障了参赛者以同等的资格、共同的权力和均等的机会在竞赛中获胜;同时团队精神能有效团结各种力量,从而使体育赛事成为一个吸引世界各国共同参与的大型国际交流平台。

一、体育精神的概念

马克思主义哲学认为,"精神"是指"同物质相对立,和意识相一致的哲学范畴,是人的意识、思维活动和一般心理状态的总称"。所谓"体育精神",是指人们在体育实践活动中形成的,以健康快乐、挑战征服、公平竞争、团结协作为主要价值标准的意识、思维活动和心理状态。此概念中的"健康快乐"指人本精神,"挑战征服"指英雄主义精神,"公平竞争"指公平竞争精神,"团结协作"则指团队精神。换言之,体育精神的内涵主要包括人本精神、英雄主义精神、公平竞争精神和团队精神这4个要素。体育精神的外延,是指近代体育从产生开始发展至今的时间范围。

二、体育精神的主要内容

(一) 人本精神

人本精神是体育精神中最基本的,它以人本主义哲学为其思想和理论基础。体育的人本精神主要包括以下5个方面:重视人的自身价值,重视人的权利、自由和尊严;乐观自信;运动家风范;尊重、理解、友爱。

从实践来看,体育的行为主体是指主动思考、有能动性的人,而体育的客体则主要是指人的"自身自然",自我的身心。从动机和效果来看,体育主要是改善人的身心,开发人的潜在能力和潜在能量,是优化和强化人类自身的实践活动。从内容和形式来看,体育的基本内容和基本形式都是人通过身体练习来完成和表现的。

(二) 英雄主义精神

自古至今,人们一直崇拜英雄、崇尚英雄,也希望自己是个英雄人物。战争年代,凭借赫赫战功就可塑造英雄,而和平年代,英雄却不易造就。体育是战争的仪式化,是无硝烟的战争,容易塑造英雄。体育为人们提供了一个从普通人物转变成英雄的舞台,可以抒发人类向往英雄的心理情绪。在体育中,英雄主义主要包括搏击奋斗、刚毅执着、顽强抗争、奉献上进、挑战征服5个方面。

(三) 公平竞争精神

公平竞争能凸显体育精神。尽管人类大力提倡公平竞争,但在实践中能真正做到公平竞争的,也只有体育。公平竞争精神成为世界各国共同参与体育的重要内聚力量。奥地利动物学家、生理学家和社会学家洛伦兹认为,体育比赛是对人类最有益的一种竞争方式,"是唯一一个当某一国国旗升起时不会引起他国敌视的场合"。

从思想来源角度来考察,近现代体育的公平竞争精神源于中世纪的骑士精神。顾拜旦说:"高贵的骑士精神是一切耐力和纯竞技活动的基础。"他又说:"骑士更加崇尚竞争精神、崇尚出于对于力量的热爱而进行力与力的抗衡,崇尚既勇敢又勇猛的争斗。"换言之,骑士精神崇尚力与力的抗衡,崇尚勇猛争斗。骑士精神被借用、扩展到体育中来,是因为欧洲的骑士主张"公平分配、公平交易"的原则,在品德上还具有勇敢、文雅、胆大和为了"坚持真理,不惜以生命捍卫"的种种美德。这些美德大都被人文主义者继承下来,并很自然地融入欧洲人的社会生活和体育运动之中,它与平等、自由的社会环境共同构成了公平竞争的两个必要条件,即社会广泛的自由、平等和人本身对自由、尊严、正义的追求。

为保证公平竞争精神在体育实践中能真正得到落实,它需要规则意识、自由民主意识、开放参与意识、诚信意识、创新进取意识、科学效率意识与之相匹配。

总之,公平竞争精神保障了参赛者具有同等的资格、共同的权力和均等的机会,即法律面前人人平等。在这种平等的意识里,人的尊严、自由、权利得以公平的展现。

(四) 团队精神

为实现团队的共同利益和目标,需要团队间的互动、协调与配合。团队精神主要包括三个方面:

1. 共为一体

团队与运动员结成高度牢固的命运共同体,团队利益目标与队员利益目标高度一致,队员对团队有强烈的归属感与一体感。比赛胜利,队员都感到光荣;反之,则觉得沮丧或羞辱。无论在物质上还是精神上,队员之间都是共为一体、同舟共济、荣辱与共的关系。

2. 协作互助

队员彼此把对方视作"一家人"。尽管每个队员在赛场上的重要性有所不同,但赛场上每个位置都有其重要性,不可缺失。同时,队员之间能协调配合、相互帮助。任何集体项目要想获胜,团体内的相互配合与协作尤为重要。

3. 尽心尽力

队员在训练和参赛时要全力以赴、尽心尽力、尽职尽责。首先,队员之间要互敬互重、相互宽容。赛场上,前锋与后卫的职责和风格相差很远,但彼此能相互容忍和接纳彼此的差异性,保留和发挥自己的独特性。其次,竞赛中出现过失,都能求同存异、见大义容小过。再次,团队利益优先,为了团队整体利益,队员自愿牺牲个人利益。

三、体育精神的价值标准

价值标准是主体需要和主体利益的表现。价值观念是价值取向与价值标准的统一。价值取向与价值标准的关系,是目的与手段的关系,往往是根据一定的价值取向和价值目标,派生出相应的价值标准。稳定的价值标准是价值观念的主要表现。

体育精神的价值标准是根据体育精神的价值取向,结合体育精神的组成,分别从中提炼、抽取最能代表各自精神特征的关键词语加以汇总后得出的(表 2-2-1)。

表 2-2-1 体育精神的价值标准

名 称	体育精神的价值标准
人本精神	活力、优美、健康、快乐
英雄主义精神	挑战、征服、坚强、勇敢、高超、高尚
公平竞争精神	公正、竞争
团队精神	合作

（一）人本精神的价值标准

人本精神的价值标准是活力、优美、健康、快乐。活力指生命活力,优美指形态优美,健康指身心健康,快乐指享受快乐。

(1) 活力。生命活力是指体力、体能充沛。

(2) 优美。形态优美是指肢体完整匀称,线条流畅,运动姿态优美。

(3) 健康。身心健康是指身体和心理皆健康以及良好的社会适应力。

(4) 快乐。享受快乐是指肉体和精神得到满足。

（二）英雄主义精神的价值标准

英雄主义精神的价值标准是挑战、征服。挑战指敢于挑战困难与艰险,征服指征服人与自然。挑战又分为坚强和勇敢两个层面,坚强指意志坚强,勇敢指行为勇敢;征服分为高超和高尚两个层面,高超指技艺高超,高尚指品德高尚。

(1) 挑战。敢于挑战困难与艰险。

① 坚强。意志坚强,有良好的心理状态,能机敏地应对困难和挫折。

② 勇敢。行为勇敢,有胆量,敢干,行为果断、大胆。

(2) 征服。征服人与自然。

① 高超。技艺高超,技术精湛,超出常人,艺术水准高。

② 高尚。品德高尚,道德品质水准高。

（三）公平竞争精神的价值标准

公平竞争精神的价值标准是公正、竞争。从竞争的角度考察,体育竞赛具有三个特性:平等、自由、规范。因此,体育竞争具有平等竞争、自由竞争、规范竞争等特点。

(1) 平等竞争。要求体育竞争必须是公平、公正、公开的,它严格执行竞赛规则,以保证平等竞争得以实现。只要走上赛场,一切傲慢、偏见、歧视、身份、贫富统统失去效力,只有力量、速度、耐力、敏捷、智慧这类素质在起作用。

(2) 自由竞争。是指系统的开放性,体育对任何人都敞开大门。为了保证体育是自由竞争,必须要有大众的广泛参与,要有自由、民主、开放的意识和环境。

(3) 规范竞争。指体育竞赛是在高度制度化、规范化、标准化、程序化、法制化的条件下进行的。为规范竞争,它要求参赛者具备诚信的道德品质,要遵守赛场秩序和竞赛规程,服从裁判裁决。

（四）团队精神的价值标准

团队精神的价值标准是合作,即团结协作。团队精神主要强调群体内部众多成员之间的相互团结与密切协作。

群体内部与群体之间的行为规范也就是社会的伦理规范。体育是以社会公正和社会正义为前提开展竞赛的。公平竞争精神和团队精神就是以公平、公正为前提开展的竞争与合作。如果只有竞争,没有合作,则是一个消极的、恶性的、破坏性的体育竞争;如果只有合作、没有竞争,则是一个低效的、无生气的运动实践。体育既有竞争,又有合作,它是在公平、公正、公开的基础上进行的公平竞争与合作互惠,因而体育竞赛是一个高效的、积极的、建设性的良性竞争。体育竞赛不仅展现了竞争的激烈与残酷,也呈现出激烈中的和谐、争斗中的平衡。

四、体育精神的核心

体育精神的核心是超越,超越不仅可表现为超越自我,追求更完美,而且超越有不同的层次和方向。在西方哲学上,超越有"横向超越"和"纵向超越"之分。

体育精神的超越,可总体概括为:超越自我,追求成功;超越有限,追求无限。超越自我和超越有限,在超越的方向和层次上有所不同。超越自我,追求成功,是横向超越;超越有限,追求无限,是纵向超越。

体育精神的超越还可从不同的角度和层面去理解。①超越自我,追求卓越,追求成功;②超越对手,超越纪录,追求第一,追求极限;③超越平凡庸俗,追求伟大崇高;④超越不完美,追求完美;⑤超越束缚,追求自由;⑥超越现实,追求未来;⑦超越人性的弱点,追求无私无畏的英雄气概;⑧超越种族、地域、国家,追求人类共有的人性、人类的美和尊严,追求人类共同的价值(友谊、爱、正直、真诚、正义、进步、和平等);⑨超越肉体、死亡和有限的生命,追求生命的存在、生命的永恒;⑩超越有限的时空,追求无限的时空、追求无限、追求永恒。

五、体育教育

一般而言,体育教育是教育的组成部分,是通过身体活动和其他一些辅助性手段进行的有目的、有计划、有组织的教育过程。体育教育本身是一个完整的体系,分为普通体育教育和专门体育教育两大类,其基本特征是突出教育性和教学性。体育教育以教学为主要途径,以课堂教学或专门性辅导为主要形式,以身体练习和卫生保健为主要手段。

当前,随着经济的发展和全球化的影响,我国提前进入消费时代。在这个时代,"消费"成为体育活动的中心,体育创作、体育竞赛不再以自身为主体,而是更加面向消费者。随着体育文化、体育活动发生的根本变化,体育教育也面临着前所未有的新问题。

消费时代的体育教育是什么样的教育?这是体育理论界必须要面对和思考的新问题。在这个问题上,我们一定要放宽视野,从体育的身体教育、体育的政治教育、体育的思想教育和体育的道德教育的狭窄空间里走出来,将体育教育理解得宽泛些、多元些,如生活教育、情感教育、人格教育、趣味教育、理想教育和审美教育等。

消费时代的体育文化能否承担起体育教育的功能,消费时代的运动员、赛场上的观众、赛场上的裁判员是否接受体育教育?对于这些问题,要认真研究和科学分析。体育教育是通过教学和阅读体育书籍来实现的,那么,消费时代的运动员、裁判员、观众还"消费"体育文化吗?从总体上看,随着消费时代的到来,我国人民的生活内容在丰富,生活质量在提高,参与体育的方式也越来越趋于多元化,如打球、看体育节目、上体育网、玩体育游戏、健身、购买体育物品、体育旅游等,人们对于体育的热情和关注是过去不能比拟的,这使得体育教育大有可为,大有希望。

总之,我们要探究消费时代体育教育的新情况、新趣味、新特点和新问题,从而形成体育教育的新理论。这不仅对于体育教育是重要的,而且对于体育文化发展、体育教学和体育理论的提升也是重要的。

复习与思考

1. 体育有哪些文化属性?
2. 体育精神的内容与价值是什么?参与体育锻炼对人的体育精神的塑造主要体现在哪些方面?
3. 体育教育对人的影响是什么?

第三章
奥林匹克运动

奥林匹克运动是人类的共同财富,它不仅在竞赛场上体现"更快、更高、更强、更团结"的目标,更象征一种追求和精神。人们可以通过生动而形象的奥运文化教育,领悟许多人生哲理和社会法则,学会怎样欣赏竞技运动之美,有助于提高审美情趣和生活的动力。

第一节 奥林匹克运动精魂

自1896年在希腊雅典召开第一届现代奥运会以来,至2016年里约奥运会结束,除1916年、1940年和1944年因第一、二次世界大战而中断,迄今已延续了124年。经过如此漫长的岁月,为何奥运会的影响力越来越大,不仅成为无数人的快乐之源,也丰富了我们的生活?原因就在于,奥林匹克运动通过《奥林匹克宪章》树立法制观念,始终强调教育永恒,并按人类和谐发展的宗旨,彰显在"公平竞争"原则下的顽强拼搏精神和良好的道德风尚,为追求世界和平、团结和友谊的美好理想而奋斗。

一、奥林匹克宪章

由国际奥林匹克委员会制定的《奥林匹克宪章》(以下简称《宪章》),系属规范奥林匹克运动的根本大法,也是所有成员取得共识的基础和相互协调的准则。它通过制定基本法则、比赛规则和附则,指导奥林匹克运动的组织和运行、规定奥林匹克运动会的条件,具体规范奥林匹克组织、宗旨、原则、成员资格、机构及其职权范围。

> **《奥林匹克宪章》还有哪些具体规定**
>
> 《奥林匹克宪章》中规定:为奥运会而制作的吉祥物应被看成奥林匹克徽记,其设计必须由奥运会组委会提交国际奥委会执委会批准。
>
> 《奥林匹克宪章》中规定:希腊是奥林匹克运动的发祥地,在奥运会的入场式上,希腊队伍应该走在最前面。

> 《奥林匹克宪章》中规定：奥运会是运动员之间进行的个人或集体项目的比赛，而不是国家之间的比赛。

（一）奥林匹克主义——强调教育永恒

按《奥林匹克宪章》的表述："奥林匹克主义是将身、心和精神方面的各种品质均衡地结合起来，并使之得到提高的一种人生哲学。它将体育运动与文化教育融为一体。奥林匹克主义所要建立的生活方式，是以奋斗所体验到的乐趣、优秀榜样的教育价值和一般伦理基本原则的推崇为基础的。"而根据阿诺德提出的竞技运动原则，就是应"更加细致入微、更加始终如一地服务于品格的培养"，这表明奥林匹克主义就是提倡通过这样的教育来完成其使命。

> **顾拜旦的原始初衷**
>
> 顾拜旦恢复奥运会的原始初衷，并非想以奥林匹克运动去推行竞技体育，而是希望把竞技体育纳入教育范畴，让广大青少年懂得：教育才是奥林匹克主义的出发点和永恒归宿。

> **顾拜旦提议：建立奥林匹克教育中心**
>
> 关于建立奥林匹克教育中心——奥林匹克学院（NOA）的建议，首先由现代奥运会创始人顾拜旦提出，他指出：体育在古希腊时代就具有特殊的教育价值，并构成了古希腊文明的重要支柱，现代体育如果与教育融为一体，将取得更大的社会价值。因此，建立一所国际奥林匹克文化研究中心是十分重要的。在这个中心里，将用奥林匹克主义来教育世界各地的青年，使之身心和谐发展并为建立一个更加美好的世界服务。
>
> 当今世界，充满发展的极大可能，但同时也存在着危险的道德衰败，奥林匹克主义能建立一所培养情操高尚与心灵纯洁的学校，但这必须在进行强化身体练习的同时，不断加深荣誉观念和运动员大公无私精神的条件下才能做到。未来属于你们青年！
>
> ——顾拜旦《致各国青少年运动书》

（二）奥林匹克宗旨——追求和谐发展

奥林匹克运动作为"和平使者"的象征，不仅限于促进运动员的身心和谐，还肩负着社会进步与人类完善发展的历史使命。基于此，它必须本着"为人的和谐发展服务以及促进建立一个维护人的尊严与和平的社会"的宗旨，以表现精神品质、伦理道德为核心，提倡世界上不同政治观点的国家和人民，都能够通过公平竞赛达到友谊、团结和相互了解的目的，而最终为促进人类文明与进步发挥积极作用。

《奥林匹克宪章》中的表述

通过没有任何歧视,具有奥林匹克精神——以友谊、团结和公平互相了解的体育活动来教育青年,从而为建立一个和平的更美好的世界做出贡献。

奥林匹克之父——顾拜旦的历史功绩

1863年1月1日,被誉为奥林匹克之父的皮埃尔·德·顾拜旦生于法国巴黎,父亲为19世纪一位颇有名望的画家。刚入大学学习的顾拜旦,抱着振兴法国的远大志向,曾在各大报纸、杂志发表文章,呼吁改革教育,开展体育运动,坚信体育可以通过公平、公正原则,培养国民顽强、勇敢和奋发向上的精神,从中获得健康、快乐和专注与和平,于是决心放弃历史和教育专业,而投身研究体育。此后的10年,已认准体育是兴国之路的顾拜旦,通过北美之行和四处考察,才发现国民若不理解体育精神、认识体育可以提炼意志、增强身体素质,以及教会人们怎样面对成功与失败,那么就无法升华的教育的理念。经过不懈的努力,顾拜旦于1894年邀请12个国家、49个运动组织的领导人召开国际会议,并通过了复兴古代奥运会的提议。为了表达对古代奥运会发祥地的尊重,决定于1896年在希腊雅典举行第一届现代奥林匹克运动会。顾拜旦致力于改革陈旧的教育制度,甚至置家庭、爱情于不顾,为复兴古代奥运会倾注了一生的心血。

(三)奥林匹克精神——彰显公平竞争

《奥林匹克宪章》认为:奥林匹克精神就是互相了解、友谊、团结和公平竞争的精神。因此,奥运会特别强调运动员的意志品质、拼搏精神和道德风尚,以及使观众得到健康的娱乐享受。但这些都必须有个先决条件,那就是要在一个良好的氛围中,为比赛建立"公平竞争"的环境。

古奥运会严厉处罚抢跑者——对投机取巧行为的鄙视

第一届古代奥运会仅设赛跑一个项目,在决赛中当所有运动员都按抽签排定道次,准备出发时,有位运动员却因为抢跑犯规,被裁判喝令趴在地上,当众用鞭子抽打屁股,以惩罚这种投机取巧行为,然后再被取消比赛资格。

1. 公平法则——古代奥运会信守神的旨意

古希腊人把参加奥运会视为对"神"的虔诚,不仅在奥运会期间,每天都要完成各种宗教仪式,把运动员和他们的父兄、教练员都召集在宙斯像前宣誓,保证没有做过任何违背奥林匹克运动会章程的事情;还要求负责审查运动员资格的官员也同样宣誓,保证自己的执法公正和没有受贿……正是有了这样的原则和方法，使奥运会参加者把"比赛公平"视为一种法则，凡投机取巧都会受到极其严厉的处罚。

（1）宗教信仰的产物　古希腊人对主持公正的神灵顶礼膜拜，认为古奥运会必须体现"神"的意志和纯洁，规定"竞技者必须是道德上没有污点的人，必须经过10个月以上的训练"；且发现在竞赛中有贿赂裁判或行为不检点的人，将受到严厉的惩罚。

（2）章程提倡的原则　按古奥运会章程提倡的原则："竞技比赛只允许在个人之间进行，荣誉不能被结合的团体所分享，只有优胜者本人和其家庭、亲属以及他所在的城邦国家才具有享受（他们个人所获）荣誉的权利。"而这种规定为一切竞技者依靠自己的实力和充分显示自己的天赋去争取胜利提供了平等机会。

> **卡罗斯章程——人类立法的古老规则**
>
> 据史料记载，公元前561年，哲学家卡罗斯不仅亲自参加了奥运会比赛，还在原有竞赛规程的基础上，为奥运会草拟了份更庄严的章程。这个章程规定"竞技赛会的仲裁委员会由宙斯神殿中专职祭司及其经过选举产生的裁判人员共同担任"，以保证运动会的"绝对公平"。

2. 公平竞争——现代奥运会遵循的理念

为了遵循现代奥运会"公平竞争"的理念，进一步完善古奥运会的公平法则，杜绝由物质利诱导致的欺骗行为。从1908年开始，通过制定统一的比赛规则、合理选派裁判、完善组织机构、加强法律保证等措施，进一步促使奥运会制度化、规范化。特别是自1968年起，为了抵制功利主义的不断滋生，不仅要求检查参赛运动员的性别，还加大了反兴奋剂检查的力度，并通过规定违禁药品的种类和范围，加重对服用兴奋剂运动员的处罚，直至实行赛后抽样和赛前飞行检查等措施，从完善法制方面对"公平竞争"原则和奥林匹克运动的纯洁性加以维护。

> **奥运会运动员誓词**
>
> 为弘扬奥林匹克精神，从1920年第七届奥运会开始，恢复了古代奥运会的宣誓仪式。誓词是："我代表全体运动员宣誓，为了体育的光荣和本运动队的荣誉，我们将以真正的体育精神参加本届奥林匹克运动会的比赛，并尊重和遵守各项规则。"

二、奥林匹克象征

奥林匹克运动作为人类团结、进步与友谊的象征，其文化内涵除反映在《奥林匹克宪章》的主题思想、精神文化与认识变化中；还可以通过奥林匹克标志、会旗、会歌、圣火、火炬、勋章等形式，显示奥林匹克的特殊意义和专有性质。

(一)奥林匹克会旗——象征团结、和平与友谊

1914年6月,国际奥委会在法国巴黎举行代表大会,通过了由顾拜旦亲自设计的五环标志。标志由五个圆环套在一起,颜色自左到右的顺序为蓝、黄、黑、绿和红色,后被作为会徽置于白底、无边旗的中间,成为奥运会正式的会旗。

国际奥委会规范会旗的含义:1979年,国际奥委会将奥运会会旗和五环标志的含义写进《奥林匹克宪章》,即象征五大洲的团结以及全世界运动员以公平、坦率的比赛和友好的精神在奥运会上相见。

> **顾拜旦对五环标志的解读**
> 白色为底表示纯洁,蓝、黄、黑、绿、红恰好包容世界国旗的颜色,又代表五大洲(蓝色为欧洲、黄色为亚洲、黑色为非洲、绿色为大洋洲、红色为美洲),象征和平、团结与友谊。

(二)奥林匹克会歌——彰显与歌颂奥运英雄

1896年,在雅典举行的第一届现代奥运会的开幕式上,一首由希腊人萨马拉斯作曲、帕拉马斯作词,名为《奥林匹克会歌》的主题曲,给人们留下了深刻的印象。62年后,在1958年东京奥运会上,国际奥委会第55次全体会议决定将其作为永久性奥运会歌。

(三)奥林匹克的主题——追求和谐的氛围

1988年汉城奥运会,人们喊出了"和谐、进步"的口号,1992年巴塞罗那奥运会追求的主题是"永远的朋友",而在2008北京奥运会期间,到处都沉浸在"同一个世界,同一个梦想"的和谐氛围中。

(四)奥林匹克圣火——传递希望、呼唤和平

在奥林匹克运动发源地奥林匹亚,用凹面镜聚焦日光点燃的火焰称为圣火。然后再用圣火点燃的或由它引燃的火炬进行接力运送,在奥运会开幕式时进入主会场,再点燃塔上焰火,直至闭幕时熄灭,圣火象征着光明、团结、友谊。

(五)奥林匹克勋章——褒奖对奥运有功人员

奥林匹克勋章分金、银、铜质三种。金质勋章授予为发展体育运动、宣传奥林匹克理想做出重大贡献的国家领导人,以及已退休并健在的国际奥委会领导人;银质勋章授予为奥林匹克运动建立功绩的奥林匹克优秀选手、国家或地区奥委会与体育界领导人以及其他知名人士;铜质勋章授予在奥运会或体育工作中取得显著成绩的运动员或体育工作者。

(六)奥林匹克礼仪——表示对主办国家的尊重

奥运会开幕式由东道国的国家元首或首脑主持。当东道国元首或首脑抵达运动会会场时,由国际奥委会主席和本届奥运会组织委员会主席站在运动场入口处迎接,然后由主席引导其到运动场荣誉席上就座,同时奏东道国国歌。

奥林匹克知识拓展

第二节　中国与奥林匹克运动

翻开中国奥运的历史篇章,可谓走过了令人悲伤—几经坎坷—充满希望—倍感骄傲—实现梦想的漫长之路。之所以要简要介绍中国奥运,就是想让大家认识:"国运衰,奥运也衰;国运兴,奥运则盛"这样一个简单道理,以便让我们通过总结中国奥运由衰到盛的历史教训与经验,能增添中华民族对未来的自信、自强和奋斗勇气。

一、中国奥运的悲怆之旅

清光绪年间顾拜旦曾致电李鸿章,劝说中国参加首届雅典奥运会;雅典奥运会组委会也于1895年8月16日通过各国驻外使馆转发邀请书,但当时慈禧太后和满朝文武都搞不懂什么叫奥运会,也不知"田径"为何物,所以根本未予理会。

1922年,国际奥委会才正式承认"中华业余运动联合会"为中国奥委会组织,王正廷成为第一位进入国际奥委会的中国人。1924年第八届奥运会在法国举行,吴仕光、韦荣洛、徐恒参加了网球表演,奥运赛场第一次出现龙的传人的身影。1928年中国派奥运考察团赴荷兰阿姆斯特丹考察,宋如海回国后发表了如下考察感言。

宋如海赴第九届奥运会考察后在悲愤中发表的考察感言

盖国人之素喜静、好逸恶劳,因此更趋于邪道,不做正当之娱乐。而社会遂以种种侠事,迎合一般普通心理,以赌博、抹牌、吃花酒、看戏等为乐事,从不知何者为高尚之娱乐。是以吾国民之精神颓靡,号为东亚病夫,此乃体育不兴,不足与他国比。"

时任全国体协名誉总干事宋如海

1932年洛杉矶奥运会,中国派出一个由刘长春、沈嗣良、宋君复、刘雪松、申国权和托平6人组织的代表团,仅运动员刘长春参加了100米、200米跑的比赛,但在预赛中即遭淘汰。

刘长春——被誉为中国奥运第一人

1932年,中国短跑选手刘长春,在原东北大学校长张学良的慷慨资助下,参加了第10届洛杉矶奥运会。尽管费尽周折,几经辗转,才到达赛会,留下的却只有过早被淘汰的尴尬,但他毕竟向世界宣告了奥林匹克运动在中国的存在,也挫败了日本侵略者想把伪满洲国塞进奥运会的企图;所以刘长春的名字也以"中国奥运第一人"被载入史册。

1939年、1947年孔祥熙、董守义分别被选为国际奥运会委员,国民政府也曾派代表参加1936年第十一届、1948年第十四届奥运会。

1948年,中国派出32名男运动员参加第十四届伦敦奥运会,国民政府仅拨给中国代表团1.2万美元,后在大教育家张伯苓的努力下筹到3万美元,才勉强成行。其中男子足球队为了能到达伦敦,一路经印尼、菲律宾、新加坡等国,并通过与当地一些球队比赛挣出场费,才勉强弥补了开支不足。到了伦敦后,中国队是唯一无钱住进奥运村的代表队,只能挤在一所条件极差的学校里。中国代表团报名参赛的篮球、足球、田径、游泳、自行车5个项目,无一人能进入决赛。最后在当地华侨的资助下,才勉强坐上回国的飞机。至此,旧中国仍不免以"零"的纪录结束了悲怆的奥林匹克之旅。

> **悲怆中也曾发出正义的呼声**
>
> 1938年7月,国际奥委会在开罗举行会议,中国奥委会代表在会上义正词严地列举了日本法西斯的罪行,反对日本成为奥运会主办国。国际奥委会在听取了中国的意见后,终于将第十二届奥运会主办权交给了芬兰的赫尔辛基,但该届奥运会却因第二次世界大战而被迫停办。

二、中国奥运的坎坷之旅

1949年10月1日新中国成立。由于国际奥委会中亲台势力的阻挠,直到赫尔辛基奥运会前夕,国际奥委会第四十八届年会才通过了新中国参加奥运会的资格。当新中国代表团到达赫尔辛基时,比赛已临近尾声,只有吴传玉参加了百米仰泳比赛。

1954年,国际奥委会在雅典召开会议,保留了台湾地区在国际奥委会的席位,遂使中华全国体育总会于1956年1月发表声明,宣布拒绝参加第十六届墨尔本奥运会,次年中国又断绝了与奥委会的一切联系。

三、中国奥运的希望之光

新中国于1984年重返洛杉矶奥运舞台,当中国代表团在《三大纪律八项注意》的乐曲声中,迈着整齐的步伐入场,那嘹亮的军歌和自信的笑容,给全世界留下了极其深刻的印象,全场观众自发地站起来鼓掌,欢迎新中国回归奥运大家庭。射击运动员许海峰一枪打破了中国奥运会金牌"零"的纪录。该次奥运会中国队取得15金、8银、9铜的优异成绩,位居奖牌榜第4名,终于点燃了中国奥运的希望之光。

1992年,在第二十五届巴塞罗那奥运会上,中国派出200多人组成的代表团,参加了23个项目的比赛,有15个项目获得奖牌,共夺得16枚金牌、22枚银牌和16枚铜牌,由此结出的丰硕之果,使中国当仁不让成为奥运会奖牌榜上第二军团的骨干力量。

四、中国奥运的世纪之梦

1991年2月13日,中国国家体委、外交部、财政部、北京市委联合向国务院递交《关于申请在北京承办2000年奥运会的请示》的报告。1993年国际奥委会正式投票,在前三轮都一直领先的大好形势下,最后一轮被悉尼逆转而痛失举办权。1999年4月,北京再次向国际奥委会递交了申请书,2001年7月13日进行投票,在第二轮投票中,北京凭借超过半数的票数,终于在等待8年之后,成为2008年奥运会的主办城市。

中国奥委会主席—何振梁申办2008年奥运会

何振梁最后的陈述

> 主席先生、国际奥委会的各位委员,无论你们今天做出什么样的选择,都将创造历史,但只有一种决定能够改变历史,你们今天的决定将促进世界和中国的友谊,从而为全人类造福。多年来,中国人对于奥林匹克理想的不懈追求,就像奥林匹克信仰一样毫不动摇……选择北京,你们将在奥运会历史上,第一次将奥运会带入占世界人口1/5的国家,让他们有机会为奥林匹克服务。我向你们郑重承诺,如果选择北京作为2008年奥运会的举办地,7年后的北京,会让你们为今天的决定自豪。
>
> ——中国奥委会主席何振梁

五、辉煌的北京奥运会

2008年8月8日,中国人民渴望的奥林匹克圣火,终于在古老文明的中华大地点燃。为广泛传播奥林匹克精神,北京奥运会在和谐的氛围中,以鲜明的主题、宗旨和完美的组织,为世界体育与和平事业做出了贡献,也让辉煌永载史册。

(一)同一个梦想——奥运会永恒的主题

如果说,在我们的星球上,有一个可以让全人类欢乐地走在一起的节日,那么这个节日只能是奥林匹克;如果说,在我们的一生中,有一件能够以自己强健的精神与体魄赢得荣誉的事业,那么,一定是奥林匹克;如果说,在我们的时代里有一个不同种族、不同国家的人民,借以寄托和平进步的同一个梦想,那么正是奥林匹克。

——国际奥林匹克运动历史的文献　纪录电视片《同一个梦想》解说词

> **北京奥运会吉祥物的寓意**
> 2008年北京奥运会设计的吉祥物为5个"福娃",象征东、南、西、北、中欢聚一堂,着装颜色也与奥运五环相一致。蓝色的叫贝贝,似鱼和水的化身,代表东部;黑色的叫晶晶,似熊猫憨态可掬,代表南方;红色的叫欢欢,似火焰的化身,代表全世界欢聚一堂;黄色的叫迎迎,似可爱的小藏羚羊,代表西部;绿色的叫妮妮,似一只飞翔的燕子,代表北方。

(二) 人文奥运、科技奥运、绿色奥运——2008年北京奥运会宗旨

1. 人文奥运

根据北京的历史与文化特点,体现北京举办奥运会的人文色彩和"以人为本"的思想,并提出"开放的北京欢迎你"的口号,表达了中国人民的热情好客,愿为东西文化交流构建相互了解的舞台。

2. 科技奥运

采用了更多的高科技手段,如建设宽带移动通信、采用电子识别系统、研制语言翻译系统,为初次来北京的游客服务,把最先进的技术装备投入到奥运会的比赛中。

3. 绿色奥运

通过投入相当大的人力、物力和财力,改善北京的自然环境,为北京奥运会创造一个蓝天、碧水、绿草、鲜花和空气清新的绿色环境,表达中国人民决心积极参与世界环境保护,并履行职责的良好愿望。

(三) 汇集中国古老东方文化的精髓——2008年北京奥运会开幕式

耀眼的光环照亮古老的日晷,随着2008尊中国古老打击乐器缶发出的声响,在白色灯光的辉映下,组合出倒计时数字,全场观众随声一起大声呼喊:10、9、8、7、6、5、4、3、2、1,终于迎来了2008年北京奥运会开幕式……当象征梦幻五环的焰火腾空而起,伴随冉冉升起的五星红旗,一幅"画卷"渐渐打开,跃然画面的造纸术、活字印刷、传统戏曲、礼乐和丝绸之路,向人们展示了中华文明五千年的光辉历史……当钢琴奏出一曲浪漫的旋律,"画卷"开始向新时代延伸,展现了中国人民将在未来和传统的交融中,追求幸福和谐的美好愿望。

第三节 怎样欣赏体育竞技之美

在现代科技和大众传媒的帮助下,体育竞技文化已进入千家万户,人们虽可以从精彩纷呈的比赛中,享受由运动员高超技艺带来的生活乐趣;但为了健康人格的培养,我们还应该进一步提升审美品位,从"力与美"的感受中,深刻领悟由体育竞技诠释的人文精神和人生

哲理。

一、力量之美——震撼中的骄傲

"力量"就其外在表现的生物性而言,总给人以强悍、无可匹敌的感觉,由它迸发的雷霆万钧之势,又使人在震撼中为之骄傲。实践证明,凡生活越接近自然的人,对于肉体具有的本质力量就愈加崇拜;但要让这种力量产生震撼之美,却仍取决于人的主体意识,即需要把它视为内心客观存在的一种理念。

(一) 力量中的震撼之美

1. 古代奥运会——在"力度与刚性"中显示力量

据考证,从公元前776年举行的第一届古奥运会开始,直到公元前728年第十三届古奥运会,在竞技场上的比赛只有短跑(一次场地跑)一项,距离为一个"斯泰德",为192.25 m或192.27 m。优胜者虽得到的仅是象征荣耀的橄榄枝桂冠,但由于受此殊荣的人独一无二,加上庄严而隆重的颁奖仪式,使参与者面对至高无上的荣誉,都在参赛前震撼人心地喊出"或得桂冠、或舍生命"的口号,抱着"不胜利、毋宁死"的心情,几乎把同对手的竞争视为一种殊死搏斗,誓为比赛的胜利宁可付出生命。

2. 现代奥运会——在"人性的赞歌"中诠释力量

2000年1月,美国李岱艾公司接受国际奥委会委托,为打造奥林匹克品牌、宣传奥运精神,制作了一部轰动全球的系列宣传片,主题语是"Celebrate humanity",中文译为"人性的赞歌",对竞技场上的"力量和勇气"进行了更为理性的诠释。

(二) 力量中的和谐之美

古希腊哲学家亚里士多德曾经说过:"美的主要形式就是秩序、匀称和明确",比如:有规律的女性人体比例和曲线,能给人以柔和、舒悦和美的享受;表现力度和刚性的男性匀称人体,却尽显其稳定而健美的神采,使人在力量中感受到一种和谐之美。

(三) 力量中的坚持之美

在激烈拼争的竞技场上,人们对力量的感性认识,常与那有力的一跳、有力的一掷、有力的一举联系起来,但力量的含义却远非仅限于此,比如"坚持"就是一种超生物的力量,主要取决于顽强的意志品质和信念。任何人如果有了"坚持到底"的必胜信念,即便面对失败,也能在"屈辱与痛苦"中树立"不达目的誓不罢休"的伟大志向,或将其转化为"不屈不挠"的斗志。

(四) 力量中的超越之美

随着时代的进步,身体训练水平的不断提高,由现代竞技演绎的力量之美,是在不断超越中分秒必争,或通过征服一个又一个新的高度和远度,向无止境的人类极限挑战,又永不言败。

二、运动之美——陶冶美的情操

在运动中表现的美感,主要涉及由人体运动姿态、艺术造型和表演风格构成的"形体美",以及由动作、技术和战术综合表现的"技艺美",它们通常以空间活动的方式,把运动员匀称的身体、优美的姿态、强健的肌肉、敏捷的动作和超群的技术展现出来,使观众从中体验美的意蕴和朝气蓬勃的青春活力,继而陶冶美的情操。

(一) 运动中的自然之美

在最初几届古代奥运会上,凡参加赛跑竞技的运动员,都遵照从荷马时代起相传的习俗,仅在腰间扎束一块遮羞的"兜裆"。但在公元前720年第十五届古代奥运会上,有位名叫奥尔舍波斯的运动员,却不慎在比赛中跑丢了"兜裆",为取得比赛的胜利,他竟全然不顾眼前发生的一切,仍然赤身裸体向前飞奔,就在那一刹那,这位裸体竞技者的优美姿态,给观众留下了深刻的印象,认为这位运动员的跑姿是最美的。从此,古代奥运会规定,赛跑运动员都必须裸体,妇女则不准入场观看。

(二) 运动中的形体之美

美学家认为,人的美感最先产生于对"轮廓"的良好印象。这里说的"轮廓"是指人体的外观形象,亦可简称为形体,它包括人的体型、姿态和风度等内容。因此,由人体运动姿态、艺术造型和表演风格构成的形体美,离不开身体匀称、曲线和姿势以及肌肉形态、皮肤色泽、面部表情和气质风度等方面。

(三) 运动中的技艺之美

运动中的技艺之美,主要以动作的方向、幅度、力度、速度、节奏和频率的变化为基础,在有效组合的过程中形成技术,并通过运动员在追求高、难、险、新等技术方面所做的努力,以及在运动中极具创意地与战术相结合,为"技术"增添艺术美的魅力。

(四) 运动中的发现之美

"发现之美"是指在欣赏运动员外在形象美的过程中,按照自己的生活体验和主观认识,从运动员的情感宣泄中,去发现他们的人格表现和魅力,使自己的主体情感与客体之间产生共鸣,对新的审美意境加以引申和想象。

1. 崇高之美——品德感人肺腑

根据康德对崇高之美的论述,人们感受崇高的愉快不只是含着积极的快乐,而更多的是惊叹与崇敬。但真正的崇高只能在评判者的心情中寻找,而不是在自然对象中。这表明,无论是在日常生活或体育运动中,外在形象之美只能愉悦人的感官,崇高之美却不在于形式与结果,而主要体现在对"力"的崇敬上,就是对蕴藏于内心世界的人格魅力等精神力量的惊叹与崇敬。

2. 悲壮之美——不屈中的感叹

竞赛中的胜负通常是不可预知的,参赛者主观上总是希望获胜,但由于各种因素的综合效应,客观上失败的现象经常会出现,这就产生了属于美学范畴的悲剧效果,使人感到一种悲壮之美！所以观看比赛时,我们也常常为实力较弱的一方鼓劲,并常被他们在落后情况下竭尽全力、紧追不舍、不屈不挠的精神所振奋和感染,进而从中体会到极大的满足与充实。

3. 风尚之美——无私中的坦荡

欣赏体育竞技中的风尚之美,是针对运动员的行为道德和思想作风而言的,包括宽容心,道德风尚,尊重裁判、对手和观众等内容。如何正确判断和评价风尚美,将关系到良好社会风尚的形成,也是对自身文化教育和审美修养的一种检验。

第四节 2022年北京冬季奥林匹克运动会

2022年北京冬季奥运会(the XXIV Olympic Winter Games,中文简称:北京冬奥会,即第二十四届冬季奥林匹克运动会)将于2022年2月4日至2022年2月20日在中华人民共和国北京市和河北省张家口市联合举行。其中北京承办所有的冰上项目,延庆和张家口承办所有的雪上项目。这是中国历史上首次举办冬季奥运会,北京也因此将成为奥运史上第一个既举办过夏季奥运会,又举办过冬季奥运会的城市。北京冬奥会会徽为"冬梦",比赛共设7个大项,15个分项,109个小项。

北京为了申办本届冬奥会,中国政府将在沿北京—张家口—延庆一线,分3个区域布局竞赛场馆和非竞赛场馆,建设三个相对集聚的场馆群。北京市区北部的奥林匹克中心区,将主要承办冬奥会五个冰上项目;北京市西北部的延庆区,将用作雪车、雪橇大项和滑雪大项中的高山滑雪比赛场地;河北省张家口市,将承办除雪车、雪橇大项和高山滑雪以外的所有雪上比赛。

> **知识窗**
>
> 2008年北京奥运会的"绿色奥运、科技奥运、人文奥运"理念和2022年北京冬奥会的"绿色办奥、共享办奥、廉洁办奥"理念是给中国乃至世界的精神遗产。2008年北京奥运会的两大主体育馆"鸟巢"和"水立方"是北京奥运会留给中国人民的价值丰厚的物质遗产,这两座场馆也在2022年北京冬奥会上再一次向世人展示了"风采"。

一、2022年北京冬季奥运会申奥过程

2013年6月6日,国际奥委会宣布启动2022年第二十四届冬季奥林匹克运动会的申办程序。整个申办程序包括两个阶段:第一个阶段为报名阶段。第二阶段,最终申办文件必须于2015年1月提交。国际奥委会专家组此后将对候选城市进行考察,并发布评估报告。

2015年7月30日,国际奥委会第128次全会在吉隆坡会展中心开幕。马来西亚总理纳吉布发表致辞并宣布全会开幕。北京申冬奥代表团团长、国务院副总理刘延东率团出席开幕式。国际奥委会委员在2015年7月31日上午依次听取2022年冬奥会申办城市阿拉木图(哈萨克斯坦)、北京(中国)的陈述,下午5时57分,经过85位国际奥委会委员的不记名投票,北京以4票战胜对手阿拉木图,赢得2022年第二十四届冬季奥林匹克运动会的举办权。时任北京市市长王安顺,中国奥委会主席、国家体育总局局长刘鹏,张家口市市长侯亮与国际奥委会主席巴赫签订了《主办城市合同》。

2017年12月15日20时22分,中国首都北京的国家游泳中心水立方,这座北京2008年奥运会和北京2022年冬奥会标志性"双奥"场馆,又一次见证了奥林匹克历史性时刻:北京2022年冬奥会会徽"冬梦"和冬残奥会会徽"飞跃",在此揭开了神秘面纱,正式亮相。

二、2022年北京冬季奥运会会徽

2022北京冬奥会会徽以汉字"冬"为灵感来源,运用中国书法的艺术形态,将厚重的东方文化底蕴与国际化的现代风格融为一体,呈现出新时代的中国新形象、新梦想,传递出新时代中国为办好北京冬奥会,圆冬奥之梦,实现"三亿人参与冰雪运动"目标,圆体育强国之梦,推动世界冰雪运动发展,为国际奥林匹克运动做出新贡献的不懈努力和美好追求。会徽图案上半部分展现滑冰运动员的造型,下半部分表现滑雪运动员的英姿。中间舞动的线条流畅且充满韵律,代表举办地起伏的山峦、赛场、冰雪滑道和节日飘舞的丝带,为会徽增添了节日喜庆的视觉感受,也象征着北京冬奥会将在中国春节期间举行。会徽以蓝色为主色调,寓意梦想与未来,以及冰雪的明亮纯洁。红黄两色源自中国国旗,代表运动员的激情、青春与活力。

北京冬奥会会徽"冬梦"在"BEIJING 2022"字体的形态上汲取了中国书法与剪纸的特点,增强了字体的文化内涵和表现力,也体现了会徽图案的整体感和统一性。

三、2022年北京冬季奥运会吉祥物

2019年9月17日晚,2022年北京冬奥会和冬残奥会吉祥物在北京市石景山区首钢园区国家冬季运动训练中心冰球馆揭开神秘面纱!北京冬奥会吉祥物名为"冰墩墩",形象来源于国宝大熊猫。熊猫是世界公认的中国国宝,形象友好可爱、憨态可掬,深受各国人民尤其是青少年的喜爱。"冰墩墩"以熊猫为原型进行设计创作。将熊猫形象与富有超能量的冰晶外壳相结合,体现了冬季冰雪运动和现代科技特点。头部外壳造型取自冰雪运动头盔,装饰彩色光环,其灵感源自北京冬奥会的国家速滑馆——"冰丝带",流动的明亮色彩线条象征着冰雪运动的赛道和5G高科技的结合;左手掌心的心形图案,代表着主办国对全世界朋友的热情欢迎。整体形象酷似航天员,寓意创造非凡、探索未来,体现了追求卓越、引领时代以及面向未来的无限可能。

四、2022年北京冬季奥运会比赛项目

（一）2022年北京冬季奥运会冰上项目

北京主办：短道速滑、速度滑冰、花样滑冰、冰球、冰壶

（二）2022年北京冬季奥运会雪上项目

张家口主办、延庆协办：自由式滑雪、冬季两项、越野滑雪、跳台滑雪、北欧两项（越野滑雪、跳台滑雪）、无舵雪橇、有舵雪橇、钢架雪车（俯式冰橇）、单板滑雪、高山滑雪

（三）2022年北京冬季奥运会新增小项

2018年7月18日，国际奥委会宣布，2022年北京冬奥会新增7个比赛小项，届时总共将产生109枚金牌。同时女性运动员的参赛比例进一步提高，参赛运动员的男女比例更趋于平衡。在瑞士洛桑举行的国际奥委会执委会会议通过了有关北京冬奥会项目设置的方案。新增的7个小项为女子单人雪车、短道速滑混合团体接力、跳台滑雪混合团体、自由式滑雪大跳台（男子、女子）、自由式滑雪空中技巧混合团体和单板滑雪障碍追逐混合团体比赛。

五、2022年北京冬季奥运会比赛场馆

2022年北京冬奥会和冬残奥会开闭幕式计划在北京市区举行，共举办包括滑冰（含短道速滑、速度滑冰、花样滑冰）、冰球、冰壶在内的3个大项5个分项的所有冰上项目比赛，北京赛区现有5座竞赛场馆，其中4座分别是水立方、国家体育馆、五棵松体育馆和首都体育馆，这4座体育馆将分别举办冰壶、男子冰球、女子冰球、短道速滑和花样滑冰的比赛。冬奥会需要的12个冰上项目场馆，有11个是现有的，此外还需要在北京奥林匹克森林公园网球中心南侧新建一个场馆——国家速滑馆。张家口市崇礼区将举办跳台滑雪、单板滑雪、自由式滑雪、北欧两项、冬季两项和越野滑雪项目的比赛，而2015年1月19日冬奥申委公布了在张家口市崇礼区拟建奥运场馆的规划情况，将新建或改建5个比赛场地，分别是北欧中心越野滑雪场、北欧中心跳台滑雪场、冬季两项中心、云顶滑雪公园场地。

位于北京西北部距离市区约90公里的延庆区小海坨山区，将举行雪橇、雪车和滑雪大项中的高山滑雪项目，这里有两个竞赛场馆，分别是国家高山滑雪中心和国家雪车雪橇中心。所有新建场馆都将满足国际绿色建筑评价认证LEED标准。

复习与思考

1. 你对奥林匹克精神有什么认识？
2. 从中国参加奥运会的历程中你获得什么启示？

第四章
职业体能

第一节　职业体能概述

体能又称体适能,是指身体各部位或各系统面对突发状况时的应变能力,内容包括的范围较广,如速度、反应、耐力、肌力、平衡性、柔软性、协调性和敏捷性等。职业体能是与职业(劳动)有关的身体素质以及在不良劳动环境条件中的耐受力和适应能力,是经过特定的工作能力分析后所需具备的身体活动能力,从事每一种职业都有其一定的工作姿态,在一定时间内身体必须保持一种工作或劳动姿态,长时间高强度的工作,容易造成身体疲劳、产生职业性疾病。有针对性地加强体能锻炼,能有效地增强学生的身体机能及力量、速度、耐力、灵敏、柔韧等综合体能素质,提高学生的体质水平,更好地适应未来职业和工作。

第二节　职业素质与职业体能分类

一、职业素质

职业素质是劳动者对社会职业了解与适应能力的一种综合体现,其主要表现在职业兴趣、职业能力、职业个性等方面。影响和制约职业素质的因素很多,主要包括:受教育程度、实践经验、社会环境、工作经历以及自身的一些基本情况(如身体状况等)。一般说来,劳动者能否顺利就业并取得职业上的成就,在很大程度上取决于本人的职业素质,职业素质越高的人,获得成功的机会就越多。职业体能包括重复性操作能力、运动能力,背肌承载静态力的能力、其他肌肉群能达到维持工作姿势要求的能力,以及人体对工作环境的忍耐程度等能力。由于不同的职业所需要职业体能特点有所不同,要进行有针对性的职业体能练习,可以适应未来职业岗位的需要。

职业心理素质是指从业者认知、感知、记忆、想象、情感、意志、态度、个性特征(兴趣、能力、气质、性格、习惯)等方面的素质(例如,护士的良好职业心理素质,加上科学化职业管理,是促进现代护理学科发展、提高护士队伍整体水平的"最佳组合")。

二、职业体能分类

依据《中华人民共和国职业分类大典》和教育部高等教育司《普通高等学校高等职业教育专业目录》(2015年)(以下简称《目录》)分类以产业、行业或职业岗位(群)为主要依据,兼顾学科性质,对高职专业的类别进行划分。《目录》分为19个专业大类,下设99个二级类,下分为769个专业。高等职业教育基本上是职业岗位教育,结合各职业岗位劳动(工作)时的主要身体姿态和所需的体能进行了相对的分类,基本分为五大类:

(1) 静态坐姿类:主要是会计、文秘、行政办事职员、银行、金融行业、司机、控制台操作员等。

(2) 静态站姿类:主要是车间车工、铣工、切削工和钻工流水线操作工作、营业员、宾馆、酒店、医务工作、银行前厅接待等。

(3) 运动变姿类:主要是职场指导、营销(推销)员、导游、外卖工作、无线电安装员、搬运工等。

(4) 操作姿态类:主要是机械、建筑行业、木工、瓦工、粉刷工、油漆工和石工生产流水线操作工等。

(5) 特殊岗位姿态类:主要是警察、保安、空中乘务、海乘、高铁乘务员、安检员、野外作业人员等。

第三节　职业体能的锻炼方法

一、坐姿类职业

(一) 坐姿类职业岗位简介

随着信息科学技术的飞速发展,久坐"伏案型"为坐姿类职业主要工作方式。调查表明,如会计、文秘、行政办事职员、银行、金融行业、司机等类型职业,该类员工每个工作日的8小时劳动中,坐的时间可达6小时以上。坐位姿势是一种静态姿势。静态姿势下完成单一工作,极易引起疲劳,从而会使工作效率下降,容易引起机体许多功能和结构的改变,进而导致职业疾病。

(二) 锻炼方法

坐姿类职业以脑力劳动为主导,以"伏案型"为主要工作方式,身体常都处于坐姿状态,这种坐姿状态长时间保持一种静态姿势,静态姿势会使身体的肌肉纤维长时间处于一定的静力性紧张疲劳状态,颈椎部、腰背部、臀腿部肌肉是主要的受力肌肉群。

长时间久坐容易造成颈椎、腰背部肌肉疲劳酸胀，臀部、腿部肌肉萎缩，使大脑供血受到影响。职业体能锻炼的重点是颈部、肩部、腰部和背部位肌肉的力量耐力。可采用简易拓展类的体育运动和锻炼方法如慢跑步、健身操、腰腹背部伸拉练习、负重练习、借助哑铃练习等手段来提高身体各部位的主要受力肌肉群的力量和弹性，促进血液循环，改善肌肉组织，增强新陈代谢，降低机体各组织疲劳和损伤。

　　可采用以下运动方式进行锻炼；如图4-3-1~图4-3-6。

图4-3-1　慢跑步

图4-3-2　健身操

图4-3-3　卷腹练习

图4-3-4　负重练习

图4-3-5　哑铃弯举练习

拓展锻炼方法

图 4-3-6 屈体哑铃臂屈伸练习

二、站姿类职业

（一）站姿类职业岗位简介

良好的站姿是自信的重要因素。站姿类职业岗位多为窗口服务行业，如营业员、教师、医护人员，宾馆、酒店、银行前厅接待等；这类人员工作劳动时长时间站立，容易使人体协调机能和器官的负荷加重，躯干部位的重量经过腰椎向下传导，人体维持某种姿势，均需要一定的肌张力，但长时间保持站立不动，更易使腰腹背部腿部肌肉组织负担加大，造成腰腹背部肌肉紧张，腰椎负荷加大，容易出现腰酸背痛，令下肢血液循环欠佳，导致下肢肿胀，甚至下肢静脉曲张。站姿也是一种静力工作，对血液循环的影响与坐姿相似。

（二）锻炼方法

从事不同的职业需要具备不同的身体素质。从事久站型工作（劳动），身体长时间处于站立状态，对下肢力量、腰腹和耐力力量要求较高。因此，对将来从事站立型职业的学生，在教学过程中应以发展他们的下肢和腰腹肌的力量为主，为此在教学过程中可多选择慢跑步、游泳、骑自行车、健美操、爬山、背腹肌练习、拓展练习等项目，发展下肢力量、腰腹背部力量，改善身体的肌肉力量，适应职业岗位的需求。

可采用以下运动方式进行锻炼，如图 4-3-7~图 4-3-12。

图 4-3-7 游泳　　　　　　　　图 4-3-8 骑自行车

图 4-3-9　爬山

图 4-3-10　拓展练习

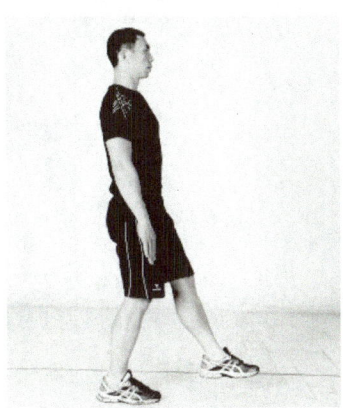
图 4-3-11　单腿蹲起练习

拓展锻炼方法

图 4-3-12　TRX 肱二头肌弯举、TRX 三角肌飞鸟

三、变姿类职业

（一）变姿类职业岗位简介

变姿类岗位人员从事的工作时站时立，脑力与体力劳动交替进行，工作时间、工作地点不固定是变姿类职业的特征，其从事兼有坐姿类（伏案型）、站姿类特征的综合类型职业工作

等,该类人员职业(劳动)以坐、站、快速行走、乘车骑电动车等职业工作交替转换进行,没有职业工作规律性,须具备综合性的体能。

(二) 锻炼方法

变姿类型职业人员基本上没有固定工作时间、工作地点,往往多项工作交替进行,随时还可能要应对突发应急事件,所以这类职业工作(劳动)必须要具备较强的身体机能、充沛的体力和耐力、快速的反应能力、良好的心理素养以及能在特殊环境和不利条件中保持职业性的工作能力。为此在教学过程中可多选择慢跑、越野跑、障碍跑、爬山、跳绳、攀登、健身操、游泳等项目。

可采用以下运动方式进行锻炼,如图 4-3-13~图 4-3-20。

图 4-3-13 障碍跑

图 4-3-14 跳绳

图 4-3-15 攀登

图 4-3-16 越野跑

图 4-3-17 双手抛实心球练习

图 4-3-18 双臂屈伸走练习

图 4-3-19　高抬腿跑练习　　　　图 4-3-20　跨跳练习

四、操作姿态类职业

(一) 操作姿态类职业岗位简介

操作姿态类职业工种比较繁多，企业一线操作工人的劳动强度比较大，主要以体力劳动为主，劳动动作较为单一，在高强度的工作中，有时没有固定的姿势，精力高度集中，某一局部肌肉用力持续时间较长，且有时需要快速灵活地转换动作，对人的注意力、耐力要求特别高，其职业特点是体力劳动与脑力劳动相结合。因此在操作姿态类职业体能练习中主要是重点发展上肢和下肢的协调性，加强上肢和肩带肌肉的静力性耐力、一般耐力、简单和复杂反应及注意力的转换能力，以耐力和灵敏性锻炼为主。

(二) 锻炼方法

操作类职业职工多在高温、高寒、潮湿、辐射等恶劣环境下工作。因此，不但要有良好的身体机能，还要注意身体各大器官的健康情况。在职业体能练习中应重点发展该姿态类的职业所需要的体能，应以发展力量、耐力、协调性和灵敏性为主。平时可采用跑步、健身操、骑自行车、跳绳跳台阶、半蹲静力练习，使上下肢躯干得到锻炼，提高身体供能系统的持久力，以适应工作需要。

可采用以下运动方式进行锻炼，如图 4-3-21~图 4-3-26。

图 4-3-21　慢跑　　　　　　　　图 4-3-22　负重力量练习

图4-3-23 跳台阶半蹲静力练习

图4-3-24 拓展训练

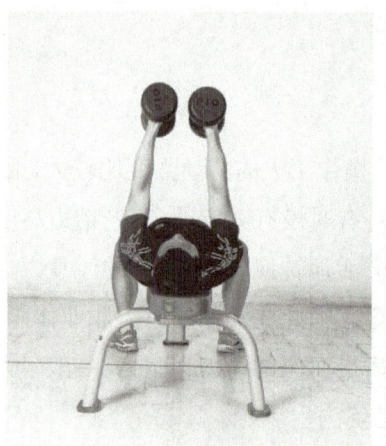

图4-3-25 仰卧飞鸟练习

拓展锻炼方法

图4-3-26 TRX卷腹练习

五、特定岗位类职业

（一）特定岗位类职业岗位简介

特定岗位类职业主要有警察、消防员、保安、空中乘务、海乘、高铁乘务员、安检员等。警察安保类职业，体能学习以健康体育课程为学习基础，另外擒拿格斗技能、防暴与缉拿技能和其他体育运动技能等需要的力量、速度、耐力、灵敏、柔韧等素质都有赖于通过运动体能训练获得。针对空乘、海乘、高铁游轮服务人员等需要的具有相应职业身体素质的职业,体能训练的目的是为了尽可能缓解和减少乘务工作者身体机能的承受能力不足引起的不适应症状,增强乘务工作者遇到突发事故时的身体应急能力,以便更好地完成乘务服务工作。

（二）锻炼方法

做好安全保卫工作必须有超强体魄,高水平的服务需要有高体能保证。在从事特殊职业的工作劳动中,对身体能力、身体姿态、工作环境、注意力等要求比较高的行业从业人员,不但有良好的职业技能,还必须有超强的职业体能,才能适应并胜任自己的特殊职业。特殊岗位的职业体能是通过运动训练获得的。例如乘务类岗位职业的一般耐力练习采用一般耐力素质、力量素质、抗眩晕能力、平衡能力等方法训练;警察、保安类一般采用中长跑、蛙跳、俯卧撑、爬楼梯和擒拿格斗等方法训练。

可采用以下运动方式进行锻炼,如图 4-3-27~ 图 4-3-30。

图 4-3-27　蛙跳

图 4-3-28　擒拿格斗

图 4-3-29　徒手平衡练习

拓展锻炼方法

图 4-3-30　TRX 三角肌飞鸟练习、TRX 俯卧撑练习

以上介绍五类职业的职业体能锻炼项目在训练时要根据自己的身体情况，可以适当增减负荷。职业体能素质主要有以下几种：下肢力量和耐力、身体各部位的静力耐力、腰腹部的力量和耐力、上肢及手指的灵活性和上肢的力量与耐力。不同专业岗位对从业人员的职业体能的要求有所不同，高职院校的学生应根据将来从事的专业岗位发展自我的职业体能素质，针对性地进行锻炼和训练，提高自身的职业体能。

健康是人类生存、发展的基本条件，是事业的资本。因此必须通过网络、校企合作等渠道，结合企业文化大力宣传职业体能对企业人才可持续发展的重要性，使学生从思想上重视职业体能训练对于将来就业、个性发展和企业可持续发展的重要意义，从思想根源上改变学生对职业体能训练的认识，使学生参与职业体能训练的观念从"要我练"向"我要练"转变，逐步培养学生自觉锻炼的习惯。

复习与思考

1. 什么是职业体能？
2. 职业体能分为什么类型？
3. 结合所学专业，制订一份适合自己的职业体能训练计划。

第五章
田径运动

有人根据田径的运动特征,称之为轻竞技、陆上竞技,其早在古代奥林匹克运动会时就已列入正式的比赛。这种直接起源于人类的生存需求,并借此显示人类童年期的欲望、意志和技能的体育项目,与游戏性、民俗性、娱乐性项目和表演性项目不同,它是纯粹的人体自然素质的衡量,纯粹的人体运动功能的竞赛;以激烈的争、胜、赢形式展示在人们面前的,就是人的最基本的动作形式(跑、跳、投)最大程度的搏击和发挥。田径比赛,能令人感到一种崇高感弥漫于其中、辉煌于其中,并深深地激励着人们的心灵。

一、田径运动的源流与发展

远在上古时代,人们为了获得生活资料,在和大自然及禽兽的斗争中,不得不走或跑相当远的距离,跳过各种障碍,投掷石块和使用多种捕猎工具。在劳动中不断重复这些动作,便形成了走、跑、跳跃和投掷等各种技能。随着社会的发展,人们有意识地把走、跑、跳跃和投掷变为竞技的形式,并出现了各种比赛。

公元前776年,在古希腊奥林匹亚村举行了第一届古代奥运会。从那时起,田径运动便成为正式的比赛项目之一。古希腊人非常爱好跑步,认为这是最基本的运动。早在2 500年前,古希腊阿尔菲斯河岸的一处山崖上就已刻有这样的铭文:"如果你想强壮,跑步吧!如果你想健美,跑步吧!如果你想聪明,跑步吧!"这几句带有哲理的名言反映了古希腊人对跑步的深刻理解。1896年,在希腊举行了第一届现代奥运会,田径的走、跑、跳跃和投掷被列为奥运会的主要项目。而女子田径比赛到1900年第二届奥运会才被列入比赛项目。1912年,在斯德哥尔摩奥运会期间由瑞典体育活动家西格弗里德·埃德斯特隆发起,建立了国际田径联合会。经过100余年的发展,国际田径联合会现有214个会员组织,是当今世界最大的国际单项体育组织。

我国田径运动也有着悠久的历史,从文献记载以及考古出土的古墓砖画和秦汉简牍中就有关于走、跑、跳、投的珍贵资料。而现代田径运动是于20世纪初传入中国的。中华人民共和国成立后,我国田径运动在党的关怀下,得到了很快的发展。1956年,女子跳高运动员郑凤荣以1.77米的成绩打破了世界纪录。1983年在上海举行的第五届全运会上,朱建华以

2.38 米打破了由他自己保持的 2.37 米的世界纪录。20 世纪 90 年代,我国优秀中长跑选手王军霞等人创造了多项世界纪录。2004 年 8 月,在雅典奥运会的比赛中,我国跨栏选手刘翔在 110 米栏的决赛中,以 12.91 秒的成绩夺得金牌并追平了世界纪录,引起了世界体坛的关注。

二、田径运动的分类

田径运动是由走、跑、跳跃、投掷等运动项目组成的、以个人竞技为主的运动项目群,可分为田赛、径赛和全能比赛。在古代、现代奥林匹克运动会和其他重大运动会中,田径比赛都在主运动场上举行,是设奖最多的综合性竞技项目群。田径运动有助于锻炼人的力量、速度、耐力和敏捷等重要素质,而这些素质对于其他竞技运动都具有重要的意义,因此田径运动又被称为"运动之母"。

(一) 田赛

"田"是指广阔的土地,在跑道所围绕的中央或临近的场地上举行的跳跃、投掷,统称为田赛。田赛是用米尺丈量所跳的高度、远度和所投器械的远度的项目,在公元前 776 年第一届古代奥林匹克运动会上正式形成。

跳跃是运动员经快速助跑,积聚起一股巨大的弹跳力量,然后突然地爆发,人的身体便腾空而起;或者跨越沙坑,或者飞越横杆,各种障碍被这种人所特有的力的冲动克服了。这种力的冲动正是人的生命力的表现。

在投掷运动中,铁饼运动员的旋转,铁饼的平稳飞行,构成了铁饼项目的美丽画面;铅球运动员的迅速滑步,力拔千钧的出手,伴随着声震全场的大吼,铅球如炮弹一样射出;标枪运动员出手前身体如满弓的姿势、标枪在空中的超长距离飞行都是观众关注的重点;链球运动员以身体的快速旋转加上强有力的技术动作将链球抛向空中,以此证明运动员自身力量的充沛和强大。

(二) 径赛

"径"是指跑道,在跑道上举行的竞走和各类形式的赛跑都属于径赛。径赛的比赛项目均是用计时器记取成绩。径赛项目包括短跑、中距离跑、长跑、跨栏、接力以及 3 000 米障碍跑等。径赛项目中除接力赛跑具有集体竞赛的因素以外,其他项目都是运动员在同等条件下比速度、比远度或比高度的个人竞赛。

短跑是一项要求用最快速度跑完全程的比赛。其人体生理负荷极大,属无氧供能。所以,在它的起跑、途中跑、终点冲刺的全过程中,需要运动员步幅大、步频快、上下肢协调配合和神经高度紧张,力量处在高度激发的状态中。

中长跑兴起于 19 世纪的英国,当时的比赛距离为 800 米、1 500 米、3 000 米。这是一项对运动员的速度、耐力有较高要求的竞技项目。为了适应持续三四分钟的高水平的奔跑,运动员在跑动中,心跳、呼吸等生理节奏与步幅、摆臂等动作节奏,协调、轻巧地合成了同一节拍。于是，运动员在克服来自内脏器官的惰性时，在不断努力向前迈入新的时空进程时，仍能使整个身体在支撑期和腾空期相交替的起伏运动中，保持高质量的力度和速度，显示充分的舒展、矫健和自由。

长跑虽然是以速度作为衡量的标尺，但实际上更是身体能力和精神意志的较量。有人曾经做过统计，一个马拉松运动员跑完全程，心脏要累计泵出 3 000 升血液，足以灌满 50 辆汽车的油箱。

接力跑对每一棒接力队员的要求都不一样，第一棒要快速起跑，第二棒要奋勇争先，第三棒要取得优势，第四棒要一决雌雄。在传接棒时动作如行云流水，每次传接棒都是一个狂潮的起始，并且一浪高过一浪。

（三）全能比赛

全能比赛运动是由若干跑、跳、投项目组合而成的，比赛按每个单项的成绩从国际统一的"全能评分表"中查出得分，以得分总和的多少评定全能运动的比赛名次。全能比赛要求运动员具有全面发展的身体素质，掌握多种单项运动技能，并善于综合运用这些单项技能。现代奥运把全能运动誉为"运动皇冠"。

> **田径全能项目**
>
> 男子十项全能的项目包括：100 米跑、跳远、推铅球、跳高、400 米跑、110 米跨栏跑、掷铁饼、撑竿跳高、标枪、1 500 米跑。女子七项全能的项目包括：100 米跨栏、跳高、铅球、200 米跑、跳远、标枪和 800 米跑。

田径是一项伟大的体育运动。它带给人类的是一种伟大的崇高感。其速度、力量、节奏、平衡和姿态体现出动作技术的完美，并符合生物力学的科学性，能充分展现出人体在运动空间形成的各种美妙的弧度和曲线，显露出美的韵味和崇高的精神。

第一节　走、跑项目的教学与练习

一、竞走

竞走起源于英国。19 世纪初，英国出现步行比赛的活动。19 世纪末，部分欧洲国家盛行从一个城市到另一个城市的竞走旅行。1866 年，英国业余体育俱乐部举行的首次冠军赛，距离为 7 英里（约 11.2 公里）。竞走分场地竞走和公路竞走两种。场地竞走设世界纪录；公路竞走因路面起伏等不可控因素较多，成绩可比性差，故仅设世界最好成绩。1908 年，竞走首次进入奥运会，当时的距离是 3 500 米和 10 公里。1956 年，奥运会竞走比赛正式定为 20 公里、50 公里公路赛。女子竞走于 1992 年才被列入奥运会，距离为 10 公里；2000 年奥运会将其改为20公里。

竞走是一项由单脚支撑与双脚支撑相交替,两腿不断交互前进的周期性运动,是田径运动中的耐力项目。竞走是在普通走的基础上发展起来的,但又有所不同,主要表现在:步幅大、步频高、骨盆沿人体三个轴转动,特别是沿垂直方向转动的幅度较大,支撑腿在垂直部位时膝关节伸直和后蹬迅速有力。竞走时,步长和步频是决定走速的主要因素。

(一) 竞走技术

腿部动作是竞走技术的主要环节。此外,竞走时,练习者应做到步幅大、步频高、省力而无多余动作,两脚落地的足迹应保持在一条直线上。练习者躯干要自然挺直或稍前倾。两臂屈肘约90°,在体侧做前后有力的摆动,并与下肢动作协调配合。

(二) 常见错误与纠正方法

(1) 双脚离地腾空较高。
(2) 竞走时躯干左右摇摆过大。
(3) 髋绕垂直轴转动幅度小。

> **知识窗**
>
> 步频是指在走路或跑步时每分钟脚落地的次数,步幅是指相邻两步间隔的距离。速度是由步频和步幅决定的。要想提高运动成绩,在加快频率的同时要加大步幅。在训练中提高频率多采用小步跑、小腿后踢跑、高抬腿跑等进行练习,提高步幅多采用弓箭步走、后蹬跑、车轮跑等进行练习。

二、短跑

短跑是400米以下距离的田径运动项目,比赛项目包括60米、100米、200米、400米跑。短跑是田径运动的基础项目,在其他运动项目练习中也占有重要地位。短跑全程技术包括起跑、起跑后的加速跑、途中跑和终点冲刺。现代短跑技术的特点是动作幅度大、步频快、蹬地积极、摆腿高、上下肢配合协调。短跑全程跑的时间取决于练习者的起跑效果、途中跑的速度以及冲刺时的速度耐力等。

目前,牙买加、美国是世界短跑实力最强的国家,男子100米、200米世界纪录由牙买加选手博尔特于2008年创造,女子100米、200米世界纪录由美国运动员格里菲斯·乔伊娜于1988年创造并保持至今。

跑是人体在向前运动中单脚支撑与腾空相交替、蹬与摆相配合的周期性运动。一个周期由两个单步即两个支撑时期和两个腾空时期构成。短跑的比赛项目包括100米、200米、400米及110米栏(男子)、100米栏(女子),是人体在无氧状态下的极限运动。

(一) 短跑技术

1. 起跑

起跑的目的是使身体快速摆脱静止状态,为起跑后的加速跑创造条件。田径规则规定,起跑必须采用蹲踞式起跑姿势,使用起跑器。目前,起跑器安装方式主要有"普通式""接近式""拉长式"三种。

起跑过程包括"各就位""预备""鸣枪"(或"跑")三个阶段(图 5-1-1)。

图 5-1-1　蹲踞式起跑

2. 起跑后的加速跑

起跑后的加速跑是指前脚蹬离起跑器到进入途中跑。这一阶段的任务是逐渐加快速度,调整动作转入途中跑。

起跑后的加速跑动作要点为:上体逐渐抬起,步幅逐渐加大,两脚落点逐渐接近一条直线(图 5-1-2)。

图 5-1-2　起跑后的加速跑

3. 途中跑

途中跑是全程中距离最长、速度最快的跑段,任务是保持和发挥最高跑速。

其技术特点归纳为协调性、直线性、向前性、高重心和平稳性。跑动中要求头部正对前方,颈部放松,躯干稍前倾(前倾角 8°~12°),两臂以肩为轴前后摆动(图 5-1-3)。

图 5-1-3　途中跑技术

4. 弯道跑

200米和400米有一半的距离是在弯道上跑进,掌握合理的弯道跑技术,是取得优异成绩不可缺少的关键因素。

弯道起跑与直道起跑不同的是应将起跑器安放在靠近跑道外侧的分道线处,并对着内侧分道线的切线方向(图5-1-4)。

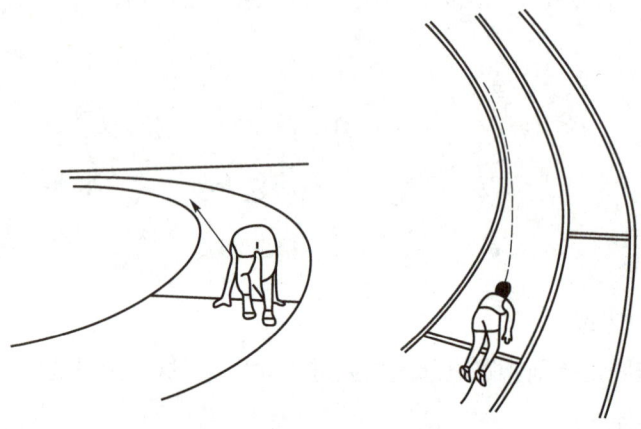

图5-1-4 弯道跑起跑与途中跑技术

弯道跑时身体有意向内倾斜,左脚以前脚掌外侧着地,右脚以前脚掌内侧着地,右臂摆动幅度和力量大于左臂。

5. 终点冲刺

此阶段的任务是尽可能保持途中跑的最高速度。要求保持途中跑的身体动作,加快摆臂,在最后15~20米,迅速冲过终点,以胸或肩撞线(图5-1-5)。

(二)短跑练习中常见错误与纠正

1. "坐着跑"

(1) 产生原因。腿部力量差,支撑腿缺乏足够的支撑力;腰腹肌松弛,髋关节前送幅度不够。

(2) 纠正方法。加强腰腹、腿部肌肉力量,提高支撑腿支撑能力;后蹬时,摆动腿同侧的骨盆前送。

图5-1-5 终点冲刺

2. 前踢小腿

(1) 产生原因。摆动腿上抬不够,造成前摆伸膝时踢小腿。

(2) 纠正方法。加强高抬腿和车轮跑练习,提高摆动腿的大小腿折叠和高抬能力。

(3) 起跑后加速跑时上提抬起过早。

(4) 产生原因。起跑后头部上抬以及支撑腿力量差,起跑器安装位置不合理。

(5) 纠正方法。加强腿部力量练习,提高支撑能力;调整起跑器与起跑线之间的距离。

三、跨栏跑

跨栏跑是短距离比赛项目,运动员在快速跑进中连续跨越10个一定高度、一定间距的栏架。跨栏项目技术性很强,动作复杂,全身要协调配合,对运动员的身体素质要求也很高。

青少年经常参加跨栏跑可以发展跨越障碍的能力,不但对提高身体的灵活性、速度、力量、协调性有很大的帮助,而且可以培养学生不怕困难、勇敢、顽强、果断的良好心理素质。

(一) 直道跨栏跑技术

110米栏和100米栏在栏架高度、栏间距等有不同的要求,两者之间的区别见表5-1-1。

表5-1-1 110米栏和100米栏比较

比较项目	比较数据	
	110米栏	100米栏
起跑至第一栏距离	13.72米	13.00米
栏间距	9.14米	8.50米
栏高	1.067米	0.84米
步数	全程50~52步	全程49~50步

跨栏跑全程由起跑、跨栏、栏间跑、终点冲刺四个部分组成。跨栏跑的成绩取决于运动员平跑速度、跨越栏架的技术和跑跨动作结合的能力。

1. 起跑至第一栏

跨栏跑各项目的起跑同短跑一样采用蹲踞式起跑,跨栏跑起跑后的加速跑上体抬起较早,后蹬角度相对较大,跑到第六步后身体已接近途中跑的姿势。

2. 跨栏技术

跨栏的任务是使身体迅速越过栏架,为栏间跑创造条件。跨栏过程是从起跨脚踏上起跨点后攻栏,到摆动腿积极下压,至脚接触地面为止(图5-1-6)。这一过程又可分为起跨攻

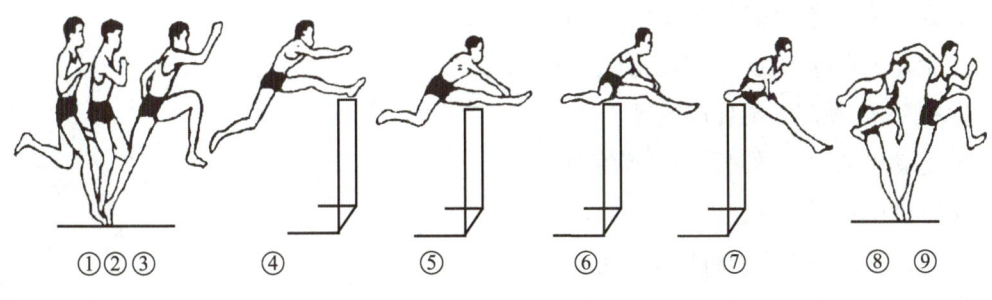

图5-1-6 跨栏技术

栏、腾空过栏和下栏着地三个阶段，各阶段动作要点见表 5-1-2。

表 5-1-2　跨栏动作要点

技术阶段	起跨攻栏	腾空过栏	下栏着地
动作要点	指从起跨脚踏上起跨点到后蹬结束脚离地阶段 当起跨腿踏上起跨点时，摆动腿大小腿向后折叠，膝关节领先，大腿带动小腿快速向前上方摆起。在这一过程中，上体随之前倾，摆动腿异侧手臂屈肘向前摆出，另一臂屈肘后摆至体侧，身体向前用力	指起跨腿蹬离地面到过栏后摆动腿着地这一阶段 起跨腿蹬离地面后，摆动腿大腿继续向前上方摆动，两腿在空中加大夹角。当摆动腿的脚接近栏板时，小腿继续前伸接近伸直，摆动腿异侧手臂伸向栏板，与摆动腿平行，同侧臂后摆，上体加大前倾，目视前方	下栏时，上体保持适当前倾，着地瞬间摆动腿伸直，前脚掌向后扒地，起跨腿带动髋关节向前提拉，两臂积极有力摆动，形成有利的跑进姿势

3. 栏间跑技术

栏间跑的任务是尽可能加快栏间跑的节奏，提高跑速，为跨越下一个栏架创造条件。栏间跑一般用 3 步跑完，由于栏间各步的影响因素和作用不同，3 步的步长也不相同。良好的跑进节奏和较快的步频是提高栏间跑速度的主要因素。好的栏间跑技术表现为步长比例合理，加速节奏明显，身体重心高，上下起伏小，直线性好，几乎接近于平跑。

（二）400 米跨栏技术

男、女 400 米栏的栏高分别是 91.4 厘米和 76 厘米。全程共 10 个栏架，起跑至第一栏为 45 米，栏间距 35 米，最后一个栏架距终点 40 米。400 米栏虽然栏架较低，但对运动员的跨栏节奏、速度、耐力以及意志品质都有较高的要求。

400 米栏的过栏技术在蹬地力量、动作幅度上都较直道栏小一些。但在弯道上跨越栏架时，应以右腿起跨，这样才能合理利用向心力，保持身体平衡，顺利过栏。

（三）跨栏跑技术的掌握

(1) 了解跨栏跑基本知识，建立正确的跨栏跑技术概念，利用多媒体观赏高水平跨栏跑。

(2) 学习过栏技术。

① 坐在地上呈跨栏步姿势，上体向前伸压。

② 走动或慢跑中做摆动腿攻摆练习。

③ 走动或慢跑中在栏侧做摆动腿过栏练习。

④ 扶垒木，做起跨腿提拉练习。

⑤ 走动中从栏侧做起跨腿过栏练习。

⑥ 跑动中在栏侧做起跨腿过栏练习。

⑦ 栏间高抬腿跑中做跨栏步练习。

⑧ 结合栏间跑节奏，在摆动腿一侧栏架边做跑动中跨栏练习，使起跨腿跨过栏架。

(3) 完整技术练习。

（四）注意事项

(1) 根据跨栏跑的技术要求,应发展髋关节柔韧性、灵活性及腰腹肌和腿部力量。

(2) 初学者可采用降低栏架、缩短栏间距的方法练习。

(3) 起跑器的安装应适合起跑,以免造成脚的位置错误。

(4) 刚开始学习跨栏跑者,如果过栏时存在恐惧心理,可用橡皮筋代替栏架。

四、中长跑

中长跑运动是一项需要速度和耐力的综合性项目,一般把800~10 000米统称中长跑项目。中长跑需要人体能在较长时间内保持较高速度跑进。

经常参加中长跑锻炼,不但可以发展耐力素质,培养坚强的意志品质、顽强的精神,而且还可以增强心肺功能,预防疾病。因为参加中长跑锻炼不受场地、器材、性别、季节等条件的限制,所以越来越受到广大群众的喜爱和推崇。

（一）中长跑运动的技术特点

(1) 由于中长跑为耐力性运动项目,运动员在跑时既要有良好的耐力,又要保持足够的速度,因而中长跑的技术既要充分体现身体重心的稳定性,减少上下起伏,又要注意跑的节奏,以达到实效性和经济性相结合。

(2) 在保持适宜步长的基础上,提高步频。

(3) 着地缓冲速度快,着地点近。

（二）中长跑技术

中长跑技术包括：起跑及起跑后的加速跑、途中跑、冲刺跑三个过程。

第二节　跳跃项目的教学与练习

跳跃成绩表现在运动员在腾空中所克服的垂直高度与水平距离上,这决定了跳跃项目特点：练习者在快速助跑起跳后,身体有一个明显的腾空阶段。腾空中身体重心的移动轨迹呈抛物线,抛物线的高度是决定跳高成绩的基础,抛物线的远度是决定跳远成绩的基础。跳高者的抛物线轨迹形状像陡峭的山峰,跳远运动员的抛物线轨迹形状则较平缓。三级跳运动员身体重心的轨迹为三个相连的平缓抛物线,其轨迹的总远度是决定三级跳远成绩的基础。

一、跳高

跳高是田赛项目,是一种由有节奏的助跑、单脚起跳、越过横杆落地等动作组成,以越过横杆上沿的高度来计算成绩的比赛项目。跳高是以运动征服高度的运动项目,它不仅能增强人的腿部力量,提高弹跳能力,发展协调性,还能培养勇敢、坚定、沉着、果断的意志品质。

跳高技术经过跨越式、剪式、俯卧式到背越式的发展过程。而现代跳高一般采用背越式姿势,其最大的优越性是能充分发挥人体潜能,利用快速弧线助跑起跳,有效降低和提高身体重心,为身体重心运动方向提早转变和加快垂直速度创造了有利条件。

(一) 背越式跳高技术

背越式跳高是目前普遍采用的一种姿势。它是人体经过一段直线与弧线助跑后,以远离横杆的脚起跳,摆动手臂,头、肩、腰、髋、大腿与脚依次仰卧旋转过杆,用肩、背的上部着垫的一种跳高技术。跳高成绩取决于身体重心离地时的高度、腾空前身体重心的高度至腾空最高点的垂直高度、过杆时身体重心与横杆的垂直距离三者之和。其中,身体腾起的高度是决定跳高成绩的主要因素。

背越式跳高技术分为助跑、起跳、过杆、落地4个过程组成。

1. 助跑

助跑的目的是为了获得必要的水平速度,在起跳前应及时调整动作结构和节奏,并取得合理的身体内倾姿势,为起跳和顺利越过横杆创造条件。

(1) 助跑的方法。背越式跳高采用直线加弧线助跑,大多采用8~12步。直线助跑采用逐渐加速的方式,要求提高身体重心,支撑腿充分后蹬,跑3~4步。进入弧线后,以外侧脚的前脚掌内侧、内侧脚的前脚掌外侧着地,脚着地点靠近身体重心投影点,整个身体外侧的摆动幅度大于内侧,身体呈内倾姿势。助跑最后一步两脚的连线与横杆垂直面成20°~30°夹角。

(2) 助跑弧线的丈量方法。助跑弧线的丈量可采用最简单的走步丈量法。即从起跳点开始,沿横杆平行线向助跑走5步,然后转90°向助跑起点走6步,将此点作为直线与弧线的交点,接着再向前走7步,作为助跑的起点。将助跑起点与直、弧线交点连接起来就是助跑的直线段,大约跑4步;将直、弧线交点与起跳点连起来,形成助跑弧线,大约也是4步。助跑路线丈量好后,还要经过反复的助跑调整后,才能确定出适合的助跑路线(图5-2-1)。

2. 起跳

起跳的任务是迅速地改变人体的运动方向,并获得尽可能快的助跑速度、过杆速度和适宜的起跳角度;同时,还要产生一定的旋转动力,保证过杆动作的顺利完成。起跳是跳

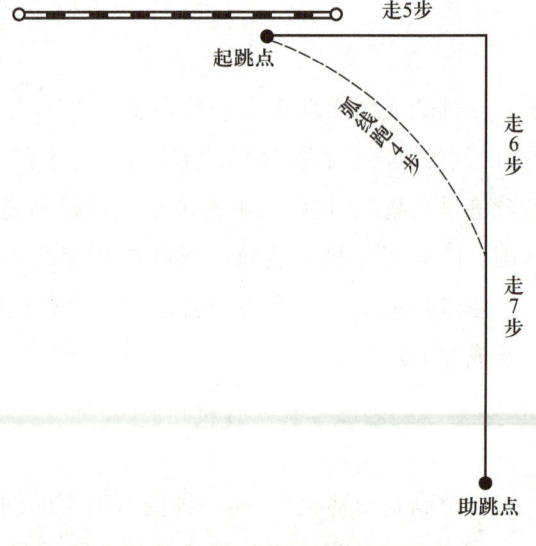

图5-2-1 跳高助跑路线的丈量方法

高技术的关键环节。

助跑最后一步,当起支撑作用的摆动腿通过垂直部位以后,起跳脚积极踏向起跳点,起跳腿以大腿带动小腿积极下压做向下的扒地动作。着地时,以起跳脚的外侧脚跟部接触地面,继而通过脚外侧滚动至全脚掌,脚尖朝向弧线的切线方向,随着身体由内倾转为垂直,迅速地完成缓冲和蹬伸动作。蹬伸动作依次由髋、膝、踝关节顺序用力。蹬伸结束时,三关节充分蹬直,即借助于弧线助跑和身体由内倾转为竖直的作用,提高起跳的向上效果并使身体攻向横杆。

在起跳过程中,摆动腿和两臂应协调摆动,在起跳腿进行有力蹬伸的同时,两臂配合腿部积极摆动,提肩拔腰,使身体向上腾起。

3. 过杆和落地

过杆是最终决定跳高成败的重要环节。人体腾空后,身体转为背对横杆的姿势,当头和肩越过横杆后,及时仰头、倒肩和展体,两小腿稍后收,积极挺髋,两手放在体侧,身体形成背弓姿势。当臀部过杆后,及时低头含胸,上甩小腿,使身体依次越过横杆。过杆后,用肩、背依次落于海绵包上。这时注意不要做大的团身抱膝动作,以免两腿撞击脸部。

背越式跳高的技术动作见图 5-2-2。

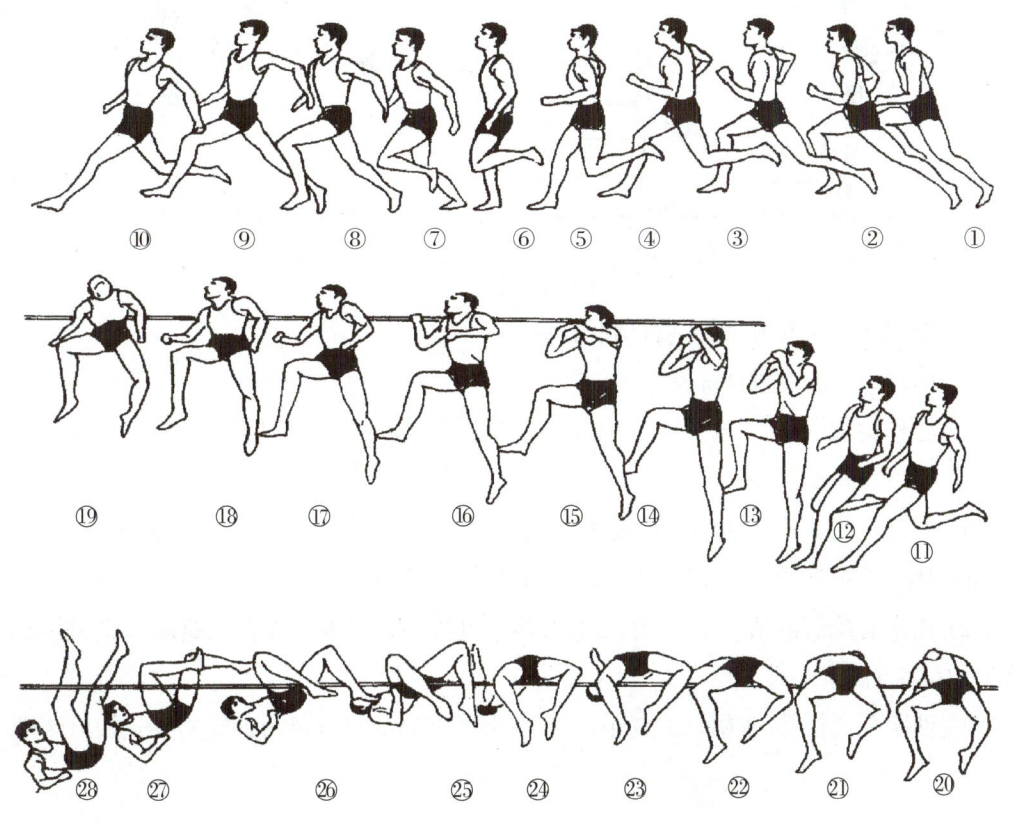

图 5-2-2 背越式跳高完整技术

（二）背越式跳高的技术掌握

1. 学习和掌握助跑与起跳技术

（1）原地练习。起跳腿在前蹬地，双臂向上摆起的同时摆动腿屈膝上提，提肩拔腰。

（2）上步练习。

① 摆动腿在前，起跳腿沿弧线上一步起跳，摆动腿和两臂配合起跳腿的动作积极摆动向上跳起。

② 沿弧线助跑上步起跳。

（3）助跑练习。

① 沿不同半径的圆圈练习助跑。

② 由直线跑入弧线练习。

③ 助跑全程练习。

2. 学习过杆技术

（1）站在海绵包一侧，做原地倒肩挺髋练习（图5-2-3）。

（2）原地双脚起跳，做挺髋倒肩练习（图5-2-4）。

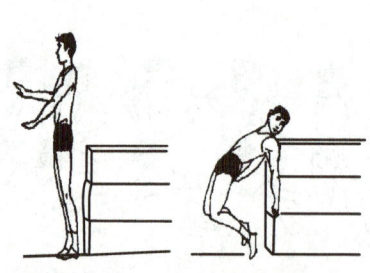
图 5-2-3　原地倒肩挺髋练习

图 5-2-4　原地起跳挺髋倒肩练习

（3）助跑3~5步起跳，做倒肩挺髋的练习。

（4）助跑3步起跳过杆练习。

（5）全程助跑过杆练习。

（三）常见错误与预防

（1）团身过杆。这是初学者最易出现的问题，因此，在学习中要注意练好原地跳起展体挺髋的动作，由简单到复杂，循序渐进，打好过杆的基本功。

（2）在没有跳起的情况下，急于后倒身体。这种错误可采用弧线助跑跳起，手触或头顶悬空物体的方法来改进。

（3）助跑节奏较乱，步幅忽大忽小。可采用固定步点，反复练习助跑的方式加以改进。

二、跳远

跳远运动是人类跨越能力的体现，也是一种对极限的挑战。良好的身体素质，尤其是速度和力量素质是取得优异成绩的基础。经常参加跳远练习不但可以发展速度、下肢力量和身体的灵敏性,而且可以培养勇敢、顽强和勇于克服困难的信心,锻炼心肺功能。

(一)跳远技术

由于"走步式"跳远技术难度大,对参加者的身体素质要求特别高,因此,在一般的学校教学和练习中多采用挺身式技术。完整的跳远技术主要分为助跑、起跳、腾空、落地四个部分(图5-2-5)。

图5-2-5　挺身式跳远技术

1. 助跑

(1) 助跑目的。助跑是为了获得更快的水平速度,为准确踏板和快速有力的起跳做准备。助跑的启动方式有两种:一种是由静止状态开始,这种方式有利于准确掌握助跑的准确性,适合于初学者;另一种方式是由行进开始,先走或跑几步,待踏上起跑点后再逐渐加速,这种方式可以使身体放松,有利于助跑速度的发挥,但需要较高的助跑稳定性,以便能完成准确踏板。

(2) 助跑距离。跳远的助跑距离根据运动员的速度、力量来定,优秀跳远运动员的助跑距离男子为35~45米,跑18~24步;女子为30~40米,跑16~22步。初学者由于身体素质的原因,一般跑20米,约12步。

(3) 助跑技术。跳远的助跑技术与短跑的加速跑基本相同,身体由前倾逐渐过渡到上抬。关键是最后几步助跑,步长相对缩短,步频加快,形成快速上板的技术特征。最后一步步长稍短于倒数第二步。

2. 起跳

起跳时,应充分利用助跑所获得的水平速度,在较短的时间内创造尽可能大的腾起初速度和适宜的腾起角度。起跳的技术分为起跳脚的着地、缓冲和蹬伸。

(1) 起跳脚的着地。起跳脚应积极、主动着地,既可减少着地时的冲撞力,又为着地后快速前移身体做准备。着地时,起跳腿几乎伸直上板。

（2）起跳腿的缓冲。由于助跑速度的惯性和身体重力的作用，迫使起跳腿的髋、膝、踝关节很快地形成弯曲缓冲，它能为快速蹬伸起跳创造有利条件，缓冲的适宜角度为135°~145°。

（3）起跳腿的蹬伸。蹬伸阶段是由起跳腿膝关节形成最大弯曲时开始，到起跳腿蹬离地面结束。起跳蹬伸时，整个身体快速向上伸展，起跳腿的髋、膝、踝关节充分伸展，上体和头部保持正直，摆动腿的大腿上抬至水平或高于水平位，小腿自然下垂。双臂前后摆起，肩、腰向上提起。

3. 腾空

起跳腾起后，身体形成跨步姿势向前上方腾起，摆动腿的大腿积极下压，小腿随之向下、向后摆动，在后边的起跳腿向前与之靠拢；当身体腾空至最高点时，充分伸展、挺胸、展髋，两臂上举或后摆，最后收腹、举腿，双腿前伸，形成落地动作。

4. 落地

落地前，双臂快速向后方摆动，有利于双腿向上抬起和双脚前伸。双脚着地以后，及时屈膝缓冲，髋部迅速向前移动，双臂前摆，使身体快速移过落地点。

（二）挺身式跳远技术的掌握

1. 助跑结合起跳练习

（1）两脚前后站立，摆动腿在前，起跳腿前迈积极蹬地，摆动腿屈膝向前上方摆起；同时双臂向上提肘至肩部高度时制动，起跳腿充分蹬伸，在空中形成"腾空步"姿势。

（2）面向沙坑，助跑2~3步，起跳成腾空步后摆动腿先着沙坑。

（3）半程助跑，起跳成腾空步后落入沙坑（摆动腿先着地）。

（4）全程助跑练习。

> **助跑练习的注意事项**
>
> 做助跑起跳练习时，重点是利用起跳腿的充分蹬伸动作，使身体尽可能地向前上方腾起。因而，在起跳时，起跳脚要快速积极蹬地，腿部要充分蹬伸，以免身体向水平方向前冲，没有形成足够的腾空角度，而使身体提早落地。

2. 空中挺身练习

（1）原地模仿空中挺身动作。原地向上做好腾空步姿势，接着摆动腿大腿积极下压，小腿向后下方摆动与起跳腿并拢，双臂配合腿的动作做绕环摆动成挺身动作。

（2）站在沙坑边，双脚原地起跳，在空中做挺身展髋和两臂摆动动作，双脚落地。

（3）面向沙坑，助跑3~4步起跳，下放摆动腿成挺身动作，双脚落地。

3. 落地技术练习

（1）原地跳起屈膝团身。

（2）站在沙坑边做立定跳远。落地前收腹，大腿上举，两臂后摆，接着小腿前伸，脚跟先落沙坑,然后迅速屈膝,两臂前摆使身体重心移过落点。

三、健身跳

跳跃运动是人体在神经系统的支配下,利用单脚或双脚,一次或多次使身体向上、向前跳起的运动方式。它反映的是人的弹跳力,即爆发力、速度、力量和协调性等综合能力。青少年经常进行跳跃练习,可以有效发展腰腹部、腿部肌肉力量,提高下肢各关节支撑力;提高身体的平衡和协调能力以及速度、柔韧性。

根据运动形式,跳跃练习可以分为原地跳跃、行进间跳跃、障碍跳跃等,其中又包括单足跳跃、双足跳跃。同学们在练习时,可以采用形式简单、易实施、实效性较强的练习方法。

(一)跳跃方法

1. 原地跳跃

(1) 纵跳。原地两脚平行站立,屈膝微蹲,双臂后摆,双腿蹬伸的同时两臂向上摆提,身体向上腾起。落地时,双膝缓冲。连续重复进行。

(2) 团身跳。原地纵跳腾空后,快速提膝贴近胸部,双手抱住小腿,然后展体缓冲落地。

(3) 弓步换腿跳。两脚前后站立,两臂自然垂于体侧。双臂上摆的同时双腿蹬地跳起,两脚前后分开,落地时成弓步。

(4) 单脚换腿跳。一腿支撑,当另一腿屈膝上提,双臂上摆时,支撑腿用力蹬伸跳起,身体腾起到最高点时,摆动腿伸膝与起跳腿并拢,接着摆动腿落地,起跳腿屈膝上提。

(5) 立定跳远。两脚原地开立,双腿微屈,双臂由后向前上方摆动的同时,双腿用力蹬伸,腾空后展体,然后双臂向后摆,收腹、举腿前伸落地。

2. 行进间跳跃

(1) 连续单足跳。

(2) 连续跨步跳。

(3) 连续蛙跳。

(4) 连续兔跳。

(5) 单足跳接跨步跳。

(二)健身跳注意事项

(1) 做好热身活动。每次热身活动都应使身体发热,伸展肌肉,并且使身体各关节,尤其是膝、踝关节的韧带得到充分的活动。可以选择慢跑、徒手操、柔韧练习和一些小跳。

(2) 活动地面应平整、柔软,不要过硬,以免造成关节扭伤、劳损等。

(3) 练习时注意循序渐进,根据自己的实际情况选择练习的方法、时间和强度等,动作应从易到难,动作幅度由小到大。

(4) 安排合理的健身跳计划,制定切实可行的目标和任务,既保证有足够的练习量和强度,也要考虑不会造成过度疲劳,影响身体健康。

第三节 投掷项目教学

一、铅球

推铅球成为田径项目是在19世纪60年代,是田径运动的投掷项目之一。铅球是世界田径赛场上的传统项目,在1896年第一届现代奥运会上,男子铅球被列入正式比赛项目,从1948年第十四届奥运会开始,增加了女子铅球比赛。铅球呈圆球形,表面光滑,用硬于铜的铁、钢或其他金属做外壳,内部灌铅或其他金属制成。正式比赛男子铅球的重量为7.26千克,直径为11~13厘米;女子铅球的重量为4千克,直径为9.5~11厘米。

(一) 铅球的源流与发展

据我国史书记载,大约在公元前,人们就开始用投掷石块作为一种游戏,后来逐渐演化为一种投远比赛。自从1340年有了炮兵,士兵们为了增加臂力,在日常训练中用同炮弹重量大小相当的石头练习,并进行比赛。后来又用废弃的铅制炮弹代替石头进行模拟训练。由于当时炮弹的重量正好为16磅(7.257千克),形状也为圆形,于是就按照这个标准制成了比赛用的铅球。由于三位小数不方便,后又将铅球的重量定为7.26千克(男子),并一直沿用至今。

铅球运动从起源到现在已有六百多年的历史,铅球运动的发展史,也是推铅球技术的变革史。铅球技术也从最初的原地推铅球技术,发展到后来的侧向滑步推、半背向滑步推、背向滑步推等。1972年,苏联运动员巴雷什尼克夫发明了旋转推铅球这种新的技术后,才造就了1990年美国运动员兰迪·巴恩斯以23.12米的成绩创造了新的世界纪录,并保持至今。

(二) 铅球技术(以右手投掷为例)

铅球技术过去多采用原地推球、侧向滑步推球,后来发展为背向滑步推球、旋转推球等。其中背向滑步推球为大多数优秀运动员所采用。它的基本技术由持球、预备姿势、滑步、最后用力、维持身体平衡5个动作阶段所组成(图5-3-1)。

1. 持球

五指自然分开,把球放在食指、中指和无名指的指根上,拇指和小指扶在球的两侧,将球放在锁骨窝处,贴着颈部和下颌,肘部稍外展略低于肩,躯干保持正直。

2. 预备姿势

滑步前的预备姿势分为高姿势和低姿势两种。

(1) 高姿势。持球后,背对投掷方向,站在圈内靠近后沿处,两脚前后站立,相距20~30厘米,右脚尖靠近投掷圈内沿(脚也可稍向内转),左腿在后并自然弯曲,以前脚掌或脚尖着地,上体保持正直放松,左臂自然上举,身体重心落在伸直的右腿上。

(2) 低姿势。持球后,背对投掷方向,站在圈内靠近后沿处,两脚前后站立,相距50~60厘

图 5-3-1　铅球完整技术

米（根据身高和下蹲的程度而定）。左脚在后，以前脚掌或脚尖着地，右脚尖贴近圆圈并指向投掷相反方向（脚也可稍内转）。左臂自然下垂，左肩稍向内扣，两腿弯曲，上体前屈。

3. 滑步

完成滑步前的预备姿势后，身体重心向后平移的同时，左大腿向抵趾板方向用力摆插，右腿积极有力地向投掷方向蹬伸，躯干仍保持后倒姿势。当右腿蹬直，右脚跟或右脚掌即将离地时，积极收拉右小腿，边收边转约 90°落在圆心附近；同时，左小腿积极后插，脚掌稍外展落在抵趾板内沿约 15 厘米处，完成滑步动作。

4. 最后用力

滑步结束时，右脚比左脚先着地。右脚着地后，右腿积极蹬伸，推动右髋向投掷方向转动。上体在转动中逐渐抬起，同时躯干的肌群积极收缩。左臂和左肩高于右肩，铅球尽可能保持较低位置，重心仍在弯曲而压紧的右腿上。

右腿蹬伸，进一步将右髋向投掷方向送出，右臂迅速而有力地将球推出。铅球快出手时，手腕稍向内转同时屈腕，快速而有力地拨球，将铅球推出，完成最后用力动作。

5. 维持身体平衡

铅球推离手后，为了避免犯规，获得有效的运动成绩，左右腿要及时换步，降低身体重心，维持身体平衡。在铅球落地和人体稳定后，从投掷圈的后半部走出。

二、铁饼

铁饼运动是在投掷圈内通过旋转，用单手将铁饼掷出，以投掷远度判断胜负的比赛项目。在 1896 年第一届现代奥运会上，男子铁饼即被列为比赛项目，当时的铁饼重量为 1.932 千克。女子铁饼是在 1928 年第九届奥运会上被列为正式比赛项目的。现代正式比赛中使用的铁饼是一个木质圆盘加上金属包边,它的表面光滑,中心是平的。男子铁饼重 2.005~2.025 千克,直径 21.8~22.1 厘米。女子铁饼重 1.005~1.025 千克,直径 18~18.2 厘米。

(一)铁饼的起源与发展

铁饼运动的起源,要追溯到更古老的时代,人类投石击兽采用投掷石片的形式,经过了长期的发展,后来就逐渐演变成为投掷铁饼。这便是铁饼运动最初的起源。掷铁饼是在公元前 708 年第十八届古代奥林匹克运动会上被正式列为竞赛项目的,它同时也是五项全能运动项目之一。随着实践经验的积累和器械、场地、规则等方面的改变以及科学的不断发展,铁饼的投掷技术有了很大的改进,由过去的正面站立、侧向站立和换步旋转投掷等方式,发展成为背向旋转投掷的技术,现在又出现了宽站立、低姿势、背向大幅度旋转投掷的技术。

(二)掷铁饼的技术(以右手投掷为例)

掷铁饼是一项对技术要求比较高,对运动员身体素质要求也较高的投掷项目,其完整技术是旋转加速的动作过程,它的基本技术动作分为握法、预备姿势以及预摆、旋转、最后用力和维持身体平衡四个技术环节。

1. 握法

五指自然分开,拇指和手掌平靠铁饼,其余四指的最末指节扣住铁饼边沿,铁饼的重心在食指和中指之间,手腕微屈,铁饼的上沿靠在前臂上,持饼臂自然下垂于体侧(图 5-3-2)。

图 5-3-2 持饼

2. 预备姿势和预摆

(1)预备姿势。身体背对投掷方向,两脚左右开立约一肩半,两脚平行开立或左脚稍后,站于圈内靠后沿处的投掷中线两侧。持饼臂自然下垂于体侧,眼平视。

(2)预摆。预摆是为了获得预先速度,为旋转创造有利条件。目前常见的预摆有两种。

① 左上右后摆饼法。开始时,持饼臂在体侧前后自然摆动,当铁饼摆到体后时,重心靠近右腿,接着以躯干带动持饼臂向左上方摆起,当铁饼摆到左上方时,左手在下托饼,重心靠近左腿,上体稍左转。回摆时,躯干带动持饼臂将铁饼摆到身体右后方,身体向右扭紧,重心处于右腿上,上体稍前倾,左臂自然微屈于胸前,眼平视,头随上体的转动而转动。

② 身体前后摆饼法。开始时,持饼臂在体侧前后自然摆动,当铁饼摆向体前左方时,手掌逐渐向上翻转,右肩稍前倾,体重靠近左腿。铁饼回摆到体后时,手掌逐渐翻转向下,重心由左向右移动,上体向右后方充分转动,使身体扭转拉紧。这种方法动作放松,幅度大,受到大多数优秀选手的青睐。

3. 旋转

预摆结束后,弯曲的右腿蹬地,上体向左转动,同时左膝外展,重心由右脚向边屈边转的左腿移动。接着两腿积极转动,并以左脚前脚掌为轴向投掷方向转动,身体向投掷方向倾斜,投掷臂在身后放松牵引铁饼。当左膝、左肩和头即将转向投掷方向时,右膝自然弯曲,以大腿发力带动整个腿向投掷方向转扣(右脚离地不能过高),这时左髋低于右髋,身体成左侧单腿支撑旋转;接着以左脚蹬地的力量推动身体向投掷圈的中心移动,右腿、右髋继续转扣。当左脚蹬离地面时,右腿带动右髋快速内转下压,左腿屈膝并迅速向右腿靠拢,左肩内扣,上体收腹稍前倾。接着,左脚积极后摆,以脚掌的内侧着地,落在投掷圈中线左侧距圆圈前沿稍后的地方,身体处于最大限度的扭转拉紧状态,铁饼远远留在右后方,左臂自然微屈于胸前,为最后用力做好准备。

4. 最后用力和维持身体平衡

当左脚着地时,右脚继续蹬转,使右髋积极向投掷方向转动和前送。接着,头部向投掷方向转动,左臂微屈于胸前,胸部开始向前挺出,体重逐渐移向左腿。当体重移向左腿时,右腿继续蹬伸用力,以爆发式的快速用力向前挺胸挥饼。与此同时,左腿迅速用力蹬伸,左肩制动成左侧支撑,使身体右侧迅速向前转动,将全身的力量集中在铁饼上。当铁饼挥至右肩同高并稍前时,用小指到食指依次用力拨饼出手,使铁饼沿顺时针方向转动并向前飞行。

铁饼出手后,应及时交换两腿,身体顺惯性左转;同时降低身体重心,维持身体平衡。

田径风云人物

复习与思考

1. 简述走、跑、跳、投的基本技术原理。
2. 田径运动对身体素质有哪些影响?
3. 你会欣赏田径运动吗?其审美特征有哪些?
4. 生活中有哪些走、跑、跳、投的练习形式?其健身效果如何?

第六章
球类运动

　　现代球类运动的发展，仅有一百年左右的历史，但它却以非常快的速度经历了多种的变迁，以至已大大超越了纯粹游戏（尽管游戏的旨趣永远充溢在球类运动之间）和纯粹以力量取胜的水准，而达到了以科学化的训练产生高水平技战术的境界。尤其是第二次世界大战后，这种发展势头随着世界体育的频繁交流，在和平的环境里，更呈现出一派勃勃的生机。

　　由于环境、人种、文化结构和民族心理等因素，虽然球类运动有统一的规则，但仍在世界各地形成了不同的流派和风格。例如，20世纪50年代的排球快攻战术是专人定位，60年代是有掩护的拉开，70年代就是打时间差、空间差、位置差，到80年代则强调整体的立体进攻。再如50年代匈牙利足球以四前锋打法冲破了风靡20年之久的"WM"型，紧接着巴西人的"四二四"型和荷兰人的"全攻全守"型打法又掀起了新的革命；到80年代，球坛巨星克鲁伊夫又提出了"核时代足球战术"。虽然在总的过程中仍有起伏、仍需不断地实践和探求，但整个球类运动无疑是朝着更具审美价值的方向发展，因为它将更讲究层次、组合和变化，更讲究艺术化的技巧和智慧化的独创。

　　实际上，这些不同的流派和风格意味着，每一方都要取人长、补己短，从而在一个更高的境界中交汇、互补、融合。例如，前中国女排博采众长，既有令人眼花的快打，又有令人瞠目的强攻，在世界排坛上融合了两派技术，形成高度加速度、力量加技巧、前沿加纵深新式打法的典范。可见，这种融合不仅是技术的进步，其观赏的美学价值也得到了很大的充实、丰富和提高。这是因为它对技术和风格的选择，总是在不断地摈弃烦琐和粗笨，创造快捷和灵巧，从而将有利于运动美发展的优势结合起来，形成冲突更激烈、技巧更优美的攻守结构。当然，确立起综合型的技术标准和运动美学风格，并非是说所有球队都应去模仿、照搬，恰恰相反，在追求先进打法的同时，必须坚持与自身特点相结合。只有这样，球类运动才会有更大的发展和更大的创造，球类运动的美才会在一个更高的层次上向人们展示出绚烂多彩的风姿。

　　由此，球类运动才涌现出许许多多的精妙绝伦的战术配合。例如，众多美国篮球明星魔术师般的控球技术令人叫绝。他们常常出其不意地将球抛向空中，全场惊疑之时，前锋却突插篮下,腾身而起,在飞行中将球扣入篮筐;至于足球的中场队员以及由他们制造出的种种配合,因为难度较高,一旦成功更使人津津乐道、回味无穷。从一定意义上说,这就是一种美妙的创造,就是一件件美妙的作品。而且这些精巧的配合又都是从阻力重重的对抗中超脱而出的;加上这些配合充分利用了时间、空间和人的运动变化,点线飞动、结构精妙,全然是一幅幅韵味无穷的立体画面。

第一节　篮球项目的教学与练习

篮球是用球向悬在高处的目标进行投准比赛的球类运动。现代篮球运动是一项将巧妙的技术和变化多端的战术相结合的团队竞赛活动。从事篮球运动能促使人体的力量、速度、耐力、灵活性等素质全面发展,并能提高内脏器官、感觉器官和神经中枢的功能。

一、篮球的起源与发展

篮球是1891年由美国体育教师奈·史密斯发明的。起先他将两个竹篮分别钉在健身房内看台的栏杆上,用足球做比赛工具,向篮内投掷。每次投球进篮后,要爬梯子将球取出再重新开始比赛。后来为了方便,人们逐步将竹篮改为活底的铁篮,再改为铁圈下面挂网。到1893年,随着篮球游戏内容的充实与改进,近似于现代的篮板、篮圈和篮网开始出现。

最初的篮球比赛,只规定双方人数要相等。1892年,奈·史密斯制定了13条比赛规则,主要规定是不准持球跑,不准有粗野动作,不准用拳击等。1893年,规则确定为每队上场5人。

1904年,第三届奥运会第一次举行了篮球表演赛。1908年,美国制定了全国统一的篮球规则。

1936年,第十一届奥运会将男子篮球列为正式比赛项目,并统一了世界篮球竞赛规则。以后的规则又曾多次修改。

二、篮球技术

篮球技术是指在篮球比赛中所运用的各种专门动作的总称,分为进攻和防守两大部分。进攻技术包括脚步移动、传接球、运球、投篮、突破和抢篮板球,防守技术包括脚步移动、防持球队员、防无球队员和抢篮板球。攻守共有10项技术,上百个技术动作,运动员必须掌握其动作要领和运用方法。

(一) 脚步移动

脚步移动是运动员通过各种快速、突然的脚步动作,在篮球比赛中变换位置、方向和速度,达到进攻时摆脱防守,防守时防住对手的目的,以便在攻守对抗中争取主动的重要手段。最重要、最常用的进攻脚步动作有起动、急停、转身、变方向跑,防守脚步动作有各种滑步和后撤步。

1. 基本姿势

基本姿势是篮球运动员在起动前的准备姿势。正确的基本姿势,对更好地发挥进攻和防守技术起着重要的作用。

2. 起动

起动是从基本姿势开始,快速获得位移初速度而超越对手的一种方法。

动作要点:在基本姿势的基础上,身体重心向跑动方向移动,用后脚或异侧脚的前脚掌短促有力地踏地,利用反作用力迅速向跑动方向迈出。启动后的前两三步短促而有力,使人能在最短的距离内发挥有效的速度。

3. 急停

急停是队员在跑动中突然制动的一种动作方法。急停不仅能够摆脱防守,而且可以衔接脚步动作的变化,从而更有效地完成攻守任务。急停的动作包括跨步和跳步两种。

(1) 跨步急停。是在跑动中突然制动的一种方法。急停时一只脚先落地,成为中枢脚;后落地的另一只脚在着地时要用脚掌内侧蹬地,两膝弯曲,两臂屈肘微张,以保持身体平衡。

(2) 跳步急停。是在移动中用单脚或双脚起跳,上体稍向后仰,两脚平行落地的一种方法。它是一个单脚起跳、双脚落地的跳步急停动作。起跳时要短促、低平,落地时两腿微屈,减缓冲力。重心保持在两脚之间,平视前方。

4. 侧身跑

侧身跑是队员在向前跑动中为观察球场上的情况或预接传球,侧转身体,进行攻守行动的一种跑动方法。

5. 变向跑

变向跑是在跑动中突然改变方向并加快速度来摆脱防守的一种方法。

6. 后退跑

后退跑是由进攻转入防守时背对移动方向的一种跑动方法。

7. 转身

转身时队员以一脚蹬地向前或向后跨出的同时,另一只脚做中枢脚进行旋转改变身体方向的一种动作方法。分为前转身和后转身。

8. 滑步

滑步是队员防守时运用的主要移动技术之一,其作用是易于保持身体平衡,及时起动抢占有利位置。

(二) 传接球技术

传接球是进攻队员有目的地实施攻击战术的重要手段,是组织进攻的纽带。快速、巧妙、准确和多变地传球既可以有效调动对手的防守,又可以培养队员之间的团队意识。主要包括传球技术和接球技术。

1. 传球技术

传球动作分双手和单手两大类。

(1) 双手胸前传球。双手胸前传接球是一种最基本、最常用的传球方法,可用于不同的方向,不同的距离。这种传球方法有力、速度快、方向准确,而且便于同运球、投篮、突破等动作结合运用。

① 动作方法:由基本站立姿势开始,双手持球于胸腹之间。传球时,后脚蹬地发力,身体重心前移,向前伸臂,拇指下压,手腕翻转,用食、中指拨球,将球传出,同时两手心向下,略向外翻(图 6-1-1)。

图 6-1-1　双手胸前传球

② 练习方法

◎ 单人对墙练习,可在不同距离进行。

◎ 两人一组在不同方向、不同距离做体前传球,结合突破投篮等动作练习。

◎ 两人一组的移动传球练习。

(2) 双手头上传球

① 动作方法。双手持球,把球置于头上,两肘弯曲。近距离传球时,手腕前屈,用拇指、食指和中指用力拨球将球传出。双手头上传球适用于给内侧中锋传球,或被对手封阻时的跳起传球。

② 练习方法

◎ 近距离对墙练习。

◎ 两人一组近、远距离传球练习。

◎ 两人一组跳传球练习。

(3) 体侧传球

① 动作方法。传球时双手持球引向体侧,变传球手单手持球于球的侧后方,弧线引球,

拨腕、指将球传出。体侧传球是近距离传球中一种隐蔽性较强的传球方法。

② 练习方法

◎ 近距离对墙练习,体会单臂向前方用力以及腕指快速抖动的用力方法。

◎ 两人一组近、远距离对传练习。

◎ 两人一组行进间传接球练习。

(4) 反弹传球

① 动作方法。持球者利用假动作吸引防守队员的手臂上举或侧举,同时将球迅速通过地面反弹给同伴。传球时向前下方伸臂,手的用力点作用在球的后上方。击地点根据防守者和接球者所站位置来确定,一般应传在距离接球者三分之一的地方。

② 练习方法

◎ 近距离对墙练习。

◎ 两人一组近、远距离传球练习。

◎ 两人一组行进间传接球练习。

2. 接球技术

接球是进攻队员获得球的动作,也是衔接下一个进攻技术的准备动作。接球有双手和单手两种,不论哪种接球都是由伸臂迎球和缓冲握球动作组成。

(1) 双手接球

① 动作方法。接球时,两眼注视来球,两臂伸出迎球,手指自然分开,两拇指成"八"字形,两手成半圆形。当手接球的瞬间,双臂随球后引,缓冲来球力量,成双手持球姿势(图6-1-2)。

图 6-1-2 双手接球

② 练习方法

◎ 原地对墙或篮板击球、自传自接反弹球练习。

◎ 两人一组近距离 4~5 米传球练习。

◎ 结合移动、突破动作做各种传接球练习。

◎ 两人一组行进间传接球练习。

(2) 单手接球

① 动作方法。伸手迎向来球,当手接触球的同时,迅速借来球惯性将球后引至胸前,成双手持球姿势(图6-1-3)。

图6-1-3　单手接球

② 练习方法

◎ 原地对墙或篮板击球,接不同高度的反弹球。

◎ 不同距离的传球练习。

◎ 结合移动、突破动作做各种传接球练习。

◎ 两人一组行进间传接球练习。

(三) 运球技术

运球是篮球比赛中个人进攻的重要技术,它不仅是运动员摆脱、吸引、突破对手进行攻击的方法,而且是组织全队进攻的桥梁。对发动快攻、组织战术配合起着重要的作用。

1. 高低运球

(1) 动作方法。运球时,两腿微屈,上体前倾,两目平视。以肩关节为轴,上臂发力带动前臂,五指自然分开,手心空出。高运球时,球的落点在身体的侧前方,球的反弹高度在胸腹之间。低运球时,两腿深屈膝,重心迅速降低,上体前倾,用手短促地拍按球,使球的反弹高度在膝关节以下,以便更好地控制球。

(2) 练习方法

① 原地运球练习。

② 行进间高低运球练习。

③ 两手交替往返高低运球练习。

2. 运球转身

(1) 动作方法。以右手运球为例。以左脚为轴,做后转身的同时,右手将球拉至身体的左侧前方,然后换左手运球并加速前进。常用于对手紧逼而又不能运球体前变向时。

(2) 练习方法

① 徒手做向后转身运球的练习。

② 原地做单手吸拉运球变向的练习。

③ 原地做后转身运球的练习。

④ 行进间做过障碍的转身变向运球练习。

3. 胯下运球

(1) 动作方法。以右手运球为例。运球变向时,跨出左脚,右手按拍球的右侧上方,使球从右腿侧穿过两腿之间,离地反弹到左脚侧;右腿向左前方迅速跨步,换左手运球继续前进。

(2) 练习方法

① 原地做左右换手胯下运球练习。

② 行进间做左右换手胯下运球练习。

③ 行进间做过障碍的左右换手胯下运球练习。

4. 背后运球

(1) 动作方法。以右手运球为例。左脚在前、右手将球运至身体的右后侧方,左脚前跨,右手按拍球的侧后方,使球经过身后运至左脚的前方;右脚迅速向左前方跨步,换左手运球继续前行。

(2) 练习方法

① 原地做背后运球换手练习。

② 行进间做背后运球换手练习。

③ 两人相对做行进间背后运球换手练习。

(四) 投篮

投篮是篮球运动中主要的进攻技术,是篮球比赛的得分手段,是一切篮球技战术运用的最终目的和篮球比赛的焦点。由于跳起投篮突然性强,出手点高,稳定性好,较难防守,所以应用非常广泛。

1. 单手肩上投篮

单手肩上投篮是现代篮球比赛中应用较广的一种投篮方法,是行进间单手肩上投篮和跳投的基础。

(1) 动作方法。以右手投篮为例。两脚左右或前后开立,两膝微屈,重心在两脚之间。右手持球于同侧头或肩的前上方,左手扶球的左侧。投篮时,下肢蹬地发力,右臂抬肘向前上方伸直,手腕前屈,食、中指用力拨球,通过指端将球投出。球出手后,身体自然伸展(图6-1-4)。

(2) 练习方法

① 原地自投自抢练习,体会动作要领。

② 原地对篮板做投篮动作练习。

③ 原地篮下投擦板球练习。

④ 不同距离、角度的投篮练习。

图 6-1-4　单手肩上投篮

2. 单手跳起投篮

跳起投篮统称跳投,投篮出手动作和原地单手肩上投篮相同,只是投篮动作是在空中完成。

(1) 动作方法。以右手投篮为例。双手持球于胸腹之间,两脚前后或左右开立,两膝微屈,重心在两脚之间。跳起时两膝弯曲,脚掌用力蹬地向上跳起,双手举球至肩上,左手扶球的左侧。当身体到达或接近最高点时,左手离球,右手向前上方伸直,手腕前屈,食、中指拨球,通过指端将球投出。球出手后,屈膝缓冲,准备下一个动作(图 6-1-5)。

(2) 练习方法

① 原地做跳起自投自抢练习,体会动作要领。

② 原地对篮板做投篮动作练习。建立概念和掌握动作顺序。

③ 原地在篮下做跳起投擦板球练习。

④ 不同距离、角度的跳起投篮练习。

⑤ 结合其他技术的跳投练习。

图 6-1-5　跳起投篮

3. 行进间单手肩上投篮

这种投篮可在篮下或中距离运用,是快速移动到篮下的一种方法。

(1) 动作方法。以右手投篮为例。运球右脚跨出一大步的同时持球,接着左脚跨出一小步并用力蹬地起跳,举球至肩上;跳起后身体接近最高点时,右臂向前上方伸直,手腕前屈,食、中指用力拨球,通过指端将球投出(图 6-1-6)。

图 6-1-6　行进间单手肩上投篮

(2) 练习方法

① 徒手模仿接球或运球,右脚跨出一大步,左脚跨出一小步做行进间的投篮练习。

② 做运球行进间跑的投篮练习,体会跑动投篮的方法,提高动作的连贯性和协调性。

③ 结合实战,进行有防守的运球突破和行进间跑的投篮练习。

4. 行进间单手低手投篮

这种投篮是快速移动到篮下的一种投篮方法。它具有速度快,起跳后伸展距离远,易于超越防守的优点。

(1) 动作方法。以右手投篮为例。右脚跨出一大步的同时接球,接着左脚跨出一小步并用力蹬地起跳,右腿提膝,双手向前上方举球。当身体接近最高点时,左手离球,右手外旋,掌心向上,并充分向球篮方向伸展,接着屈腕,食、中指用力拨球,通过指端将球投出(图 6-1-7)。

图 6-1-7　行进间单手低手投篮

(2) 练习方法

① 徒手模仿接球或运球,右脚跨出一大步,左脚跨出一小步做起跳练习。

② 做运球行进间低手投篮练习,体会低手投篮的方法,提高动作的连贯性和协调性。

③ 结合实战,进行有防守的运球突破行进间低手投篮练习。

(五) 防守技术

防守技术是防守运动员为阻挠和破坏对手进攻,利用合理的脚步和手臂动作,积极抢占有利位置,以控制球为目的所采用的各种专门动作的总称。防守技术包括:移动,站位,抢、打、断球,防守持球队员和防守无球队员(图6-1-8)。

图 6-1-8 防守技术

三、篮球战术

篮球战术是篮球比赛中进攻或防守时集体配合与协调行动的组织形式。其目的是使全队形成有机联系的整体,充分发挥个人技术和特长,以便在对抗中争取主动。篮球战术分为战术基础配合、全队进攻战术和全队防守战术。

1. 战术基础配合

战术基础配合是2~3人参加的简单配合,分为进攻战术配合和防守战术配合。进攻战术配合包括快攻、传切、掩护、策应和突分配合。防守战术配合包括防快攻战术、挤过、绕过、穿过、夹击、关门、换人、协防、补位等战术配合。

2. 全队进攻战术

全队进攻战术是根据对方的防守战术而采用的针对性的进攻战术。可分为:快攻战术、人盯人进攻战术、进攻区域联防战术、进攻全场紧逼人盯人战术、进攻全场区域紧逼战术、混合防守进攻战术(表6-1-1)。

表 6-1-1 全队进攻战术简表

进攻战术名称	战 术 方 法
快攻战术	以最快的速度发动快攻,创造以多打少的投篮机会。发动快攻有4个时机:抢得篮板球时,抢得或断得球时,掷界外球和跳球获球时
人盯人时进攻战术	分为单中锋进攻、双中锋进攻、中锋策应进攻

续表

进攻战术名称	战 术 方 法
进攻区域联防战术	应首先采用快攻突击,对方联防布阵后,则要针对对方防守阵形的薄弱地区决定落位阵形,采用快速而有节奏的传球或突破,破坏防守阵形,利用其出现漏洞的机会进行投篮。常用阵形:"1-3-1""2-1-2""1-2-2""2-2-1"
进攻全场紧逼人盯人战术	应采用无球队员的掩护配合,斜插中路策应配合和拉空后场运球突破
进攻全场区域紧逼战术	应多采用随球跟进向回传球、空切反跑、中路策应和侧对防守人慢速运球,以便将球安全推进前场
混合防守进攻战术	应主动利用同伴做定位掩护,或给同伴做掩护配合,以便摆脱防守者,创造有利的投篮机会

3. 全队防守战术

全队防守战术是为破坏对方进攻战术而确定的针对性防守战术。可分为:防快攻、半场人盯人防守、全场紧逼人盯人防守、全场区域紧逼人盯人防守、区域联防、混合防守。

(1) 防快攻。原则是提高进攻成功率,拼抢进攻篮板球,减少对方可能发动快攻的机会和次数,堵截发动快攻的第一传;防堵进攻队员,提高以少防多的能力。

(2) 半场人盯人防守。半场人盯人防守是在后场进行人盯人的一种防守战术。它是在由攻转守时,放弃前场的防守,全队迅速退回后场,每人盯住自己对手的防守配合方法。根据球的变化,要球、人、区兼顾,对强侧与弱侧进行不同的防守(以球场的纵轴线为界,有球的一侧为强侧,无球一侧为弱侧)。

① 强侧防守队员选位。②持球,△站位于②和球篮之间,△侧前防守①,不能让①轻易再接到球,△侧前防守③(图6-1-9)。

② 弱侧防守队员选位。④持球,△向纵轴线移动,防止②的切入,并协防④,△和△向篮下方向移动,保护篮下,并防止①和③的空切(图6-1-10)。

(3) 全场区域紧逼人盯人防守。即按一定防守阵形分区落位。防守时以球为主,造成有球地区以多防少,进攻夹击。断球布阵时分为全场、半场、3/4场和2/3场的防区落位。

篮球风云
人物

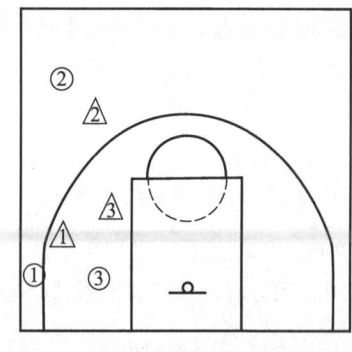
图6-1-9 半场人盯人防守(一)

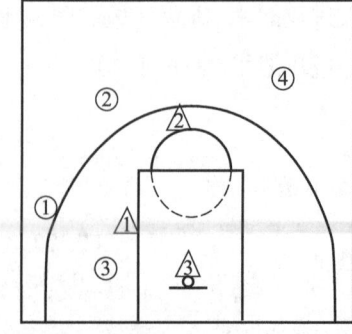
图6-1-10 半场人盯人防守(二)

第二节　排球项目的教学与练习

排球是用双手做发球、垫球、传球、扣球和拦网等动作,以组织进攻和防守的球类运动项目之一。排球运动英文"Volleyball"的原意是空中击球或空中飞球。

一、排球运动的起源与发展

排球运动于19世纪末始于美国。1895年,美国马萨诸塞州(麻省)霍利奥克城的基督教青年会的体育干事威廉·摩根首创了这项运动。

1896年,美国斯普林费尔德体育专科学校举行了世界上最早的排球比赛。1897年,摩根制定了排球规则,有力地推动了排球运动的发展。1900年,排球运动传入印度。1905年,传入中国。亚洲最早的排球比赛是1913年在菲律宾马尼拉举行的。1947年4月,国际排球联合会(FIVB)在巴黎成立,协会统一了六人制排球的比赛规则,并在此后举办了一系列国际性排球比赛,促使排球运动逐渐演变为有巨大影响的世界性体育项目。1964年,排球项目首次亮相奥运会赛场。时至今日,国际排联已成为世界最大的单项体育协会之一。

二、排球运动的场地与用球

排球比赛场地包括比赛场区和无障碍区。场地的地面必须平坦、水平,不得有任何可能伤害队员的隐患。不得在粗糙、湿或滑的场地上进行比赛。国际排球联合会要求世界性排球比赛场地的地面只能是木质或合成物质的,场地界线为白色。比赛场区和无障碍区分别为另外不同颜色。

比赛场区为长18米、宽9米的长方形(图6-2-1)。中线把它分为相等的两个场区。两条长线是边线。两条短线为端线。端线后两条边线间的区域为发球区。所有界线的宽为5厘米,线的宽度均包括在场区内。中线与进攻线构成前场区。中线与进攻线间距3米。前场区向边线外的无障碍区无限延长。进攻线与端线构成后场区。男子网高为2.43米,女子网高为2.24米。比赛用球的颜色可以是一色的浅色或国际排联批准的多色球,圆周为65~67厘米,重量为260~280克,气压为0.30~0.325千克/平方厘米。

三、排球运动基本技术

排球技术是指在排球规则允许的条件下,运动员采用的各种合理的击球动作和其他配合动作的总称。传球、垫球、发球、扣球、

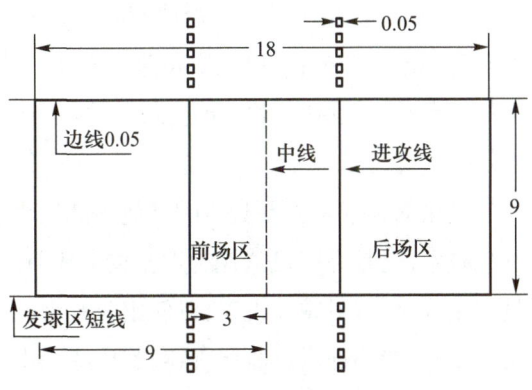

图6-2-1　排球比赛场地(米)

拦网等技术称为有球技术,而各种准备姿势与移动称为无球技术。

排球技术主要由手法和步法两部分组成。手法是指击球时手指、手腕、手臂用力和控制球的动作,步法是指快速灵活的脚步移动和助跑起跳动作。

(一) 准备姿势

准备姿势和移动是排球运动中各项技术的基础技术。准备姿势是移动的基础,只有准备姿势正确才能及时、快速地向各个方向移动。依据完成各项技术动作的需要,可分一般准备姿势(稍蹲)、后排防守准备姿势(半蹲)和前排保护准备姿势(低蹲)。

准备姿势的技术要点:两脚左右开立与肩同宽,一脚在前,两膝微屈,身体重心位于两脚之间,并稍靠近前脚,后脚跟稍提起,上体稍前倾,两臂放松,自然弯曲置于腹前。两眼注视球并兼顾场上各种情况,两脚保持微动状态(图6-2-2)。

图6-2-2 准备姿势

(二) 移动步法与技术要领

移动的目的是为了迅速地接近球并获取人与球的合理位置。它是完成各项技术的重要条件,同时也是连接攻防技术的重要环节。常用的移动步法有:并步、跨步、垫步(跨跳步)、滑步、交叉步、跑步和后退步等。

(1) 并步。前脚向来球方向跨出一步,后脚迅速蹬地跟上,并做好击球前的姿势。并步容易保持身体平衡,便于做击球动作。并步可向前、后、左、右各方向移动。

(2) 滑步。连续并步就是滑步。

(3) 交叉步。两脚左右开立。向右侧做交叉步移动时上体稍向右转,左脚从右脚前向右交叉迈出一步,然后右脚再向右侧方向跨出一大步;同时重心移至右脚,身体转向来球方向,保持击球前的姿势。交叉步的特点是步子大、动作快、便于制动。

(4) 跨步。跨步前膝部弯曲,上体前倾,身体重心移至跨出腿上。跨步时,一脚用力蹬地,另一脚向来球方向跨出一大步,后腿随重心前移自然跟上,两臂做好迎球动作。跨步的特点是跨距大,便于向前、斜前方降低重心进行低点击球。

(5) 跑步。跑步时一脚蹬地起动,另一脚迅速向前迈出,两脚交替进行,两臂配合摆动,不要过早做击球准备,以免影响跑步速度。球在侧方或后方时,应边转身边观察球边跑。跑步的特点是,移动速度快,便于随时改变方向。

(三) 垫球

利用双臂或单臂及身体的其他各部位将来球击出的方法称为垫球。垫球是组织战术的基础技术,也是夺回发球权的重要技术环节。垫球要求准确地、平稳地把排球接递给二传队员或主攻手,尽量减少失误,以便组成有力的进攻战术。垫球分为正面双手垫球、体侧垫球、跨步垫球、背垫球以及前扑、鱼跃等垫球动作。

正面双手垫球是指运动员用双手在腹前将球垫起的动作方法。它是最基本的垫球方法,是各项垫球技术的基础，适合于接各种发球、扣球和拦回球，有时也用于垫二传。

垫球时面对来球，成半蹲或稍蹲姿势站立，两手掌根相靠，两手手指重叠，手掌互握，两拇指平行向前，手腕下压，两前臂外翻成一个平面（图6-2-3）。当球飞到腹前约一臂距离时，两臂夹紧前伸，插入球下，同时配合蹬地、跟腰、提肩、顶肘、压腕、抬臂等全身协调动作迎向来球，身体重心随着击球动作向前上方移动。用前臂手腕关节以上10厘米处两小臂桡骨内侧构成的平面击球的后下部。在击球瞬间，两臂要保持稳定，身体重心继续协调地向抬臂方向送球（图6-2-4）。垫击动作结束后，立即松开双臂做好下一动作的准备。

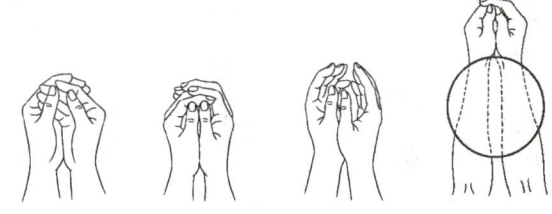

图6-2-3　垫球手形和部位

图6-2-4　正面双手垫球技术

动作要领

两臂夹紧插球下，抬高送臂腕下压。蹬地跟腰前臂垫，轻球重球有变化。

（四）传球

传球是在额前上方通过全身协调性用力和手指、手腕的弹力，将球传至一定目标的击球动作。一个队的进攻能力能否充分发挥，在很大程度上取决于该队的传球水平。传球分为正面传球、背传球、侧传球和跳传球。现代排球比赛中，各种传球技术的广泛灵活采用，使各种进攻战术丰富多彩、防不胜防。二传手被现代排球推崇为全队的"核心""灵魂"。正面上手传球是最基本的传球技术。

当来球接近额前时，开始蹬地、伸膝、伸臂，手指微张从脸前向前上方迎出，全身各部位动作应协调一致。手触球时，十指应自然张开使两手成半球状，手腕稍后屈，以拇指内侧，食指全部，中指的二、三指节触球的后下部，无名指和小指在球两侧辅助控制球的方向,两拇指相对成"一"字形(图 6-2-5)。在迎球动作的基础上,当手和球即将接触前,手腕和手指要有前屈迎球的动作,当手和球接触时,各关节应继续伸展,最后用手指、手腕的弹力将球传出(图 6-2-6)。

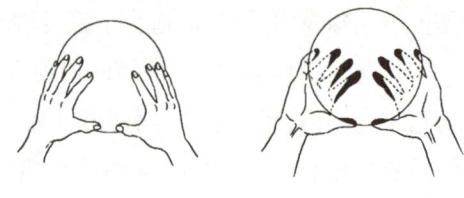

图 6-2-5　传球手形

图 6-2-6　传球技术

动作要领
额前击球较适当,触球手型半球状。蹬地伸臂指腕弹,随后缓冲控方向。

(五) 发球

队员在发球区用一只手将自己抛起的球直接击入对方场区的技术动作称为发球。发球是比赛的开始,也是排球技术中唯一不受他人制约的技术。攻击性强的发球不仅可以直接得分,还能破坏和削弱对方的进攻,在心理上给对方造成威胁。发球按动作结构分为正面下手发球、侧面下手发球、正面上手发球、勾手发球、跳发球等。不论采用哪种发球都必须做到:第一,抛球稳。单手或双手将球向上平稳地把球抛起,每次抛球的高度和身体的距离应基本固定;第二,击球准。用力方向必须和所要发出球的方向一致;第三,发球手法正确。击球的手法不同,发出球的性能也不同。如发旋转球时,要使手掌包住球,在击球时有推压动作;如发飘球时,手触球瞬间的动作方向要通过球的重心。

1. 正面上手发球技术要点

面对球网,两脚自然开立,左脚在前,左手托球于体前;左手将球平稳地抛于右肩的前上方,高度适中,同时右臂抬起,屈肘后引,肘与肩平,上体稍向右侧转动,抬头、挺胸、展腹、手掌自然张开;利用蹬地,使上体向左转动,同时收腹,带动手臂向前上方快速挥动,在右肩前上方伸直手臂的最高点处,用全掌击球的后中下部。击球时,手指和手掌要张开与球吻合,手腕要迅速做推压动作,使击出的球呈上旋飞行。击球后,身体随着重心前移,迅速入场(图6-2-7)。

图6-2-7　正面上手发球技术

> **动作要领**
> 手托上抛约一米,同时引臂右旋体。
> 转体收腹带挥臂,弧形鞭甩应加速。
> 全掌击球中下部,手腕推压要积极。

2. 正面下手发球技术要点

两脚前后自然开立,左手在身体右前侧方向上抛球,高度适中,右臂以肩关节为轴向后摆动;击球时右脚蹬地,身体重心随摆臂击球方向移动,在腹前以全掌或半握拳的拳面或虎口处击球的后下部,用力方向朝向前上方(图6-2-8)。

图6-2-8　正面下手发球技术

（六）扣球

队员跳起在空中,用一只手臂做弧形挥动,将本方场区上空的球从两标志杆内的球网上空击入对方场区的技术动作叫扣球。扣球是完成战术配合的最后一击,是攻击性最强、最有效的进攻手段。扣球是在二传配合的基础上,完成进攻战术的最后关键一环,是得分和夺取发球权的重要技术。一个球队如能熟练地掌握多种强而有力的扣球技术,就能较好地掌握比赛的主动权,为争取比赛的胜利打下良好的基础。现代扣球的威力应体现在速度、力量、高度、变化、技巧等方面。扣球分为正面扣球、勾手扣球、单脚起跳扣球、扣快球和调整扣球等。成功的扣球必须有良好的一传和二传（或拦网、防守）的密切配合，而扣球的成败却集中表现了这一战术配合的质量和效果。

助跑前采用稍蹲姿势，两臂自然下垂，站在离网 3 米处，身体转向来球方向，观察来球，做好向各个方向助跑起跳的准备。助跑开始时，左脚先向前迈出一步，紧接着右脚再快速跨出一大步，左脚及时并上，踏在右脚之前，两脚尖稍向右转。两臂绕体侧向上引摆。在助跑跨出最后一步（即第二步），左脚并上踏地制动的同时，两臂自后积极向前摆动，随着双腿蹬地向上起跳，两臂配合起跳有力地向上摆动。起跳后，挺胸展腹，上体稍向右转，右臂向后上方抬起，身体成反弓形。挥臂时，以迅速转体、收腹动作发力，依次带动肩、肘、腕各部位关节向前上方成鞭甩动作挥动。击球时，五指微张，以掌心为主，全掌包满球，在手臂伸直的最高点的前上方击球的后中部，同时主动用力屈腕、屈指向前推压，使扣出的球呈上旋。落地时，以两脚前脚掌先着地再迅速过渡到全脚掌着地，同时顺势屈膝、收腹，以缓冲下落的力量，立即做好下一个动作的准备（图 6-2-9）。

图 6-2-9 扣球技术

动作要领

助跑节奏慢到快，一步定向二步迈；后步跨上猛蹬踏，两臂配合向上摆；
腰腹发力要领先，协调挥臂如甩鞭；击球保持最高点，全掌击球要上旋。

排球扣球技术的发展

随着排球技术和战术的发展，扣球技术也在不断创新和提高。20 世纪 70 年代后期，各国排球队掌握了短平快、时间差、位置差等新的扣球技术。以后，我国排球运动员又创新了不少扣球技术,如空间差和单脚起跳扣快球及快抹技术等。目前,扣球技术无论是男子还是女子都向着"高、快、狠、变、巧"的方向发展。

短平快

短平快是多变扣球方法之一,为20世纪70年代日本男排运动员所创造,现在为各国运动员广泛运用。其动作为:扣球人在二传队员前面2米左右跳起,二传手将球既平又快地传到扣球手的手上,后者挥臂击球过网。

位置差

扣球队员在助跑后假装起跳,但并不跳起,待对方拦网队员起跳时,扣球队员突然向体侧跨出一步,用双脚或单脚起跳扣球,造成自己扣球与对方拦网位置上的明显错位,这种扣球称为"位置差"扣球,也称为"错位"扣球。

时间差

扣球队员以逼真甚至夸大一点的动作,假做扣快球或短平快球的起跳,但实际并不起跳,以欺骗对方拦网队员起跳,待拦网者下落时,再迅速原地起跳扣半高球或小弧度球,造成佯装扣球和实际扣球时间上的差异,即为"时间差"扣球,从而使球成功地摆脱拦网队员的截击。

(七) 拦网

拦网是队员在网前以腰部以上身体任何部位,主要是手臂、手掌,在球网上阻挡对方击球过网的技术动作,一般是单人拦网和双人拦网两种形式。拦网是破坏对方进攻并组织反击的重要手段。有效的拦网可将对方有力的扣杀拦起,减轻后方防守的压力,为本方组织反攻创造条件,并对扣球者造成心理上的威胁,削弱对方进攻的锐气和信心。拦网技术应贯彻"快、准、狠"的原则。

单人拦网技术要点:队员面对球网,两脚左右开立,约与肩同宽,距网30~40厘米,两膝微屈,两臂屈肘置于胸前。常用的步法有一步、并步、交叉步、跑步等。无论采用哪种移动步法,都要做好制动动作,以保证向上起跳,避免触网和冲撞同队队员。原地起跳时,两腿屈膝,重心降低,随即用力蹬地,两臂以肩发力,在体侧近身处,做弧形前后摆动,帮助身体迅速跳起。移动后的起跳动作与原地起跳一样,但要注意制动并使移动与起跳动作紧密衔接。起跳时,两手从额前沿球网向上方伸出,两臂伸直并保持平行,两肩上提。拦网时,两臂应伸过网去接近球。两手自然张开,屈指、屈腕成半球状。当手触球时,两手要突然紧张,手腕下压盖在球的前上方。拦球后,要做含胸动作,以保持身体平衡。手臂要先后摆或上提,从网上收回至本方上空,再屈肘向下收臂,以免触网。与此同时,屈膝缓冲,双脚落地,随即转身面向后场,准备接应来球或做下一个动作准备(图6-2-10)。

图 6-2-10　拦网技术

四、排球运动基本战术

排球运动的基本战术是指比赛双方运用进攻与防守的对抗,并结合临场变化,合理地运用技术,有组织、有针对性地配合行动。一个队的战术水平往往反映着该队的技术水平,因为只有全面、准确、熟练地掌握了基本技术才可能形成战术。

（一）阵容配备

阵容配备是合理搭配本队队员的一种组织手段。阵容配备有三种形式（表 6-2-1、图 6-2-11）。

表 6-2-1　排球战术阵容配备

阵容配备	要求及实战意义
"三三"配备	由三名进攻队员和三名二传队员组成。战术形式简单,攻击力较弱,适合于初学者
"四二"配备	由两名主攻队员,两名副攻队员和两名二传队员组成,队员分别对角站立。这种阵容配备便于采用"中一二"和"边一二"进攻战术。前排始终保持两名进攻队员和一名二传队员,能够组织多种战术配合,充分发挥本队的进攻力量
"五一"配备	由一名二传队员和五名进攻队员组成。这种配备形式攻击力强,能组织多种战术体系。二传队员在前排时,能组织"中一二"和"边一二"进攻战术。二传队员在后排时,可采用插上战术,保持前排三点进攻。具有一定水平的队多采用此种阵容配备

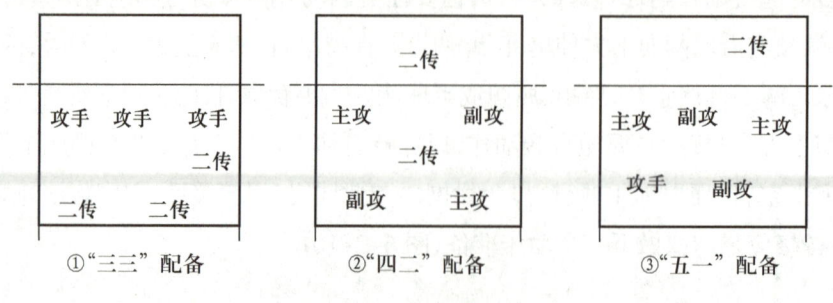

图 6-2-11　排球阵容配备

(二)交换位置

为了解决某些轮次上进攻和防守力量的搭配及阵容配备上的某些缺陷,以便有效组织攻防战术,若规则允许,在发球击球后,双方队员可以在本场区内任意交换位置。交换位置的主要目的是为了充分发挥每个队员的专长,以取得扬长避短的效果。前排队员之间的换位,主要是为了便于进攻战术的实施和拦网位置的调整。前后排队员之间的换位,主要是为了保持前排三点进攻。后排队员之间换位,是为了加强后排重点部位的防守。

(三)进攻战术

1. "中一二"进攻战术

此种战术是最基本、最简单的战术形式。由3号位队员二传,2、4号位队员进攻。其特点是比较容易组织,初学者易掌握,但只能两点进攻,变化少,进攻意图易被对方识破(图6-2-12)。

图6-2-12 "中一二"进攻战术

2. "边一二"进攻战术

由2号位队员担任二传,3、4号位队员进攻。如果由4号位队员担任二传,由3、2号位队员进攻,则称为"反边一二"进攻战术。它比"中一二"战术变化多、难度大,战术配合也较复杂。由于两名进攻队员的位置相邻,便于进行互相掩护配合,可以组织更多的战术配合,它的突然性和攻击性程度比"中一二"进攻战术要强(图6-2-13)。

3. "后排插上"进攻战术

"后排插上"进攻战术是现代排球先进战术的主要形式,是在"中一二""边一二"进攻战术的基础上发展起来的。因此,"中一二""边一二"进攻战术中各种战术配合,均可在"后排插上"进攻战术中加以运用和发挥。由于此种战术有三名进攻队员参加进攻,可充分地利用网的全长组织进攻,从而使进攻点增多,战术配合更加复杂多变,因此,具有突然性大、进攻点多的特点(图6-2-14)。

图 6-2-13 "边一二"进攻战术

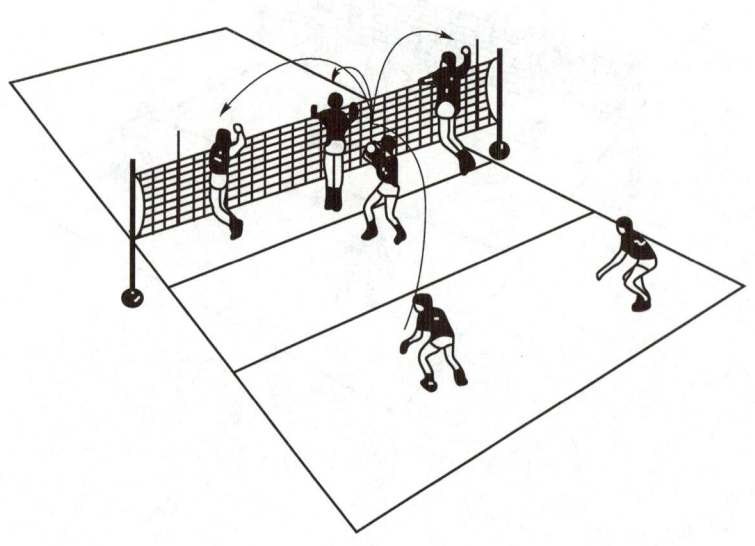

图 6-2-14 "后排插上"进攻战术

（四）防守战术

"边跟进"防守战术：拦网与后排防守的配合是防守成功的关键。比赛中常采用单人、双人和三人拦网。其中，双人拦网是最常采用的。在双人拦网情况下，此种防守方法是：后三名队员要形成面对进攻点的弧形防守区域，并明确各自防守区域和范围。前排两名队员拦网，后排1号或5号位队员跟进到进攻线附近保护（图6-2-15）。

排球风云人物

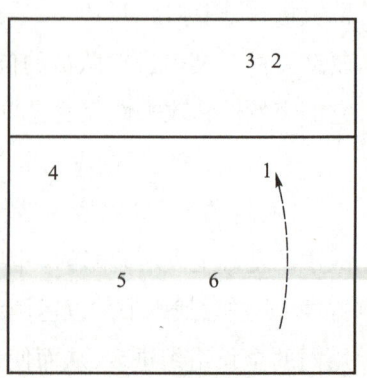

图 6-2-15 "边跟进"防守战术

第三节　足球项目的教学与练习

足球运动是以脚支配球为主,两支队伍在同一场地内进行相互对抗、互为攻守,且将球攻入对方球门多者为胜的体育运动项目。现代足球运动是世界上最受人们喜爱、开展最广泛、影响最大的体育运动项目,被誉为"世界第一运动"。足球运动在比赛中采用规则所允许的各种动作,包括奔跑、急停、转身、倒地、跳跃、冲撞等。足球比赛时间之长、观众之多、竞赛场地之大,是其他任何运动项目所不及的。经常从事足球运动能促进人体的速度、力量、耐力、灵敏、柔韧等素质的全面发展,并能使人的高级神经活动得到改善,尤其能增强人体的心血管系统、呼吸系统的功能,从而促进人体健康。

一、足球的起源与发展

足球运动是一项古老的体育活动,源远流长。据说,古希腊人和罗马人在中世纪以前就有了足球游戏。然而据众多文献资料表明,中国古代足球的出现比欧洲更早,世界足球起源于中国古代的"蹴鞠"。"蹴鞠"一词最早记载在《史记·苏秦列传》里,汉代刘向《别录》和东汉班固《汉书·枚乘传》均有记载。到了唐宋时期,"蹴鞠"活动已十分盛行,成为宫廷之中的高雅活动。

现代足球形成于1863年。当时英国的学校和俱乐部开始盛行此项运动,并制定了"剑桥规则"。1863年10月26日,英国人在伦敦皇后大街弗里马森旅馆成立了世界第一个足球运动组织——英国足球协会。会上除了宣布英国足协正式成立以外,还制定和通过了世界第一部较为统一的足球竞赛规则。英国足球协会的诞生,标志着足球运动的发展进入了一个崭新的阶段。1904年5月21日,国际足球联合会(简称国际足联,英文缩写FIFA)在法国巴黎圣奥诺雷街229号法国体育运动联盟驻地正式成立,法国等7个国家的代表和代理人在有关文件上签了字。1904年5月23日,国际足联召开了第一届全体代表大会,推选法国的罗伯特·盖林为第一任主席。

依据考古发现和历史文献记载,反映了中国古代的"鞠戏"已有着相当久远的历史,证明了中国是世界上"球类游戏"起源最早的地区。2005年,国际足联主席布拉特向世界正式宣布了"足球起源于中国"这一历史事实。

二、足球技术

足球基本技术是指运动员在进行足球活动和比赛中,有目的、有意识地运用脚和规则允许的身体各个部位去合理地支配球的动作的总称。随着足球运动的发展,尤其是在现代足球比赛攻守速度不断加快、对抗争夺日趋激烈的条件下,运动员只有熟练地掌握技术,才能在比赛中有目的地采取行动和合理地处理球,以达到战术上的要求。它是完成战术配合、决定战术效果的前提和保证。

足球基本技术包括：踢球、控球、头顶球、抢截球、掷界外球、守门技术六类。

(一) 踢球

踢球是运动员有目的地用脚把球击向预定目标的技术。它是完成战术配合的基础和主要手段，主要用于传球和射门。传球是比赛中组织进攻、变换战术和创造射门机会的主要手段，也是踢球技术在集体配合中的实际运用。射门是运用各种方法将球射入对方球门。它是一切技战术配合的最终目标，也是决定比赛胜负的关键。

踢球的方法很多，动作要领也有所不同，但是每一种踢法都是由助跑、支撑脚站位、踢球腿的摆动、脚触球和踢球后的随前动作五个环节组成。主要有脚内侧踢球、脚背正面踢球、脚背内侧踢球、脚背外侧踢球等。

1. 脚内侧踢球

脚内侧踢球是用脚内侧部位触击球的一种踢球方法。其特点是脚接触球面积大，触球准确、平稳，且易控制触球方向。由于踢球时大腿前摆到一定程度时需要外展且屈膝，故大腿与小腿的摆动都受到限制，因此出球力量相对较小，适用于近距离传球配合和射门。

脚内侧踢定位球时，直线助跑，支撑脚站在球的侧面约 15 厘米处，膝关节微屈，脚尖指向触球方向，踢球腿以髋关节为轴由后向前摆动，在前摆过程中大腿外展，脚底与地面平行，踝关节功能性地紧张使脚型固定，小腿做爆发式前摆，用脚内侧触击球的后中部(图 6-3-1)。

2. 脚背正面踢球

脚背正面踢球是用脚背正面部位触击球的一种踢球方法。其特点是摆幅相对较大，触球面积相对较大，因而踢球力量也大，准确性也较强，适用于中长距离传球和射门。比赛中经常使用脚背正面踢定位球、空中球、反弹球及倒勾球。

图 6-3-1　脚内侧踢球

踢定位球时，直线助跑，最后一步稍大，支撑脚积极着地，落在球的侧面 10~15 厘米处，脚尖指向出球方向，膝关节微屈，踢球腿屈膝后摆，以髋关节为轴，大腿带动小腿由后向前摆动。当膝关节摆至接近球的正上方时，小腿做爆发式的摆动，脚趾紧扣，以脚背正面部位击球的后中部(图 6-3-2)。

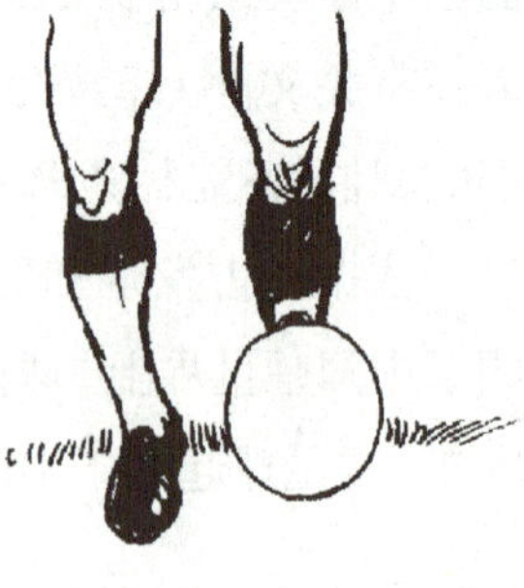

3. 脚背内侧踢球

脚背内侧踢球是用脚背内侧部位触击球的一种踢球方法。适用于中、远距离传球和射门。比赛中经常用脚背内侧踢定位球、过顶球或转身踢球。

图 6-3-2　脚背正面踢球

踢定位球时，斜线助跑，要与出球方向约成 45°角；最后一步稍大，支撑脚积极着地，距球内侧后方 20~30 厘米处，膝关节微屈，脚尖指向出球方向。支撑脚着地的同时，踢球腿以髋关节为轴，大腿带动小腿由后向前摆动，当大腿摆至与支撑腿接近同一平面时，小腿做爆发式前摆。此时脚尖外转,脚背绷直,脚趾紧扣,脚尖指向斜下方,以脚背内侧触击球的后中下部。击球后踢球腿及身体继续随球向前(图6-3-3)。

图6-3-3 脚背内侧踢球

4. 脚背外侧踢球

脚背外侧踢球是用脚背外侧部位触击球的一种踢球方法。这种踢法难度大,但运用范围广、变化多、突然性强,适用于中、短距离传球和射门。

踢定位球时,助跑、支撑脚站位及踢球腿摆动均与脚背正面踢球技术的三个环节相同,只是在踢球的瞬间,摆动腿的膝关节和脚尖内转,脚背绷紧,脚趾紧扣,以脚背外侧触击球的后中下部(图6-3-4)。

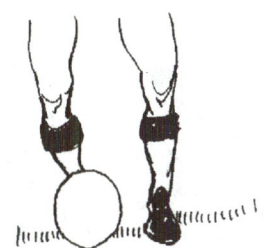

图6-3-4 脚背外侧踢球

(二)控球

控球是运动员有目的地运用身体各个部位,对整个球进行立体控制,并把球控制在自己的范围内。在现代足球比赛中,谁能较长时间地控制球,谁就赢得了场上主动权,而控球能力的优劣又是衡量一个队整体实力的基本标志。控球包括接球、运球、护球三部分。

1. 接球

运动员有目的地用身体合理部位,把运行中的球接控在所需要的控制范围内,为更好地做传球、运球过人和射门的动作。

接球方法:用脚底、脚内侧、脚正面、大腿、胸部等部位接球。

(1)脚底接球。由于脚底接触球的面积大,易将球接稳,一般用于接正面地滚球和反弹球(图6-3-5)。

图6-3-5 脚底接球

(2) 脚内侧接球。由于脚触球面积大，动作简单，较易掌握，比赛中经常使用这种技术接各种地滚球、反弹球、空中球（图6-3-6）。

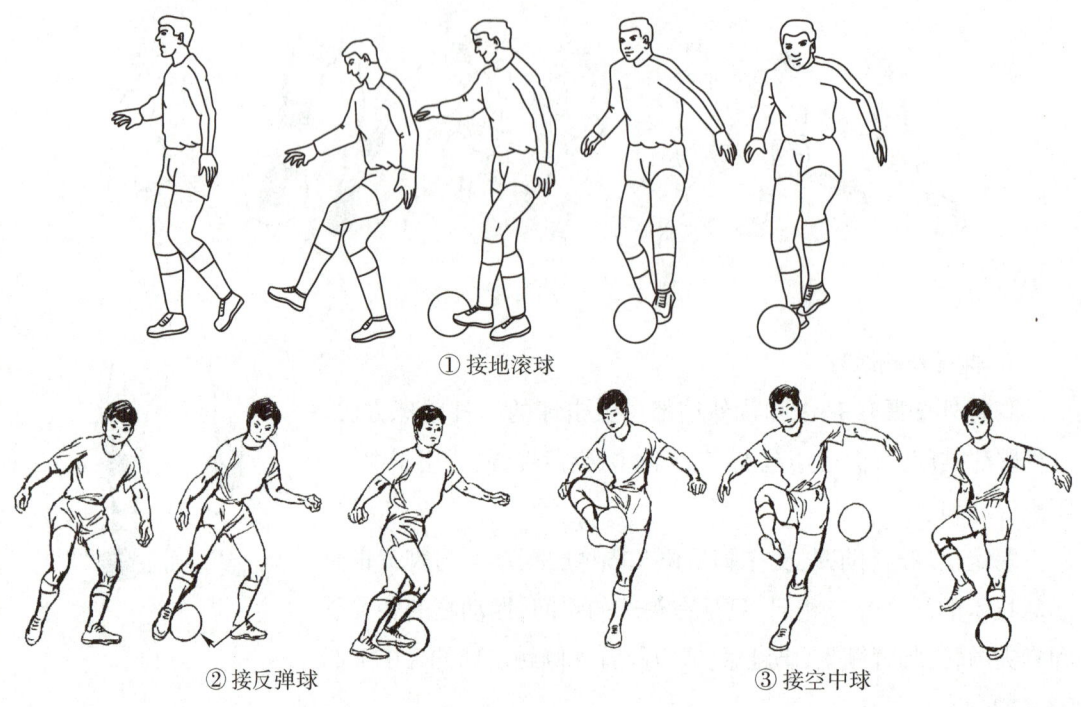

图 6-3-6　脚内侧接球

(3) 脚背外侧接球。脚背外侧接球常与假动作结合起来做，具有隐蔽性。一般用于接地滚球和反弹球（图6-3-7）。

(4) 大腿接球。一般可以用来接抛物线较大的高空球和略高于膝的低平球（图6-3-8）。

(5) 胸部停球。由于胸部面积大、有弹性、位置高，用于接高球（图6-3-9）。

2. 运球

运球是指运动员在持球跑动中用脚的推、拉、拨、扣，使球保持在自己控制范围内的连续触球动作。运球技术从狭义上讲，仅是指运球的方法，即指用身体的某一部分触球，使球能

图 6-3-7　脚背外侧接球

图 6-3-8　大腿接球

图 6-3-9　胸部接球

随运球者一起运动;从广义上看,则不仅让球随人运动,还必须越过对方的防守,也就是说如何使用这些运球方法达到越过对方防守的目的。

运球方法:脚内侧、脚背正面、脚背外侧、脚背内侧运球。

(1) 脚内侧运球。要求在运球前进时支撑脚始终领先于球,位于球的侧前方,肩部指向运球方向。支撑腿膝关节微屈,重心放在支撑腿上;另一条腿提起屈膝,用脚内侧推球前进然后运球脚着地(图 6-3-10)。

图 6-3-10　脚内侧运球

(2) 脚背正面运球。运球时身体持正常跑动姿势，上体稍前倾，步幅不宜过大；运球腿提起，膝关节稍屈，髋关节前送，提踵，脚尖下指，在着地前用脚背正面部位触球后中部将球推送前进。常用于快速运球（图6-3-11）。

图 6-3-11　脚背正面运球

(3) 脚背外侧运球。运球时身体成正常跑动姿势，上体稍前倾，步幅不宜过大；运球腿提起，膝关节稍屈，髋关节前送，提踵，脚尖绕矢状轴向内旋转，使脚背外侧正对运球方向，在运球脚落地前用脚背外侧部位推拨球的后中部。常用于快速奔跑中运球和改变运球方向（图6-3-12）。

图 6-3-12　脚背外侧运球

(4) 脚背内侧运球。身体稍侧转并自然协调放松，步幅小，上体前倾；运球腿提起外展，膝微屈外转，提踵，脚尖外转，使脚背内侧正对运球方向，在运球脚落地前用脚背内侧推拨球，使球随身体前进。多用于向支撑脚一侧的转动变向运球（图6-3-13）。

图 6-3-13　脚背内侧运球

3. 护球

当持球队员不能转身时,则利用身体把球与对手隔开。常用的护球方法有背身护球和侧身护球。

(三) 头顶球

头顶球是指运动员有目的地用前额将球击向预定目标的动作,是足球的一项重要的基本技术,也是处理高空球的最重要手段和进攻与防守的有效手段。因此,必须熟练地掌握头球技术,并能灵活运用。它包括前额正面头顶球、前额侧面头顶球、原地顶球、跳起顶球、鱼跃顶球等。

各种头顶球技术都是由移动选位、身体摆动、头触球、触球后的身体平衡四个环节组成。头触球的部位和触球的时间是头顶球的重点,头顶球时要养成目迎目送的习惯。

(1) 前额正面原地顶球。身体正对来球方向,眼睛注视运动中的球,两脚左右开立(或前后开立),膝关节微屈,身体重心置于两脚间(或后脚上),两臂自然张开成保护姿势。当球运行到将垂直于地面的垂线时,两脚用力蹬地,迅速向前摆体,微收下颌;在触球瞬间,颈部做爆发式振摆,用前额正面击球中部,上体随球前摆(图 6-3-14)。

(2) 前额正面跳起顶球。常用在本方传来或对方传来的高球。两膝微屈,重心下降,然后两脚用力蹬地起跳;同时两臂屈肘上摆,在身体上升阶段展腹挺胸,两臂自然张开成保护姿势,身体自然成背弓状;当球运行至身体额状面时,迅速收腹,上体前摆;触球瞬间,颈部做爆发性振摆,用前额正面将球顶出;同时两腿向前做振摆,球顶出后两腿屈膝缓冲落地(图 6-3-15)。

图 6-3-14　前额正面原地顶球　　　　图 6-3-15　前额正面跳起顶球

(3) 前额侧面原地顶球。观察来球的运行速度、运行轨迹,及时移动到位。两脚前后开立(或左右开立),出球方向的异侧脚在前,重心逐渐过渡到前脚上,眼睛注视来球,前膝微屈;两臂自然张开,当球运行至体前上方时,用力蹬地,前脚掌并适度旋转,上体随着向出球方向扭摆;同时用力向击球方向甩头,以前额侧面击球的后中部(图 6-3-16)。

(4) 前额侧面跳起顶球。在起跳后的身体上升阶段,上体向出球的相反方向侧摆,在身体达到最高点时,上体急速向出球方向摆出,颈部扭摆甩头,用前额侧面击来球的后中部,将球击向预定的目标。落地时屈膝以缓冲落地力量并保持身体平衡(图 6-3-17)。

图 6-3-16 前额侧面原地顶球

图 6-3-17 前额侧面跳起顶球

(5) 前额正面鱼跃顶球。对于离身体较远的低空球来不及移动到位处理,必须抢点击球时(如抢救险球、射门等)可使用鱼跃头顶球技术(图 6-3-18)。

图 6-3-18 前额正面鱼跃顶球

(四)抢截球

抢截球技术是指运动员在规则允许的范围内,使用身体的合理部位将对手的控球权夺过来或破坏掉。它是转守为攻的积极手段,是防守技术的综合体现。

抢截球的方法:抢球、截球、封堵、铲球。

1. 抢球

(1) 正面跨步堵抢。抢球者两脚前后开立,面向对手,两膝微屈,身体重心下降并置于两脚间;当运球者与抢球者间的距离缩小到一定范围(即抢球者上前跨一大步可能触及球),运球者脚触球即将着地或刚刚着地时,抢球者后脚用力蹬地并跨步向前,以脚内侧去堵截球,抢球者应将另一只脚迅速前移做支撑脚。双方脚同时触球时,抢球脚要迅速向上提拉,使球从对手脚面滚过,身体重心也迅速跟上并将球控制住(图 6-3-19)。

(2) 合理冲撞抢球。在与对方带球队员并肩跑动时,防守者身体重心稍下降,靠近对手一侧的手臂紧贴身体;利用对方同侧脚离地的过程,用肩以下、肘关节以上的部位,以适当的力量去冲撞对手相应的部位,使对手身体失去平衡而离开球,并迅速将球控制在自己脚下(图 6-3-20)。

图 6-3-19 正面跨步堵抢

2. 截球

截球是把对方队员之间传出的球（空间运行或地面滚动）抢截下来或破坏掉。选择恰当的位置和时间，从对方侧后方突然插上，果断、快速地利用踢、顶、铲球或接球等技术动作完成。

3. 封堵

封堵是在没有把握抢截球的情况下运用的一种手段。在比赛中应采用"照应"的方法先判断传球角度，然后边判断边封堵，看准时机出脚

图 6-3-20 合理冲撞抢球

抢球。两脚前后开立，两膝稍弯曲，身体重心下降并置于两腿之间，面向对手，两眼注视对手的下肢动作，随球的变化，迅速调整防守重心。

4. 铲球

铲球是倒地抢球的一种技术，常用于对手接球前或带球过程中，来不及用其他方法抢球时采用。当对方拨出球的一刹那或对方在接球时，左脚用力蹬地成跨步，以抢球脚（右脚）的外侧沿地面向前内侧滑出，用脚掌将球蹬出，或者用脚背或脚尖将球踢或捅出；然后小腿外侧、大腿外侧和臀部依次着地（图6-3-21）。

(五) 掷界外球

由于掷界外球时接球人不受越位规则的约束，因此，此技术不仅用于恢复比赛，而且可

图 6-3-21 铲球

以为进攻创造有利条件。尤其是在前场 30 米内掷界外球,将球直接掷入门前,可以给对方造成很大威胁。掷界外球包括原地掷界外球和助跑掷界外球。

1. 原地掷界外球

面向出球方向,两脚前后或左右开立,站立在边线上。膝关节弯曲,上体后仰成背弓状,重心移到后脚上(左右开立时,重心在两脚间),两手自然张开,拇指相对,持球的侧后部,屈肘将球置于头后。掷球时,后脚用力蹬地(或两脚用力蹬地),两腿迅速伸直,身体重心由后脚移到前脚,收腹屈体,同时两臂急速前摆。当球摆到头上时用力甩腕将球掷入场内。掷球时,后脚可沿地面向前滑动,两脚均不得离地。

2. 助跑掷界外球

两手持球放在胸前,在助跑迈出最后一步时,上体后仰成背弓状,同时将球上举至头后,掷球时的动作与原地掷界外球动作相同。将球掷出后,后脚可在地面上向前滑行,但不得离地。

(六) 足球的实战技术

足球的实战技术是根据比赛的实际需要提炼出来的。足球实战技术包括进攻技术和防守技术两部分。进攻技术包括接控、传球、运过、射门四大类,防守技术包括断球、封堵、抢球、铲球与争顶球五大类(表 6-3-1)。

表 6-3-1 足球实战技术简表

足球技术		实 战 意 义
进攻技术	接控	比赛中综合运用的一项富有攻击性的技术
	传球	是组织进攻、变化战术、渗透突破、创造射门的重要手段,也是比赛中应用最多的一项技术
	运过	不仅是维持控球权的重要手段,而且也是破坏防守、创造以多打少的锐利武器,还是控制比赛节奏、构成更好的传球机会的射门得分的重要方法
	射门	比赛胜负的关键因素,是各种进攻技术的期望归宿。常用的射门方式有直接射、运射、接趟射、过人射和直接踢任意球五种
防守技术	断球	抢球技巧中最积极、最主动的方法,也是难度最大的抢球手段
	封堵	在没有把握抢截球的情况下运用的一种防守手段,可分为正面封堵和背身封堵两种
	抢球	比赛中运用最多的防守技术。可分为正面抢、侧面抢、背身抢三种
	铲球	倒地抢球的一种技术,是防守技术的最后一招。铲球技术一般可以分为脚内侧铲和脚外侧铲两种
	争顶球	可控制比赛的制空权,是进攻与防守的有效手段

三、足球战术

足球战术是比赛中为了战胜对手,根据主客观的实际情况所采用的个人和集体配合的手段的综合表现。足球战术可分为进攻和防守两大系统。进攻和防守中又分别包含着个人战术和集体战术两类。比赛实践证明,成功地组织战术和巧妙地运用战术是夺取比赛胜利的重要因素。

(一) 进攻战术

进攻战术是进攻者通过不断地跑动、穿插、策应来打乱防守方的防御体系,在局部地区打破攻守双方人数上的平衡,造成以多打少的局面。进攻战术包括个人进攻战术、局部进攻战术、全队进攻战术三种形式(表6-3-2)。

表6-3-2 进攻战术简表

进攻战术			实 战 意 义
个人进攻	接应		一种无球的战术行动,在局部制造以多打少、瓦解对方防守的有效手段
	传球		运动员有目的地用脚把球踢向预定目标的技术动作,也是完成进攻战术配合的基础
	运球突破		突破密集防守、紧逼盯人,觅得传球空当获得射门机会的有效方法和手段
	射门		全队的一切进攻行动都必须围绕射门这一中心环节开展
局部进攻	二人配合	传切配合二过一	两名进攻队员通过一次传球和跑位来摆脱一名或几名防守队员的配合方法
		踢墙式二过一	两名进攻队员通过两次传球和跑位来摆脱一名防守队员的配合方法
		交叉掩护二过一	两名进攻队员通过运球和跑位形成交叉、换位,用身体给同伴做掩护摆脱防守并传球进攻的配合方法
	三人配合	第二空当	一名进攻队员跑向一个有利的空当(第一空当),使原区域出现空当(第二空当),另一名队员迅速插向第二空当,利用传切配合,突破防守
		连续二过一	至少由两组二过一配合组成
全队进攻	阵地进攻	边路传中	在对方半场两侧发展的进攻,以传中创造射门为目的
		中路渗透	有后场、中场、前场发动进攻进行短传配合,以各种二过一战术来摆脱对方的防守
		中边转移	中路进攻受阻,应及时转移至边路,分散守方中路的压力,然后由边路突破再将进攻方向转向中路
	快速进攻	边路传中	有个人突破及边路队员快速插上到防守者的身后接球突破两种形式
		中路突破	有个人突破和配合突破两种形式
		中边转移	中后场得球后一次性直接将球传至边路,由边路队员突破或经过中场一两次传递再将球分到边路,由边路队员突破
定位球战术			比赛成死球时所采用的进攻战术方法,包括开球、球门球、界外球、角球、任意球、点球

足球风云人物

（二）防守战术

防守战术是在比赛中为阻止对方的进攻以及本方重新取得控球权所采用的个人防守行动和集体配合的方法。主要目的是延缓、封堵、阻截、抢断和破坏进攻方的战术。防守战术包括个人防守战术、局部防守战术、全队防守战术三种形式（表6-3-3）。

表6-3-3 防守战术简表

防守战术		实 战 意 义
个人防守	选位	防守队员选择的位置应在对手与本方球门中心所构成的直线上，并保持适当的距离，以多防少或以少防多时，都要及时地选位
	紧逼	防守队员所处的位置能够限制、制约进攻队员的活动，以达到封堵、抢断对手接球、传球或射门路线的目的
局部防守	保护	在逼抢控球对手的同伴身后，协防并阻止对方突破的战术配合行动
	补位	防守队员弥补同伴在防守中出现的漏洞所采取的相互协助的战术配合
	围抢	在特定区域，两人以上的防守队员突然、快速、有效地多方位夹击对方控球队员，把球抢断或破坏的战术配合
全队防守	盯人防守	每一防守队员都有明确的防守对象，采用紧逼、跟跑，限制进攻队员的一切进攻行动
	区域盯人防守	每一防守队员都有一定的防守区域，进攻者一旦进入该区域时，防守队员即对其严密盯防，限制其在该区域的一切进攻行动
	混合防守	人盯人与区域防守相结合的一种防守形式。充分发挥人盯人和区域防守的优点，提高整体防守的综合效益
定位球战术		比赛成死球时所采用的防守战术方法，包括中圈开球、球门球、界外球、角球、任意球、点球

第四节 橄榄球、棒球、垒球简介

橄 榄 球

橄榄球是体育运动项目之一，因球形似橄榄而得名的球类竞赛活动。橄榄球可以用脚踢、手传，也可以抱住奔跑。对持球队员可采用各种抓、摔（搂）、抱以及合理冲撞等方法，阻止对方队员前进。将球踢过对方球门横杆上方或在对方得分区内首先触地为得分，得分多者胜。

一、橄榄球运动起源与发展

拉格比本是英国中部的一座城市，拉格比学校是橄榄球运动的诞生地。据说，1823年该校学生艾利斯在一次足球比赛中，因踢球失误，情急之下抱球就跑，引得其他球员纷纷效仿，这虽是犯规动作，却给人以新的启示。后来逐渐被人们所接受，于是一项具有很高锻炼价值的运动项目——橄榄球诞生了。

英式橄榄球分每队场上15人和7人两种比赛形式,始于19世纪20年代,盛行于英联邦国家。美式橄榄球每队上场11人,19世纪80年代从英式橄榄球派生而来,盛行于美国。英式、美式橄榄球在球场、规则和计分方法上均有所不同。1886年,国际橄榄球理事会成立。1900年第二届奥运会至1924年第八届奥运会曾多次将橄榄球列为比赛项目。

二、英式橄榄球

英式橄榄球有软式橄榄球之称。在英式橄榄球比赛中,运动员不穿护具,基本上采用足球运动员的服装,比赛中不得冲撞或阻挡不持球队员。对持球队员可以采用抓、抱、摔等方法阻碍其前进,并可进行合理冲撞。橄榄球协会杯赛每一方15名球员,是流行范围较广的运动,最常见于英国、法国、南非、新西兰、澳大利亚。

英式橄榄球比赛分时间相等的两个半场,每半场40分钟,中间休息20分钟。运动员可用脚踢、用手传球、抱球跑,而防守队员则可抱住并绊倒对方持球奔跑的队员。持球队员带球越过对方球门线并置球与地面时,得4分;然后再有一次踢任意球的机会,踢任意球如越过对方球门横木,再增加2分;其他情况下踢球越过对方球门横木均得2分。最后以得分多者为胜。比赛无替补队员,即使队员受伤也不允许替补。

三、美式橄榄球

美式橄榄球是美国的全国性运动,又称"硬式橄榄球"。它是一种对抗非常猛烈的运动,有身体间猛烈的相互碰撞,所以球员要戴上有面罩的头盔并穿上有衬垫的运动服来保护自己。美式橄榄球职业球队一般由45人组成,但只允许11人上场。

美式橄榄球用球较英式橄榄球小一些。比赛分4节,每节15分钟。半场休息15分钟,第1、2节间和第3、4节间分别休息2分钟。比赛结束时,如两队得分相等,延长比赛时间15分钟,以先得分者为胜,如两队均未得分则为平局。防守队员为阻止对方持球队员的前进,可以搂抱其腰部或腿部将其摔倒。

> **英式橄榄球与美式橄榄球的区别**
>
> 英式橄榄球与美式橄榄球最大的区别是,美式橄榄球动作较粗野,所以身体保护要"武装到牙齿",而英式则温柔得多,不需穿着特别的护具就能上场。两者的比赛规则中,上场的人数不同,另外两者的比赛时间也有所差别。

四、橄榄球术语

(1) 落踢。踢球的一种,指持球队员将球从手中落到地上,在球第一次反弹时踢球。

(2) 碰踢。踢球的一种,指持球队员让球从手中落下,在球未触地时踢球。

(3) 巧接。英式橄榄球运动术语,指队员在本方半场 22 米内,稳当地将对方的高踢球接住,同时口喊"马克"。

(4) 挽球。英式橄榄球运动术语,指队员在本方半场得分区内首先持球触地。

(5) 正集团争球。亦称"司克栏",英式橄榄球运动术语,指两队队员在裁判员指挥下相互夹杂而形成的争球形式。前排三名队员与对方前排三名队员头部交错楔插,以肩部相互顶住,底下形成一条抛球易滚入的通道。当球抛入通道时,前排队员相互抗争,相互把球勾传给后面的同伴。

(6) 乱集团争球。英式橄榄球运动术语,指两名队员抢被抓队员手中或放于地上的球,至少两名进攻队员和一名防守队员相互夹杂在一起争抢。乱集团争球可分为:冒尔(一起抢手中的球)、勒克(一起抢地上的球)。乱集团争球一般发生在进攻队员被抓后,没有很好的传球机会或不能很好地传球。

(7) 关键队员。在控球的球队中,四分卫是关键队员,他必须带领球队执行教练布置的战术,有时候四分卫还会根据场上的情况对教练的布置进行变动。每次比赛暂停时,队员们都要聚拢起来,由四分卫面授机宜,四分卫必须拥有良好的传球技术,同时又必须拥有较快的速度,以便在将球传出之前躲避对方防守队员。此外,四分卫还必须足够强壮,以应对与对方防守队员的身体接触。

五、橄榄球的主要规则

(1) 前传。英式橄榄球运动犯规的一种,指持球队员把球投向或传向对方球门线方向。判在犯规地点正集团争球,由未犯规队投球。

(2) 前掉。英式橄榄球运动犯规的一种,指持球队员失落的球或队员手臂碰触后的球,向对方球门线方向飞去并触及其他队员或地面。判在犯规地点正集团争球,由未犯规队投球。

(3) 前拍。英式橄榄球运动犯规的一种,指防守队员在防守时故意将对手的传球往前拍。判未犯规队一次罚踢。

(4) 得分。橄榄球运动比赛规则之一,队员在对方半场的分区内持球触地,或队员射门球从球门横木之上与两球门柱之间穿过,即为得分。

(5) 争边球。英式橄榄球运动比赛规则之一,指球从边线出界重新发球后继续比赛的一种形式。投球队员在球出界点与边线垂直的假想出界线向场内投球,双方各有至少 2 名队员分别在 5 米线和 15 米线之间离假想出界线 0.5 米处站立。球投入后,双方争抢继续比赛。

(6) 罚踢。英式橄榄球运动比赛规则之一,指一方犯规后给不犯规的另一方踢球。同队队员必须在球的后方,对方队员必须退到离球 10 米远且平行于球门线上。罚踢时可采用任何一种踢法。

（7）自由踢。英式橄榄球运动比赛规则之一，指因巧接或犯规后判给巧接队员或不犯规队的一种踢球方式。可采用任何踢法，将球踢向任何方向，但不能直接射门得分。

（8）反攻踢。英式橄榄球运动比赛规则之一，指因挽球获球从得分区边线、端线出界而给予防守队的一种踢球。由防守队员在本方22米线上或线后任意点采用落踢的形式来执行。

（9）短暂禁赛。英式橄榄球运动比赛规则之一，指在比赛中，队员被裁判员出示黄牌罚短时间离场。被罚时间满可再回球场比赛。

（10）勒令退场。英式橄榄球运动比赛规则之一，指在比赛中，队员被裁判员出示红牌罚出场。

美式橄榄球的计分方法

1. 攻入对方端区持球触地，得6分。
2. 得6分后，在球门线前6米处踢定位球，如射中目标再加1分。
3. 在比赛进行中，抛球踢球或踢定位球射中目标，得3分。
4. 守方队员在本方端区内持球，如被对方逼成死球，或本方队员犯规，或使球在端区内出界，均判对方安全得2分。

美式橄榄球的裁判

在橄榄球比赛过程中，共有7名执法人员执行监督工作。为首的是主裁判，其助手有仲裁员、主要巡防员、场地裁判、后卫裁判、边线裁判、边场裁判。他们用专门的手势向队员传递裁判员的决定。

美式橄榄球每场比赛有6名裁判员，他们均有权判罚犯规。主裁判1人负责掌握比赛；副裁判员1人负责检查装备并看管对阵开球线；边线裁判员2人，各自分管本侧的边线和越位，并负责计时、计分和暂停；场内裁判1人，负责监督对阵开球后向前传球或踢球是否按规则进行；后卫裁判员1人，负责检查防守队员和接球队员的号码。

六、橄榄球场地与器材

橄榄球运动比赛场地，有英式和美式之分。

（1）英式赛场。不超过100米长，69米宽，由赛场和得分区组成。双方阵地不超过22米长，69米宽。阵线与死守线之间称阵区。球门线正中设5.6米线。

（2）美式赛场。长11米，宽48米，也由赛场和得分区组成。门设在端线中间，球门横杆高6.10米，立柱间宽度为5.64米；两球门线之间每隔5米画一条横线；对应立柱画有纵向虚线。

橄榄球形为椭圆，似橄榄状，由四块皮革缝制，内装橡皮球胆。英式橄榄球重400~440克，长轴长280~300毫米，长轴周长760~790毫米，短轴周长580~620毫米。美式橄榄球重

394~427克,长轴长280~293毫米,长轴周长717~724毫米,短轴周长540~546毫米。

棒球、垒球运动

一、棒球、垒球运动的起源与发展

棒球、垒球是比赛双方队员交替进攻与防守的运动项目。据考证,棒球运动起源自于英国的板球运动,美国人窦布戴伊于1839年组织了一场类似于现代棒球运动的比赛。为统一和规范比赛,1845年,美国人亚历山大·乔伊·卡特莱德制定了第一个棒球比赛规则,其中场地的尺寸、部分规则条文沿用至今,并且棒球的名称也被固定下来。这项源于英国、发展于美国的运动项目后来被美国人定为"国球"。

(一) 棒球运动的起源与发展

20世纪40年代末,棒球运动在欧洲迅速开展起来,并于1937年在美国成立了世界棒球协会,后改为国际棒球联合会,1978年得到国际奥委会的承认,其总部设在瑞士洛桑。1992年第二十五届奥运会棒球成为正式比赛项目。

中国关于棒球的最早记载,为中国铁路工程师詹天佑在美国耶鲁大学留学时组织的"中华棒球队";后来,从美国、日本归国的华侨及留学生把棒球带回祖国。与此同时,在广州、上海、天津、北京等地的教会学校中也开展了棒球教学。1907年,北京汇文书院队与通州协和书院队进行比赛,这是中国最早的棒球比赛。

新中国成立以后,棒球运动得到了迅速发展,全国十余个省市成立了棒球队,中国少年棒球队曾7次获得世界少年软式棒球锦标赛冠军。中国棒球协会于1981年3月加入国际棒球联合会,1985年加入亚洲棒球联合会。

目前,有50多支球队在中国大学生体育协会棒垒球分会注册,全国高校每年举办一次大学生棒球联赛。

(二) 垒球运动的起源与发展

垒球运动1887年诞生于美国,由美国芝加哥划船俱乐部成员乔治·汉考克将棒球场地缩小并移到室内进行活动,称之为"室内棒球"。几年后又把室内比赛移至室外进行,为了有别于棒球,于1933年正式取名为垒球。

随着垒球运动的发展,1977年国际奥委会正式承认垒球项目,并于1991年决定将女子垒球(快投)列为1996年第二十六届奥运会正式比赛项目。

垒球运动于20世纪初传入中国,最初在一些大城市和学校开展,并没有得到普及。新中国成立后,该项运动得到了很大的发展和普及,女子垒球在国际赛场上不断取得优异成绩,包括数届奥运会垒球比赛前三名,并在第二十六届夏季奥运会上获得亚军。中国垒球协会成立于1977年,并于1979年加入国际垒球联合会。

二、棒球、垒球运动的特点

棒球、垒球运动是一种以棒打球为主要特点,集体性、对抗性很强的球类运动项目,是竞技与智慧的结合。其特点表现为:

(一) 有较高的思维及反应能力

由于该项运动的竞赛规则十分复杂,局面多变,每一个配合都会因局面的不同而发生变化,这就需要参与者随时开动脑筋,既要把当前场上的形势弄得一清二楚,还要预先考虑可能出现的各种情况,只有这样,才能迅速做出正确的反应。

(二) 具有很强的集体性

上场的 9 名队员各有自己不同的防守区域和职责,但必须将投球、击球、接球和传球这几个环节配合起来才能进行。进攻一方有时候为了护送队友得分,还要有自我牺牲的精神。因而,棒球、垒球运动对培养青少年尤其是即将进入社会的大学生与他人友好相处、合作具有积极的作用。

(三) 具有高度的技巧性

棒球、垒球运动之所以受人喜爱,是因为在每一次防守与进攻当中都让人体会到一种速度与节奏、传球与接球、投球与击球的完美结合,而这些都必须建立在具有一定的基本技能、身体素质和基本技、战术的配合上。

三、棒球、垒球的主要区别

棒球、垒球在场地、器材及规则上的主要区别见表 6-4-1。

表 6-4-1 棒球与垒球的区别

比较项	棒 球	垒 球
场地	面积大,投球距离远,垒间距离长;击球员区较短,呈长方形;投手板应高出地面至少 25 厘米,投球区是斜坡型的园土墩,垒包为白色方形	面积较小,投球距离较近,垒间距离较短;击球员区呈狭长长方形;投手板与地面齐平;一垒用白、橙两色的长方形双垒包,橙色部分在界外地区
比赛用球	体积较小、较轻、很硬	体积较大、稍重、较硬而又有适度的弹性
球棒	较长、较重,直径较大呈圆柱形,可用金属或硬木或几条木片胶合而成	较短、较轻,直径较小,呈圆形,可用金属、竹片、塑料等材料或国际垒联批准的其他合成材料制成
手套	尺寸较小,衬垫较厚	尺寸较大,衬垫较薄
投手规则	可用正面或侧身的姿势踏板或投球,可用单脚踏板,可以退板,可用肩上、体侧或低手投球,可以牵制跑垒员	必须两脚踏在投手板上,用正面低手投球,踏板后不得撤板,不允许牵制跑垒员
跑垒员	在比赛进行中可以随时离垒	必须在投手投球出手后才能跑垒
比赛局数	9 局	7 局

四、棒球、垒球的比赛方法

(1) 比赛时,双方应各有9名队员上场参加比赛,替补队员可在死球时换人,但被替补出场的队员不得重新加入本场比赛。

(2) 赛前两队选择先攻或先守。进攻队队员按赛前编排的击球次序轮流上场,在击球区内用球棒将守队投手投来的球击出,争取跑上一垒或几个垒,后续进攻队员依次击球,并争取在三人出局前安全跑过各垒,最后返回本垒,即算"得分"。一人返回本垒计1分。

(3) 防守队队员按防守位置及职责称为:投手、接手、一垒手、二垒手、三垒手、游击手、左外场手、中外场手、右外场手。比赛时9人分布在场内(图6-4-1)。

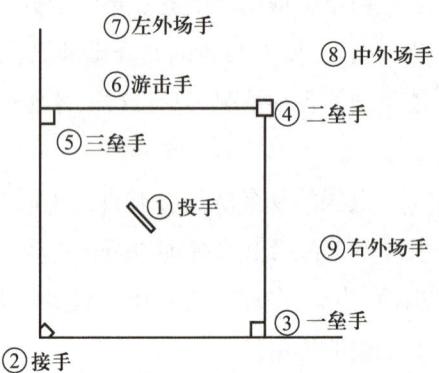

图6-4-1 棒球、垒球场地及队员分布

(4) 比赛开始时先由守队投手持球站在投手板上,向在击球区内的攻队击球员投球。投手要设法使击球员三次击球不中而出局(攻队击球员击球失败称"出局",跑垒员跑垒失败亦称"出局",反之称"安全")。如果击球员将球击出,守队队员即应设法直接接获被击出的球,或运用接球和传球的配合,持球触踏垒包或持球触及跑垒员的身体,使进攻队队员在返回本垒前出局。

(5) 攻队有3人出局时,双方即互换攻守。双方攻守各轮一次称为一局。垒球每场比赛进行7局,棒球进行9局。以累计得分多者为胜。

五、基本技术

(一) 进攻技术

进攻技术主要有击球技术、跑垒与滑垒技术。

1. 击球技术

击球是主要进攻技术之一,也是进攻的开始和关键技术。

(1) 挥棒击球。击球中最主要的一种击球方法,它是利用有力的挥棒动作,猛力地击出又急又远的球。

① 站位与握棒方法。右手较有力的击球员一般站在本垒左侧的击球区内,称为右打者;左手较有力的击球员一般站在本垒右侧的击球区内,称为左打者。较为适当的站立位置是两脚平行(略宽于肩)站在击球区的中间,右脚的脚尖正对本垒的尖角(以右打者为例),以双手握棒伸臂使棒头触到本垒板约3/4处为宜。两手离开棒端5~10厘米,左手在下,右手在上,两手靠拢,左手的第二指节和右手的第二指节在一条直线上,形成一个平面。

② 击球准备姿势。击球员进入击球区,站好位置后,双手握棒,两手靠近右肩前,棒头朝上或稍向后倾斜,左臂弯曲稍大于90°,前臂与地面平行;右臂屈肘向后,左肩正对投手,两肩与地面平行。上体稍前倾,两膝微屈,身体重心落在两脚中间,两眼注视投手,做好挥棒击球的准备。

③ 伸踏。当投手投球出手后,右脚踏地,左脚沿着地面向来球方向迈出一小步,以脚掌内侧轻轻触地,身体重心不前移,仍保持在右脚上。左脚向前伸踏的同时向后引棒,手臂和全身自然放松。

④ 挥棒与击球。当投手开始向后摆臂时,击球员双手握棒后引,同时左脚向前伸踏一小步,脚尖内扣,重心在右脚上,双膝微屈;右脚以前脚掌为轴,向内转动,髋关节积极左转前移,带动腰部向前转动,握棒双手以腕领先,棒走的路线应近于直线,斜挥至击球点,然后做平挥,击中球后双手滚腕,棒要继续随挥并屈肘,双手贴近左肩,身体重心前移。放棒,右脚启动向一垒方向跑进。

⑤ 练习方法
- 双臂在背后屈肘夹棒做伸踏转髋练习。
- 挥空棒练习。
- 挥棒击固定球练习。
- 挥棒击轻抛球练习。

(2) 触击。即击球时并不挥动球棒,而是用棒轻轻触击来球,让球碰棒,把球击成界内地滚球。触击可分为牺牲触击和上垒触击两种。

① 触击球的技术动作。击球员以挥击球的准备姿势站立于击球区内,当投手即将投出球时,击球员以左脚跟、右脚掌为轴迅速向左转至面向投手,双膝弯曲,重心降低前移;上体前倾,左手握棒细端,右手在转体的同时迅速滑至棒中部,拇指在后上,四指弯曲卡住棒;两肘靠近身体,右手高于左手,使棒与地面形成一定的角度,置棒于脸部右前方;两臂弯曲,随时调整击球位置,右手控制力量,左手控制角度和方向,用小臂和手腕的轻轻推压动作,击球的中部或中上部,使球反弹在本垒附近或一、三垒方向。

② 练习方法
- 学习转体、滑棒、推棒动作。
- 以触击动作触固定物练习。
- 二人一组,一人轻投球,另一人练习触击。

2. 跑垒

跑垒是进攻的重要组成部分,也是在教练的指挥下发挥队员的能动性的一种技术。

(1) 击球后跑垒。进攻队员在击球时称击球员,击出球后开始跑向一垒时即为击跑员。当击跑员上一垒后,才可称为跑垒员。击球员将球击出后应立即起跑,并全速冲向一垒,力争在球未被守队传至一垒前触踏一垒垒包。起跑快、冲刺猛、踏垒准,是对击跑员的基本要求。

(2) 连续跑垒。击跑员在到达一垒后应根据防守、场上跑垒员情况及跑垒指导员的指导来确定是否继续跑垒。跑垒员在上一垒或跑回本垒时,应争取跑直线。当连续跑几个垒时则应跑弧线。跑动中,上体要倾向内侧,重心落在左脚上,右脚以前掌内侧着地,左脚以前掌外侧着地;右肩稍高于左肩,右臂摆动幅度要大于左臂。

(二) 防守技术

防守技术包括传接球技术和各位置的防守技术。

(1) 接球技术。主要有接平直球、地滚球、高飞球和反弹球技术。这里我们主要介绍接平直球技术。

① 手套的正确使用:戴手套时,应五指自然分开,分别插进手套的指鞘内,手指不能插得太深,也不能太浅。过深则手套使用不灵活,太浅则容易被来球打落。不论接什么方向的传球,都要用手套的掌心对准来球接球。手套的接球位置在虎口与掌心之间。

② 准备姿势(以右手传球为例):两脚平行开立,约与肩同宽,两膝微屈,上体稍前倾,重心落在两脚上;两臂屈肘,自然放在胸前,两眼注视来球。

③ 接球技术:接腰部以上传球时,传球手的拇指、食指和中指放在手套的拇指后面,无名指和小拇指放在手套边。球一进手套,双手合拢,传球手手指把手套开口封住,并伸入手套内把球抓住。

如果传球在腰部以下,手套手指朝下,传球手的小拇指、无名指和中指放在手套小指后面,拇指和食指放在手套外;球一进手套,双手合拢,传球手手指把手套开口封住,并伸入手套内把球抓住。

(2) 传球技术。主要有肩上传球、体侧传球、低手传球和下手抛球。我们主要介绍肩上传球技术。

① 握球方法:以右手传球为例。根据手指长短可采用三指握法和四指握法。三指握法是食指和中指自然分开紧贴球的上部,大拇指第一指关节扶球的左下侧,无名指微屈,以指侧托球的右下侧(图6-4-2)。四指握法是食指、中指、无名指自然分开,紧贴球的上面,大拇指在左,小指在右托球(图6-4-3)。

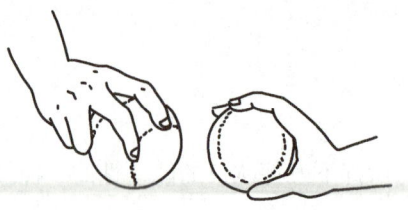
图 6-4-2 三指握法

图 6-4-3 四指握法

② 传球动作:传球时两眼始终注视传球目标,左脚向传球方向伸踏,以脚掌内侧落地,足尖稍内扣;同时上体向右转动,右手握球,以肩为轴,屈肘向后摆至肩上方,肘关节不要低于肩,大、小臂形成的角度为90°左右;手腕微前屈,左肩对准传球方向,左臂置于体前,重心落在右脚上;左脚落地后利用右脚蹬地转腰收腹的力量带动上体,身体重心前移,转身面对目标;右臂以肘内侧领先向前移动,手腕后倒,当肘摆过肩时,小臂急速向传球方向甩出,抖腕拨指形成鞭打动作,球应向对方胸前方向传出。出球后,重心完全落在左脚上,右臂顺势向前放松摆动,上体稍前压,右脚自然跟上恢复接球动作。

(3) 传接球练习方法

① 自抛自接球练习。

② 两人传、接球练习,距离由近到远。

③ 三角传接球、四角传接球、对角传接球练习。

④ 捡球传球练习。

⑤ 跑动中传接球练习。

第五节 网球、羽毛球、乒乓球的教学与练习

网　　球

网球一直有"绿色芭蕾"之称。网球不仅具有古典美,而且极具现代美。可以说网球运动是一项运动的艺术,也是要求全身心投入的有氧运动,它不仅有助于人们心肺功能的提高,而且还对人体脂肪代谢和控制体重有着积极的意义。今天,网球已成为一项文明、高雅而风靡世界的绅士运动。因为网球运动具有丰富的内容和深厚的内涵,所以网球更是一种文化,有着厚重的历史、流行的时尚;网球是一种哲学,竞赛中的胜与负、强与弱、顺境与逆境、规则与礼仪等都已上升至哲学层面;网球是一种艺术,它的韵律和节奏具有极高的观赏性;网球是科学,其技术动作和器材(球、球拍)均有很高的科技含量,仅其击球的技术就涵盖了运动力学、流体力学、运动生物学、运动心理学、数学学科知识等。网球甚至还借鉴了天文学的知识,如其计分方法就是依据天文学中的航海六分仪设定的。

一、网球的源流与发展

"网球"的英文名称"tennis"源自"jeu de pauml(掌击游戏)"。由于制作网球的绒布来自埃及的"坦尼斯镇",故将网球称为"tennis"。早在公元5世纪的古代埃及、波斯、希腊、罗马都曾流行过近似现代网球的游戏,叫"satirist",是指人们用手或肩膀来回击打一个轻质的球,后来发展为用绑在手臂上的木板击球。公元10世纪,古希腊人把这项游戏带入法国,并发展为流行于法国传教士之间用手掌击球的游戏,它是古代室内网球的雏形。传

入宫廷后,这种"掌球戏"逐渐由手掌击球改为用球拍击球,并演变为一种竞技运动。公元15世纪,网球由法国传入英国,在英国广泛流行,并出现了穿线的网球拍。1873年,有位叫M.温菲尔德的人改进了网球的打法,使之成为一种适合在夏天草坪上开展的运动——"草地网球"并制定了竞赛规则。1877年7月,全英网球俱乐部在温布尔登举办了首次草地网球锦标赛。1896年,第一届奥运会把网球列为正式比赛项目。1912年,国际网球联合会成立,因国际奥委会同国际网球联合会在"业余运动员"的定义上发生分歧,网球比赛从第八届奥运会被取消,直到1988年第二十四届汉城奥运会才重新恢复成为奥运会正式比赛项目。

二、网球场地

(一)网球场地的规格

一片标准的网球场地,占地面积应不小于670平方米(长36.60米、宽18.30米),其中双打场地标准尺寸为长23.77米、宽10.97米。如果是两片或两片以上相邻而建的并行网球场地,两片场地之间距离应不小于5米(图6-5-1)。

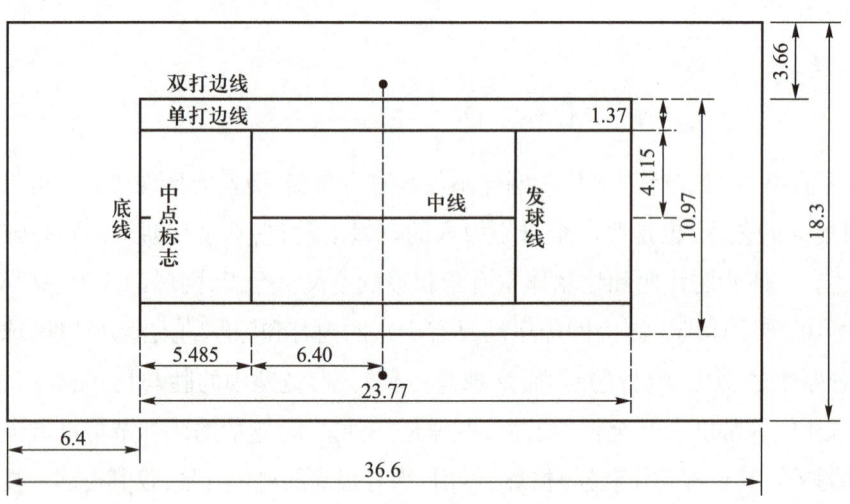

图6-5-1 网球场地的规格(米)

(二)网球场地性能

网球场可分为室外和室内,根据各种不同的球场表面质地,网球场地分为地毯场、沙地、草地、硬地面四种。

三、网球技术

(一)基本站位

网球是一项全身运动,其基本姿势是屈膝、沉腰,身体重心在双脚前掌,随时准备向各方向跑动。击球时要不停地跑动、转身带动手臂去击球。基本站位是网球场上的第一基本功，无论是正手击球还是反手击球，不管是网前截击还是底线抽击，做完动作后都要回到准备姿势，因为它是任何一种动作的开始。移动击球有三种基本的站位：闭合式、开放式与半开放式。

（二）握拍方法

学习网球首先要了解球与球拍之间的作用力与反作用力，握拍法直接影响球拍面接触球的角度，不同的握拍法产生了各种不同的击球效应和打法。球拍是击球者手臂的延伸和手掌的扩大，每个击球动作都是由手臂、手腕、手指相互配合发力来完成的。握拍法一般有四种：东方式、大陆式、西方式和半西方式（表6-5-1）。

表6-5-1 握拍方法

东方式握拍	将手平放在拍弦上，然后下滑到拍柄根部抓握。适合各种场地，各种打法
大陆式握拍	食指的根部压在与拍面水平的那个平面上，拍面的角度几乎与地面垂直。发球、截击球、削球以及防守时采用这种握拍效果较好
西方式握拍	拍面平行于地面，手掌从上面握住球拍。适合击打强烈上旋的球
半西方式	介于东方式与西方式之间的一种握拍方式

（三）拍面与球的旋转

1. 拍面

击球时的基本拍面有三种：开（拍面上仰）、关（拍面向地面下倾）、垂直，它们都是针对于拍面与地面的角度而言的。在以后学习击球的过程中若出现出界球、下网球，那么你可能要从拍面的角度及拍面的控制上去找原因。

2. 不同拍面角度的击球效果

（1）在球反弹后处于上升阶段完成击球时

① 拍面与地面垂直：根据"入射角＝反射角"的原理，球会在被击打后产生向上的飞行轨迹（图6-5-2）。入射角越大，向前的力量损耗的就越多，向上的飞行轨迹就越明显。直接的感觉就是球拍压不住球，导致回球又高又飘，且落点不深。

② 拍面与地面形成锐角：根据"入射角＝反射角"的原理，球会在被击打后产生向前几乎平行地面的飞行轨迹（图6-5-3）。入射角越大，球被拍面压出的飞行弧度越高。

（2）在球反弹后处于下落阶段完成击球时

① 拍面垂直或者上仰。就像大陆式握拍，遵循同样的原理，球会在被击打后产生较为理想的飞行弧度，直接的感觉是球拍将快要落地的球向上挡了回去（图6-5-4）。

② 拍面与地面形成锐角，遵循同样的原理，球往往会被直接打下网（图6-5-5）。

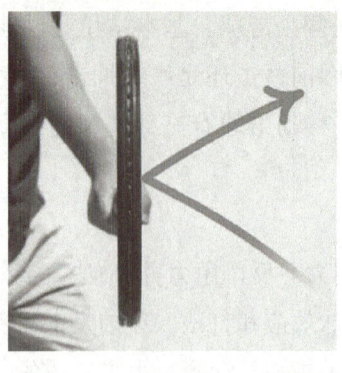 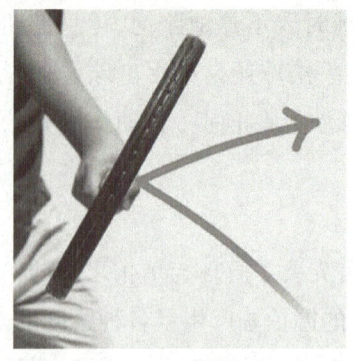

图 6-5-2　垂直拍面的击球效果　　图 6-5-3　与地面成锐角拍面的击球效果

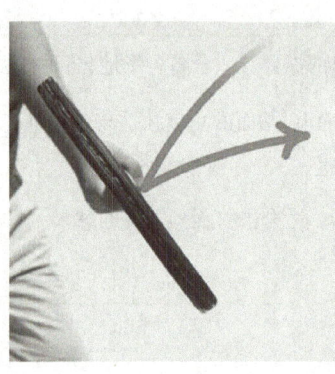 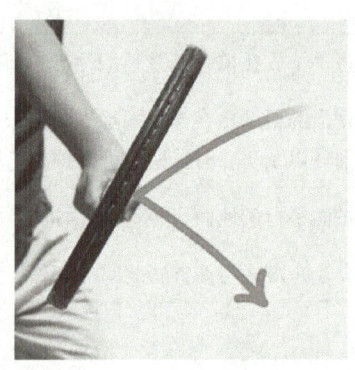

图 6-5-4　上仰拍面的击球效果　　图 6-5-5　与地面成锐角拍面的击球效果

（四）正手击球

网球正拍击球是指在本人握拍手同侧的地方对落地球的方向，它是网球基本技术中最常用的击球方法。正手击球的动作比较深长，击球有力，速度也快。根据球的旋转分为平击球、上旋球、下旋球、侧旋球。正手击球技术的动作方法如下：

（1）准备姿势。面对球网，双脚向前自然分开与肩同宽，双膝微屈，身体略向前倾，重心落在双脚的前脚掌上；右手握拍，左手轻托拍颈，双肘微屈，球拍舒适地放在身前；拍面垂直于地面，拍头指向对方，两眼注视对方来球，做好击球准备。

（2）后摆引拍。当判断来球需用正拍回击时，转动双脚，左脚跟抬起并向右侧前方上步，右脚向右转 90°与底线平行，同时转肩、转髋带动右手向后摆动引拍。此为关闭式步法，适用于初学者转体；另一种为开放式步法，左脚不必上步，两脚平行站位，但需要更多地向右转体。

（3）击球动作（前挥击球）。从后摆向前挥动时紧握球拍，手腕后伸、固定，用力蹬脚，转体和挥拍。正拍的击球点在身体的右侧前方不超过腰的高度，击球时的挥拍速度最快，球打在拍面的中心，击球挥拍时的拍头是自下而上地挥动，使球稍带上旋。

(4) 随挥跟进动作。球触拍后,拍面平行于网的时间要尽量长些,挥拍沿着球飞行的方向前送,重心前移落在左脚,右肩也随之转向球网,挥拍动作在左肩上方结束,拍头指向上方高出头部。

> **正手击球技术的练习方法**
>
> (1) 底线正拍对打斜、直线练习。
> (2) 底线正拍一点打两点练习,先固定线路,逐渐加大难度到不定点线路。
> (3) 两条斜线对两条直线的练习,亦称"8"字线路。先固定线路然后到不固定线路。
> (4) 斜线与直线的交叉练习,亦称"N"字线路。
> (5) 底线进攻与防守的练习。
> (6) 反拍对打,侧身正拍攻球练习。
> (7) 三分之二场地正拍抽击球打一点或打两点练习。
> (8) 底线单线定点对练加多球扑球练习,以增加击球次数及提高训练强度。
> (9) 底线单线或综合练习加变线,以提高实战能力。
> (10) 网前两人截击,底线一人正拍定点或不定点破网练习,以缩短回击球时间,增加练习的密度和难度。
> (11) 网前一人截击,底线破网定点斜线或直线练习。
> (12) 网前一人截击控制球,底线的运动员跑动破网,提高跑动中破网能力。
> (13) 网前综合截击,底线综合破网加变线破网,提高实际破网能力。

(五) 反手击球

网球反手击球是指击打与握拍手相反一侧的落地球的打法,分为单手反手击球和双手反手击球。反拍的许多动作要领与正拍相似,只是方向相反。反手击球技术的动作方法如下:

(1) 反拍双手握拍击球,两只手都是东方式握拍法。如果是右手握拍者,右手以东方式反拍握拍法握拍,手掌根靠近球拍柄的端部,左手以东方式正拍握拍法握在右手的上方。

(2) 侧身转肩背朝网,向后充分引拍,以获得必要的击球力量;右脚向前跨出,身体重心在右脚,后引动作靠近身体腰部。

(3) 击球时回身扭腰,球拍由后下方向前上方挥出,拍面垂直,触球的中部或中部偏下,使球产生上旋。击球点在右脚侧前方,利用双臂的伸展来增加击球力量,身体重心移向右脚。

(4) 击球后,面向球网,随挥动作由后下向前上,动作在肩部结束。

反手击球技术的练习方法

(1) 底线反拍对打斜、直线练习。

(2) 底线反拍一点打两点练习。先固定线路,逐渐加大难度到不定点线路。

(3) 两条斜线对两条直线的练习,亦称"8"字线路。先固定线路然后到不固定线路。

(4) 斜线与直线的交叉练习,亦称"N"字线路。

(5) 底线进攻与防守的练习。

(6) 反拍对打,侧身正拍攻球练习。

(7) 三分之二场地反拍抽击球打一点或打两点练习。

(8) 底线单线定点对练加多球扑球练习,以增加击球次数及提高训练强度。

(9) 底线单线或综合练习加变线,以提高实战能力。

(10) 网前两人截击,底线一人反拍定点或不定点破网练习,以缩短回击球时间,增加练习的密度和难度。

(11) 网前一人截击,底线破网定点斜线或直线练习。

(12) 网前一人截击控制球,底线的运动员跑动破网,提高跑动中破网能力。

(13) 网前综合截击,底线综合破网加变线破网,提高实际破网能力。

(六) 削球

削球击法主要是使球击出后产生下旋,球落地后弹跳低,迫使对手由下向上拉球;或使对手难以借助回球力量,击出平而快的攻击性强的来球。削球技术的动作方法如下:

(1) 握拍法。东方式反拍握拍法或大陆式握拍法。

(2) 准备姿势。面对球网,两脚分开与肩同宽,身体前倾,双膝微屈,重心落在前脚掌上;双手握拍,拍面垂直于地面并指向对方,注意力集中,准备迎击来球。

(3) 引拍动作。转肩使手臂后拉,带动拍子向后上方引,双脚前后开立,重心在左脚上。与此同时,拍头高于击球点,拍面稍后仰。

(4) 击球动作。拍子从后上方向前下方挥动,拍面略向后倾斜。击球后下部产生下旋,在右脚左侧前方与腰齐高处触球,此时应紧握球拍固定手腕,身体重心移至前脚。

(5) 随挥动作。身体由侧身对网转向正面对网,拍子随挥至右侧方结束,动作放松。

(七) 截击球

截击球是网前技术中的一种攻击性击球方法。球在落地之前,将球回击到对方半场区,这种方法回球速度快,力量重,威胁大,可分为正手截击与反手截击。掌握好网前截击,对单打时的发球上网,随击球上网和双打中的上网,都有很大的帮助,同时也能使自己的水平提高到一个新的高度。

1. 正拍截击动作方法

(1) 判断清楚对方来球的质量,包括球速、球离网的高度及球的角度,以便于迅速起动调整位置,控制拍面。

(2) 后摆动作小,身体重心向前,转体同时带动手臂完成后摆动作,击球点在身体侧前方。

(3) 击球时左脚应向侧前方跨出,同时重心落在左脚上,肘关节与身体距离不应太远,以便承受力度较大的来球。

(4) 动作短促简单,随球动作小,并迅速准备下一板截击球。

2. 反拍截击动作方法

(1) 前期准备动作与近网正拍截击动作相同,要求重心向前,后摆动作小,根据来球高低,调整后摆引拍高度。

(2) 以肩和肘关节为轴,由上向下或由后向前顶撞击球,手腕紧固,以前臂发力控制落点。

(3) 击球时右脚跨出,重心在后脚上,随击动作短小有力。

(八) 发球

在现代网球运动中,发球是最重要的击球法之一,是唯一一个由自己掌控的击球法。它可以不受对方制约,能够在较大的程度上发挥出个人的特点,用以控制对方,为自己的进攻创造有利条件。可分为平击发球、切削发球和上旋发球。发球技术的动作方法如下:

(1) 握拍法。大陆式或东方式反拍握拍。

(2) 准备姿势。全身放松,侧身站立在端线外中场标记附近,左肩对着左边网柱,面向右边网柱,两脚分开约与肩同宽,左脚与端线约成45°角,右脚约与端线平行,重心在左脚上。

(3) 抛球与后摆。当球拍向下向后引拍时,抛球手同时下降至左腿处,紧接着当球拍从身后向头上方做大弧度摆动,转体、屈膝、展肩时,持球手柔和地在身前向左上举,直至伸直高及头顶。抛球送至最高点球再使球离开手指顺势到空中,此时右肘向后外展约同肩高,拍头指向天空,左侧腰、胯成弓状,身体重心随着抛球开始先移向右脚,然后平稳地开始前移。

(4) 击球动作。当左手抛出球时,球拍继续向上摆起,这时握拍手的肘关节放松,可以使向前转动的身体和右肩自动地使手臂产生一个完美的绕圈搔背动作。当球下降至击球点时,迅速向上挥拍击球,左脚上蹬,使手臂和身体充分伸展。当身体向前上方伸展挥拍击球时,持拍手腕带动小臂有一个旋内的"鞭打"动作。

(5) 随挥动作。球发出后,身体向场内倾斜,保持连续的完整的向前上方伸展的随挥动作。球拍挥至身体的左侧,重心移向前方,做到完全自然地跟进并保持身体平衡。

发球技术的练习方法

（1）在发球线后蹲下，左手抛球，右手持拍由下而上挥动，将球击打到对方发球区内；待基本掌握动作要领后，向后移动 2~3 米，继续练习蹲下发球，最后移至底线。

（2）找一方凳，分别放置在发球线后、中场和底线后，练习坐着发球。

（3）发球线、中场和底线后站立练习将球发至对方发球区。

（4）对着网球墙由近至远，最后在距墙 10 米左右练习发球。

（5）多球练习，在对方发球区内设定内角、中间、外角练习发球，每个目标集中一定的次数。

（6）在球网上放置六个小标志物，把左右半场分成 A、B、C 三个区段，练习发球时，让球分别从每个区段通过，并落在发球区内。

（7）在两侧网球柱各竖一根小棍，用绳子拉起，高出球网 0.5 米左右，找一些羽毛球网挂在上面，练习越过较高球网的发球。

（九）接发球

接发球就是将对方发过来的球接过去。比赛中，如果接发球不好，不仅会给对方较多的进攻机会，更严重的是会引起自己心理上的紧张和畏惧，并造成失误，甚至导致全盘失败。反之，如果接发球好，不仅有时可以直接得分，还可以破坏对方的抢攻，成为战术上和心理上的有力武器，为自己的进攻创造有利条件。接发球技术的动作方法如下：

（1）握拍法。大陆式握拍，正、反拍无须换握拍；东方式或西方式握拍的正、反拍击球需换握拍，当球一离开对方的球拍，就应该决定是否要转变握拍。向后小拉拍时改换握拍要做到迅速、及时。

（2）准备姿势及站位。接发球的准备姿势要求能以最快的速度还击球。在对方发球前，膝关节弯曲，两腿叉开；当对方抛球准备击球时，升起重心，两脚快速交替跳动，并判断来球方向迎前回击。接发球站位要根据对方的发球水平和自己的接发球水平、习惯、场地、快慢和战术需要来确定，一般应站在对方能发到内外角的中角线上，接第一发球时站位稍后些，接第二发球时站位略前。

（3）击球动作。根据对方发球好坏、速度快慢而定，动作一般介于底线正、反拍击球动作和截击球动作之间。面对发球技术差的选手，可用自己的底线正、反拍动作来接对方的发球；而面对发球好、速度快的选手，可用网前截击球的动作来顶接对方的发球，这样接出的球更有威胁。

> **接发球技术的练习方法**
>
> （1）多球式的接发球练习。根据运动员的接发球训练要求，教练员用多发球的方式，帮助运动员进行专门接发球练习。为了增加送球的力量，教练员站在发球区域位置发球，应注意发球的落点、力量、旋转与实际发球相似。
>
> （2）与发球员配合接发练习。对方有1~2名运动员练发球，结合实战，进行接发球练习，练习接发球、接发球抢攻、接发球随球上网。
>
> （3）提高接发球准确性的练习。对方有多人轮流发球，要求接发球者将球回击到指定的区域内。
>
> （4）提高接发球实战能力的练习。有目的地安排进行单打或双打战术练习，互相对抗，以提高在实战中的心理素质。

四、网球单打战术

（一）上网型打法

上网型打法战术的指导思想就是以网前进攻为主要得分手段。它的基本战术可分为发球上网、随球上网、接发球上网（表6-5-2）。

表6-5-2　上网型打法简表

战术名称	战　术　方　法
发球上网	利用发球的力量、速度、旋转与角度使对方出现被动接球，并利用发球所得的优势主动上网抢攻的战术
随球上网	当对方回球出现质量不高的中场球或落点较浅的球时，利用正拍或反拍打出较大角度和较深落点的球，并随抽球动作上网的战术
接发球上网	正对接对方发球的弱点，主动攻击后上网的战术

（二）底线型打法

底线型打法是以底线正、反抽击球为基础而组织的战术。它的指导思想是用速度、旋转、落点的变化来创造进攻机会。底线型打法的主要战术有：对攻、拉攻、侧身攻、紧逼攻、防反攻。

（三）综合型打法

综合型打法是以基本功扎实、全面为基础，可根据不同的对手和不同的技术、战术掌握情况，场地特点与战术需要，灵活地变化战术打法。综合型打法攻守平衡，符合积极主动，机动灵活的战术原则。

五、网球双打战术

(一) 发球局战术

(1) 发球人控制底线,同伴网前截击球。主要用于底线技术好、威胁大并能为网前同伴制造得分机会的发球轮次。

(2) 发球后上网。主要用于一发的成功率高并威胁较大的发球轮次。

(3) 发球后抢网。此战术需要在发球前作出抢网决定,抢网是网前人横向移动,拦截对方接球员打过来的斜线球的一种技术。它要求发球方有敏捷的思维和快速的步法。

(二) 接发球战术

(1) 接发球双底线站位战术。此战术中两名队员站靠近底线位置,主要针对对方发底线球。

(2) 接发球前后站位战术。此战术中两名队员一前一后站立,防守覆盖面积较大。

(3) 接发球后双上网战术。此战术中两名队员网前站立,可以快速回击来球。

六、四大网球公开赛

澳大利亚网球公开赛是网球四大满贯赛事之一,也是四大满贯赛事中每年最先登场的,通常于每年1月的最后两个星期在澳大利亚墨尔本举行。澳大利亚网球公开赛自1905年创办以来,已经有一百多年的历史。不过与另外三项四大满贯赛事相比,澳网还是最年轻的。赛事目前由澳大利亚网球协会(Tennis Australia)主办。

法国网球公开赛通常在每年的5~6月举行,是每年继澳大利亚网球公开赛之后,排在第二个进行的大满贯赛事。法国公开赛规定每场比赛采用5盘3胜淘汰制,而且球场属于慢速红土场地,利于底线对抗,所以,一场比赛打上4个小时是司空见惯的。在这样的球场上,花这么长的时间去打一场比赛,要求球员有超群的技术和惊人的毅力,这很具有挑战性。

温布尔登网球锦标赛是现代网球史上最早的比赛,由全英俱乐部和英国草地网球协会于1877年创办。首次正式比赛在该俱乐部位于伦敦西南角的温布尔登总部进行,名为"全英草地网球锦标赛"。1922年进行了两项改革,一是修建可容纳1.5万观众的中央球场,二是废除了"挑战赛",从这一年起要取得冠军,男子必须从第一轮打起,连胜7场比赛,女子必须连胜6场比赛。1968年,国际网联同意职业选手参加该项比赛,同时组织者还募集巨额奖金,吸引全世界一流选手参加,故竞技水平逐年提高。因此,比赛期间精英荟萃,好手云集,争夺十分激烈,它体现了网球技术的最高水平和发展趋势。到2000年为止,温布尔登网球锦标赛已举办了114届,其中由于两次世界大战停赛10次。若从1877年开赛算起,至今已有百余年的历史了。

美国网球公开赛始创于1881年,首届比赛是于1881年在纽波特的一个赌场里进行的,现在那里是国际网球名人堂的所在地。当时只是国内赛事,而且只有男子单打比赛。女子比赛始于 1887 年。每年的 8 月底至 9 月初,在美国纽约举行比赛。1968 年被列为四大公开赛之一,设有 5 个单项的比赛,是每年四大公开赛中最后举行的大赛。美国网球赛的地位和高额奖金,以及中速硬地场地,吸引了众多好手参加。美国公开赛的影响虽比不上温布尔登公开赛,却大于澳大利亚公开赛,甚至大于法国公开赛。

羽 毛 球

一、羽毛球的源流与发展

羽毛球是在室内外均可进行的小型球类运动。比赛时,一个人或两个人为一方,中隔一网,以球拍击打用羽毛及软木托制成的球,经网上往返使球落在对方场地上或使对方击球失误而得分。这项运动器材设备简单,便于开展,是一个男女老少都可以选择的自己休闲和锻炼身体的项目。

羽毛球最早在 14—15 世纪起源于日本,球拍是木制的,球用樱桃核插上羽毛制成。大约在 18 世纪,印度的普那出现了一种与早年日本的羽毛球运动极相似的游戏,印度称此项运动为"普那"。19 世纪 60 年代,一批退役的英国军官把印度的"普那"带回英国,并加以改进,完善了规则,逐渐形成现代的羽毛球运动。1873 年,英国公爵鲍弗特在格拉斯哥郡伯明顿镇的庄园里进行了世界上第一场羽毛球比赛,后来,"伯明顿"即成了羽毛球的名字,英文的写法是"Badminton"。

1893 年,在英国成立了世界上第一个羽毛球协会。1934 年成立了国际羽毛球联合会,总部设在伦敦。

二、羽毛球运动场地与器材

(一)羽毛球运动场地

标准的羽毛球场呈长方形,长度为 13.4 米,单打球场宽 5.18 米,双打球场宽为 6.10 米。球场外侧的两条边线是双打场地边线,内侧的两条边线是单打场地边线,双打边线与单打边线相距 0.46 米。距球网 1.98 米与网平行的两条线为前发球线,距端线 0.76 米与端线相平行的两条线为双打后发球线。前发球线中点与端线中点连起来的一条线叫中线,它把羽毛球场地分为左、右两个发球区。场地上各条线宽均为 0.04 米,场地上空 12 米以内及四周 4 米内不应有障碍物(图 6-5-6)。

(二)羽毛球运动器材

1. 羽毛球

羽毛球所用的球由天然材料、人造材料或两种材料混合制成。检验羽毛球的方法为在端线外用低手向前上方全力击球,球的飞行方向应与边线平行,符合标准速度的球,应落在

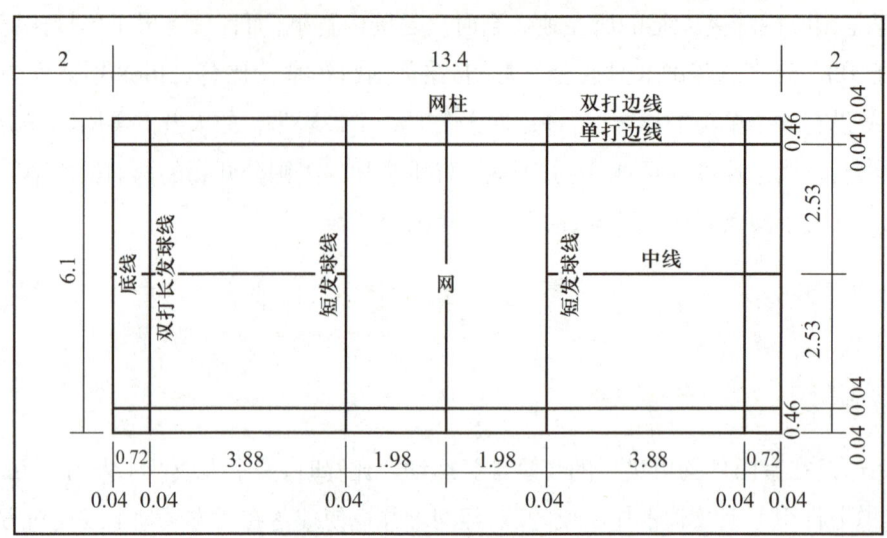

图 6-5-6 羽毛球场地规格（米）

离对方端线外沿 0.53~0.99 米的区域内。

2. 羽毛球拍

羽毛球球拍由拍柄、拍弦面、拍头、拍杆、连接喉构成。

三、羽毛球的主要打法

（1）中国式打法。最全面，既是一种持久战术，可以消耗对方的体力，同时，又能发挥猛攻快打的特点。它要求运动员机敏耐久、情绪稳定，准确地打击对方的弱点。

（2）印尼式打法。追求高超的技术和速战速决，不愿消耗体力。这要求运动员具备精湛的技术，但许多运动员很难达到，许多国家和地区的运动员采用这种打法，如马来西亚、新加坡、中国香港等。

（3）欧洲式打法。比较注重力量的发挥，相对来说忽略战术，凭着猛打猛冲的力量来反击对方。这种打法容易被对方牵着鼻子走。

（4）韩国式打法。接近中国式打法，是从个人的经验和教训中创造出来的。这种打法流行于韩国、日本、中国台湾等地。

四、羽毛球基本技术

羽毛球技术是指运动员在比赛中所采用的动作方法的总称。羽毛球的主要基本技术包括手法和步法两大类：手法有握拍法、发球法和击球法；步法有基本步法和前后左右衔接步法。

（一）羽毛球基本步法

羽毛球基本步法分为跨步、垫步、并步、交叉步和蹬跳步。

（1）跨步。指以一脚向来球方向跨出一大步，另一脚跟着移动的步法。多在球速快、角度大的情况下使用。特点是移动范围较大，身体重心起伏也大，一般适用于打借力球。例如接左右场区的杀球等。

（2）垫步。右脚先向来球方向迈出一步，紧接着左脚垫一小步，同时右脚抬起，利用左脚的蹬力蹬跨一大步，到位击球。例如，接网前球时多采用垫步。

（3）并步。并步的第一阶段是：击球前的身体重心偏向右腿，然后左脚向右侧蹬地，右脚向左侧蹬地，双脚腾空；当左脚落地后，右脚还在空中，此时左脚落地后的位置位于起动前右脚的位置的右侧，蹬地的时候要尽量减小向上蹬的力量，否则身体向上的幅度过大，会导致重心不稳定。应尽量保持身体的平稳，上体要前倾。并步的第二阶段是：当左脚落地后，身体已经基本移动到位。例如，接后场高远球时多采用并步后退。

（4）交叉步。指离球远的脚朝来球方向跨出一大步，并从前面超过另一脚形成交叉状，另一脚再向来球方向移出一步的步法。例如，上网和后退击球都可采用交叉步。

（5）蹬跳步。是指在对来球的准确判断的基础上，迅速蹬地扑向球网，以争取在球刚越过球网时立即进行还击的脚步移动方法。

（二）羽毛球基本手法

1. 握拍法

（1）正手握拍法。左手拿拍使拍框与地面垂直，然后张开右手，使右手大拇指斜贴在拍柄的左侧宽面上（即拍柄左侧垂直地面的面），食指第二指节斜贴在拍柄右侧宽面（即拍柄右侧垂直地面的面），食指第一指节扣回，其余三指自然缠绕在拍柄上，掌心空出，用近似握手的方法握住拍柄，其位置以球拍柄端靠近手掌的小鱼肌为宜（图6-5-7）。

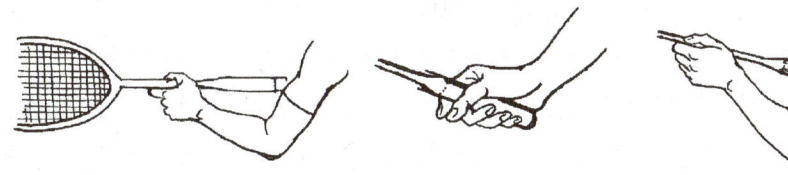

图 6-5-7　正手握拍法

（2）反手握拍法。在正手握拍的基础上，将球拍柄稍向外旋，拇指顶贴在拍柄左侧宽面，食指转向下靠，四指并拢（图6-5-8）。

2. 发球法

发球是运动员在发球区将球由静止状态，用球拍击出，使之在空中飞行，落在对方的接发球区的技术动作。发球作为组织进攻的开始，其质量的好坏，直接关系到比

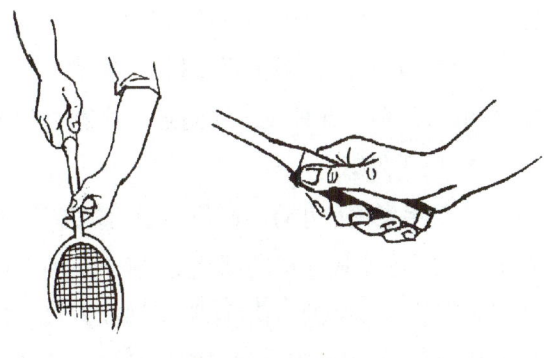

图 6-5-8　反手握拍法

赛的主动或被动，以至赢球得分或丧失发球权。发球可分为正手发球和反手发球两种。若按球在空中飞行的弧线，又可分为发高远球、平高球、平快球和网前球等。

(1) 正手发球法（以右手握拍为例）。站在靠近中线的一侧，离前发球线1米左右的位置上。身体左肩侧对球网，左脚在前，脚尖向网；右脚在后，脚尖稍向右侧；两脚距离与肩同宽，身体重心放在右脚上。准备发球时，右手握拍向右后侧举起，肘部微屈，左手拇指、食指和中指夹住球，举在腹部右前方，然后放开球，挥拍击球。击球时，身体重心由右脚移至左脚上（图6-5-9）。用正手发不同的弧线球时，击球前的准备和前期动作是相一致的，只是在击球时及击球后的动作有所不同。

图6-5-9　正手发球法

① 发高远球时，在左手放开球使之下落时，右手转拍由上臂带动前臂，自右后方沿身体向前左上方挥动。当球落到右臂前下方处，达到伸直右臂能够接触到球的距离的刹那，紧握球拍，并利用手腕屈收的力量向前上方发力击球，然后顺势向左上方挥动缓冲。

② 发平高球时，动作过程大致与发高远球相同，只是在击球的一刹那，前臂加速带动手腕向前上方挥动，拍面要向前上方倾斜，以向前用力为主。注意发出球的弧线以对方伸拍击不到球的高度为宜，并应落到对方场区底线。

③ 发平快球时，要充分利用前臂带动屈腕的爆发力，向前方用力击球。使球直接从对方肩部稍上高度越过落到后场。关键是出手击球动作要小而快。

④ 发网前球时，握拍要放松，上臂动作要小，主要靠前臂带动手腕向前切送，球的弧线要贴网而过，落点在前发球线附近。注意手腕不能有上挑的动作。

(2) 反手发球

① 反手发网前小球。站位靠近前发球线，右脚在前，左脚尖侧后点地，重心放在右脚上；左手拇、中、食指捏住球的羽毛处，置于腹前右肘稍向上提起；用反手握拍以反拍面将球拍自然置于腹前持球手的后面，两眼正视前方，呈发球前的准备姿势。击球时靠手腕和手指控制发球的力量，以斜拍面向前轻轻推送切击球托，使球尽可能低地沿网上方飞过并落入对方前

发球线内。在发球的过程中,双脚均不能离开地面或移动。

② 反手发平快球。发球时站位与网前球相同,只是在发力时要突然,并且球拍有反压的动作。

3. 接发球

还击对方发过来的球叫接发球。接发球和发球一样,都是羽毛球最基本的技术。在比赛中起着同样重要的作用。如果说发球发得好是走向胜利的开始,那么也可以说,接发球接得好是走向胜利的第一步。发球方利用多变的发球来打乱接发球方的阵脚争取主动。接发球方则是通过多变的接发球来破坏发球方的企图。因此,对初学羽毛球的人来说,接发球也是不可忽视的技术。接发球的站位和姿势如下:

(1) 单打站位。单打站位时,站在离前发球线 1.5 米处。在右发球区要站在靠近中线的位置;在左发球区则站在中间位置,主要是防备对方直接进攻反手部位,一般左脚在前,右脚在后,双膝微屈,收腹含胸,身体重心放在前脚上,后脚脚跟稍抬起。身体半侧面向球网,球拍举在身体前方,两眼注视对方。

(2) 双打站位。由于双打发球区比单打发球区短 0.76 米,发高远球易被扣杀,所以双打以多发网前球为主。接发球时要站在靠近前发球线的地方。双打接发球准备姿势和单打的接发球姿势基本相同,只是双打的接发球身体前倾较大,身体重心可以随意放在任何一只脚上,球拍举得高些,在球到达网上最高点时击球,争取主动,但要注意右场区对方以平快球突然进攻反手部位。

4. 击球法

(1) 高远球。高远球是用较高的弧线把球击到对方底线附近。高远球分为正手、反手和头顶三种手法。

① 正手高远球:首先判断好来球的方向和落点,侧身后退,使球处在自己的右肩稍前上方的位置。左肩对网,左脚在前,右脚在后,重心在右脚上。左臂屈肘,左手自然高举,右手持拍,手臂自然弯曲,将球拍举在右肩上方,两眼注视来球。击球时,右上臂后引,随之肘关节上提明显高于肩部,将球拍后引至头部,自然伸腕,拳心朝上。然后在后脚蹬地,转体收腹的协调用力下,以肩为轴,上臂带动前臂迅速向前上方甩腕,在手臂伸直所达到的最高点处击球。击球后,持拍手臂顺惯性往前左下方挥动并收拍至体前,与此同时,左脚后撤,右脚向前迈出,身体重心由后脚移到前脚上(图 6-5-10)。

② 反手高远球:当对方将球击到己方左后场区时用反手击高球。首先判断好对方来球的方向和落点,迅速将身体转向左后方,移动步伐,最后一步用右脚前交叉跨到左侧底线,背对网,身体重心在右脚上,使球处在身体右上方。击球前,迅速换成反手握拍法,持拍于右胸前,拍面朝上。击球时,以上臂带动前臂,通过手腕的闪动,自下而上地甩臂,将球击出。在最后用力时,要注意拇指的侧压力与甩腕的配合,以及两腿蹬地转体的全身协调用力(图 6-5-11)。

③ 头顶击高远球:动作要领与正手高远球基本相同,只是击球点偏左肩上方。准备击

图 6-5-10　正手高远球

球时,身体偏左倾斜。击球时,上臂带动前臂使球拍绕过头顶,从左上方向前加速挥动,注意利用手腕的爆发力击球。落地时左腿向左后方的摆动幅度要大些。

(2) 吊球。吊球是把对方击来的球从后场轻巧地还击到对方网前区域。吊球技术分为正手、反手和头顶三种手法;按球的飞行弧线和击球动作的不同分为劈吊、拦截吊和轻吊。劈吊击球动作和击高远球、杀球相似。击球时用力较轻,带有劈切动作,落点一般离网较远。拦截吊是把对方击来的平高球拦截回去,击球时用拍面正对来球,轻轻拦切或点

图 6-5-11　反手高远球

击,使球以较平的弧线、较慢的速度越网垂直下坠。轻吊击球前的动作和打高远球相似,击球时拍面正对来球,在触球的刹那,突然减速或轻切来球,使球刚一过网即下坠。

① 后场正手吊球:后场正手吊球技术的准备姿势、引拍和击球后的动作及击球点的选择均与后场正手击高远球相同。击球时手腕由伸腕到屈收发力,并以手指转动拍柄使球拍形成一定的外旋,用斜拍面"切击"球托后部的右侧。吊球技术主要靠手腕、手指控制击球的力量。吊直线球,击球时拍面的"包切"动作要小一些,击球瞬间以斜拍面击球托后部右侧偏中的位置,并向前下方切压击球。吊斜线球,击球时拍面的"包切"动作要大一些,是向前下方侧击球托后部右侧的位置。

② 后场头顶吊球:后场头顶吊球运用头顶后退步法向左后场区移动,其技术要领与后场正手吊球大致相同,所不同的是击球点选择在左肩头顶的上方。头顶吊直线球时动作同后场正手吊直线球时动作。

(3) 杀球。把对方击来的球在尽量高的击球点上斜压下去。杀球分为正手杀球、反手杀球和头顶杀球。

① 正手杀球(侧身起跳)：准备姿势和动作要领与正手击高远球大体相同。步子到位后，屈膝下降重心，准备起跳。侧身起跳时，往后上方提肩带动上臂、前臂，使球拍上举，以便向上伸展身体。起跳后，身体后仰挺胸成反弓形，接着右上臂往后上摆起，前臂自然后摆，手腕后伸，前臂带动球拍由上往后下挥动，这时握拍要松。随后凌空转体收腹带动右上臂往右上摆起，肘部领先，前臂全速往前上方挥动，带动球拍高速前挥。当击球点在肩的前上方时，前臂内旋，腕前屈微收，闪腕发力杀球。这时手指要突然抓紧拍柄，把手腕的爆发力集中到击球点上(图 6-5-12)。

图 6-5-12　正手杀球

② 反手杀球：准备姿势和动作要领与反正手击高远球大体相同。击球点略低于高远球的击球点，在击球瞬间手腕迅速向斜下方扣压下去。

③ 头顶杀球：准备姿势和动作要领与正手头顶击高远球大体相同。击球点在偏左肩上方，击球瞬间手腕全力向击球方向发力。

(4) 搓球。搓球是用球拍搓击球的左或右侧下部与球托底部，使球向右侧或左侧旋转翻滚过网，搓球分为正手搓球和反手搓球。

① 正手搓球：侧身对右边网前，正手握拍(图 6-5-13)。球拍随着前臂伸向前上方斜举，当球拍举至最高点时，前臂向外旋转，手腕由后伸至稍内收闪动，握拍手的食指和拇指夹住拍，中指、无名指和小拇指轻握拍柄，使球拍在手腕和手指的挥摆用力下，搓击来球的右侧下底部，使球旋转翻滚过网。

② 反手搓球：击球前前臂稍往上举，手腕前屈，手背约与网同高，而拍面低于网顶，反拍面迎球(图 6-5-14)。搓球时，主要靠前臂的前伸外旋和手腕由内收至外展的合力，搓击球的右侧后底部，使球侧旋滚动过网。

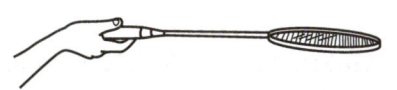
图 6-5-13　正手搓球握拍

图 6-5-14　反手搓球握拍

(5) 推球。推球是与网前假动作相配合，在引诱对手上网时，突然把对方击来的网前球推击到对方的后场两底角去，球飞行的弧线较低平，速度较慢。

① 正手推球：站在右网前，球拍向右侧前上举。在肘关节微屈回收时，前臂稍外旋，手

腕稍向后侧,球拍也随之往右下后摆,拍面正对来球。这时,小拇指和无名指稍松开,使拍柄稍离开鱼际肌,拇指和食指向外捻动拍柄,使拍面更为后仰。推球时,身体稍往前移,右前臂往前伸并带内旋,手腕和手指控制拍面角度,手腕由后伸至伸直并闪腕,食指向前压,小拇指和无名指突然握紧拍柄,拍子急速地由右经前上至左挥动推球,使球沿边线飞向对方后场底角,在挥动过程中,拍子回收。

②反手推球:站在左网前,以反手握拍前臂往前上方伸举。在前臂稍向左胸前收引,肘关节微屈,手腕外展时,变成反手推球的握拍法,球拍松握,反拍面迎球。当前臂前伸并带外旋,手腕由外展到伸直闪腕,中指、无名指和小指突然握紧拍柄,拇指顶压。击球后,手臂回收,恢复击球前的准备姿势。

(6)勾球。勾球是在网前回击对角线球,与推球、搓球结合运用。勾球分为正手和反手两种。

①正手勾球:用并步加蹬跨步上右网前,球拍随前臂往右前斜上举。在前臂前伸时稍有外旋,手腕微后伸,握拍手将拍柄稍向外捻动,使拇指贴在拍柄的宽面上,食指的第二指关节贴在拍柄背面的宽面上,拍柄不接触掌心。击球时,前臂稍有内旋往左拉收,手腕由稍后伸至内收闪腕,挥拍拨击球托的右侧下部,使球在对方网前掠网下落。击球后,球拍回收至右肩前。

②反手勾球:站在左网前,反手握拍前平举。在身体前移的过程中,球拍随手臂下沉至离网顶20厘米处,握拍变成反拍勾球握拍法,拍面正对来球。当来球过网时,肘部突然下沉,同时前臂稍外旋,手腕由稍屈至后伸闪腕,拇指内侧和中指把拍柄往右侧一拉,其他手指突然握紧拍柄,拨击球托的左侧后部,使球沿对角线飞越过网。击球后,球拍往右侧前回收。

(7)扑球。对方发网前球或回击网前时,在球刚越到网顶即迅速上步在网前扑杀,谓之扑球。扑球分为正手和反手两种方法。

①正手扑球:右脚蹬步上网,身体右侧前倾,手举球拍于右肩上方。击球时,利用手腕由后伸到前屈手腕的力量,带动球拍向下扑击球。如果球离网顶较近,靠手腕从右前向左前"滑动"击球。

②反手扑球:右脚跨至左前再蹬跳上网,身体右侧前倾,反手握拍举于左前上方。击球时前臂伸直外旋带动手腕内收至外展,拇指顶压加速挥拍扑球。若来球靠近网顶,手腕可外展由左向右拉切击球,以免球触网。击球后,右脚着地屈膝缓冲,回收球拍于体前。

(8)抽球。击球平飞过网的一种打法,是下手击球速度较快的一项进攻技术,抽球分为正手抽球和反手抽球两种。

①正手抽球:站在右场区中部,两脚平行开立稍宽于肩,重心在两脚间,微屈膝收腹,正手握拍举于右肩前。击球前肘关节前摆,前臂稍往后带外旋,手腕稍外展至后伸,引拍至体后。击球时前臂内旋,手腕伸直闪动,手指抓紧拍柄,球拍由右后往右前方高速平扫盖击来球。击球后,手臂左摆,左脚往前方迈一步,右脚往前方跟一步回中心位置。

②反手抽球:右脚前交叉在左侧前,重心在左脚上,右手反手握拍在左侧前。击球前肘部稍上抬,前臂内旋,手腕外展,引拍至左侧。击球时,在髋关节的右转带动下,前臂外旋,

手腕由外展到伸直闪动,挥拍击球托的底部。击球后,球拍随身体的回动收到右侧前。

(9) 挑球。把对方击来的吊球或网前球挑高回击到对方后场去,这是在比较被动的情况下采取的一种防守性技术。挑球分为正手挑球和反手挑球两种。

① 正手挑球:正手握拍举在胸前,右脚向网前跨出一大步,左脚在后,侧身向网,重心在右脚上。同时右臂向后摆,自然伸腕,使球拍后引,然后以肘关节为轴,屈臂内旋,并握紧球拍,用食指及手腕的力量,将球向前上方击出。

② 反手挑球:反手握拍举在胸前,右脚向左前方跨出一大步,重心放在右脚上。同时右肩向网,屈肘引拍至左肩旁,然后以肘关节为轴,握拍经体前由下往上,用拇指第一指节压住拍柄的宽面,用力将球击出。

五、羽毛球基本战术

羽毛球战术是指运动员在比赛中为表现出高超的竞技水平并战胜对手而采取的计谋和行动。在羽毛球比赛中,双方都想要控制对手,力争主动。以己之长,克彼之短;抑彼之长,避己之短,控制与反控制的竞争是十分激烈的。能够根据不同对手的特点,采取相应变化的技术手段战而胜之,便是战术的意义(表6-5-3)。

表6-5-3 羽毛球基本战术

战术名称		实战意义
单打战术	发球抢攻战术	从发球的第一拍起,争取控制对方,攻杀得分
	攻后场战术	对后场还击力量较差的对手,可攻对手后场底线两角
	攻前场	对基本功较差的对手,可将其引到网前争取得分
	打四方球	对手步法较慢,体力差,可以快速,准确地将球击到对方场区的四个角落
	杀吊上网	先在后场以轻杀配合吊球把球下压,落点要选择在场地两边,使对方被动回球
	先守后攻战术	先以高球诱使对方进攻,在对方只顾进攻疏于防守时,突击进攻
双打战术	接发球	根据对手情况,选择好站位,注意球路、落点变化争取主动
	攻人(二打一)战术	在比赛中,当发现对方一人防守能力或心理素质较差、失误率较高或防守中球路单调时,就可采用这种战术
	攻中路战术	不论对方把球打到什么地方,本方攻球的落点都应集中在对方两人之间的结合部,并靠近防守能力较差者的一侧或在中线上
	攻后场战术	如果对方后场扣杀能力差,可采用平高球、推平球接杀挑高球等,迫使对方一人在底线两个底角移动
	后攻前封战术	当本方取得主动攻势时,后场队员逢高必杀,前场队员积极移动封网扑杀
	守中反攻战术	防守时,对方攻直线球,本方挑对角平高球;对方攻对角球,本方挑直线平高球,以达到调动对方移动的目的。然后可采用挡或勾网前球对攻的战术

乒 乓 球

一、乒乓球的起源与发展

乒乓球运动于 19 世纪末起源于英国，是由网球运动派生而来的。最初，乒乓球运动仅仅是一种宫廷游戏。后来一名叫海亚特的美国人发明了一种空心球玩具叫"赛璐珞"。大约在 1890 年，英国人吉姆斯·吉布去美国旅行时，见到了赛璐珞玩具球，并带回英国，取代了原来的实心球。当时的球拍柄长、两面贴着羊皮纸、中间是空的，用这种球拍打赛璐珞球时发出"乒"的声音，球落台时发出"乓"的声音。因此，这种玩具球被称为乒乓球。

1900—1902 年，乒乓球传入日本；1904 年，乒乓球运动传入中国；20 世纪 20 年代，各国举行了多次乒乓球邀请赛，这项运动才逐渐引起人们的重视。20 世纪初，乒乓球运动在欧洲和亚洲蓬勃开展起来。1926 年，在英国伦敦举行了第一届世界乒乓球锦标赛，同时成立了国际乒乓球联合会。

乒乓球运动的广泛开展，促使球拍和球有了很大的改进。1903 年，英国的古德发明胶皮球拍，随即旋转削球打法问世；20 世纪 50 年代，日本使用海绵贴面球拍，推出弧圈球、发球抢攻的打法；60 年代，中国首创近台快攻打法；进入 70 年代，欧洲选手创造了弧圈球结合快攻和快攻结合弧圈球的两种新打法。

1988 年，乒乓球作为奥运会的正式比赛项目走进奥运大家庭，成为世界上参与人数最多的体育项目之一。

二、乒乓球技术

（一）球拍的握法

（1）直拍握拍法。特点是灵活、出手快，正手攻球快速有力，攻斜、直线球时，拍面变化不大，对手难以判断；反手既可挡又可直拍横打（图 6-5-15）。

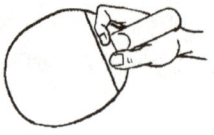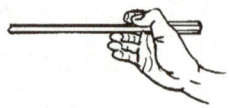

图 6-5-15　直拍握拍法

（2）横拍握拍法。特点是正反手攻球力量大，照顾的面积比直拍大，攻、削球时握法变化小；反手攻球容易发力也便于拉弧圈。但正反手交替击球时，需变换击球拍面；攻斜、直线球时调节拍形的幅度大，易被对方识破；处理台内球不如直拍相持能力强（图 6-5-16）。

 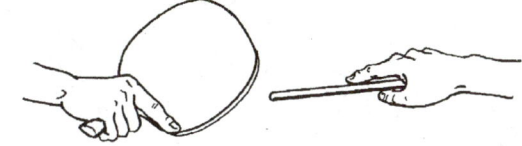

图 6-5-16　横拍握拍法

（二）基本步法

（1）单步。一脚为轴，另一脚向前、后、左、右不同方向移动，重心随之跟上。单步具有移步简单、灵活、重心平稳的特点，一般用于离身体不远的小范围移动，如接近网短球等（图 6-5-17）。

（2）跨步。一脚蹬地，另一脚向移动方向跨一大步。多用于进攻型选手左右移动击球。为了防止跨步后失去重心，蹬地脚应随后跟上半步或一小步（图 6-5-18）。

（3）并步。一脚先向另一脚并半步或一小步，另一只脚在并步脚落地后即向同方向移动。其特点是身体不腾空，重心起伏小，很稳定。一般为进攻型选手或削球选手在左右移动时运用（图 6-5-19）。

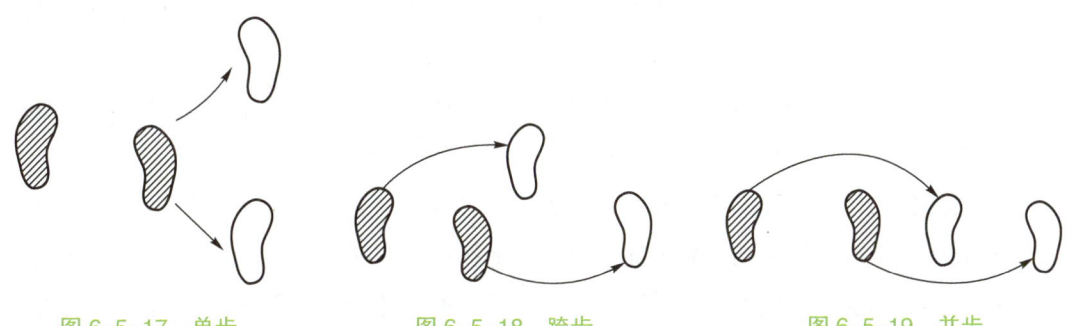

图 6-5-17　单步　　　　图 6-5-18　跨步　　　　图 6-5-19　并步

（4）跳步。以近来球方向的脚蹬地为主，双脚有瞬间的腾空，离来球较远的脚先落地，另一只脚跟着落地。其特点是移动范围比跨步大，利于发力进攻。攻球选手在左右移动时常用（图 6-5-20）。

（5）交叉步。近来球方向的脚尖由向前转向移动方向，并略移半步或原地调整一下重心；距来球方向较远的脚向来球方向跨一大步，在身体前（侧）瞬间呈交叉状态。身体随之向来球方向移动，另一只脚再跟上一步，身体重心随手臂挥动略转。远来球方向的脚跨出一步，并在远离来球的脚将落地时进行击球，另一只脚移动时击球已完成。此步法移动范围大，侧身攻后，打对方右侧空当，或从右大角回到反手攻球时常用。削球选手在前后移动时也经常使用（图 6-5-21）。

（6）小碎步。即较高频率的小垫步，主要适用于步法的调节，在步法移动到一定的位置时还没有找到合适的击球点，就要通过小碎步来调整，争取更好的击球点。小碎步是尤为重

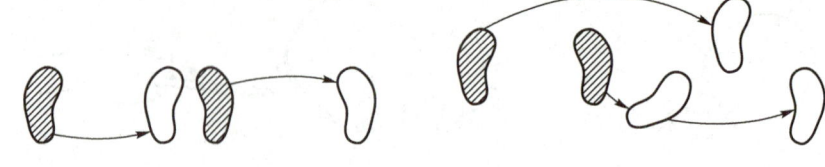

图 6-5-20 跳步　　　　图 6-5-21 交叉步

要的步法,也是衡量一个人步法是否合理、协调的一个重要因素。

(三) 发球技术

乒乓球发球方法有:正手发上旋奔球、反手发急下旋球、发短球、正手发转与不转球、正手发左侧上、下旋球、反手发右侧上、下旋球、下蹲发球、正手高抛发球等。

乒乓球发球应关注以下几点:发球动作要符合规则、发球的针对性、发球直接得分、为发球抢攻做准备、发球的力量、发球的旋转、发球的变化、发球的创新。

(四) 接球技术

(1) 接上旋奔球。正、反手攻球或推挡回接,拍面适当前倾,击球的中下部,调节好向前的力量。

(2) 接下旋长球。用搓球、削球、提拉球回接,搓或削时多向前用力。

(3) 接左侧上、下旋球。可采用攻球和推挡搓球或拉球回接,拍面稍前倾(后仰)并略向左偏斜,击球偏右中上(中下)部位,以抵消来球的左侧上(下)旋力。

(4) 接右侧上下旋球。可采用攻球或推挡搓球或拉球回击,拍面稍前倾(后仰)并向右偏斜,击球偏左中(上下)部位。回接要点和方法与接左侧上、下旋球相同。

(5) 接近网短球。主要靠手腕和前臂的力量,用快搓、快点或台内突击回球。

(6) 接无法准确判断转与不转的球。可轻轻地托一板或撇一板,但要注意弧线和落点。

(7) 接不同性能球拍的发球。长胶、生胶、防弧胶的发球基本属于不转球,用相应的方法回接。

(8) 接高抛发球。如球着台后拐弯的程度大,应向拐弯的方向提前引拍。

(五) 技术四要素

乒乓球技术的4个基本要素是:力量、速度、旋转和落点。

力量作用于球,是通过球的前进速度和旋转强度表现出来的。如果要在进攻中猛力扣杀,使对方接不好,那么就要打得有力量;如果你要加强旋转的强度,无论是制造上旋或下旋,那么一定要用力摩擦球。

(六) 乒乓球的基本技术

1. 推挡

推挡技术的特点是站位近、动作小、速度快、变化多,是我国直拍打法的一项重要基本技术。比赛中通过落点的变化来牵制调动对方,争取主动,为进攻创造有利时机,同时也能起到积极防御的作用。主要包括快推、加力推、减力推、推挤、下旋推挡等。

（1）快推。击球前，上臂靠近身体适当后撤引拍，拍形基本与台面垂直，球拍略高于来球或与球同高；击球时，手臂迅速迎前，在来球的上升期触球，前臂和手腕用力向前将球推出，触球的中上部，食指用力压拍（图6-5-22）。

图6-5-22　快推

（2）加力推。动作幅度比快推大，当球弹至上升期或高点期，利用伸髋和转腰动作加大手臂向前的推击力，并用中指顶住球拍（图6-5-23）。

图6-5-23　加力推

（3）减力挡。击球前不用撤臂引拍，可稍屈前臂调整球拍位置，当球弹起时，手臂和身体前移迎球，触球瞬间控制好拍形，不要向前用力撞球，甚至还略有后缩动作，借来球力将球反弹回去（图6-5-24）。

（4）注意事项

①上臂和肘远离身体右侧，会影响前臂发力。

②左脚过于靠前或右脚在前，难以运用腰髋发力。

③手臂不会后撤引拍，击球距离太短，不宜控制球和发力。

图 6-5-24 减力挡

乒乓球推挡练习方法

（1）徒手做推挡模仿动作，体会动作要点。

（2）在台上两人互推斜线或直线球，待熟练后逐渐增加力量、提高速度。一人攻球，另一人挡推。定点定线，二人轮换。

2. 攻球

攻球具有力量大、速度快等特点，是比赛中争取主动、克敌制胜的重要手段，各类打法都必须掌握攻球技术。攻球技术分为正手攻球和反手攻球。通常称为快攻、快点、快拉、快拨、突击、杀高球、中远台攻球等技术。

（1）正手攻球。基本姿势站立，击球前身体稍向右转，腰带臂横摆（忌大臂后拉牵肘）引拍至身体右侧，重心落于右脚，身体与臂的夹角35°～40°，前臂自然弯曲约120°，球拍略前倾，手腕自然放松。击球时，右脚稍用力蹬地，腰向左转带动手臂向前上方挥动迎球。触球瞬间，前臂用力收缩，触球的中上部，手腕辅以发力，身体重心由右脚移到左脚，球拍因惯性顺势挥至头左侧。球击出后，迅速还原，手臂放松，准备下一板击球（图6-5-25）。

图 6-5-25 正手攻球

(2) 直板反攻球。两脚平行开立或右脚稍前,上体稍左转,前臂后摆,引拍至腹前左侧。击球时,前臂向右前上方挥动,肘部内收,食指控制好拍形,击球的中上部,手腕辅助发力(图 6-5-26)。

图 6-5-26　直板反攻球

(3) 横板反攻球。两脚平行开立,腰、髋略向左转的同时,带动前臂向后引拍,手腕稍后屈,肘部略前出。击球时,前臂手腕向右前方发力,触球的中上部,前臂和手掌背部的运行方向决定击球方向(图 6-5-27)。

图 6-5-27　横板反攻球

(4) 注意事项

① 引拍时,不能大臂直向后拉,出现牵肘,影响击球力量。

② 手腕过分僵硬或上翘,影响手腕的灵活性。

③ 直板反手发力时,肘部支出横拉,攻球侧旋。

④ 横板反手攻时,手腕乱动,拍面角度不固定,影响命中率。

乒乓球攻球练习方法

◎ 原地徒手及持拍模仿动作,注意身体重心的转换和腰、臂用力协调一致。

◎ 结合步法,在移动中进行攻球模仿动作。

◎ 一人发平击球,另一人练习攻球。打一板后再重新发球。

◎ 多球练习。一人喂球,另一人练习攻球。

◎ 两人的一推一攻练习。要求固定落点和线路,先轻打力求标准动作完成的板数,随着技术质量的提高再增加力量。
◎ 两人对攻(斜线、直线)力量由轻到重,反复练习,体会触球时的肌肉感觉。
◎ 一点对两点或多点的连续攻,要求陪练方用推挡至对方的两点或多点,主练者攻到对方的一点。
◎ 结合性技术。如左推右攻,推挡侧身及推挡侧身扑正手(开始应有规律,待到熟练后再到无规律)。

3. 搓球

搓球是一项过渡技术,用它应付下旋来球,常可为进攻创造条件,也是初学者削球时必须掌握的入门技术。搓球根据击球方位的不同分为正手搓球和反手搓球;根据击球时间、回球落点和旋转又分为快搓、慢搓、摆短、劈长、转与不转及侧旋搓球。

(1) 反手搓球。站位近台,击球时,拍面后仰,屈臂后引,前臂以向前用力为主,配合手腕动作。根据来球旋转的程度,调节拍面角度和用力方向,如来球下旋强,拍触球的底部,则向前用力大些;若来球下旋弱,拍触球的中下部,则向下用力大些(图6-5-28)。

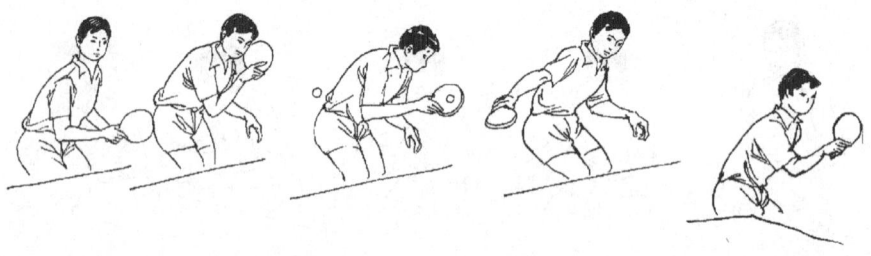

图 6-5-28　反手搓球

(2) 注意事项

① 前臂、手腕僵硬,不会摩擦,只是碰击球,易吃旋转。
② 滥用手腕力量,造成臂、腕用力脱节。

搓球练习方法

◎ 徒手模仿动作,注意前臂、手腕的发力方法。
◎ 自抛球在台上,弹起后,将球搓过网,反复体会前臂、手腕发力摩擦的动作。
◎ 搓接固定旋转、落点的发球。
◎ 斜线或直线对搓,在熟练的基础上再结合各种搓球。
◎ 搓球和攻球结合练习。

4. 弧圈球

弧圈球是一种上旋力非常强的进攻技术,它与攻球相比,在对付强烈下旋且低于网的来球时更加稳健,因此被广泛使用,它可分为正手弧圈和反手弧圈。

(1) 正手弧圈球。左脚在前,右脚稍后,身体略向右扭转,腹微收,髋关节稍向右后方压转,左肩略高于右肩。击球时,右脚掌内侧蹬地,以腰、髋的扭转带动手臂向左上方挥动;击球瞬间,快速收缩前臂,直拍的中指、横拍的食指应加大手腕在触球瞬间的甩劲。

(2) 反手弧圈球。两脚平行开立,腰、髋略向左转,稍收腹,肘关节略向前出;前臂向左后方画一个小弧引拍,手腕下垂。击球时,两脚向上蹬伸,展腹,腰、髋略向右转,以肘关节为轴,前臂向前上方发力,手腕配合用力,摩擦球的中上部。

(3) 注意事项

① 不会运用身体重心的力量,只靠手臂发力,影响击球的力量和旋转。

② 手臂伸得过直,球拍沉得过低,整个动作向上太多,缺少向前的力量。

③ 撞击球力量过大,摩擦力小,易吃旋转。

④ 引拍时向上方后拉过多,球拍离身体太近,不易发力。

弧圈球练习方法

(1) 徒手做模仿动作,认真体会动作要领。

(2) 自抛自拉练习。体会腰、臂的协调用力。

(3) 一人发平击球或下旋球至某一点,一人练习拉球。体会正确的击球点和触球瞬间的摩擦动作(可用多球进行)。

(4) 一人推挡,一人拉。定点定线。要求先轻,随着技术的提高再增加力量和旋转。两点或三点对一点连续拉。要求拉者在左右移动中进行练习,范围由小到大,落点从有规律到无规律。

(5) 对搓斜线球,其中一方侧身抢位或反手拉。

(6) 一方一点搓两点,另一方搓中抢位。

5. 削球

削球是一种防御性的技术,具有稳定性好、冒险性小的特点。通过旋转和落点的变化,调动对手,伺机反攻,使对手被动,甚至失误。

(1) 正手削球。右脚稍后,身体略右转,双膝微屈,拍形近似垂直,引拍至肩高附近。在来球的下降期,前臂在上臂的带动下,随着身体重心的移动向下、向前、向左挥动,触球的中下部,手腕控制好拍形并有一摩擦球的动作(图 6-5-29)。

图 6-5-29　正手削球

（2）反手削球。左脚稍后，身体略左转，拍形竖立，引拍至肩高。前臂在上臂的带动下，随身体重心的移动向下、向前、向右挥动，在来球下降前期触球的中下部，手腕控制好拍形并有一摩擦球的动作（图 6-5-30）。

（3）注意事项

① 拍形过分后仰，易削出高球或出界。

② 引拍不到位、限制了前臂的下切动作。

③ 脚步移动不到位，用手够球，难以控制球和加转。

图 6-5-30　反手削球

> **削球练习方法**
>
> ◎ 徒手模仿动作，做好引拍、挥拍等动作。
> ◎ 用正手或反手削对方发来的平击球。
> ◎ 斜线对斜线或直线对直线。用正手或反手削对方拉过来的球。
> ◎ 一点削多点，或多点削一点。从有规律到无规律。
> ◎ 削与攻、挡结合练习。

三、乒乓球战术

（一）发球抢攻战术

发球抢攻是我国直板快攻打法的撒手锏，是先发制人的主要战术。各种类型打法的运动员都普遍采用发球抢攻来抢占每个回合的上风。发球战术运用的效果主要取决于发球的质量和第三板进攻的能力。发球抢攻战术因打法的类型不同而有所差异。

（二）接发球战术

接发球战术与发球抢攻战术同样重要，从某种意义上讲，接发球水平的高低可以反映运动员的实战能力以及各项基本技术的应用水平。事实上，接发球者只是暂时处在被控制状态，如果接发球者破坏了发球者的抢攻意图或者为发球者制造了障碍，减弱了对方抢攻的质量,也就意味着接发球者已经脱离被控制的状态,变被动为主动了。控制与反控制是辩证的统一。

(三) 搓攻战术

搓攻战术是进攻型打法的辅助战术之一,主要利用搓球旋转的变化和落点的变化为抢攻创造机会。这一战术在基层比赛中被普遍采用。搓攻战术也是削球型打法选手争取主动的主要战术之一。

(四) 对攻战术

对攻战术是进攻型打法在相持阶段常用的一项重要战术。快攻类打法主要依靠反手推挡或反手攻球和正手攻球或正手拉弧圈球的技术,充分发挥快速多变的特点来调动对方。

(五) 拉攻战术

拉攻战术是以攻为主的选手应对削球时采用的主要战术。为了发挥拉攻的战术效果,首先要具备连续拉球的能力,并有线路、落点、旋转、轻重等变化,其次要有拉中突击和连续扣杀的能力。

(六) 削中反攻战术

削中反攻战术主要靠稳健的削球,限制对方的进攻能力,为自己的反攻创造有利条件。它不仅增强了削球技术的生命力,也促进了攻防之间的积极转化。

(七) 弧圈球战术

由于弧圈球战术把速度和旋转有效地结合起来,稳健性好,适应性强,许多著名选手已用它去替代攻球或扣杀。

四、乒乓球重大赛事

(1) 奥运会乒乓球比赛。每隔 4 年举行 1 次,目前奥运会乒乓球比赛的项目设有男子单打、女子单打、男子团体、女子团体、混双 5 个项目。

(2) 世界乒乓球锦标赛。该锦标赛逢双数年举行团体比赛,逢单数年举行 5 个单项比赛,各项奖杯均以捐赠者的姓名或国名命名。

(3) 世界杯乒乓球比赛。于 1980 年正式诞生,每年举行 1 届,设有男子单打和女子单打两个项目,是只有 16 人参加的"少而精"的比赛。

(4) 国际乒联职业巡回赛。开始于 1996 年,每年举行 1 届,是国际乒坛的一项传统赛事,设有男单、女单、男双、女双 4 个比赛项目。

乒乓球风云人物

复习与思考

1. 篮球、排球、足球的运动特征是什么?乒乓球、羽毛球、网球的运动特征是什么?

2. 足球运动的文化内涵是什么？它与社会学、人类学、美学等有何联系？

3. 乒乓球、羽毛球、网球有哪些健身功能？

4. 你喜欢哪一项球类运动？你是如何参与的？你知道哪些球类运动有利于发展人的团结协作精神？

5. 篮球、排球、足球运动的基本战术有哪些？

第七章 体育舞蹈运动

体育舞蹈运动要求技术质量和身体形态质量达到高度的统一,即技术准确而娴熟、形态潇洒而飘逸;技术提供厚实的基础,形态赋予美妙的气韵。尤其是体操以人体动作的连续变化构成过程,所以它的姿态即它的符号体,也就是在不断的流动中展示新的结构和样式。这种腾跃和飞动产生的流畅、变幻的美,使人目不暇接。体操就是用身体动作,即体形、姿态,用生命活力,即节奏、旋律,来显现人的运动美。

第一节 形体与健美操

形 体

一、形体训练的概念

形体训练是进行美育教育,培养正确姿态,塑造优美形体,陶冶美的情操的训练过程,是以改变人的形体动作的原始形态,提高灵活性,增强可塑性为目的的形体训练。形体训练以提高人体表现力为目的,是一种以徒手体操和舞蹈基本动作及力量柔韧素质为基础的综合性练习。

二、形体训练的意义及作用

追求一个健美的身体形态,是全人类共同的心愿。向往、追求形体美是人类不断发展进步的象征,是国家昌盛、社会文明、民族繁荣的具体表现。同时,追求形体美的程度也反映了每个人的文明水平和整个国家的文明程度。

形体训练能全面地增强心血管系统、呼吸系统、神经系统和运动系统功能,对于形成正确的身体姿势及塑造优美、健康的形态,以及提高对形体控制能力具有很高的价值和作用。以上的训练不仅塑造了优美的身体形态,也丰富了人们的想象力、表现力,而且也提高了美学素养,对意志品质的培养也有着特殊的意义和作用。

三、形体训练的特点

形体训练大多采取静力性活动和提高身体控制能力的练习,也就是通过肌肉的收缩使身体固定在某一姿势上不动。在形体训练中,肌肉的运动偏重于等长收缩,具有高密度、低强度的特点。形体训练包括力量、柔韧性、控制能力及人体的协调性、灵活性和耐力等素质的训练。训练中的每个动作都与增强形体专门素质的能力有密切的联系。如想要有好的站立形态,必须加强腿部和膝关节的支撑力量及腰、背和腹部肌肉的力量。因此,可通过把杆的压腿、踢腿、蹲等动作练习,加强肌肉力量,做到髋关节固定不动,增强腰、背的力量和控制能力,保证站立姿势的稳定、优美。

健 美 操

一、健美操的概念

健美操是一项深受广大群众喜爱的、普及性极强,集体操、舞蹈、音乐、健身、娱乐于一体的体育项目。它源于英文"aerobics",意思是"有氧运动""有氧舞蹈",我们称之为"有氧健美操",它既是增进健康、培养良好体态、塑造美的形体、陶冶美的情操的一种有效手段,又是现代竞技运动的项目之一。在 2009 年版健美操的相关规则中,健美操的定义为"在音乐伴奏下,以身体练习为基本手段、以有氧运动为基础,达到增进健康、塑造形体、改善气质、娱乐休闲的目的的一项运动"。

二、健美操的起源和发展

古代人对健身和健美的追求,以及提倡体操与音乐相结合的主张是现代健美操运动形成和发展的基础。现代健美操运动实际上是从 20 世纪 60 年代初开始兴起的,最早是美国太空总署所设计的体能练习,医学博士库珀潜心研究有氧体操,并发表了《新有氧体操》和《有氧体操有利于大众》等著作,促使这一运动很快风靡世界,而库珀博士也因此被称为"健美操之父"。还有一位值得一提的代表人物是美国女电影明星简·方达,她根据自己的健身体会编写出版了《简·方达健身术》,介绍了自己所编健美操动作及锻炼成效。

在 20 世纪 70 年代末,健美操流传到我国。1984 年原北京体育学院和上海体育学院分别成立了健美操研究室,率先开设了健美操课程。一些大中专院校也根据国家有关部门对学校体育教学的要求,相继开设了健美操选修课和必修课。目前,健美操已经成为各级各类学校体育课程的主要内容之一,受到广大师生的欢迎和认可。1992 年,随着国务院《全民健身计划纲要》的颁布实施,健美操成为全民健身的重要项目之一。1999 年,国家体育总局颁布了大众健美操锻炼标准六套等级动作,并设立了国家级和一级、二级、三级健美操等级指导员制度。随着时代的发展,大众健美操锻炼等级标准也在不断更新版本,2019年已经更新至第四套。

三、健美操的分类

健美操的内容丰富,种类繁多,因此,关于健美操的分类也有不同的见解,根据参加者和运动本身的侧重点不同,可将其分为健身健美操和竞技健美操。

(一)健身健美操

健身健美操,也称为大众健美操,是集健身、娱乐、防病为一体的群众性健身运动。健身健美操的主要目的在于健身,因此,其运动强度和动作难度相对较低,可为社会不同年龄、层次、性别、职业的人所选用。根据不同的需要,健身健美操还可从不同的角度进一步分类和命名。

(1) 按年龄结构可分为老年健美操、中年健美操、青年健美操、少年健美操、儿童健美操、幼儿健美操等。

(2) 按人体解剖结构活动部位可分为头颈健美操、肩部健美操、胸部健美操、臂部健美操、腹部健美操、髋部健美操、腿部健美操等。

(3) 按练习的目的和任务可分为热身健美操、姿态健美操、形体健美操、减肥健美操、节奏健美操、活力健美操、跑跳健美操、表演性健美操等。

(4) 按练习形式可分为徒手健美操、持轻器械健美操(哑铃、小杠铃、健身球、小球、彩球、花环、绳、橡皮筋、手鼓等)、专门器械健美操(垫上健美操、踏板健美操、水中健美操、健骑机健美操等)。

(5) 按人名、动作特色可分为简·方达健美操、瑜伽健美操、迪斯科健美操、搏击健美操、拉丁健美操、爵士健美操、肚皮舞等。

(二)竞技健美操

竞技健美操是根据竞赛规则与规程的要求组编的一套具有较高艺术性、以取得优异比赛成绩为主要目的的健美操。竞技健美操只进行自编动作的比赛,动作必须符合规则要求,有特定的比赛规则和评分方法,需完成一定的难度动作,对人体的心肺功能、身体素质、技术技能和艺术表现能力有较高要求。竞技一般较适合于青年人,而且要有专业的训练和指导。竞技健美操比赛共设五个项目:男子单人、女子单人、混合双人、混合三人、混合六人健美操。

四、健美操的特点

(一)高度的艺术性

健身健美操同属健美体育的范畴,其艺术性主要体现在其"健、力、美"的项目特征上。健美操的动作多变、协调、流畅、具有节奏感和弹性,能充分体现青春和活力,能满足人们追求"健康、力量、美丽"的心理需求。在动作的内容和组合中，处处表现出青春和活力，包含着高度的艺术性因素，使其不同于其他运动项目，这也正是人们热爱健美操运动的原因之一。

（二）强烈的节奏性

健美操动作具有强烈的节奏性特点，并通过音乐充分地表现出来，音乐是健美操运动不可缺少的组成部分。健美操音乐的特点是节奏强劲有力、旋律优美，具有烘托气氛、激发人们情绪的作用。健美操动作与音乐的相协调，营造强烈的节奏效果使健美操健身动作更具有感染力。

（三）广泛的适应性

健美操练习形式多样，运动量可大可小、容易控制，对场地器材的要求不高，各个年龄层次、不同性别、不同身体素质、不同技术水平的人都能从健美操练习中找到适合自己的方式，都能从健美操练习中得到乐趣，因而健美操具有广泛适应性的特点。

五、健美操的功能

（一）增进"健康美"功能

"健康"即生理功能正常、无病理性改变和病态出现。但随着经济的发展和社会的进步，现代健康已不仅仅是生理意义上的"健康"，而是兼备健康的心理和行为。

一个具有"健康美"的人应该具备的身体素质包括良好的心肺耐力、肌肉力量、平衡性、灵敏性和柔韧性。健美操不仅具有有氧运动的锻炼功效，且兼备发展身体柔韧性和灵敏性的作用。因此，专家认为健美操是目前较为理想发展身体全面素质的运动。

（二）塑造形体美功能

良好的身体姿态是形成一个人气质风度的重要因素。健美操练习的动作要求和身体姿态要求与我们日常生活中的姿态要求基本一致，通过长期的健美操练习可改善不良的身体姿态，形成优美的体态，从而在日常生活中表现出一种良好的气质与修养，给人以朝气蓬勃、健康向上的感觉。健美操运动还可塑造健美的体型，弥补先天的体型缺陷，使人变得匀称健美；还可消除体内和体表多余的脂肪，维持人体吸收与消耗的平衡，降低体重，保持健美的体形。

（三）缓解精神压力，娱乐身心功能

体育运动可缓解精神压力，预防各种疾病的产生是科学研究已证实的事实，健美操作为一项体育运动，以其动作优美、协调，能全面锻炼身体，同时有节奏强烈的音乐伴奏而著称，是缓解精神压力的一剂良方。在轻松优美的健美操锻炼中，练习者的注意力从烦恼的事情上转移开，忘掉失意与压抑，尽情享受健美操运动所带来的欢乐，得到内心的安宁，从而缓解精神压力，使人具有更强的活力和最佳的心态。

六、健美操基本动作和基本技术介绍

(一) 基本动作

健美操基本动作是构成健美操套路动作的基本元素,它包括基本步法和常用上肢动作两部分。

1. 基本步法

为了便于学习和掌握,根据动作的完成形式不同,将基本步法分为以下五类:

① 交替类。踏步、走步、"一"字步、"V"字步、漫步、跑步。

② 迈步类。并步、迈步点地、迈步吸腿、迈步后屈腿、侧交叉步。

③ 点地类。脚尖点地、脚跟点地。

④ 抬腿类。吸腿、摆腿、踢腿、弹踢腿(跳)、后屈腿(跳)。

⑤ 双腿类。并腿跳、分腿跳、开合跳、半蹲、弓步、提踵。

2. 上肢动作

上肢动作是由手臂的自然摆动、力量练习以及基本体操的徒手动作和舞蹈动作组成,随着健美操风格的不断丰富和更新,上肢动作变化越来越多,手形也越来越多样,除了开掌、并掌、花掌、拳以外,还有印度舞手型、兰花指等一些民族舞手型也逐渐被引用到健美操中来,其目的是丰富健美操动作内容,增强动作的美感(表 7-1-1)。

表 7-1-1 上肢基本动作

屈臂 Bicep curl	肩上推 Shoulder press	前举 Front raise	绕环 Circle
侧举 Lateral raise	绕 Scoop	上提 Upright row	交叉 Cross
低摆 Low row	摆动 Swing	下拉 Putdown	
胸前推 Chest press	伸臂 Tricep kickback	冲拳 Punch	

(二) 基本技术

要想完美展示一套健美操动作,除了学会动作方法外,还要掌握健美操的基本技术,也就是落地技术、弹动技术、半蹲技术和身体控制技术。只有这四大技术协调配合,才能完美地展现健美操的动感和活力,真正实现健美操的健身价值。

1. 落地技术

健美操的落地技术主要指的是落地缓冲技术。落地缓冲的主要目的是使身体尽可能地保持稳定,同时减少地面对关节、肌肉的冲击力,以避免造成运动损伤。健美操的落地技术为:落地时,受力由脚跟过渡到全脚掌或由前脚掌过渡到全脚掌,然后迅速屈膝、屈髋缓冲。

2. 弹动技术

健美操的弹动主要依靠踝关节、膝关节、髋关节的屈伸来完成，它的主要作用是减少运动对关节的冲击力，从而减少运动对人体造成的损伤。值得注意的是，在屈伸的过程之中，腿部的肌肉要协调用力才能有效地防止损伤并产生流畅的弹动动作。

3. 半蹲技术

半蹲时，身体重心下降，臀部向后下45°方向用力，膝关节前倾不应超过脚尖，腰腹、臀部和大腿肌肉收缩，上体保持正直，重心在两腿之间，起落要有控制。分腿半蹲时，脚尖自然外开，应特别注意膝关节弯曲的方向要与脚尖的方向一致，避免脚尖或膝关节内扣或过度外开，避免膝关节弯曲小于90°角。

4. 身体控制技术

在整个非特殊条件下的运动过程中，身体应该保持自然挺拔、头部稍稍昂起的姿态，颈椎、胸椎、腰椎处于正常生理曲线的位置，并始终保持腰腹和背部肌肉收缩，避免因腰腹部位的摆动和无控制而引起的腰部损伤。四肢的位置避免"过伸"。健美操练习过程中的身体姿态取决于肌肉用力的感觉和程度，总的动作感觉应是有控制但不僵硬、松弛而不松懈。

七、健美操的创编原则

（一）针对性原则

一方面，健美操的创编应根据不同的性别、职业、年龄、身体状态、运动水平等因素的不同，而有所侧重地进行创编，做到因人而异；另一方面，在创编时，根据不同的锻炼目的，设计不同风格的健美操，如减肥操应该简单易学，以重复性的有氧运动为主，使其达到消耗脂肪的目的；如果为了表演或比赛而编排动作，一定要体现动作的难度，以增强观赏效果。

（二）合理性原则

每套健身操动作的创编都应严格遵循人体的生理学和解剖学规律，运动负荷由小到大，强度由弱到强，动作由简到繁，逐渐增加身体负荷。因此，动作编排时应注意迈步类与跳步类相结合、高低冲击力动作相结合，合理控制整套操的练习强度。

（三）全面性原则

为了实现全面锻炼身体的效果，在创编成套健美操时，要尽可能多地动员机体各个关节参与运动，使身体各部位的肌肉、关节、韧带及内脏器官都得到发展。在每个部位尽可能全面运动的基础上，应重视编排健美操的不对称动作。

（四）创新性原则

创新性是健美操编排的一项重要原则。首先要丰富自己的知识储备，了解国内外同领域的发展现状和趋势，深刻理解健美操精髓，然后根据健美操的特点和创编的对象来设计动作。可根据个人特点对动作进行大胆创新,将一些舞蹈步伐与健美操步伐相结合,提高动作的新颖性和美观性,从而创编出既有观赏价值又有表演价值的新颖、独特的健美操动作。

(五)一致性原则

一致性原则即动作与音乐的一致性。一套健美操的风格与特点是通过与音乐的协调搭配而表现出来的,音乐是健美操的灵魂,健美操动作是表现音乐的一种手段,动作是解释音乐的一种身体语言,音乐的选择决定了整套动作的风格。

八、健美操基本套路动作

健美操基本套路动作见表7-1-2

表7-1-2 健美操基本套路动作内容

节	拍	动作内容
准备		两脚并拢自然站立,双手自然下垂
一	1~8	原地踏步
	1~2	右腿向前一字步,冲拳,左腿收回,手臂收至两侧
	3~4	左腿向后一字步,冲拳,右腿收回,手臂收至两侧
	5~8	迈右腿并步两次,双手握拳屈臂打开合拢,结束双手收回体侧
二	1~4	迈右腿向前成V字步,双手五指张开依次斜上方伸出,后交叉于胸前
	5~8	迈右腿向后成V字步,双手五指张开依次斜下方伸出,后交叉于胸前
三	1	右腿向侧迈出,双手右侧弯曲,五指张开
	2	左腿跟至右腿后,双腿微屈,双手左侧弯曲,五指张开
	3	右腿向右侧迈出,双手右侧弯曲,五指张开
	4	左腿收回成准备动作
	5	左腿侧伸成弓步,双手五指张开斜拉一次
	6	收回左腿,双手下垂
	7~8	头部经由下、右往上绕动半周
四	1	身体经跳成右腿在前、左腿在后的弓步,双手握拳向右弯肘
	2	身体经跳成左腿在前、右腿在后的弓步,双手握拳向左弯肘
	3~4	动作同1~2

续表

节	拍	动作内容
四	5	双腿弯曲,右手高左手低,双手五指张开向前推
	6	下肢保持不变,左手高右手低,双手五指张开向前推
	7	动作同 5
	8	右腿并向左腿,回到准备姿势
五	1~2	开合跳,双臂侧方向打开,结束手臂交叉于胸前
	3	开合跳成半蹲,双手撑膝
	4	跳回,右腿向后屈腿准备弹踢
	5~6	右腿向前弹踢,左腿后屈,左手前平举,右手侧平举,然后两臂下垂
	7~8	左腿向前弹踢,右手前平举,左手侧平举,收回至准备姿势
六	1~4	先迈右腿向前跑三步,然后右腿后屈,双手置于胸前
	5~6	右腿向前大踢,双手向前冲拳,然后收回
	7~8	右腿向前侧大踢,双手五指张开两侧打开,然后回到准备姿势
七至十二		动作同第一至第六节,方向相反

健美操动作如图 7-1-1 所示。

准备　　　　　　　　1x1　　　　　　　　1x2

图 7-1-1 健美操动作

第二节 啦 啦 操

一、啦啦操的概念

啦啦操,是指在音乐的伴奏下,通过运动员集体完成复杂、高难的基本手位与舞蹈动作,充分展示团队高超的运动技能技巧,体现青春活力、积极向上的团队精神,并努力追求团队荣誉感的一项体育运动,也是一项深受广大群众喜爱且普及性强的,集体操、舞蹈、音乐、健身、娱乐于一体的体育项目。

二、啦啦操的起源与发展

啦啦操最早称之为啦啦队操,啦啦队一词英文名为"cheerleading",其中"cheer"有振奋精神,提振士气的意思。在早期的部落社会,为激励外出打仗或打猎的战士们,人们通常会举行一种仪式,仪式中通过族人欢呼、手舞足蹈的表演来鼓舞士气,希望战士们能凯旋而归,这被认为是啦啦队操的起源。

美国是现代啦啦操表演的发源地,这项运动至今已有100多年的历史。美国早期的啦啦队均由各大专院校男生组成,在第一次世界大战后,女性也参与其中。此后,随着项目的不断发展,扩音器、纸制彩球以及健美操、技巧、舞蹈、托举、抛接等更多的运动元素融入啦啦队表演中,使得啦啦队的表演内容更加生动活泼、丰富多彩,具有强烈的现场感染力。啦啦操在美国由最初为美式足球、橄榄球、棒球、篮球队的呐喊助威的活动发展到今天最炫的时尚运动,不仅多元化的表演让人目不暇接,啦啦操更是集团队协作、奋发向上、自信热情于一身,代表着张扬热烈、朝气蓬勃的精神力量,成为世界范围内的一项群众体育运动,受到全世界人民的喜爱,其中花球啦啦操历史最为悠久,在中国普及程度最高,在很多大型体育活动都可以看到手持花球的啦啦操表演。啦啦操主要通过团队的合作团结、积极向上、勇于拼搏的精神,去追求一种集体荣誉,形成一种团队精神。它强调每一个位置的重要性,让每个人都能感受到其是队伍中重要的一分子。

(一) 国际啦啦操发展简况

啦啦操的历史要追溯19世纪80年代的美国大学校园。最初以啦啦队的形式,在大学的橄榄球赛上,一位领队站在一大群人前面领导他们为自己的球队呐喊助威。当时,美国许多的大学都有自己的橄榄球队,并且他们认为一群人助威,可以构造一支好的球队,而一支好的球队能吸引大家对学校的注意。

进入20世纪,啦啦操的表演形式开始丰富起来。喇叭筒在啦啦操中开始流行,在大学和高中开始使用纸制作成线球作为道具。女性在啦啦操中发挥的作用越来越重要,还开始将体操、舞蹈动作融入呐喊的过程中。到了五六十年代,学院啦啦队开始有自己培训教程和培训班,讲授基本的啦啦操技巧,这时手持绒球的常规步伐称为"激情步伐"并且被大力推广。进入70年代,啦啦操除了为传统的足球和篮球助威外,开始支持学校的所有运动队。1978年的春天,哥伦比亚广播公司通过电视第一次向全美国转播学校啦啦操评选赛事。从此啦啦操开始作为一项严肃的运动被人们认可。这时候啦啦操已经在以往的技巧基础上有了很大的提高,例如增加了体操、搭金字塔(就是现在的叠罗汉)、向空中跳跃等动作。

(二) 我国啦啦操发展简况

啦啦操运动在我国有20多年的历史,它以其独有的魅力深受广大青少年和大学生们的喜爱。

啦啦操运动在我国是一个新兴的体育项目,1998年被学者介绍进入我国,从2000年以后,日本、美国啦啦操专家陆续应邀来我国讲学,进一步推动了我国啦啦操运动的开展。2001年年底我国首次举办了全国大学生啦啦操比赛,从2002年起,啦啦操运动正式进入教育部中国大学生体育协会(简称大体协)两操协会。2008年北京奥运会体育展示活动,共有北京、广东、上海、黑龙江、陕西、新疆、西藏等全国21省市自治区及网络平台共计23个分赛区,近万人参加入围赛,此外还有来自香港地区的啦啦操代表队也参与了入围赛的角逐,这次活动也因奥运会的影响力把我国啦啦操运动的发展推向了高潮。2008年,国家体育总局体操运动管理中心把啦啦操比赛从技巧项目中独立出来,并成功举办了首届全国啦啦操锦标赛,2009年国家体育总局体操运动管理中心推出相关竞赛规程,并正式开展全国啦啦操联赛,从最初的6个赛区共计寥寥几千人,到2012年的总决赛达到3 300多人。国家体育总局体操运动管理中心和教育部大体协开始共同主办这档赛事,为推进这一赛事,CCTV-5、《中国教育报》、腾讯网成为中国啦啦操的战略合作伙伴,进行捆绑性深度合作。2014年,教育部推出"一校一球一操"政策,全国啦啦操委员会开展"全国啦啦操送培到基层"公益活动,培训啦啦操教师4万余人,极大地推动了校园啦啦操的发展。目前,啦啦操已成为参赛人数最多的校园体育项目,啦啦操运动在我国已经发展成为一个相对完整成熟的运动项目。

三、啦啦操的分类

目前我国以按照活动目的分类的方法最为常用,按照目的可将啦啦操分为竞技性啦啦操和表演性啦啦操,其中竞技性啦啦操又分为舞蹈啦啦操和技巧啦啦操两大类(图7-2-1)。

(一) 舞蹈啦啦操

舞蹈啦啦操是一项在音乐的伴奏下,运用多种舞蹈元素的动作组合,结合转体、跳步、平衡与柔韧等难度动作以及舞蹈的过渡连接技巧,通过空间、方向与队形的变化表现出不同的舞蹈风格特点,强调速度、力度与运动负荷,展示运动舞蹈技能以及团队风采。舞蹈啦啦操包括花球啦啦操、爵士啦啦操、街舞啦啦操和自由舞蹈啦啦操。

（二）技巧啦啦操

技巧啦啦操是指在音乐的伴奏下,以跳跃、托举、叠罗汉、翻筋斗、抛接和跳跃等技巧性难度动作为主要内容,配合口号、啦啦操基本手位、舞蹈动作及过渡连接动作等,充分展示运动员高超的技能技巧的团队竞赛项目,包含有翻腾、托举、抛接、搭金字塔等难度动作。其动作比较随意,音乐节奏明快热情、动感奔放,极富震撼力和感染力。技巧啦啦操竞赛项目包括集体技巧啦啦操自选套路、五人配合技巧啦啦操自选套路和双人配合技巧啦啦操自选套路。

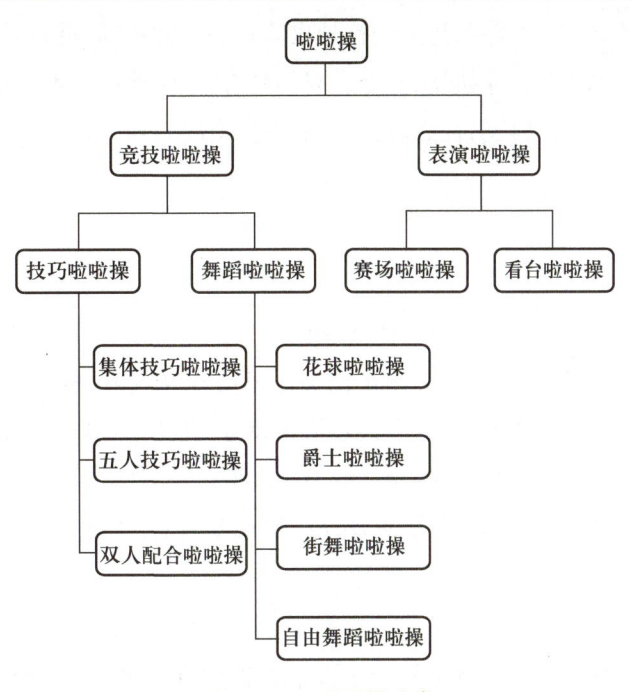

图 7-2-1　啦啦操分类

四、啦啦操的特点

（一）啦啦操表演的动感活力性

啦啦操运动充分体现着一种朝气蓬勃、健康向上的精神。健康快乐是啦啦操运动带给人们的整体印象。因此,啦啦操队员必须拥有一个青春的形象、健康的体魄和健美的体形。男运动员要求身材挺拔,肌肉线条明显,体形匀称,女运动员要求上下肢比例匀称,皮肤色泽光亮健康。所有的啦啦操队员要求青春靓丽、五官端正、仪态端庄,具有当代青少年的青春美和健康美,在啦啦操队员身上蕴含着无限的热情和魅力。无论啦啦操队员的外部形象还是他们的表演都会折射出一种青春美丽、蓬勃向上的气息,这种健康和快乐是由内而外、发自内心的。

（二）啦啦操表演团体的团结协作性

啦啦操运动是一项集体运动项目,啦啦操运动在托举、抛接、金字塔组合中彰显队员的团结协作精神,为了队伍的整体机能得到最大限度的发挥,强调成员之间的相互信任、相互配合,强调通力合作、集体至上的团队协作精神、服务精神和大局意识,三者集中体现着团队协作在啦啦操运动中的重要性,团队精神的核心是协同合作,基础是尊重个人的兴趣和成就,最高境界是全体成员的凝聚力、向心力。在啦啦操运动中,完成抛接等一系列动作时没有队员之间的密切配合,运动就存在着极大的危险,相互信任、团结协作是啦啦操运动的灵魂。

（三）队员顽强拼搏的竞争精神

在啦啦操运动中,很多不同的手势分别代表着团结、力量、胜利、自信张扬、勇往直前等含义。奋斗与进取的精神也体现在各种不同风格的标语和口号中。啦啦操运动能够培养队员自身奋斗拼搏，积极进取的精神，同时他们的这种精神也会激励体育比赛中的每一个队员不畏困难、勇往直前，最终取得比赛的胜利。

五、啦啦操的功能

（一）促进身体素质的发展

啦啦操运动对于运动员的速度力量、柔韧以及耐力、平衡性、协调性都有较高的要求，尤其是技巧啦啦操，为了使动作更富有节奏感、弹性和感染力，增加动作难度，加快动作节奏、加大动作幅度，运动员必须要经过大量的练习。如身体素质各方面机能的练习、动作姿态控制力的锻炼、立腰立背的力量锻炼以及腿部支撑人体各种协调能力的锻炼，这些都是衡量参赛队员能不能吸引观众视线的重要因素，经过长期的啦啦操训练，能极大地促进运动员身体素质的发展。

（二）培养队员的合作意识和团队凝聚力

啦啦操运动是一项团体活动，队员通过平时的训练、表演、比赛来培养凝聚团结精神，将整个啦啦队打造成一个团结强大的队伍。需要全体队员的相互信任、团结协作才能达到共同的目标，争取比赛的胜利。体育训练效果和比赛成绩都受运动团队凝聚力的制约，凝聚力也就是内聚力、团队合作力，是运动团体成员在从事团队活动中目标、情感和行为上的整体力度。团队合作是啦啦操运动的精髓，尤其是通过竞技啦啦操中的抛接、托举、搭金字塔等动作，能有效培养队员间彼此的责任感和信赖，增强他们的团队凝聚力和合作意识。

（三）培养个人综合能力、提升领导能力

啦啦操队员的英文名称直译为"欢呼的领导者"。他们在观众面前欢呼雀跃，激起观众的热情，赢得观众的尊敬并领导他们，成为团队的领导者和指挥者。可以说，啦啦操队员是天然的领导者和指挥家。美国学校里的啦啦操队员有83%在学校的组织中保持领导地位，成为学校主要的学生干部。在啦啦操运动发展早期，啦啦操队员的职责是在赛场外带领人群呐喊。能够成为一名勇敢的啦啦操队员，是学生在大学生活中最有价值的经历之一。

六、啦啦操基本动作和基本技术介绍

（一）啦啦操32个基本手位及规格

啦啦操是一项鼓舞人心的运动，其中基本手位动作充满了创造性，"V"字形源于单词"victory"，寓意胜利；"H"字形源于单词"hero"，寓意英雄；"T"字形源于单词"team"，寓意团队；"W"字形源于单词"win"，寓意获胜；"A"字形源于单词"active"，寓意积极的；"L"字形源于单词"light"，寓意光明；"M"字形源于单词"majesty"，寓意音雄伟的；"R"字形源于单词"running"，寓意奔跑；"K"字形源于单词"kind"，寓意友好的。

啦啦操32个基本手位如图7-2-2所示。

图 7-2-2 啦啦操基本手位及规格

（二）啦啦操基本技术特点

1. 啦啦操上肢的发力点在前臂。手臂的 32 个基本手位均在肩关节前制动，发力速度快，制动时间短，制动之后没有延伸，身体控制精准，位置准确。

2. 啦啦操动作内容丰富，所有的手臂动作都必须严格按照 32 个基本手位的标准来完成，没有固定步法。

3. 啦啦操动作重心较低，在做动作的过程中膝关节不完全伸直，保持微微弯曲的状态，重心稳定，移动平稳。

4. 啦啦操动作完成干净利落，具有清晰的开始和结束，肢体运动中直线动作曲直分明，弧线动作蜿蜒流畅,具有更高的欣赏价值和艺术价值。

5. 啦啦操三维空间高低起伏突出,队形变化多样,能充分利用场地空间。

6. 啦啦操音乐风格多样,旋律优美,气氛热烈,节奏快慢有致,强弱有别。

七、啦啦操的创编

(一)队形变换丰富新颖

啦啦操中常常应用的队形有十字形、弧形、直线型以及字母形等。丰富多变的队形,能够为观众带来一种变幻多端的感觉,不仅丰富了整套操的内容,同时也提升了整套操的观赏价值。整体时间、动作内容、动作数量决定了队形变化的时机与数量,时间越长,就会变换出越多的队形。

(二)动作与音乐高度配合

在啦啦操中,音乐是点睛之笔,也是整套操的灵魂。动作应用得快慢、强弱以及幅度大小、不断变换的队形空间都紧密依赖着音乐的节奏。在选择音乐时应注意选择具有轻快、动感的节奏的音乐,体现出特色,彰显队伍的特殊魅力。

(三)创编工作要有主次

动作编排要掌握主次,按照音乐的快慢、节奏进行编排。动作编排的初级阶段,要联系队伍的真实情况以及表演目标进行创编,对难度与风格不同的动作积极尝试,练习过程中可以挑选一些队员能较为轻松完成的低难度动作,适度增加难度。在编排动作的过程中,可以按照动作的风格将整套操划分为几个环节,之后在这几个环节动作中分别加入音乐,很好地结合音乐的旋律、节奏以及动作的风格、力度。

(四)设计啦啦操口号

啦啦操口号由队员共同喊出,能够充分展示队伍的气势。设计的口号内容也要呼应表演目标与主题思想,在健身原则中,啦啦操体现出了很强的鼓动性,由于其前身的主要作用是鼓舞比赛士气,因此,在大家共同呐喊中可融入一些带有激情的步伐,能充分调动观众的情绪,积极活跃气氛。

八、花球啦啦操基本套路动作

花球啦啦操基本套路动作见表 7-2-1

表 7-2-1 花球啦啦操基本套路动作内容

节	拍	动作内容
准备		两脚并拢自然站立,双手加油手位
一	1~4	1拍双手成高V手位,2拍加油手位,3拍成下V手位,4拍加油手位,左脚开始原地踏步4拍
	5	双手向右成上A,左脚向左迈开

续表

节	拍	动作内容
一	6	双手成高 V 手位,双脚保持开立
	7	双手持花球扶左膝,双腿屈膝向左下蹲
	8	双手成加油手位,双脚并腿收
二	1~2	1 拍双手向左侧成倒 V 手位,2 拍双手向上成上 H 手位,左脚向左弓步跳
	3~4	同 1~2 拍,方向相反
	5	双手腹前屈臂从右往左上摆,左脚向左迈开坐胯
	6	双手屈臂从左往右上摆,重心右移向右坐胯
	7	双手屈臂从左往右画圆,重心在两脚之间
	8	双手屈臂向左上摆,向后屈右腿
三	1	左手胸前平屈,右手侧平举成右弓箭手位,右脚落地成开立
	2	向左转体 180°成侧 K,向左转身成半蹲
	3	右手胸前平屈,左手侧平举成左弓箭,双脚开立
	4	双手加油手位,双脚开立
	5	双手胸前平举交叉成前 X 手位,左脚后撤一步
	6	胸前屈臂交叉成屈臂 X 手位,右脚后撤一步
	7	双手向右推出成前 X 手位,左脚向左迈开
	8	双手回拉成短 T 手位,向右做侧滑步,重心移到右脚
四	1~3	1 拍双手向下成下 H 手位,哒拍成加油手位,2 拍向右成右弓箭手位,哒拍成加油手位,3 拍向下成下 H 手位,哒拍成加油手位,原地垫步吸右腿 3 次,身体下压,哒拍时右脚落下身体直立
	4	左手叉腰,右手屈臂持花球于头顶,左脚向前迈出,重心两脚之间
	5	双手于左上方绕花球,右脚向右侧迈开
	6	双手于右上方绕花球,重心移到右脚
	7	双手伸直向下成下 H 手位,双腿屈膝下蹲
	8	左手叉腰,右手胸前屈成短剑手位,并腿收
五	1~4	左手叉腰,右手直臂上举成高冲拳,3 拍低头,4 拍抬头,双脚同时跳开成开立
	5~8	5 拍双手胸前屈臂交叉成屈臂 X,6 拍成倒 V,7~8 动作相反,双腿成左右左胯
六	1	右手侧上举,左手侧下举成斜线,双腿并腿半蹲
	2	左手侧上举,右手侧下举,双腿并腿半蹲
	3	低头,双手收回胸前成加油手位,并腿半蹲
	4	双手向前交叉平举成前 X 手位,右脚向前迈步,重心两脚之间
	5	双手向上成高 X 手位,左脚向前上步
	6	双手屈臂收到左胸前,右脚向后屈腿
	7	双手上举成上 H 手位,右脚向正前方落下成开立,身体向左转体 90°
	8	左手叉腰,右手侧平举,向右坐胯
七至十二		动作同第一至第六节,方向相反

啦啦操动作如图 7-2-3 所示。

准备	1x1	1x2
1x3	1x4	1x5
1x6	1x7	1x8
2x1	2x2	2x3

图 7-2-3 啦啦操动作

第三节 竞技体操

竞技体操，这个富有魅力的体育项目，当被人类从一般的健身活动中提炼出来，成为正式的竞技运动项目的时候，就以其浓厚的审美趣味，满足着人们的心灵需求。因为它是以展示人的形态和动作，表达人的情感和情绪为特征的，所以它与田径和球类运动相比，突出的表现就在于它的艺术性。

一、技巧运动

技巧运动是体操运动的主要项目，由翻滚、手翻、转体、空翻、倒立等动作组成。

(一) 前滚翻

1. 动作要点

蹲撑、提臀、蹬地、低头、团身（图 7-3-1）。

2. 练习方法

(1) 先做滚动练习，身体团紧，来回滚动。

(2) 做前滚翻成并腿坐，体会腿的伸直过程。

图 7-3-1 前滚翻

3. 练习要求

颈部要充分活动开。

4. 保护与帮助：保护者跪于练习者侧方，推背助力。

(二) 后滚翻

1. 动作要点

蹲撑、后倒、低头、团身、推手(图 7-3-2)。

图 7-3-2 后滚翻

2. 练习方法

(1) 在斜坡上由高处向低处做后滚翻(图 7-3-3)。

(2) 在老师或同学帮助下完成动作。

图 7-3-3 斜坡后滚翻

3. 练习要求

颈部要充分活动开。

4. 保护与帮助：帮助者单膝跪在学生的侧后方，当其后滚至头部着地时，两手托其腰部帮助推手翻转。

(三) 侧手翻

1. 动作要点

摆腿、蹬地、手撑地、推手(图 7-3-4)。

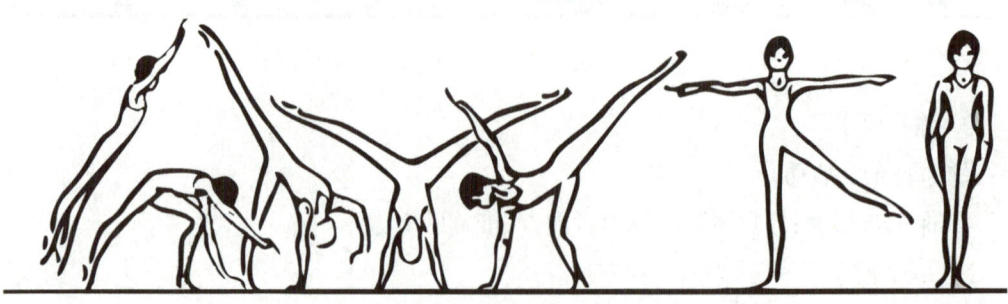

图 7-3-4　侧手翻

2. 练习方法

(1) 侧开立,两臂侧平举,向左、右举腿摆动,体会侧倒移重心和摆腿的动作感觉。

(2) 在帮助下做侧起手倒立(两人帮助,背后一人扶腰,腹前一人扶腿)。

(3) 互相帮助做片刻的分腿倒立。

(4) 在地上画一条直线,使手脚都在直线上做侧手翻练习。

(5) 在保护下完成动作。

3. 保护与帮助:从做侧手翻同学一手着地开始,保护者双手扶其腰部,直至其顺利完成侧翻动作。

(四) 肩肘倒立(女生)

1. 动作要点

夹肘撑腰、翻臀伸髋(图 7-3-5)。

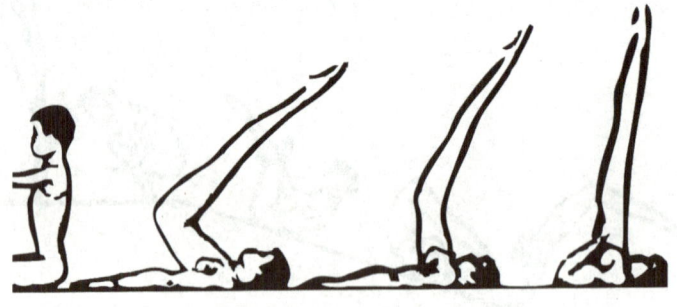

图 7-3-5　肩肘倒立

2. 练习方法

屈体仰卧举腿,做臀的屈伸动作。

3. 保护与帮助

保护者由练习者屈体姿势开始扶住其两腿并上提,一膝轻抵其腰部。

二、单杠

经常从事单杠练习,能发展上肢、肩带、腹背肌肉的力量和柔韧性,提高身体的协调性,培养勇敢、果断、顽强的意志品质。为单杠设计的动作,主要包括屈伸、回环、转体、腾跃等。由于单杠动作多在支撑状态下完成,难度比较低、练习者可选择由单个动作组合的成套动作进行练习。

(一)单个动作

(1)跳上成支撑。直臂正握,双脚蹬地用力跳上成支撑使腹部靠杠,同时抬头、挺胸保持身体平衡(图 7-3-6)。

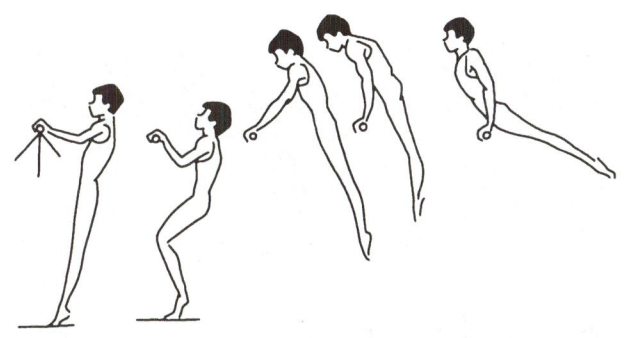

图 7-3-6 跳上成支撑

(2)翻上成支撑。直臂正握、屈臂拉杠、单腿摆动、倒肩、并腿引体,用力使腹部靠杠,同时抬头、翻腕、挺胸成直臂支撑(图 7-3-7)。

图 7-3-7 翻上成支撑

(3)单腿摆越成骑撑。低杠成支撑,然后顶肩、移动重心,一手及时推杠,同侧腿摆越过杠成骑撑。做此练习时,保护者站在一侧,双手扶起上臂,以保持平衡(图 7-3-8)。

(4)骑撑前回环。由反握、右腿骑撑开始,两臂伸直顶肩撑杠,身体重心前移;同时右腿向前跨出,左大腿前部靠杠,上体挺直迅速前倒。当上体回环至杠后水平部位时,左腿继续后摆。上体立腰,两臂伸直压杠,翻腕成骑撑(图 7-3-9)。

(5)右腿骑撑后倒挂杠上。两臂伸直撑杠,上体后倒,当身体失去支撑时,顺势收腹、屈髋

(臀部不下落),成骑杠屈体悬垂前,身体前摆时臀部向前上送出。身体后摆至肩过杠下垂直部位后,迅速屈右腿挂杠,左腿加速后摆,同时两臂用力压杠、跟上体、翻腕成骑撑(图7-3-10)。

图7-3-8 单腿摆越成骑撑

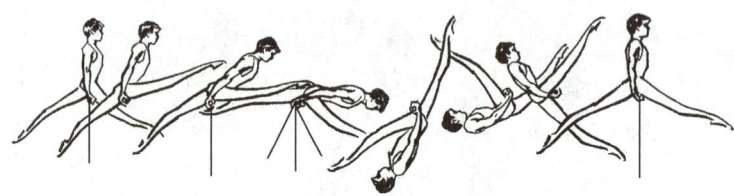

图7-3-9 骑撑前回环

图7-3-10 右腿骑撑后倒挂膝上

(6)后腿向前转体180°,成支撑挺身下。右腿从骑撑开始,上体重心右移,左手推杠的同时向右转体180°成支撑,然后挺身下。

(二) 组合动作

翻上成支撑→单腿摆越成骑撑→骑撑前回环→后腿前摆转体180°成支撑挺身下。

三、支撑跳跃练习

支撑跳跃练习可以发展学生肌肉力量、速度、灵巧和动作的准确性以及空间的定向能力。同时还可以培养学生勇敢、果断和沉着等意志品质。

(一) 基本技术

(1)助跑。为了获得水平速度并为上板踏跳创造条件,就要求正确的助跑。

(2)上板。为了保持助跑发挥出水平速度,上板距离为2.0~2.5米,上板高度为10~15厘米。上板的摆臂及双臂后引技术可使脚赶在重心投影线之前产生制动力,获得有利的蹬地角和垂直速度。上板方法以制动性大的搓板技术为好。

（3）踏跳。正确踏跳可使从助跑中获得的水平速度变为上升速度，而由这两种速度构成的腾起初速度和起跳角，决定了身体总重心腾空抛物线的轨迹。踏跳用全脚掌踏板发力，两脚平行找板，宽度为10厘米。起跳中的膝关节缓冲角度为130°左右，两臂快速向前摆。

（4）第一腾空。踏跳后进入腾空，身体重心的抛物线已不能改变，只能通过内力改变身体的姿势，腾空的技术要求是出手早、摆腿早、伸臂支撑早，最后用力顶肩。

（5）推手。利用肩臂等肌肉群收缩的强度、速度和入撑角的制约与肩角变化的合理性，就能使身体腾得又高又远。

（二）基本方法

（1）分腿腾跃。起跳后领臂含胸使上体稍前倾，接着两臂前伸，两腿积极后摆，撑马顶肩，推手分腿，压腿制动，抬头并腿前伸落地（图7-3-11）。臀部不低于肩轴，推手瞬间分腿。

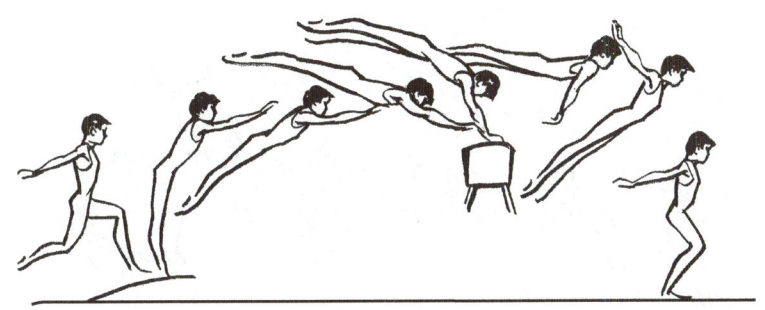

图7-3-11 分腿腾跃

（2）屈腿腾跃。助跑起跳，两臂前伸撑马。同时提臀屈髋，两臂引向胸部，推手后起肩、梗头，立腰，接着两腿向下伸直落地（图7-3-12），屈腿要晚，第二腾空有明显屈腿和伸腿挺身动作。

图7-3-12 屈腿腾跃

（3）屈体腾跃。助跑起跳后两臂前伸撑马，同时提臀屈髋，直腿前伸，推手后起肩、梗头、立腰，紧接着完成伸展动作落地（图7-3-13）。要求直腿屈伸，推手后展髋挺身明显。

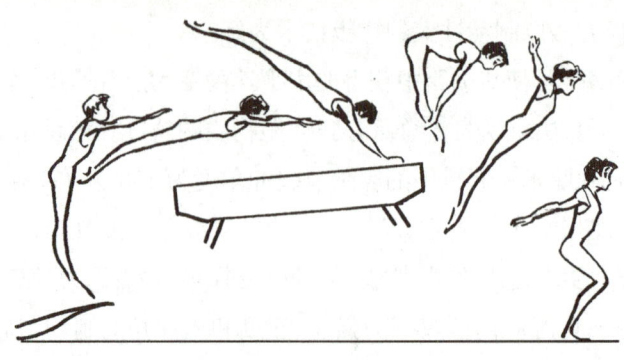

图 7-3-13 屈体腾跃

(4) 纵马(跳箱)分腿腾跃。助跑踏跳,两臂前伸,两腿后摆。撑马时,身体与马水平面的夹角应不小于 20°~30°,积极顶肩和用掌根推手;同时,分腿并下压制动腿,抬上体、梗头、紧腰、腿后伸,空中保持挺身姿势,然后缓冲落地(图 7-3-14)。后摆腿高于肩,身体始终保持挺身姿势。

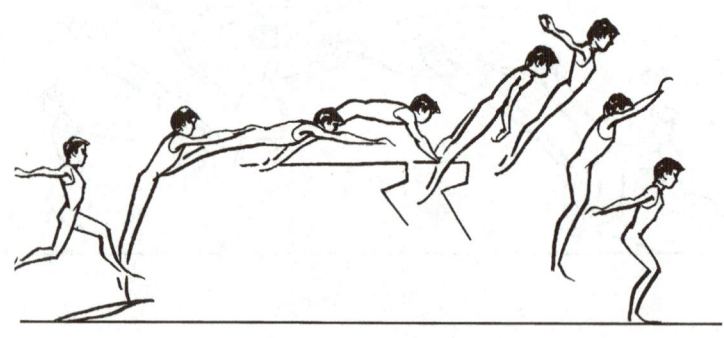

图 7-3-14 纵马(跳箱)分腿腾跃

此动作技术要求:快速助跑,上板弧度低而平,踏跳短促有力。身体腾起时,两臂迅速前伸,同时紧腰,两腿积极向后上方摆伸(脚尖做后伸动作)。当身体与马身成 20°~30° 时,积极向前下方顶肩推马,同时脚面下压,做强有力的制动腿动作(但身体不要出大背弓,髋角控制在 160°~180°)。推手时,肩带肌群必须高度紧张收缩,成含胸圆背姿势;随着手的推离,梗头、紧腰、腿后伸,积极抬起上体,空中保持挺身姿势,而后缓冲落地。

四、双杠练习

利用双杠可以使身体在支撑、悬垂状态下,完成摆动、屈伸、转体、滚翻、回环等动作。双杠练习可以发展学生上肢、躯干和肩带肌肉群的力量和柔韧性,提高身体的灵敏和协调能力。

(一) 单个动作

(1) 杠端支撑成分腿坐。杠端跳起支撑,两腿顺势向前举起,当超过杠面后迅速分腿,以大腿内侧坐杠成分腿坐,挺直身体(图 7-3-15)。

(2) 分腿坐接前滚翻成分腿坐。由分腿坐开始,两手靠近大腿撑杠,上体前倒,顺势提臀、屈臂、低头、团身。当臀部前移过垂直部位时,两手迅速向前握杠。臀部接近杠面时,两腿分开,内侧压杠,两臂撑起上体成分腿坐(图7-3-16)。

(3) 挂臂撑屈伸上。由挂臂撑摆动开始,前摆成屈体挂臂撑,臀部高出杠面,然后用力快速向前上方伸腿展髋,接着立即制动腿,同时两臂用力压杠,上体向上急振起肩成支撑(图7-3-17)。

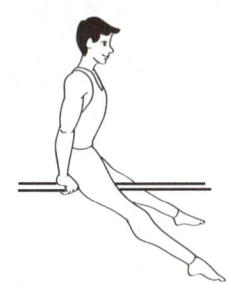

图 7-3-15 杠端支撑成分腿坐

(4) 支撑后摆挺身下。由支撑前摆开始,身体后摆过杠下垂直部位后,两臂伸直顶肩,两腿顺势用力向后上方加速摆动,接着身体向左移出杠外;同时右手迅速推开并换握左杠,左手推开摆至侧上举,保持挺身姿势落地(图7-3-18)。

图 7-3-16 分腿做前滚翻成分腿坐

图 7-3-17 挂臂撑屈伸上

图 7-3-18 支撑后摆挺身下

（二）组合练习

杠端支撑成分腿坐→支撑前滚翻成分腿坐→支撑后摆挺身下。

五、高单杠练习法

高单杠的动作，相对来说难度比较高，主要有摆动、转体、回环等。在此，我们选择比较容易掌握的单个或组合动作讲解，建议在有保护的情况下进行练习。

（一）单个动作

（1）慢翻上成支撑（亦称卷上）。由正握悬垂开始，屈臂引体向上，同时屈髋、头后仰、两腿从杠后方向伸出，使身体从杠上翻过成支撑（图7-3-19）。

图 7-3-19　慢翻上成支撑

（2）弧形下。由悬垂开始，摆动，身体保持挺直，然后向前挺身，使身体形成抛物线，完成弧形下（图7-3-20）。

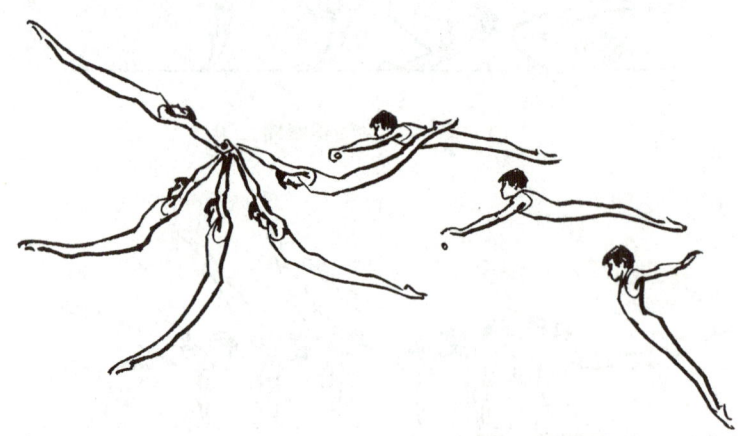

图 7-3-20　弧形下

（二）组合动作

正握悬垂翻上成支撑→支撑摆越成骑撑→转体180°支撑→后到摆动弧形下。

复习与思考

1. 你在学校上过体操课吗？你掌握了哪些翻、滚、跌、扑的自我保护动作？你的空间能力和身体控制能力如何？
2. 体操中的音乐伴奏对你的心灵有哪些影响？
3. 简述体操的审美特征。
4. 体操类运动有哪些锻炼价值？

第八章
民族传统体育

党的二十大报告指出,传承中华优秀传统文化,满足人民日益增长的精神文化需求,不断提升国家文化软实力和中华文化影响力。中国民族传统体育运动的本体是展现动作的姿态和动力,其风貌和体系有它自身的运动规律。尤其是在中国武术意象的创造中对"道"的认同,是通过一种"圆之美"的悟觉思维实现的。而"悟"是一种直觉,它具有多种形态,包含了西方学者所论述的"感性直觉"与"理性直觉",也包含了抽象思维、形象思维、灵感的若干特点。悟觉思维达于意境深层结构中的道之认同境界,实际上即形成了对大宇宙生命本体和万物生成规律的认识。

中国传统体育中的武术,如气功、拳、操、棍、棒、刀、剑,以及各种民间体育活动,如拔河、踢毽子、划龙舟、扭秧歌、荡秋千、放风筝……多以个人锻炼为主,集体活动为辅。不论体质好坏,差异如何,均能得到有效的锻炼,且注重技能和艺能,要求持之以恒,循序渐进,从小开始,终身不断。活到老,学到老,年龄越大,时间越久,造诣越深,学艺越精。此外,格外讲究"神、气、意、境",与中医原理一脉相承,着重身心之健康,边学边练,越习感悟越深,越练收益越大。在相互交流方面,以切磋技艺为主,双手抱拳,谦让恭敬,点到为止。中国传统体育,既不需要占用大片操场土地,也不依赖昂贵复杂的体育器材,因时因地制宜,因人因材而异,就地取材,随手可施。但武术以强身健体为主,兼有自我防身作用。

中国传统体育文化也以自娱自乐为主,修身养性为上。无论金石篆刻、琴棋书画,还是拳操太极,强身健体的锻炼,都要求体能、心智、精神、技巧运用合为一体。而西方流行和推崇的几乎所有文化和活动,都以商业化、极限化、职业化和价值最大化为最终目标。其实,值得我们学习和深思的不是西方体育锻炼的项目和锻炼方式本身,而是西方社会那种几乎能将他们所有希望推行的活动、项目、产品和文化点石成金,使之经济价值最大化的商业意识和运作方法。

第一节 中国武术的源流与发展

武术的起源,可以追溯到原始社会。那时,为了生存和自卫,人们逐渐学会了徒手或用木棒和石块等器具击打野兽的方法,于是就产生了拳打、脚踢、躲闪、跳跃等格斗技能。除了为了生存,先民们为了争夺食物、住地等时常发生争斗。尤其是随着社会生产力的发展,人们为了利益而产生了各种矛盾,出现了侵略和掠夺,在国家与国家、部落与部落、人与人之间进行了战争。而这种战争实际上是自卫的扩大,特别是在冷兵器时代的军事训练就是为了提高战斗力而进行的,其技术也必然和战斗中的实际需要相适应,因此,武术成为当时战争最直接、最重要的部分。战争中兵器使用的演变及攻防格斗技术的不断提高,对武术的发展起到了借鉴的作用。

而武术的另一个源头也许是"武舞"。"武舞"是表现人与兽斗和人与人搏斗的舞蹈,它应该是狩猎或战争场面的再现。舞者手执各种兵器,作击、刺、劈、砍等动作。在我国内蒙古、甘肃、新疆等地区考古所发现的岩画中可以寻觅到古代原始"武舞"的踪影。尤其是在原始巫术活动的舞蹈中,也有不少"武舞"。巫术在当时被广泛运用于人类社会,它渗透了人类早期生活和人的心理机制,浸润人类的原始知识和实用技艺,成为人类在蒙昧阶段对物质世界和精神世界的一种认识形式和实用手段。中国武术正是从有巫术文化氛围中的仪式和仪式感里,获得了更为丰富的武术因素和创造灵感,从而在仪式凝聚层上实现了武技的基质进入中国武术的原始形态。

武术文化的成熟形态在明清形成,其各种拳种拳派的理论和技术均铸有深刻的武德文化内涵。它不仅为后世武术的发展开创了广阔的空间,而且也确立了中国武术在世界武坛的地位。

民国时期,武术发展出现了两个影响深远的武术团体:一个是霍元甲创立的"精武体育会",一个是张之江创立的"中央国术馆"。此后,在全国各地相继成立了百余个武术团体组织。从而使得武术打破了门户之见,突破了传统的师徒身传口授的传承方式,促进了武术的普及和推广。

新中国成立后,武术作为一项优秀的民族文化遗产受到了应有的重视。国家体育总局设置了专门机构——"武术研究院"负责开展武术工作,成立了各省、市、自治区的武术协会,并将武术列为正式竞赛项目。1997年经原国家体委批准颁布了《中国武术段位制》,将武术段位定为三级九段。各体育院校相继设立了武术院、系,以及硕士点、博士点。教育部制定的《体育教学指导纲要》把武术列为体育课程内容。大学还设立了武术高水平运动队。国家和各省、市、自治区每年举行各种类型的武术比赛及国际性的武术比赛。全国各地还设立了许多武术辅导站,并先后还成立了"亚洲武术联合会""国际武术联合会""欧洲武术联合会""南美武术功夫联合会""非洲武术联合会",这些洲际武术组织辐射面较广,对传播中国武术起到了重要作用。现在,武术运动已风靡世界,得到了更为广泛、深入的发展(图8-1-1)。

图 8-1-1 万人习练太极拳

第二节 武术基本动作和初级长拳

一、武术基本动作

(一) 手型

1. 拳

五指卷紧,拳面要平,拇指压于食指、中指第二指节上(图 8-2-1)。

2. 掌

拇指弯曲,其余四指伸直并拢(图 8-2-2)。

3. 勾

屈腕,五指撮拢(图 8-2-3)。

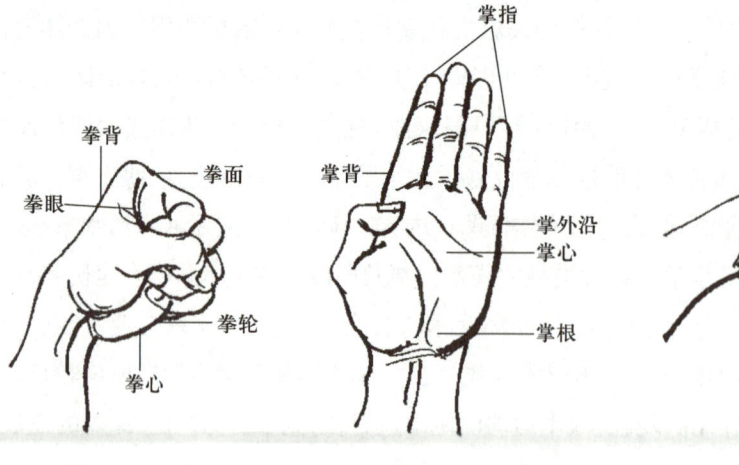

图 8-2-1 拳　　　　图 8-2-2 掌　　　　图 8-2-3 勾

（二）手法

1. 冲拳

拳从腰间旋臂向前快速击出,力达拳面(图8-2-4)。

2. 推掌

掌由腰间旋臂向前立掌推击,速度要快,臂要直,力达掌外沿(图8-2-5)。

图 8-2-4　冲拳　　　　　图 8-2-5　推掌

（三）步型

1. 弓步

前脚微内扣,全脚着地,屈膝半蹲,大腿成水平,膝部与脚尖垂直;另一腿挺膝伸直,脚尖里扣,斜向前方,全脚着地(图8-2-6)。

2. 马步

两脚左右开立约为脚长的3倍,脚尖正对前方,屈膝半蹲,大腿成水平(图8-2-7)。

3. 虚步

后脚尖斜向前,屈膝半蹲,大腿接近水平,全脚着地;前腿微屈,脚面绷紧,脚尖虚点地面(图8-2-8)。

图 8-2-6　弓步　　　　图 8-2-7　马步　　　　图 8-2-8　虚步

4. 仆步

一腿全蹲,大腿和小腿靠紧,臀部接近小腿,全脚掌着地,膝与脚尖稍外展;另一腿平铺接近地面,全脚掌着地,脚尖内扣(图8-2-9)。

5. 歇步

两腿交叉,屈膝全蹲,前脚全脚掌着地,脚尖外展;后脚脚跟离地,臀部外侧紧贴小腿(图8-2-10)。

图 8-2-9　仆步　　　　图 8-2-10　歇步

（四）腿法

1. 正踢腿

支撑腿伸直，全脚掌着地，另一腿膝部挺直，脚尖勾起前踢，接近前额，动作要轻快有力，上体保持正直（图 8-2-11）。

2. 侧踢腿

脚尖勾起，经体侧踢向脑后，其他同正踢腿（图 8-2-12）。

图 8-2-11　正踢腿　　　　图 8-2-12　侧踢腿

3. 里合腿

支撑腿自然伸直，全脚掌着地；另一腿从体侧踢起经面前向里做扇面摆动落下。其他同正踢腿（图 8-2-13）。

4. 外摆腿

同里合腿，摆动方向则相反（图 8-2-14）。

图 8-2-13　里合腿　　　　图 8-2-14　外摆腿

5. 单拍脚

支撑腿伸直，另一腿脚面绷平向上踢摆；同侧手在额前迎拍脚面，击拍要准确、响亮（图 8-2-15）。

6. 弹腿

支撑腿直立或微屈，另一腿由屈到伸向前弹出，高不过腰，膝部挺直，脚面绷平。小腿弹出轻快有力，力达脚尖（图 8-2-16）。

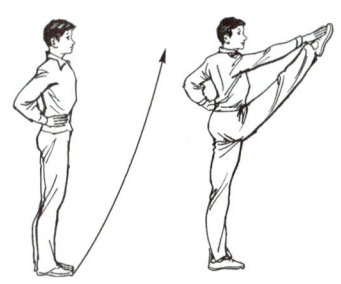

图 8-2-15　单拍脚

图 8-2-16　弹腿

7. 蹬腿

支撑腿直立或稍屈，另一腿由屈到伸，脚尖勾起，用脚跟猛力蹬出，高不过胸，低不过腰（图 8-2-17）。

8. 踹腿

支撑腿直立或稍屈，另一腿由屈到伸，脚尖勾起内扣或外摆用脚底猛力踹出，高踹与腰平，低踹与膝平，侧踹时上体斜倾，脚高过腰部（图 8-2-18）。

图 8-2-17　蹬腿

9. 伏地后扫

上体前俯，两手扶地；支撑腿全蹲做轴，扫转腿伸直，脚尖内扣，脚掌擦地，迅速后扫一周（图 8-2-19）。

图 8-2-18　踹腿

图 8-2-19　伏地后扫

（五）平衡

1. 提膝平衡

支撑腿直立站稳，上体正直；另一腿在体前屈膝上提，小腿斜垂里扣，脚面绷平内收（图

8-2-20)。

2. 望月平衡

支撑腿直立站稳；上体侧倾拧腰，右手向支撑腿同侧方上翻，挺胸、立腰。后举腿在身后向支撑腿的同侧方上举，小腿屈收，脚面绷平（图 8-2-21）。

图 8-2-20　提膝平衡　　　　图 8-2-21　望月平衡

（六）跳跃翻腾

1. 腾空飞脚

摆动腿高提，起跳腿上摆伸直，脚面绷平，脚高过肩，击手和拍脚连续、快速、准确、响亮（图 8-2-22）。

2. 旋风脚

摆动腿直摆或屈膝，起跳腿伸直，向内腾空转体 270°，左侧手击拍脚掌，脚高过肩，击拍响亮，转体 360° 落地（图 8-2-23）。

图 8-2-22　腾空飞脚

3. 腾空摆莲

摆动腿要高，起跳腿伸直，向外腾空转体 180°，脚面绷平，脚高过肩；两手依次击拍脚面，不能一手拍空（图 8-2-24）。

图 8-2-23　旋风脚

图 8-2-24 腾空摆莲

二、初级长拳三路

(一) 预备动作

1. 预备势：并步站立，两臂自然下垂。目视前方（图 8-2-25）。

2. 虚步亮掌（图 8-2-26）

（1）右脚向右后方撤步成左弓步。右掌向右向上向前画弧，掌心向上；左掌提至腰侧，掌心向上。目视右掌。

（2）重心后移，右腿微屈，左掌从右掌上方向前穿出；右掌收至腰侧，掌心朝上。目视左掌。

（3）重心继续后移，左脚稍向右移，成左虚步，左臂内旋向左、向后画弧成反勾手；右手继续向后向右、向前上画弧，在头上屈腕亮掌。目视左方。

3. 并步对拳（图 8-2-27）

图 8-2-25 预备势

图 8-2-26 虚步亮掌

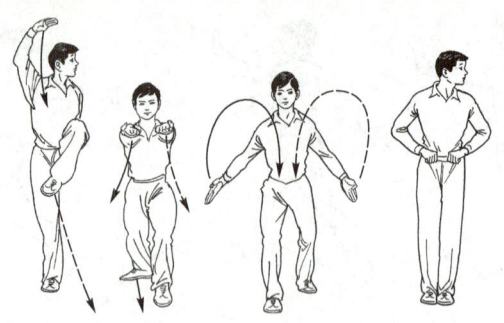

图 8-2-27　并步对拳

（1）右腿蹬直，左膝提起。上肢姿势不变。

（2）左脚前落，左勾手变掌经左肋前伸；右臂外旋向前下落于左掌右侧，两掌同高，掌心均向上。

（3）右脚上前一步，两臂向下后摆。

（4）左脚向右脚并步，两臂向外、向上经胸前屈肘对拳下按至小腹前拳心向下，目视左侧。

（二）第一段

1. 弓步冲拳（图 8-2-28）

（1）左脚向左上一步，成半马步，左臂向上、向左格打，拳眼向后，与肩同高；右拳收至腰侧，拳心向上。目视左拳。

图 8-2-28　弓步冲拳

（2）右腿蹬直成左弓步；左拳收至腰侧，拳心向上；右拳前冲，高与肩平。拳眼向上，目视右拳。

2. 弹腿冲拳（图 8-2-29）

重心前移，左腿独立，弹右腿，高与腰平。右拳收至腰侧，左拳前冲，拳眼向上。目视前方。

3. 马步冲拳（图 8-2-30）

右脚前落，上体左转 90°，成马步。左拳收至腰侧；右拳前冲，拳眼向上。目视右拳。

4. 弓步冲拳（图 8-2-31）

（1）上体右转 90°，成半马步。右臂屈肘向右格挡，拳眼向后。目视右拳。

图 8-2-29　弹腿冲拳

图 8-2-30　马步冲拳

(2) 左腿蹬直成右弓步。右拳收至腰侧；左拳前冲。拳眼向上。目视左拳。

5. 弹腿冲拳（图8-2-32）

重心前移，右腿独立，弹左腿高与腰平。左拳收至腰侧；右拳前冲，拳眼朝上。目视前方。

图8-2-31　弓步冲拳　　　　　图8-2-32　弹腿冲拳

6. 大跃步前穿（图8-2-33）

(1) 左腿屈膝，右拳变掌内旋，以手背向下挂至膝外侧，上体前倾。目视右手。

(2) 左腿前落，两腿微屈，右掌继续向后挂，左拳变掌向后、向下伸直。目视右掌。

(3) 前提右膝，左脚立即猛力蹬地向前跃出，两掌向前、向上画弧摆起。目视左掌。

(4) 两脚依次（右先左后）落地后成仆步，右掌变拳收至腰侧，左掌由上、向右向下画弧成立掌，停于右胸前。目视左脚。

图8-2-33　大跃步前穿

7. 弓步击掌（图8-2-34）

右腿蹬直成左弓步。左掌经左脚面向后画弧至身后成反勾手，臂伸直。右掌变立掌向前推出。目视右掌。

8. 马步架掌（图8-2-35）

(1) 重心后移，上体右转90°成马步。右臂稍屈向左侧平摆，同时左勾手变掌由后经左腰侧从右臂内向前上穿出，掌心均向上。目视左手。

(2) 右掌立于左胸前，左臂向左上屈肘亮掌于头部左上方，掌心向前。目视右方。

（三）第二段

1. 虚步栽拳（图8-2-36）

(1) 右脚蹬地，屈膝提起；左腿伸直，以前脚掌为轴向右后转体180°，右掌向下经右腿外

图 8-2-34　弓步击掌

图 8-2-35　马步架掌

侧向后画弧成勾手,左臂随体转动并外旋,使掌心朝右。目视右手。

(2) 右脚向右落地,成左虚步;左掌变拳下落于左膝上,拳眼向里,拳心向后;右勾手变拳上架于头右上方,拳心向前。目视左方。

2. 提膝穿掌(图 8-2-37)

(1) 右腿稍伸直;右拳变掌收至腰侧,掌心向上;左拳变掌由下向左、向上画弧盖压于头上方,掌心向前。

(2) 右腿蹬直,提左膝;右掌经左臂内侧向右前上方穿出,掌心向上,左掌收至右胸前成立掌。目视右掌。

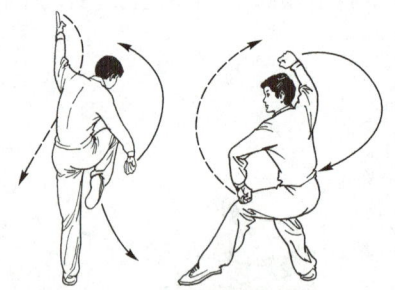
图 8-2-36　虚步栽拳

图 8-2-37　提膝穿掌

3. 仆步穿掌(图 8-2-38)

右腿全蹲,左腿向左后方铲出,成左仆步。右臂不动,左掌向下经左腿内侧,立掌向左脚面穿出。目随左掌转视。

4. 虚步挑掌(图 8-2-39)

(1) 重心前移成左弓步;右掌稍下降,左掌随重心移动向前挑起。

图 8-2-38　仆步穿掌

图 8-2-39　虚步挑掌

（2）右脚向左前方上步，成右虚步；身体随上步转180°；同时左掌由前向上向后画弧成立掌，指尖与眼相平。右掌经右下向前画弧至体前目视右掌。

5. 马步击掌（图8-2-40）

（1）右脚落地，左掌变拳收至腰侧；右掌俯掌向外掳手。

（2）左脚向前上一步，以右脚为轴向右后转体180°，两腿下蹲，成马步，左掌从右臂上立掌向左侧击出，右掌变拳收至腰侧。目视左掌。

6. 叉步双摆掌（图8-2-41）

（1）重心稍右移，同时两掌向下、向右摆，掌指均朝上。目视右拳。

（2）右脚向左腿后插步，两臂继续向上、向左摆，停于身体左侧，均成立掌。右掌立于左肘窝处。目随双掌转视。

图8-2-40 马步击掌

图8-2-41 叉步双摆掌

7. 弓步击掌（图8-2-42）

（1）两腿不动，左掌收至腰侧，掌心向上。右掌向上、向右画弧，掌心向下。

（2）左腿后撤一步，成右弓步。右掌向下、向后摆动，成反勾手。左掌成立掌，向前推出。目视左掌。

图8-2-42 弓步击掌

8. 转身踢腿马步盘肘（图8-2-43）

（1）两脚以前脚掌为轴向左后转体180°。同时右臂向上、向前画半立圆，左臂向下、向后画半圆。

（2）上动不停，两脚不动。右臂由后、向上向前画半圆，左臂由前向下、向后画半立圆。

（3）上动不停，右手向下成反勾手，左臂向上亮掌，掌心向前上方，右腿伸直，勾脚尖

图 8-2-43 转身踢腿马步盘肘

踢起。

（4）右脚向前落地，右手不动；左臂屈肘下落于胸前，掌心向下。目视左掌。

（5）上体左转 90°，两腿下蹲成马步。同时左掌向前、向左平搂，变拳收至腰侧；右臂伸直，勾手变拳，由体后向右、向前平摆，至体前屈肘，肘尖向前，高与肩平。拳心向下。目视肘尖。

（四）第三段

1. 歇步抡砸拳（图 8-2-44）

（1）重心稍升高，右臂由胸前向右抡直；左臂向左抡直。目视右拳。

（2）上动不停，两脚以脚掌为轴，向右后转体 180°。右臂向下、向后抡摆，左臂向上、向前随身转动。

（3）接上动，两腿全蹲成歇步。左臂随身体下蹲，向下平砸，拳心向上，肘部微屈；右臂伸直向后上举起。目视左拳。

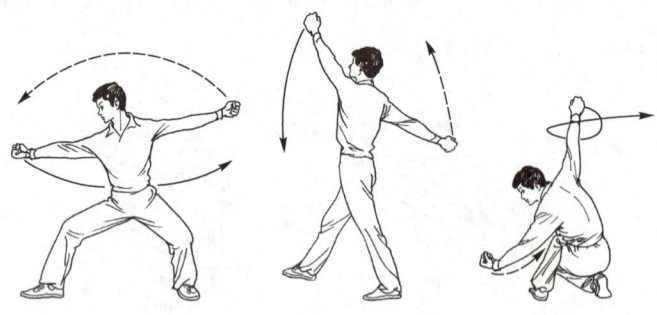

图 8-2-44 歇步抡砸拳

2. 仆步亮掌（图 8-2-45）

（1）左脚由右腿后抽出，向前上一步成右弓步。左拳收至腰侧，右拳变掌向下经胸前向右横击掌。目视右掌。

（2）左脚蹬地，右腿屈膝提起，上体右转。左拳变掌从右掌上向前穿出，掌心向上；右掌平收至左肘下。

（3）右脚向右落步成左仆步。左掌向下、向后画弧成勾手，右掌向右、向上画弧亮掌，掌

图 8-2-45 仆步亮掌

心向前,头随右手转动。亮掌时,目视左方。

3. 弓步劈拳(图 8-2-46)

(1) 右腿蹬地立起,左腿收回并向左前方上步。右掌变拳收至腰侧,左勾手变掌由下向前上经胸前向左搋手。

(2) 右脚经左腿前方绕一步,成右弓步。左手向左平搋后再向前挥摆,虎口朝前。

(3) 在左手平搋的同时,右拳向后平摆,然后再向前、向上抡劈拳,拳高与耳平,拳心向上,左掌外旋扶右前臂。目视右拳。

图 8-2-46 弓步劈拳

4. 换跳步弓步冲拳(图 8-2-47)

(1) 重心后移,右脚稍向后移动。右拳变掌臂内旋以掌背向下划弧挂至右膝内侧,左掌背贴靠右肘外侧,掌指向前。目视右掌。

(2) 右腿自然上抬,上体稍向左转。右掌挂至体左侧,左掌伸向右腋下。目随右掌转视。

(3) 左脚急速离地抬起。右手由左向上、向前搋盖而后变拳收腰侧;左掌伸直向下、向上、向前屈肘下按,掌心向下。上体右转,目视左掌。

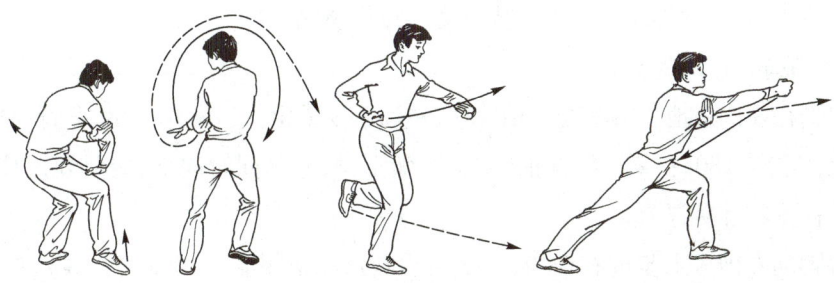

图 8-2-47 换跳步弓步冲拳

(4) 左脚前落,成左弓步;右拳前冲,高与肩平;左掌藏于右腋下,掌背贴靠腋窝。目视右拳。

5. 马步冲拳(图 8-2-48)

上体右转 90°成马步。右拳收至腰侧,左掌变拳向左冲击;拳眼向上。目视左拳。

6. 弓步下冲拳(图 8-2-49)

上体左转成左弓步。左拳变掌向下经体前向上架于头左上方,掌心向前,右拳向左前下方冲出。目视右拳。

图 8-2-48 马步冲拳

图 8-2-49 弓步下冲拳

7. 叉步亮掌侧踹腿(图 8-2-50)

(1) 上体稍右转。左掌由头上下落于右手腕上,右拳变掌,两手交叉成十字。目视双手。

(2) 右腿向左腿后插步。左掌向下、向后画弧成反勾手;右掌向右、向上亮掌,掌心向前。目视左侧。

图 8-2-50 叉步亮掌侧踹腿

(3) 右腿支撑,左腿侧踹。上体姿势不变。目视左侧。

8. 虚步挑拳(图 8-2-51)

(1) 左脚在左侧落地。右掌变拳稍后移,左勾手变拳由体后向左上挑,拳背向上。

(2) 上体左转 180°左拳继续向前、向上画弧上挑;右拳同时向下、向前划弧挂至右膝外侧,同时提右膝。目视右拳。

(3) 右脚向左前方上步成右虚步,左拳向后画弧收至腰侧,右拳向上、屈腕挑拳至体前,拳眼向上,与肩同高。目视右拳。

图 8-2-51　虚步挑拳

(五) 第四段

1. 弓步顶肘（图 8-2-52）

(1) 重心升高，右脚踏实。右臂内旋向下直臂画弧，以拳背下挂至右膝内侧，左拳不变。目视前下方。

(2) 左腿伸直，右腿屈膝上抬，左拳变掌，右拳不变，两臂向前、向上画弧摆起。目随右拳转视。

(3) 左腿蹬地，身体腾空，两臂继续画弧至头上方。

(4) 右脚先落地，接着左脚落地，同时两臂向右、向下屈肘停于右胸前，右拳变掌，左掌变拳，右掌心贴靠左拳面。

(5) 左脚向左前上一步，成左弓步。右掌推左拳，以左肘尖向左顶出，高与肩平。目视前方。

图 8-2-52　弓步顶肘

2. 转身左拍脚（图 8-2-53）

(1) 以两脚掌为轴向右转体 180°。随转体，右掌向上、向右、向下画弧抡摆；同时左拳变掌，向下、向后、向前抡摆。

(2) 左腿伸直绷脚面向上踢起。左掌变拳收至腰侧，右掌由体后向上、向前拍击左脚面。

3. 右拍脚（图 8-2-54）

(1) 左脚前落，左拳变掌向下、向后摆，右掌变拳收至腰侧。

(2) 右腿伸直绷脚面向上踢起，左拳变掌由后向上、向前拍击右脚面。

图 8-2-53 转身左拍脚

图 8-2-54 右拍脚

4. 腾空飞脚（图 8-2-55）

（1）右脚前落。

（2）左腿向前摆起，右脚蹬地起跳，左腿屈膝继续上摆。同时右拳变掌向前、向上摆起，左掌先向上摆，而后下降拍击右掌背。

（3）右腿伸直绷脚面继续上摆。右手拍击右脚面，左掌由体前向后上举。

图 8-2-55 腾空飞脚

5. 歇步下冲拳（图 8-2-56）

（1）左右脚先后相继落地。左掌变拳收至腰侧。

（2）身体右转 90°，两腿全蹲成歇步。右掌抓握，外旋变拳收至腰侧，左拳向前下冲击，拳心向下。目视左拳。

6. 仆步抡劈拳（图 8-2-57）

（1）重心升高，右臂向体后伸直，左臂随身体重心升高向上摆起。

图 8-2-56 歇步下冲拳

（2）以右脚掌为轴向左转体 270°，同时左膝提起。左拳由前、向后下画立圆一周，右拳由后下向前上划立圆一周。

（3）左腿向后落步成右仆步。右拳由上、向下抡劈，拳眼向上，左拳后上举，拳眼向上。目视右拳。

7. 提膝挑攀（图 8-2-58）

（1）重心前移成右弓步。同时右拳变掌由下向上抡摆，左拳变掌稍下落，右掌心向左，左

图 8-2-57 仆步抡劈拳

掌心向右。

（2）左、右臂在垂直面上由前、向后各画立圆一周，右臂伸直上举，掌心向左，掌指向上，左臂伸直停于身后成反勾手，同时提右膝，左腿支撑。目视前方。

8. 提膝劈掌—弓步冲拳（图 8-2-59）

（1）两腿不动，右掌向下猛劈伸直，停于右小腿内侧，力达小指一侧，左勾手变掌向前停于右上臂内侧，掌心向左。目视右掌。

图 8-2-58 提膝挑攀

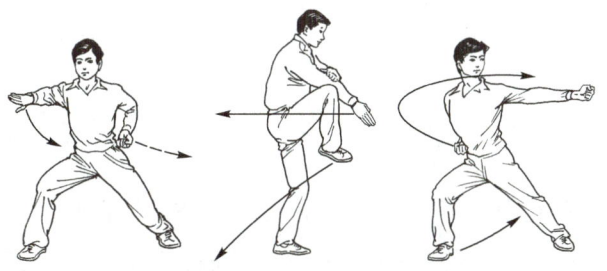

图 8-2-59 提膝劈掌—弓步冲拳

（2）右脚向右后落地，身体右转90°。同时左掌变拳收至腰侧，右臂内旋向右画弧劈掌。

（3）上动不停，左腿蹬成右弓步，右手抓握变拳收至腰侧，左拳前冲。目视左拳。

（六）结束动作

1. 虚步亮掌（图 8-2-60）

（1）右脚扣于左膝后。两拳变掌，两臂右上左下屈肘交叉于体前。目视右掌。

（2）右脚向后落步，屈腿半蹲上体稍右转。同时右掌向上、向后、向下画弧停在左腋下，左掌向左、向上画弧停于右臂与右胸前，两掌左下右上。目视左掌。

图 8-2-60 虚步亮掌

(3) 左脚尖稍右移成左虚步。左臂伸直向左、向后画弧成反勾手,右臂伸直向下、向右、向上画弧亮掌,掌心向前。目视左方。

2. 并步对拳(图 8-2-61)

(1) 左腿后撤一步。同时两掌从腰侧向前穿出伸直,掌心向上。

(2) 右腿后撤一步。同时两掌分别从体侧下摆。

(3) 左腿后退半步,向右脚并拢。两臂由后向上经体前屈臂下按,两掌变拳停于腹前,拳心向下,拳面相对。目视左方。

3. 还原(图 8-2-62)

两臂自然下垂,目视前方。

图 8-2-61　并步对拳　　　　　　　　图 8-2-62　还原

第三节　散手、防身术(女子防身术)

"散手"又称"散打",在中国历代有诸多称谓,如"相搏""手搏""白要""对拆""技击"等。由于这种对抗多采用擂台形式——一种高于地面,见方的台子,所以在民间还被称为"打擂台"。散手在中国已有几千年的历史,一直为广大人民群众所喜爱。然而,现在开展的散手比赛与中国传统的散手比赛却有着质的区别。

一、散手教学与练习

现在的散手是两人按照一定的规则,运用武术中的踢、打、摔和防守等技法,进行徒手对抗的现代竞技体育项目,它是中国武术的重要组成部分。现在的散手已不仅仅是对中国武术中传统的徒手格斗术进行单纯的继承和表现,而是在继承的基础上有了进一步发展和提高。其中最为突出的,就是把传统中注重"招法"观念发展成为将体能、智能与技能结合起来,进而突出了它的综合应用的能力。

(一) 实战姿势

1. 动作方法

两脚按开立步站立,两手握拳,左前右后,拳眼均朝上,左手臂弯曲,肘关节夹角在

90°~110°,左拳与鼻同高;右手臂弯曲,肘关节夹角小于90°,大小臂紧贴右侧肋部,微收下颌,闭嘴合齿,面部、左肩、左拳正对对手。

2. 要点

实战姿势是实战时的预备姿势,因此,要求进攻灵活,防守严密,移动方便,姿势不可太低,重心控制在两脚之间;两手紧护躯体,暴露给对手打击的有效部位范围尽量减小。

(二) 拳法

1. 右冲拳

(1) 动作方法。预备势为正架势,即左脚、左手在前(以下均同),右脚微蹬地面,重心微向前移动;同时右拳直线向前冲出,力达拳面(图 8-3-1)。

(2) 动作要点

① 右冲拳的发力顺序是起于右脚,传送到腰、肩、肘,最后达于拳面。

② 上体向左转动,以加大冲拳力量。

③ 还原时以腰带动肘,主动回收。

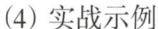

图 8-3-1 右冲拳

(3) 动作用法。右冲拳是主要进攻动作之一。它的特点是攻击距离长,能充分利用蹬腿、转腰的力量加大冲拳的力度,具有较强的威胁力。

(4) 实战示例

例1:当对手用左冲拳冲击上盘或用右掼拳攻击上盘时,迅速俯身躲避;同时用右冲拳反击(图 8-3-2)。

图 8-3-2 俯身冲拳

例2:在双方对峙状态下,突然以快速的步法逼近对方;同时右冲拳抢攻其中、上盘部位(图 8-3-3)。

2. 左横拳

(1) 动作方法。上体微向右转,同时左拳向外伸出约45°,向前、向里横掼,臂微屈,拳心朝下,力达拳面或偏于拳眼侧右拳护于右腮(图 8-3-4)。

(2) 动作要点

① 力从腰发,腰绕纵轴向右转动。

图 8-3-3 右冲拳抢攻

② 掼拳发力时,臂微屈,肘尖抬至与肩平。

(3) 动作用法。左掼拳是一种横向型进攻动作,可以结合身体姿势的高、低变化击打对方侧面;上盘可击其太阳穴;中盘可击其腰肋部位。

(4) 实战示例

例1:双方对峙时,突然向左闪步,左掼拳抢攻对手头部右侧。

例2:对手右掼拳向上盘进攻,俯身下躲闪后左掼拳反击其肋部。

例3:对手左横踢腿向中盘进攻;右手外截防守后急速进步,同时以左掼拳反击其头部。

3. 右掼拳

(1) 动作方法。预备姿势开始,右脚微蹬地并向内扣转,合胯并向左转腰;同时右拳向外约45°,向前、向里横掼,力达拳面或偏于拳眼侧;左拳变掌,屈臂回收到腹前(图8-3-5)。

图 8-3-4 左横拳

图 8-3-5 右掼拳

(2) 动作要点

① 右脚内扣,合胯转腰与掼拳发力要协调一致。

② 掼拳发力时,肘尖微抬,使肩、肘、腕基本成水平。

(3) 动作用法。右掼拳也是一种横线型进攻动作。它的特点是能充分借助右脚蹬地转腰的力量,力度较大;但因其进攻路线长,动作幅度宜小不宜大。此拳法多用于连击或防守反击。

(4) 实战示例

例1:双方对峙时,俯身以左拳虚晃,佯攻其腹部,继而起身右掼拳攻其头部。

例2:双方对峙时,左冲拳佯攻对手头部,对手举臂防守的瞬间,俯身右掼拳击其左肋部。

例3：对手右蹬腿进攻中盘，以左手里挂防守；然后进步，以左掼拳反击其胸部。

4. 左抄拳

（1）动作方法。预备势开始，重心略下沉，左拳由下向前上方勾起，大小臂夹角在90°~110°，拳心朝里，力达拳面（图8-3-6）。

（2）动作要点

① 重心略下沉，是为了更好地利用前脚蹬地拧转的反作用力，加大勾拳力量。动作要连贯、顺达，用力要由下至上。

② 抄拳时，臂应先微内旋再外旋，拳是螺旋形运行。

③ 抄拳发力时，腰向右侧转动，发力短促。

（3）用法。抄拳属上下进攻型动作，由于击打距离短，适用于近距离实战；双方接触时，正面攻击对手的胸、腹或下颌。

（4）实战示例

例1：对手左抄拳进攻胸、腹部时；沉身左转右掩肘后，以左抄拳反击其躯干以上部位。

例2：对手上步欲抱膝时，以左抄拳反击其头部。

5. 右抄拳

（1）动作方法。右脚蹬地，扣膝合胯，微向左转腰的同时，右拳由下向前、向上抄起，大小臂夹角在90°~110°，拳心朝里，力达拳面；左拳回收至右肩内侧（图8-3-7）。

图8-3-6　左抄拳

图8-3-7　右抄拳

（2）实战示例

例1：对手右掼拳攻击上盘右侧；左手挂挡后，右抄拳反击其躯干以上正面部位。

例2：对手右抄拳向胸、腹进攻时；左手掩肘防守后，右抄拳反击其中盘。

（三）腿法

1. 左蹬腿

（1）动作方法。实战姿势站立，右腿直立或稍屈，左腿提膝抬起，勾脚，以脚跟领先向前蹬出，力达脚跟；亦可送髋，脚掌下压，力达脚前掌（图8-3-8）。

（2）实战示例——迎面蹬腿。当对方上步，用拳法进攻时，迎面抢先用左蹬腿击其躯干（图8-3-9）。

图 8-3-8　左蹬腿

图 8-3-9　迎面蹬腿

2. 右蹬腿

（1）动作方法。身位重心前移，左腿直立或稍屈，身体稍左转，右腿屈膝前抬，勾脚，以脚跟领先向前蹬出，力达脚跟；亦可送髋，脚掌下压，力达脚前掌（图 8-3-10）。

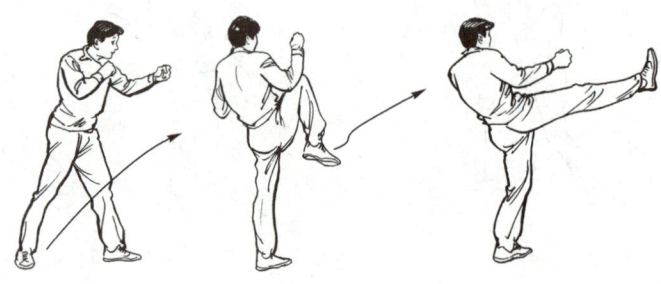

图 8-3-10　右蹬腿

（2）动作用法。散手中的蹬腿，除与套路中的要求相同外，还吸取了前点腿的优点，当击中对方时，脚踝发力，前脚掌下压，这样，击后较易将对方蹬开或使其倒地。

（3）实战示例

例 1：主动蹬腿。双方移动，当与对手正面相对时，蹬腿击其躯干。

例 2：防守蹬腿。对方以侧弹腿、踹腿进攻，在用手防守后，抬腿将对方蹬开。

3. 左踹腿

右腿直立或稍屈支撑；左腿屈膝抬起，小腿外摆，脚尖勾起，脚掌正对攻击目标，展髋，挺膝向前踹出，力达脚掌，上体可侧倾（图 8-3-11）。

图 8-3-11 左踹腿

4. 右踹腿

(1) 动作方法。左腿直立或稍屈支撑,身体向左转180°,同时右腿屈膝前抬,小腿外摆,脚尖翘起,脚掌正对攻击目标,用力向前踹出,力达脚掌,上体可侧倾(图8-3-12)。

图 8-3-12 右踹腿

(2) 动作要点。上体、大腿、小腿、脚掌成一条直线,踹出时一定要以大腿推动小腿直线向前发力。

(3) 动作用法。踹腿是比赛中使用率较高的腿法之一,容易调整步法,因此,踹腿的使用变化较多。踹腿是直线运动,速度快、力量大、不易防守,而且配合步法使用,变化多,易于在不同距离上使用。

(4) 实战示例。

例1:低踹腿击对方下肢。

例2:中踹腿击对方躯干。

例3:高踹腿击对方头部。

例4:封堵踹腿。当对方抬腿进攻时,抢先以踹腿堵击对方。

例5:连续踹腿。当对方进步时先用踹腿击其下肢,若对方提膝躲闪,可当其提膝落腿时,二次踹腿,击其胸部(图8-3-13)。

例6:出拳踹腿。先以右冲拳击对方头部或虚晃,随之右踹腿攻击其胸面部(图8-3-14)。

5. 左里合腿

上体稍右转并侧倾,同时带动左腿收髋,扣膝,直腿向右上方横摆打腿,力达脚背至小腿

图 8-3-13　连续踹腿

图 8-3-14　出拳踹腿

下端(图 8-3-15)。

6. 右里合腿

(1) 动作方法。左膝外展，上体右转，收腹，带动右腿收髋，扣膝，直腿向左上方横摆打腿，力达脚背至小腿下端(图 8-3-16)。

(2) 动作要点。以转体带动摆腿，动作连贯、快速。

(3) 动作用法。里合腿是在实战中使用较多的一种腿法；它以身带腿，速度快，力量大，

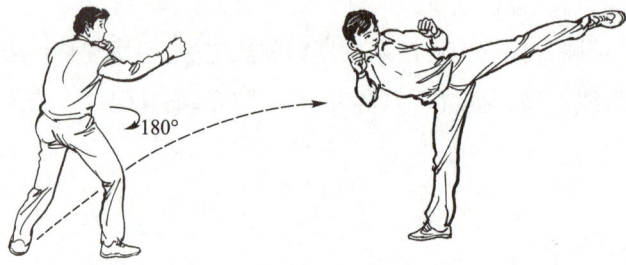

图 8-3-15　左里合腿

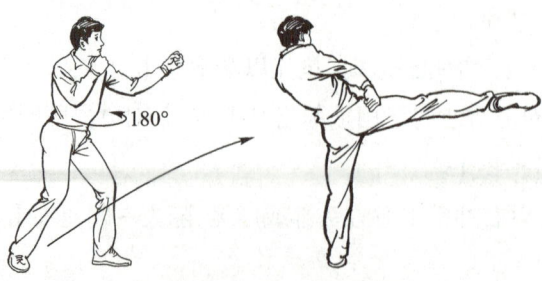

图 8-3-16　右里合腿

使用得好能起到重创对手的作用;但因其弧形横摆,路线长、幅度大,较易被对手察觉和防守,实战中应注意动作快速,不带预兆。

(4) 实战示例

例1:当对手抢步向前,中盘空虚时,以左里合腿击其腹部。

例2:左冲拳击对手头部;对手撤步闪躲,随即左转身,用右里合腿击其肋部。

例3:对手重心在前腿时,突然以右里合腿击其下肢。

例4:对手右冲拳进攻时,向左侧身闪躲,同时右冲拳击其胸部,随即再以右里合腿踢击其胸部。

7. 左弹腿

右腿直立或稍屈支撑,上体稍向右侧倾;同时左腿屈膝向左侧摆起,扣膝,绷脚背,随即挺膝向前弹踢小腿,力达脚背至小腿下端(图8-3-17)。

8. 右弹腿

(1) 动作方法。左腿直立或稍屈支撑,上体左转,稍向左侧倾;同时右腿屈膝前摆,扣膝,绷脚背,随即挺膝向前弹踢小腿,力达脚背至小腿下端(图8-3-18)。

图8-3-17 左弹腿　　　　　　　　图8-3-18 右弹腿

(2) 动作要点。脚背紧张,以膝带腿,快速有力。

(3) 动作用法。弹腿的优点是动作快速,易于变化,可视不同情况分别击打对手的上、中、下三盘。

(4) 实战示例

例1:冲拳接弹腿。先用左冲拳虚晃对方头部或躯干,继而右脚跟步,左弹腿攻击其头部(图8-3-19)。

图8-3-19 冲拳接弹腿

例2：防冲拳反击弹腿。对方以右冲拳进攻，右手拍挡防守，继而右弹腿反击其背部。

（四）摔法

1. 抱腿前顶

（1）动作方法。甲出拳击乙头部时。乙上左步，下潜躲闪，两手抱甲双腿，屈肘，两手用力回拉；同时用左肩前顶甲大腿或腹部，将甲摔倒（图8-3-20）。

（2）动作要点。下潜快，抱腿紧，两臂后撤，肩顶有力。

（3）动作用法。可用于主动进攻或防守反击。

图8-3-20　抱腿前顶

2. 夹颈磕腿

（1）动作方法。甲用左冲拳击乙头部。乙右前臂外格甲左臂，右手由甲左肩上穿过，屈肘夹甲颈部；同时乙左腿背步与甲左腿平行，随即右转体用左小腿向后横打甲左小腿，将甲打起（图8-3-21）。

（2）动作要点。格挡迅速，夹颈有力，打腿，转身协调一致。

（3）动作用法。在对手用冲（掼）拳击打时，防守反击。

图8-3-21　夹颈磕腿

3. 抱腿别腿

（1）动作方法。甲站立或左侧弹腿时。乙将甲左腿抱住，并向甲的支撑腿后上左步，用左腿别甲右腿，同时用胸下压甲左腿（图8-3-22）。

（2）动作要点。抱腿准、有力，弓步转体协调，顺势压腿。

（3）动作用法。可用于主动进攻或防守反击。

图 8-3-22 抱腿别腿

4. 抱腿上托

（1）动作方法。甲用左蹬腿蹬乙胸部。乙两手立即抓握住甲左腿,屈臂上抬,两手上托其左脚,向前上方推送使甲倒地(图 8-3-23)。

（2）动作要点。抓脚准,托推动作连贯一致。

（3）动作用法。适用于防守反击对方的蹬腿动作。

图 8-3-23 抱腿上托

（五）防守法

1. 接触防守

（1）拍挡

① 动作方法。正架预备势开始。左手(右手)以拳心或掌心为力点,向里横向拍挡(图 8-3-24)。

② 动作要点。前臂尽量垂直,拍挡幅度小,用力短促。

③ 动作用法。防守对方直线型拳法或横向型腿法对上盘的攻击。

（2）挂挡

① 动作方法。右手(左手)屈臂向同侧头部或肩部挂挡(图 8-3-25)。

② 动作要点。大小臂叠紧并贴于头侧,要含胸侧身,暴露面小。

③ 动作用法。防守对方横向型的手法或腿法攻击上盘,如左、右掼拳或左、右横踢腿等(图 8-3-26)。

（3）拍压

① 动作方法。左拳(右拳)变掌,以掌心或掌根为力点由上向前下拍压。

② 动作要点。拍压时臂要弯曲,手腕和掌要紧张用力,臂内旋,虎口,指尖均朝左。

图 8-3-24 拍挡

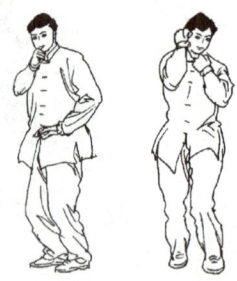
图 8-3-25 挂挡

图 8-3-26 挂挡用法

③动作用法。防守对方正面的手法或腿法攻击中盘,如下冲拳、勾拳、撩拳及蹬踹腿等。

(4) 外抄

①动作方法。左(右)手臂外旋弯曲,上臂紧贴肋部,前臂水平,手心朝上;同时右(左)手屈臂紧贴腹部,立掌,手心朝外,手指向上(图 8-3-27)。

②动作要点。上臂紧护躯干,两手成钳子状;抱腿时,两手相合锁扣。

③动作用法。接抱对方横踢腿,如左右横踢腿等。

图 8-3-27 外抄

(5) 里抄

①动作方法。左(右)手臂微屈并外旋,紧贴腹前,手心朝上;同时右(左)手屈臂紧贴胸前,立掌,虎口朝上,掌心朝外。

②动作要点。两臂紧贴体前,保护裆部和胸、腹部,抱腿右(左)手掌心朝下与左(右)手相锁合。

③动作用法。抄抱对方直线腿法和横线腿法由后向左攻击上、中盘;如正面的蹬、踹腿和左横踢腿等。

2. 闪躲防守

(1) 撤闪

①动作方法。前脚由前、向后收步,接近后脚时,脚前掌着地,重心落于后腿(图 8-3-28)。

②动作要点。前脚回收迅速,虚点地面,上体正直,支撑要稳。

③动作用法。防守对方以腿法攻击下盘部位,如低蹬腿、低踹、弹腿、低横踢或勾踢腿等。

(2) 后闪

①动作方法。重心后移,上体略后倾闪躲(图8-3-29)。

②动作要点。后闪时,下颌收紧,闭嘴合齿,后闪幅度不宜过大,重心落于后腿。

③动作用法。防守对方拳法攻击上盘部位,为腿法反击做准备,因此常常配合前蹬腿防守反击练习。

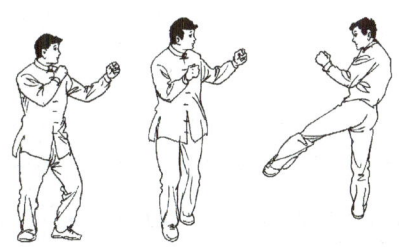

图8-3-28 撤闪

图8-3-29 后闪

(3) 侧闪

①动作方法。两膝微屈,俯身,上体向左侧或右侧闪躲(图8-3-30)。

②动作要点。上体要含胸,侧身不转头,目视对方。

③动作用法。向侧闪躲对方,用手法正面攻击上盘部位,如左右冲拳等。

(4) 下躲闪

①动作方法。屈膝,沉胯,重心下降;缩颈,弧形向下躲闪,两手紧护胸部(图8-3-31)。

②动作要点。下躲闪时,膝关节、髋关节和颈部要同时弯曲,目视对手。

③动作用法。防守对方手或脚法横向攻击头部,如左右掼拳、高横踢腿等。

图8-3-30 侧闪

图8-3-31 下躲闪

(5) 提闪

①动作方法。后腿支撑,膝关节微屈,前腿屈膝提起(图8-3-32)。

②动作要点。重心后移,提腿迅速,根据对方腿法进攻的路线及方位,膝关节分别有里合、外摆或垂直的变化。

③动作用法。防守对方正面或横向腿法攻击下盘部位,如低踹腿、弹腿、低横打和勾踢腿等;若对方的腿法攻击的是大腿或腰腹部,则可用小腿阻挡,或结束防守。

图 8-3-32 提闪

二、女子防身术基本技术

（一）女子防身术概述

防身术，是指人身受到别人侵害时所采取的一种防卫手段和方法。女子防身术是一项用于自身防御和应对突发事件能力的技术，主要指女性在遭到侵犯或遇到其他险情时巧妙地把握时机，充分运用踢、打、抓、摔、拿等实用技击方法，摆脱或制服对方，保护自己。本节中的动作是精选了中国传统武术中攻防技击的实用动作而创编的一套防身体系，使其成为一种简单实用的搏击技术，同时又是一项既能防身又能健身的运动。

通过学习女子防身术，可以增强女性的防身意识，提高自我防卫能力。长期坚持练习，可以增强爆发力、提高反应速度和攻击速度，有效地增强体质，改善心理素质，增进实战能力，达到健身和御敌防身的目的。

> **知 识 窗**
>
> 学习女子防身术虽然不是一件很难的事情，但要做到有效运用，平时的身体素质训练和技术训练是必不可少的。若学过如武术、拳击、散打、空手道等武术技巧，掌握了格斗搏击最基本的动作要领，那么就很容易能学好女子防身术。但要做到运用得当，还必须勤学苦练，熟能生巧。

（二）基本格斗姿势

基本格斗姿势是指平时练习所采用的最有利于防守和进攻的格斗姿势。基本格斗姿势主要是保持自己身体的重心稳定、平衡，尽量减少自己暴露的面积，并有利于摆脱对方攻击或及时回击。

动作要点：两脚前后开立，双脚间横向距离稍宽于肩，前脚掌稍内扣，两膝微屈；含胸收腹、上体前倾、重心落于两腿之间；沉肩垂肘，两臂自然弯曲，左臂肘关节的夹角约成90°，两手自然半握拳，拳面斜向前，拳心向内；右拳回收，屈肘置于胸前，头略低，下颌微收，牙齿咬紧，嘴唇闭合，目视前方（图 8-3-33）。

图 8-3-33 基本格斗姿势

（三）徒手反击基本技法

女子防身术是一项运用踢、打、抓、摔、拿等技击方法，以制服对方和保护自己为目的的搏击技术。其技击方法,吸取许多搏击技术中的精华,并经过提炼、完善,使其成为一种简单实用的搏击技术。

女子防身术具有动作单一,以贴身搏击为主以及简单、快捷、实用的特点。女子在体力和力量方面都明显逊于男子,所以女子要达到制敌的目的,就必须在实战运用中做到"一狠""二全力""三准确",以达到一招制敌的效果。

1. 直拳

拳是格斗中比较常用的,但使用时要把握时机和方法。出直拳时,腰部先发力,掌心伸直,拇指置于食指下面,腕部平直(图8-3-34)。

攻击部位:鼻子、眼睛、心窝、太阳穴。

2. 半拳

半拳握拳时,第二指关节突前,掌心伸直,拇指贴于食指侧面,腕部平直。打击方法如直拳,主要攻击喉部(图8-3-35)。

图8-3-34 直拳

攻击部位:颈喉部。

3. 掌法

掌是利用小指到手掌中部肉厚的边缘部位进行攻击。

攻击部位:喉部、颈部、裆部、人中、太阳穴、耳根等。

4. 爪法

手指分开并外张,指节依屈。打击目标时,像鹰爪挖抠(图8-3-36)。

攻击部位:面部、眼睛。

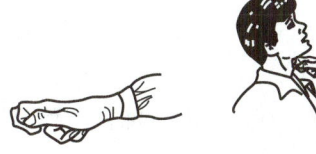

图8-3-35 半拳　　　　图8-3-36 爪法

> **知 识 窗**
>
> 被歹徒扼颈或锁喉是比较危险的,会很容易失去知觉。此时,可用牙齿咬、戳眼睛或抓裆等方法尽快摆脱对方控制。如被歹徒从后方锁喉时,要使劲收紧下颌,或把头偏向对手肘弯一侧,尽量减轻气管上的压力,然后再寻找机会解脱和反击。

5. 肘法

肘法是在近距离格斗中使用的主要技法。其特点是运动路线宽、速度快、威力猛。

(1)横肘:握拳,手臂抬平,腕关节保持伸直状态,拳心向下,手臂回屈夹紧,以腰发力,肩部放松,横向前摆手臂,以肘关节击打歹徒胸腹部、肋部、腰部、太阳穴、脸正面部、下颌骨处(图8-3-37)。

攻击部位:胸腹部、肋部、腰部、脸正面部、太阳穴、下颌等。

(2)挑肘:握拳,手臂屈肘夹紧,自然下垂,以腰发力,肩部放松,自然张开双臂,从侧面将手臂抬起,以肘尖部挑击歹徒(图8-3-38)。

攻击部位:主要从侧面袭击的对方下颌、胸窝、太阳穴等。

6. 膝法

膝法攻击距离短、迅速,攻击角度小,较隐蔽。两腿前后或左右稍分开站立,稳定重心。提腿之前,将重心移到另一腿支撑,猛蹬地,大腿发力屈膝提起,膝关节朝正前上方顶击(图8-3-39)。

攻击部位:裆部、胸部、腹部、肋部、头部等。

 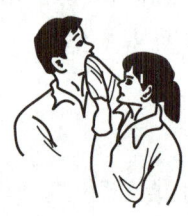 

图 8-3-37 横肘　　　图 8-3-38 挑　　　图 8-3-39 膝法

7. 腿法

腿法是最主要的攻击技法,运用时既能远攻,又能近踢,隐蔽性好,力度大,杀伤力大。

(1)弹踢腿:小腿屈膝提起,脚尖下压,以大腿带动小腿向前猛力弹踢,力达脚尖,脚踢出后迅速收回(图8-3-40)。

攻击部位:裆部、小腹、肋部、小腿、膝关节、踝关节。

(2)蹬腿:出击腿屈膝提起,脚尖内勾,以脚跟为发力点,对准目标猛力蹬出(图8-3-41)。

攻击部位:面部、胸腹部、裆部、肋部、腿部等。

图 8-3-40 弹踢腿　　　　　　　图 8-3-41 蹬腿

(3)踏腿:出击腿提膝抬起,小腿内屈,脚掌对准目标,并勾起外翻,展髋、挺膝向前端出,力达脚掌。

攻击部位:头部、胸腹部、腿部等。

（四）常见防身技法

1. 单腕被抓解脱

如果一手手腕被歹徒抓住（图8-3-42①），解脱的方式有两种：一是转动手腕从歹徒虎口处滑脱，二是从虎口滑脱时手臂屈肘收臂，加大力度弯曲。如果歹徒腕力较大，多数女性靠单臂动作是无法解脱的。此时，侧身站好，左脚向后撤一步，随之用左手虎口张开朝下，猛推歹徒右手腕，同时右手上提即可解脱（图8-3-42②）。

动作要领：推腕与提臂动作要协调一致，用力要猛，移动身体，以加大解脱力量。

图8-3-42　单腕被抓解脱

2. 左肩被右手正面抓解脱

当被歹徒用右手从正面抓住左肩时（图8-3-43①），佯装害怕，用右手去抓住歹徒右手，表情放松，不让对方察觉自己的攻击意图。将左手握拳上举，随后身体稍向右转，注意身体右转时右手控制歹徒右手要牢固。上述动作不停，左臂屈肘垂直下砸，将歹徒右手腕折伤（图8-3-43②）。

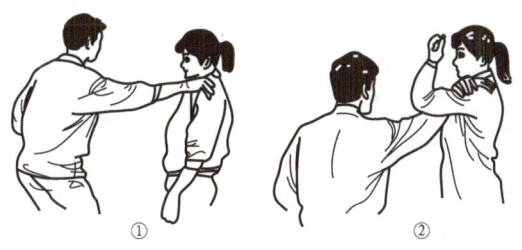

图8-3-43　左肩被右手正面抓解脱

动作要领：下砸要有爆发力，双腿可屈膝，以加强下击速度和力度。歹徒被迫下蹲屈体后，可以用膝或脚继续攻击。

3 左肩被右手从背后抓解脱

如果被歹徒用右手抓住左肩时，马上用右手按住歹徒手背（图8-3-44①），左脚后撤一步，身体向左转，同时握左拳。抬起手臂，在随身体转动之际抢砸歹徒手肘（图8-3-44②），随之用左臂抢转顺势夹其右臂，左脚向前移动一步，用右手猛击歹徒喉结（图8-3-44③），然后右脚上步绊住对方双脚，将其摔倒。

动作要领：砸时要狠、准、有爆发力，夹臂、击喉、上步、绊摔一气呵成。

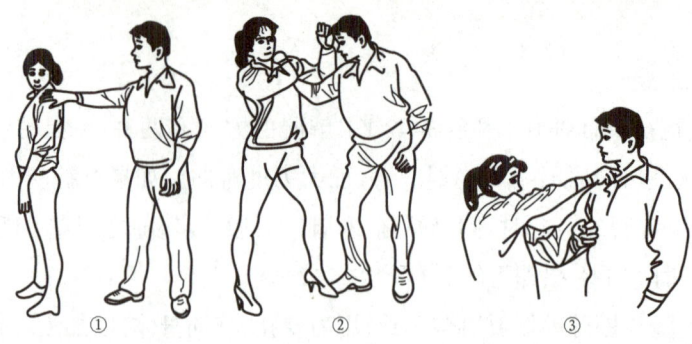

图 8-3-44　左肩被右手从背后抓解脱

4. 单手被推前胸解脱

当被歹徒用右手被推胸部时(图 8-3-45①),可用右手抓住其右手背,同时左手也协助抓其右腕,然后挺胸稍上左步,将歹徒右手牢牢固定在胸前,随后身体猛向右转,折伤歹徒右手腕(图 8-3-45②)。

动作要领:抓腕、挺胸动作要快,转体、折腕要有爆发力。

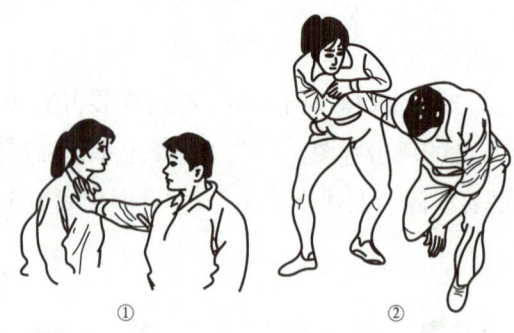

图 8-3-45　单手被推前胸解脱

5. 头发被正面抓住解脱

(1) 弹腿踢裆

当头发被抓时,应起脚猛踢对方裆部(图 8-3-46)。

(2) 提膝顶裆

当头发被抓时,可顺势向前跨步,提膝猛顶对方裆部(图 8-3-47)。

图 8-3-46　弹腿踢裆

图 8-3-47　提膝顶裆

6. 被正面双手扼颈解脱

如果被歹徒用双手掐住脖子,并往墙上或其他物体上推时(图 8-3-48①),应借势将左脚向后退步,同时右臂向左抡转(图 8-3-48②),靠较大的抡转力量折压歹徒左手腕关节,迫使其松手(图 8-3-48③)。然后,将右臂再迅速向回挥动,用反背拳击打歹徒右太阳穴(图 8-3-48④)。

动作要领:抡臂动作要快,上臂夹紧,出反背拳时要用爆发力出拳。

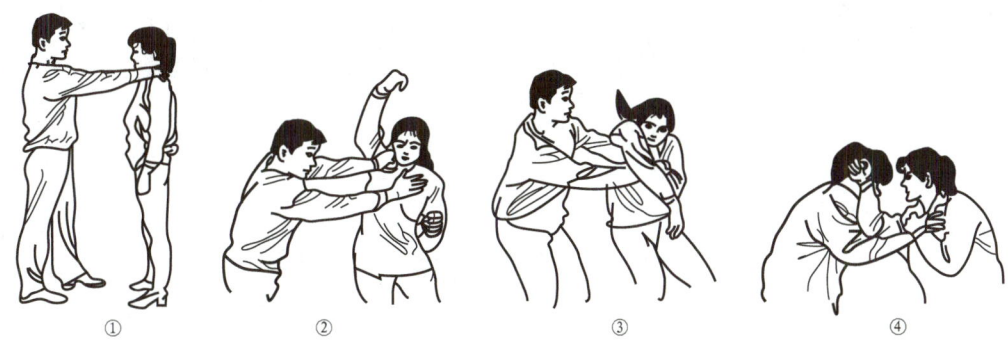

图 8-3-48　被正面双手扼颈解脱

7. 被从侧面搂住脖子解脱

如果被歹徒用左臂搂住脖子时(图 8-3-49①),不动声色,用左手抓住其左手背,使其不易察觉,抓手时可假装触摸,猛然抬起右臂用拐肘方法狠击歹徒面部(图 8-3-49②)。

另一种方法,是用左手抓住歹徒左手后,用勾手方法扣其档部(图 8-3-49③),上述肘击和扣档动作可配合使用。

动作要领:拐肘、扣档动作要狠、准、有爆发力。

图 8-3-49　被从侧面搂住脖子解脱

8. 被抱时的防身手段

（1）正面被抱

正面被抱时,应抬臂,以左、右肘部连续猛击对方太阳穴(图 8-3-50)。

(2) 背后被抱

当背后被抱时,无论手臂被锁住与否,应猛仰头以后脑击其面部,并快速以脚跟猛踩其脚面(图 8-3-51)。

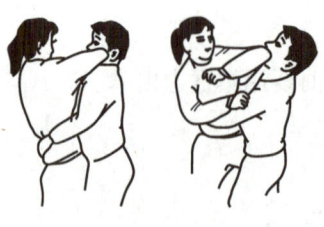

图 8-3-50　正面被抱

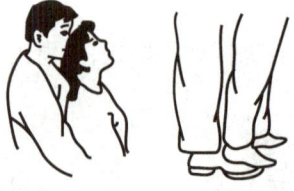

图 8-3-51　背后被抱

第四节　二十四式简化太极拳

一、太极拳的特点

太极拳是一项讲究柔中寓刚、绵里藏针的艺术,要求动作柔和、缓慢、连贯、运行路线处处带有弧形,体现圆活自然等基本特点。

二、太极拳的动作说明

(一) 第一组

两脚开立、两臂前举、屈膝按掌(起势)→抱球收脚、左转出步、弓步分手(左野马分鬃)→后坐撇脚、跟步抱球、右转出步、弓步分手(右野马分鬃)→后坐撇脚、跟步抱球、左转出步、弓步分手(左野马分鬃)→跟半步胸前抱球、后坐举臂、虚步分手(白鹤亮翅)。

1. 起势(图 8-4-1)

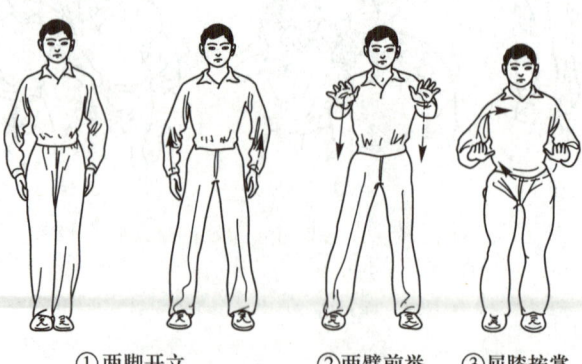

①两脚开立　　②两臂前举　　③屈膝按掌

图 8-4-1　起势

2. 左右野马分鬃（图8-4-2）

①抱球收脚　　②左转出步　　③弓步分手

④后坐撇脚　　⑤跟步抱球　　⑥右转出步　　⑦弓步分手

⑧后坐撇脚　　⑨跟步抱球　　⑩左转出步　　⑪弓步分手

图8-4-2　左右野马分鬃

3. 白鹤亮翅（图8-4-3）

①跟半步胸前抱球　　②后坐举臂　　③虚步分手

图8-4-3　白鹤亮翅

（二）第二组

左转落手、右转收脚举臂、出步屈肘、弓步搂推（左搂膝拗步）→后坐撇脚、跟步举臂、出步屈肘、弓步搂推（右搂膝拗步）→后坐撇脚、跟步举臂、出步屈肘、弓步搂推（右搂膝拗步）→

跟步展臂、后坐挑掌、虚步合手（手挥琵琶）→两手展开、提膝屈肘、撤步错手、后坐推掌（左倒卷肱）→提膝屈肘、撤步错手、后坐推掌（右倒卷肱）。

4. 左右搂膝拗步（图 8-4-4）

①左转落手　②右转收脚举臂　③出步屈肘　④弓步搂推

⑤后坐撇脚　⑥跟步举臂　⑦出步屈肘　⑧弓步搂推　⑨后坐撇脚

⑩跟步举臂　⑪出步屈肘　⑫马步搂推

图 8-4-4　左右搂膝拗步

5. 手挥琵琶（图 8-4-5）

①跟步展臂　②后坐挑掌　③虚步合手

图 8-4-5　手挥琵琶

6. 左右倒卷肱（图 8-4-6）

① 两手展开　　② 提膝屈肘　　③ 撤步错手

④ 后坐推掌（重复三次）

⑤ 提膝屈肘　　⑥ 撤步错手

⑦ 后坐推掌（重复三次）

图 8-4-6　左右倒卷肱

（三）第三组

右转抱球收脚、左转出步、弓步绷臂、后坐转体下捋、左转出步搭腕、弓步前挤、后坐引手、弓步按掌（左揽雀尾）→后坐扣脚、右转分手、收脚抱球、右转出步、弓步绷臂、后坐右转下捋、左转出步搭腕、弓步前挤、后坐引手、弓步按掌（右揽雀尾）。

7. 左揽雀尾（图8-4-7）

①右转抱球收脚　②左转出步　③弓步掤臂

④后坐右转下捋　⑤左转出步搭腕　⑥弓步前挤

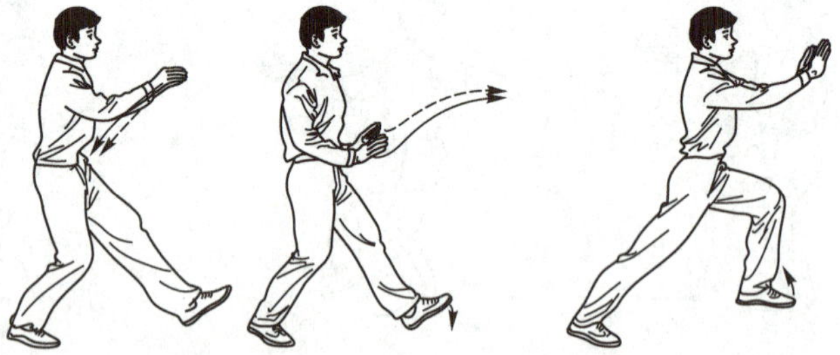

⑦后坐引手　⑧弓步按掌

图8-4-7　左揽雀尾

8. 右揽雀尾（图8-4-8）

①后坐扣脚　②右转分手　③收脚抱球　④右转出步

图 8-4-8　右揽雀尾

(四) 第四组

左转扣脚、右转收脚转臂、出步勾手、弓步推掌（单鞭）→右转落手、左转云手（云手第一势）→并步按掌、右转云手、出步按掌（云手第二势）→左转云手、并步按掌、右转云手、并步按掌（云手第三势）→落步右转举臂、出步勾手、弓步推掌（单鞭）。

9. 单鞭（图 8-4-9）

图 8-4-9　单鞭

10. 云手（图 8-4-10）

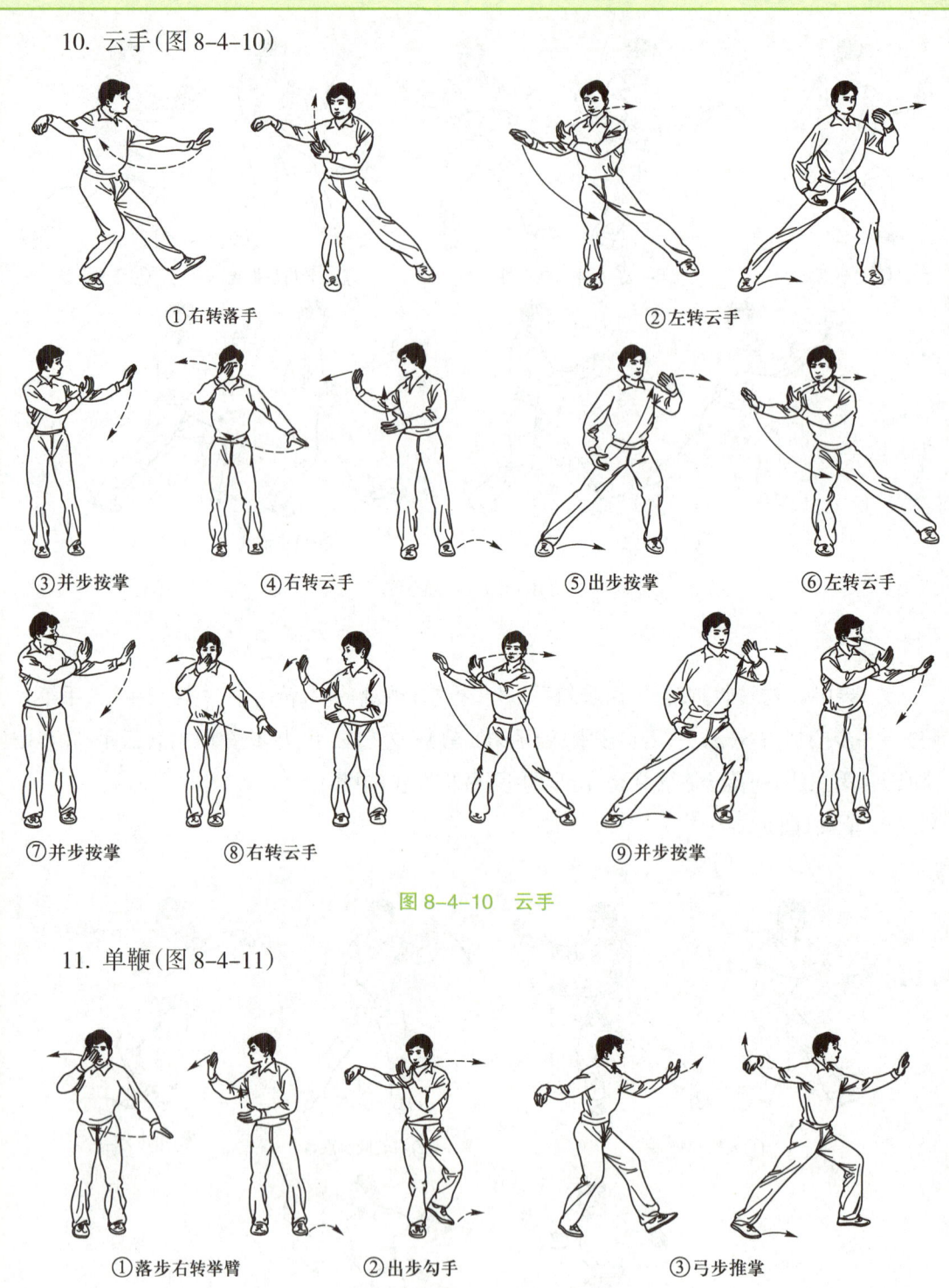

① 右转落手　　② 左转云手

③ 并步按掌　　④ 右转云手　　⑤ 出步按掌　　⑥ 左转云手

⑦ 并步按掌　　⑧ 右转云手　　　　　　⑨ 并步按掌

图 8-4-10　云手

11. 单鞭（图 8-4-11）

① 落步右转举臂　　② 出步勾手　　③ 弓步推掌

图 8-4-11　单鞭

（五）第五组

跟步翻手、虚步推掌（高探马）→提脚收手、左转出步、弓步画弧、合抱提膝、分手蹬脚（右蹬脚）→收脚落手、出步收手、弓步贯拳（双峰贯耳）→后坐扣脚、左转展手、合抱提膝、分手蹬脚(转身左蹬脚)。

12. 高探马(图 8-4-12)

①跟步翻手　②虚步推掌

图 8-4-12　高探马

13. 右蹬脚(图 8-4-13)

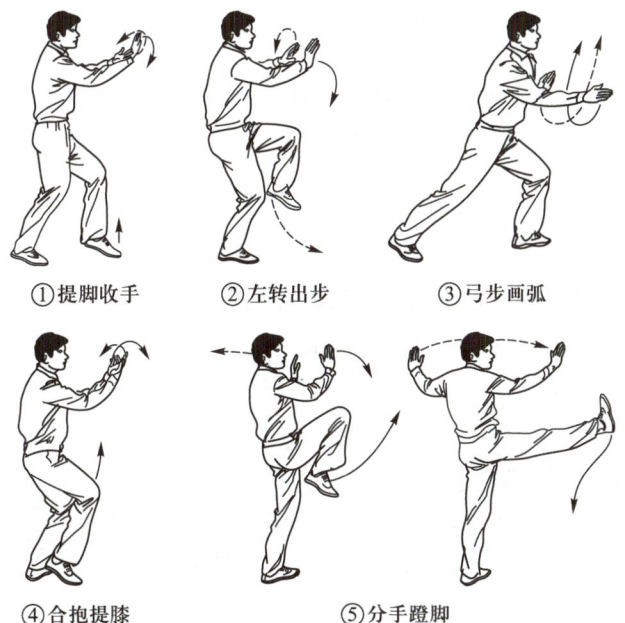

①提脚收手　②左转出步　③弓步画弧

④合抱提膝　⑤分手蹬脚

图 8-4-13　右蹬脚

14. 双峰贯耳(图 8-4-14)

①收脚落手　②出步收手　③弓步贯拳

图 8-4-14　双峰贯耳

15. 转身左蹬脚（图 8-4-15）

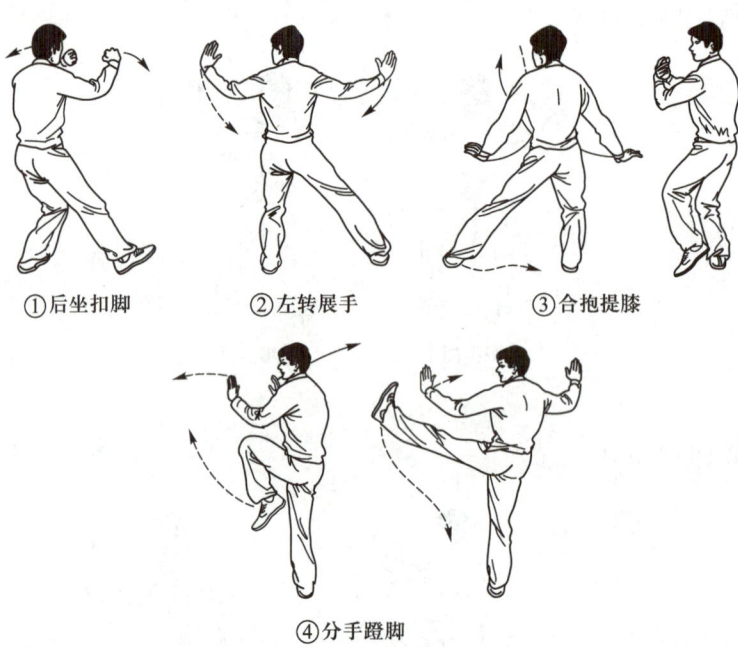

图 8-4-15 转身左蹬脚

（六）第六组

收腿勾手、仆步穿掌下势、撇脚弓腿、扣脚转身、提膝挑掌（左下势独立）→落脚左转勾手、仆步穿掌下势、撇脚弓腿、扣脚转身、提膝挑掌（右下势独立）。

16. 左下势独立（图 8-4-16）

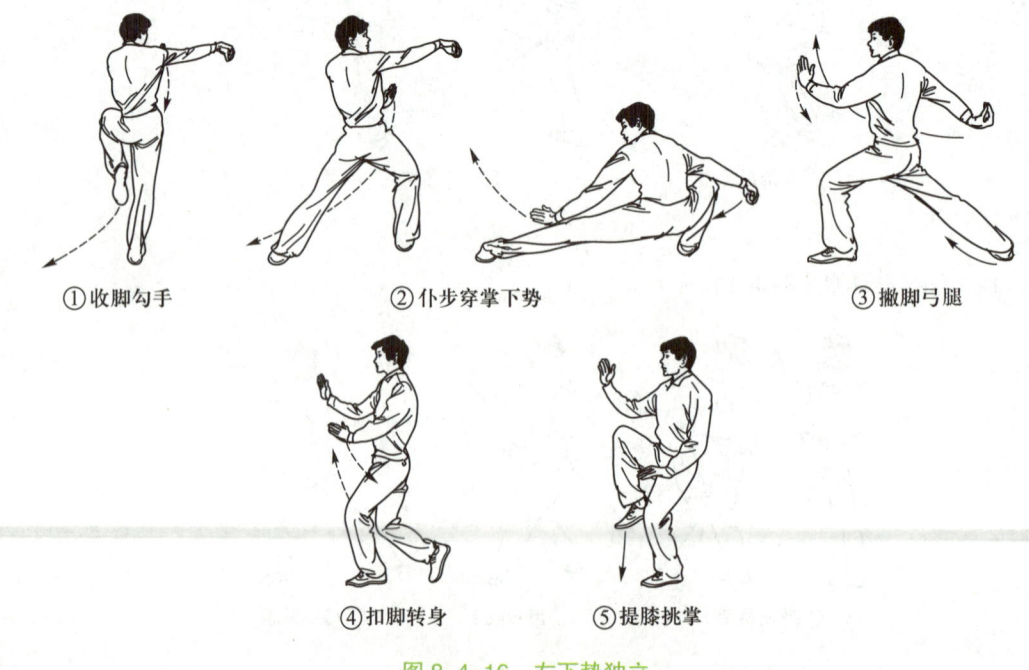

图 8-4-16 左下势独立

17. 右下势独立（图 8-4-17）

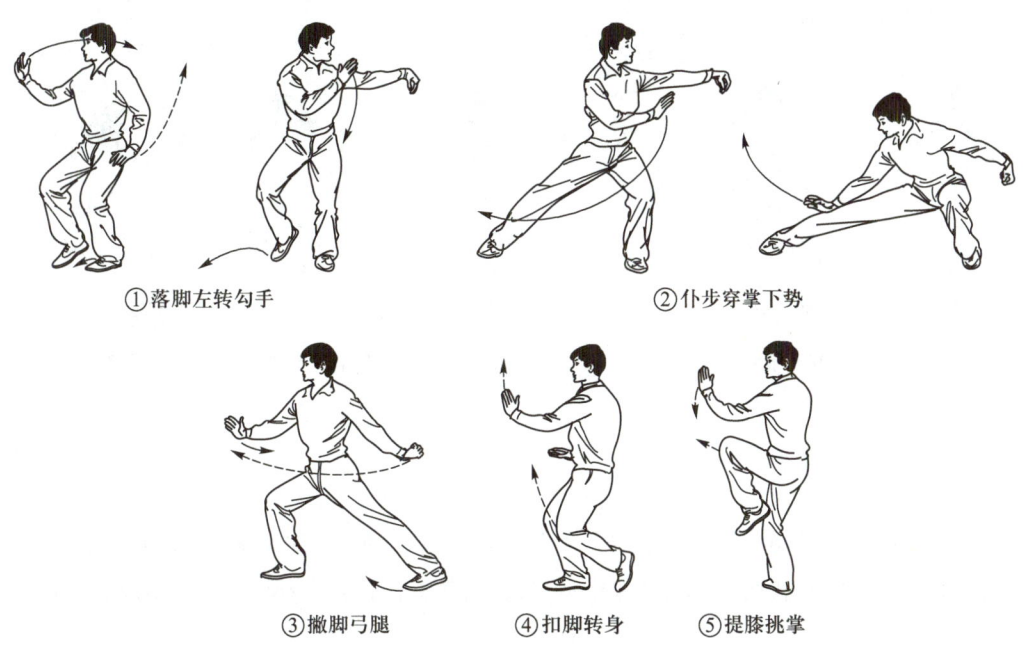

①落脚左转勾手　②仆步穿掌下势

③撇脚弓腿　④扣脚转身　⑤提膝挑掌

图 8-4-17　右下势独立

（七）第七组

落步落手、跟步抱球、右转出手、弓步推架（左穿梭）→跟步抱球、右转出掌、弓步推架（右穿梭）→跟步落提、虚步插掌（海底针）→收脚举臂、出步翻掌、弓步推掌（闪通臂）。

18. 左右穿梭（图 8-4-18）

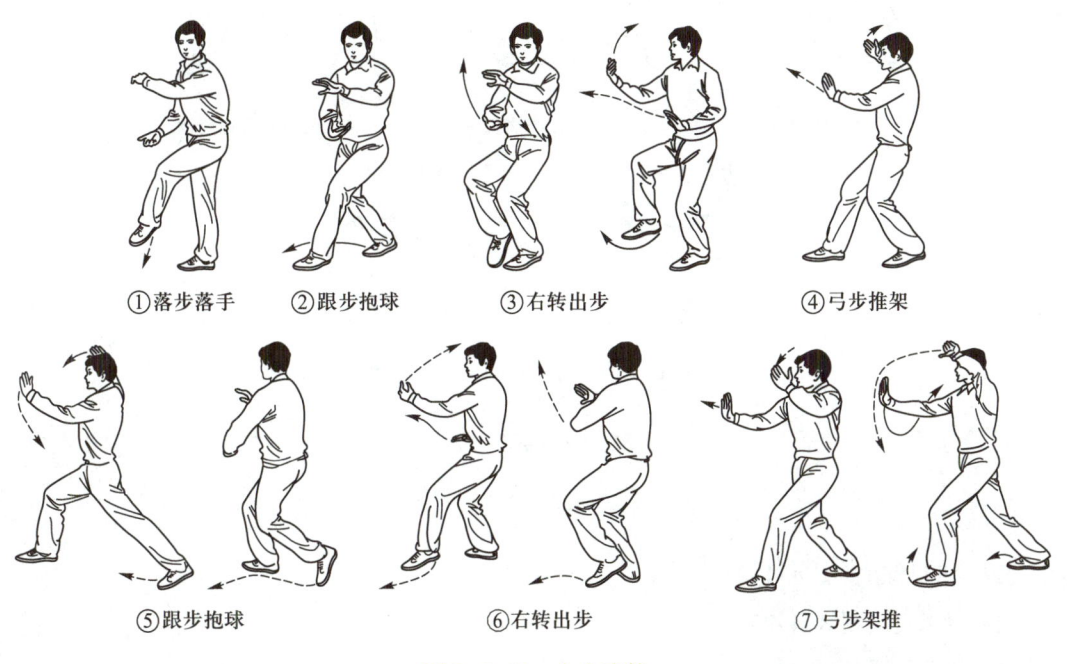

①落步落手　②跟步抱球　③右转出步　④弓步推架

⑤跟步抱球　⑥右转出步　⑦弓步架推

图 8-4-18　左右穿梭

19. 海底针（图 8-4-19）

20. 闪通臂（图 8-4-20）

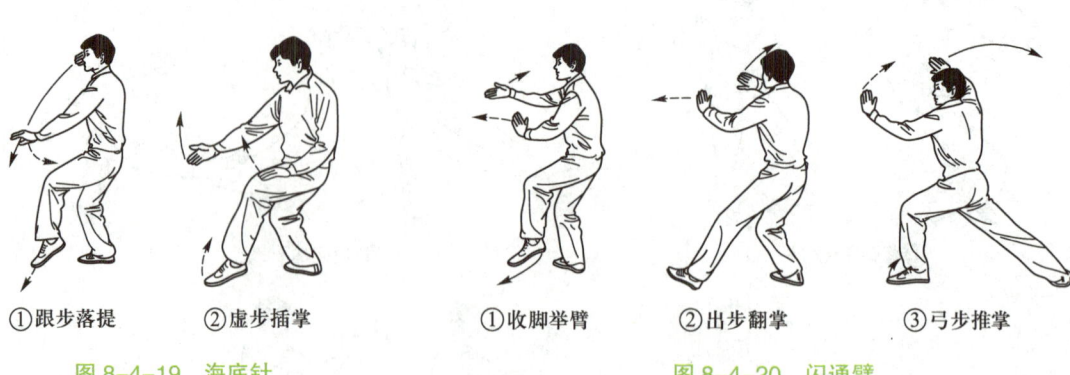

图 8-4-19 海底针　　　　图 8-4-20 闪通臂

（八）第八组

后坐摆掌、收脚握拳、右转搬锤、弓步打拳（转身搬拦捶）→穿手翻掌、后坐收掌、弓步推掌（如封似闭）→后坐扣脚、右转撇脚分手、收脚合抱（十字手）→旋臂分手、两臂下落、还原（收势）。

21. 转身搬拦捶（图 8-4-21）

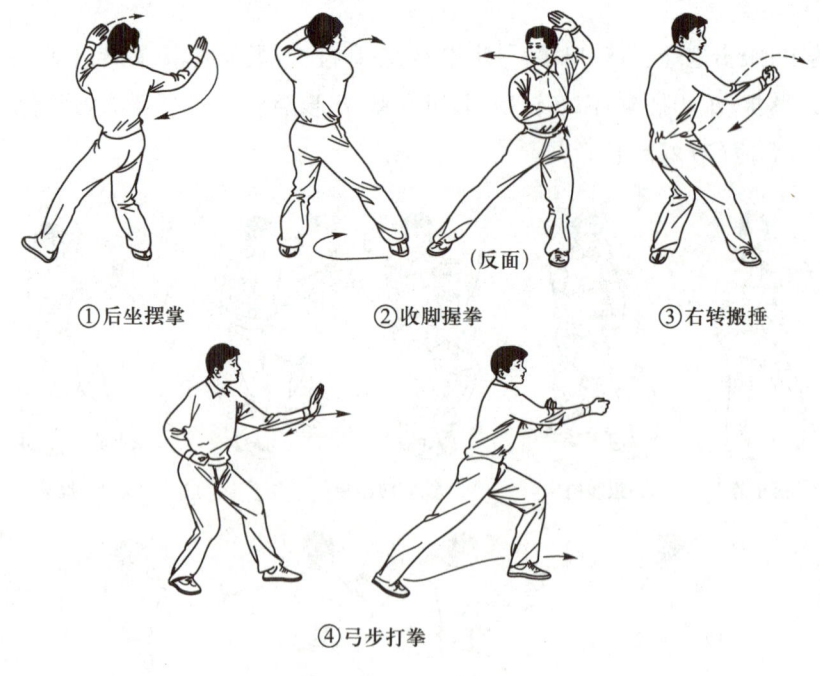

图 8-4-21 转身搬拦捶

22. 如封似闭（图 8-4-22）

23. 十字手（图 8-4-23）

24. 收势（图 8-4-24）

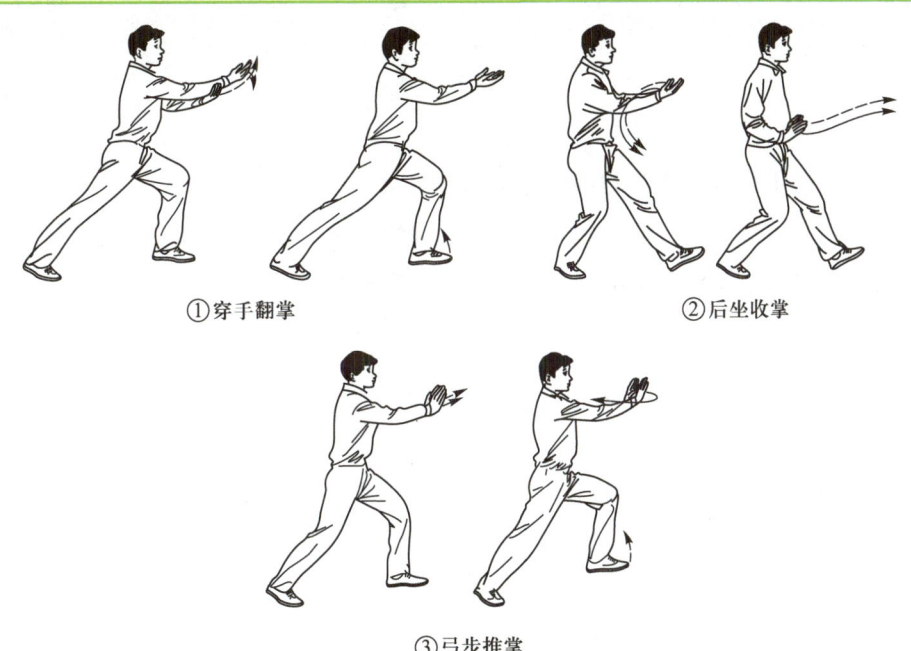

①穿手翻掌　　　　　　②后坐收掌

③弓步推掌

图 8-4-22　如封似闭

①后坐扣脚　　　　②右转撇脚分手　　　　③收脚合抱

图 8-4-23　十字手

①旋臂分手　　②两臂下落

图 8-4-24　收势

复习与思考

1. 为什么说中华传统文化与民族传统体育一脉相承?
2. 你喜欢武术运动吗?简单阐述你对太极拳的文化内涵、拳理和境界的理解。
3. 试从中华传统文化传承的视角来阐述武术运动的发展。

第九章 游泳运动

游泳是在人类与大自然斗争中产生和发展而来的。我国最早的诗歌集《诗经》中就有描写游泳的诗句："就其深矣,方之舟之;就其浅矣,游之泳之。"军事文献《六韬》载:"奇技者,所以越深水,渡江河。"考古出土的战国宴乐渔猎攻战纹铜壶(现藏于故宫博物院),壶体绘有士兵在战船上搏斗和持有兵器的战士在水中游泳的场景。敦煌莫高窟北魏、隋唐时期的洞窟壁画中,均绘有形象生动的游泳场面。另外,古埃及原始时期的陶器上就绘有人潜在水中捕捉水鸟的场景。现代游泳运动起源于英国。17世纪中叶,英国许多地区广泛开展了游泳活动,并于20世纪初,出现了游泳比赛间歇时的水中表演项目,即现代的花样游泳。1828年,英国在利物浦码头修造了第一个室内游泳池,之后又相继在英国各大城市修建了游泳池。1837年,英国伦敦成立了第一个游泳组织,同时举办了游泳比赛。1869年,英国成立了大城市游泳俱乐部联合会(现英国业余游泳协会前身)。1896年,游泳被列为奥运会竞赛项目。1912年女子游泳被列入奥运会竞赛项目。自1900年开始,相继出现了仰泳、蛙泳,后来又出现了蝶泳,从此游泳运动分为四种姿势的比赛形式,后来奥运会的游泳比赛赛事又发展到6个大项32个小项。今天,游泳比赛已成为令人瞩目的奥运会大项之一。国际游泳联合会从1937年开始,每4年举行1次世界游泳锦标赛,每2年举行一次世界杯游泳比赛。当今世界,我国的游泳实力不断增强。我国泳坛健儿吴传玉早在1953年布加勒斯特第一届国际青年友谊运动会上,就取得了100米仰泳的冠军。而中国游泳健儿在20世纪90年代和21世纪创造的一系列优异成绩,已经引起了国际泳坛的广泛关注。

第一节 竞技游泳的教学与练习

游泳是凭借人体的自我支撑力和推进力在水里游动的运动,是水上竞技运动之一。游泳的姿势大多模仿某些动物的动作,如蛙泳、蝶泳、蹼泳等。

一、游泳的健身价值

游泳是一种可以享用一生的健身方式。

经常参加游泳运动,能塑造健美的体形,提高心肺功能,促进新陈代谢,增强耐寒能力。游泳不仅是娱乐、休闲和交友的活动,还是军事上必备的主要技能。同时,游泳也是治疗某些慢性疾病的理想手段。由于水对人体的压力、浮力和按摩作用,游泳对腰肌劳损、慢性关节炎、静脉炎、哮喘病和高血压心脏病等都有不同程度的疗效。

二、蛙泳

蛙泳时身体俯卧水中,因依靠两臂对称向后划水、两腿向后夹蹬(酷似青蛙),向前游水,因而得名。蛙泳的动作在水下,支撑面积大、间歇性强、出入水面呼吸方便、可视性好,对长时间、远距离泳适应性强。蛙泳的动作结构与技术要领如下。

(一)身体位置

蛙泳时,身体位置随着手、脚完成有效的动作后,呈现水平姿态俯卧于水中,两臂向前、两腿向后伸直并拢,头部略抬,水齐前额,脸下部浸入水中,应展胸、稍收腹、微塌腰,呈流线体,身体纵轴与水面成 5°~10°(图 9-1-1)。

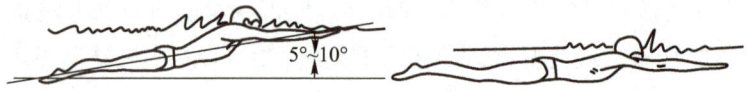

图 9-1-1　蛙泳的身体位置

(二)腿部技术

腿部动作是推动身体前进的主要动力,可分为滑行、收腿、翻脚和蹬水四个不可分割的动作阶段。

(1)滑行。滑行是蛙泳的开始姿势。当身体借助惯性力高速向前滑行时,两腿(脚尖)并拢向后伸直,臀部、腿部肌肉适当收缩,身体成水平姿势,为收腿做好准备。

(2)收腿。两腿稍微内旋,脚跟分开,由大腿带动小腿,膝关节随腿的下沉向前边收边分。收腿结束时,大腿和躯干之间成 130°~140°角,小腿尽量靠近臀部,并藏于大腿的投影之中,两膝的距离与肩同宽,两脚掌平行向前收,靠腿的内旋,使脚跟分开与臀部同宽。要求收腿路线短,减少阻力,以等速行进(图 9-1-2)。

(3)翻脚。是收腿的继续,蹬水的开始。蹬水效果的好坏,取决于翻脚技术是否正确。为了加长蹬水线路,随着收腿的结束,两脚应继续向臀部收紧,大腿内旋使两膝内压的同时小腿向外翻,接着脚尖也向两侧外翻,使脚掌内侧正对蹬水方向(图 9-1-3)。整个翻

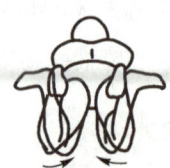

图 9-1-2　收腿　　　　　　　　　图 9-1-3　翻脚

脚技术是由内收腿、压膝、翻脚三个连贯动作组成。压膝是指大腿内旋,带动小腿外翻的过程。

(4) 蹬水。是推动身体前进的主要动力。要想获取向后下方最大力量,必须充分利用阻力和截面的正比关系,由髋部发力,带动膝、踝相继伸直,以大腿、小腿和脚掌内侧向后做急速有力的蹬夹动作,造成向前的推进作用力(图9-1-4)。在蹬夹过程中,大腿内旋造成膝内压,能带动小腿和脚,尤其是踝关节内旋,形成一个最后鞭状打水动作。

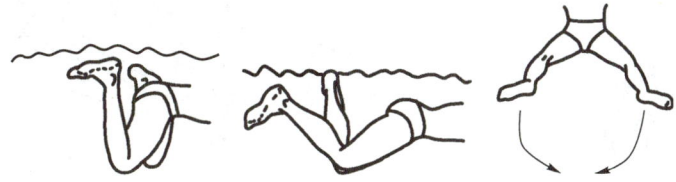

图9-1-4 蹬水

(三) 臂部技术

蛙泳臂部技术是推动身体前进的主要力量,臂部技术可分为滑行、抓水、划水、收手和伸臂五个不可分割的动作阶段。

(1) 滑行。当游泳者蹬水动作结束时,两臂保持一定的紧张度,自然向前伸直,两臂与水平面平行,手指自然并拢,使身体在较高的位置上保持稳定,形成良好的流线型(图9-1-5)。

图9-1-5 滑行

(2) 抓水。接滑行后,肩保持前伸,两臂内旋,使两肩和掌心转向外斜下方屈腕,两手分开向侧斜下方压水,当手掌和前臂感到有压力时,开始划水(图9-1-6)。

图9-1-6 抓水

(3) 划水。是加速的开始,两臂分成40°~45°夹角时,手腕开始逐渐弯曲,这时两臂两手积极地做两侧、下、后、内方屈臂划水(图9-1-7)。整个过程,肘高于手并前于肩,主要阶段时肘关节弯曲度接近90°角。

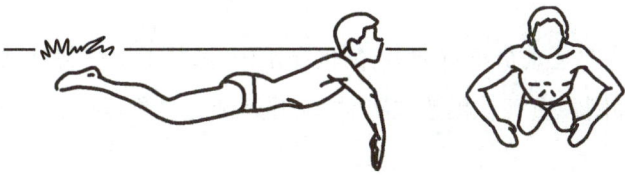

图9-1-7 划水

（4）收手。是划水的继续，能产生上升力和前进力。两臂向里、向上快速收到下颌的前下方，掌心由后转向内（图9-1-8）。肘低于手，上臂不超过两肩的延长线，尽量把两臂收在身体的投影之中，以发挥划水造成的推进惯性作用，减少水对伸臂时的阻力。

（5）伸臂。是由展肩、推肘、伸臂依次完成。掌心转向下，两臂先向前上再向前伸，划出两个圆滑的弧形（图9-1-9）。

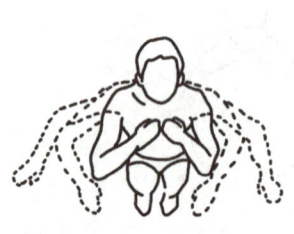

图9-1-8 收手

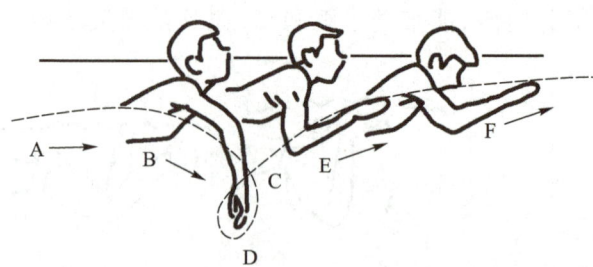

图9-1-9 伸臂

（四）呼吸和完整技术的配合

呼吸，是掌握蛙泳完整技术的关键。一般一个动作周期呼吸一次。呼吸的方法有早呼吸和晚呼吸两种。早呼吸是在两臂抓水时抬头用力呼气，在划水过程中吸气，在收手过程中闭气低头，伸臂滑行时慢慢吐气（图9-1-10）。晚呼吸是在划水几乎结束时才开始抬头用力呼气，在两臂结束划水和收手过程中，身体达到最高点时吸气，结束收手时闭气低头，伸臂的后段直至划水过程中慢慢吐气。初学者用早呼气较有利，因两臂划水时有较大的支撑面使头露出水面进行吸气。

图9-1-10 呼吸和完整技术的配合

呼吸与腿臂的配合的时间点很关键。在划水时，两腿微收，抬头吸气，收手时，继续收腿，开始憋气，推肘伸臂时，两腿蹬夹，滑行吐气。

三、爬泳

爬泳的动作特点是运动员全身伸展，俯伏在水中，两腿上下交替打水，两臂轮流划水，当手划出水面时，脸部侧转换气。爬泳比赛时，除开始和转身阶段外，身体的一部分必须一直保持在水面以上。

(一) 爬泳的身体姿势

第一，身体尽量保持水平。水面接近发际，髋部略低于肩，身体纵轴与水面成很小的锐角。第二，不能有明显的侧向摆动。肩、髋和腿应该作为一个整体随着手臂在一个假想的略宽于双肩的通道内转动，人在水中只占用很小的空间。第三，身体保持良好的流线型。双肩略向上耸，可以使胸部和腹部较平，形成平滑的流线型表面，使水流顺利通过。另外，要保持流线型，肩部要前伸，还要尽量使手臂和腿的动作不偏离身体纵轴太远。第四，身体随手臂动作围绕纵轴有节奏地转动。身体围绕纵轴转动，可以充分发挥躯干大肌肉群的作用，有效增大推进力，还有助于髋和肩部保持流线型以及呼吸动作的完成，在一定范围内，身体转动幅度增大还可以增加推进力。

(二) 爬泳的腿部动作

爬泳腿部动作的主要作用是维持身体平衡，调节动作频率，产生身体协调效果，并产生一定的推进力。

爬泳打腿由向下打腿和向上打腿两部分交替构成。向上打水时，由大腿带动小腿向上移动，腿呈伸直姿势。当整条腿移到水面并与水面基本平行时，大腿停止继续上移，转入向下打水，但小腿和脚由于惯性的作用仍然继续上移，使膝关节弯曲。当小腿和脚也完成向上打水时，大腿已经进入下打水过程。小腿上打水不能露出水面，脚掌接近水面或略露出水面。

小腿和脚在上打水结束后，在大腿的带动下开始向下打水。由于膝关节弯曲，小腿和脚的打水方向是后下方。当大腿向下打水到最低处并开始向上打水时，小腿和脚仍未完成向下打水，直到膝关节完全伸直，小腿和脚才随大腿转入向上打水，然后开始下一次动作循环。

爬泳的打水动作应该是向下屈腿打水，向上直腿打水，打水幅度 30~40 厘米。

(三) 爬泳的划臂动作

爬泳划臂动作可分为入水和前伸、向下划水和抱水、向内划水、向上划水和出水、空中移臂等几个阶段。

1. 入水和前伸

手入水的位置在身体纵轴与肩的延长线之间。入水时，大拇指先斜插入水，此时掌心向外。

2. 向下划水和抱水

入水后手臂积极向前下方伸展，手掌和前臂向后对准水，手臂像抱住一个圆桶似的抱住水。

3. 向内划水

手臂抱住水后，肘关节越来越弯曲，手臂向内、向后、向上方，沿一个虚拟的对角线方向划水。

4. 向上划水和出水

向内划水结束后，手臂改变划水方向，向上、向外、向后沿一个虚拟的对角线划水。手臂划水结束后应立即改变手的迎角,肘外旋,使小指朝上,掌心朝向大腿,在肩的带动下将手臂提出水面。出水的正确顺序是上臂、前臂和手。出水动作应快速连贯,但前臂和手应尽量放松。手像是从裤袋里掏出那样,以小拇指领先出水。

5. 空中移臂

空中移臂与出水并没有明显的界限,要连续,不能停顿。在身体滚动的作用下,身体接近侧卧位,空中移臂可以轻松、自然地完成,直到手再次入水。空中移臂时的感觉就像肘关节上系了一根绳子,绳子向上拉,肘关节因此被提起,直到头前适宜的位置再次入水。手的速度应快于前臂和上臂的速度,手在肩前领先入水。

(四) 划臂与呼吸的配合

1. 划水与呼吸的配合

以向右侧转头吸气为例,右手入水后吐气,右手边划水,身体边向右上侧转动,手臂向上划水接近出水时,身体转动幅度最大,头随身体转动,此时嘴自然露出水面吸气。随着空中移臂,身体和头向左上转动,头回到水中。呼吸是身体转动动作的一部分,不用刻意抬头,否则头就会偏离与身体形成的直线,破坏身体姿势和平衡。

2. 两臂的配合

根据两手之间的位置关系,爬泳的两臂配合有三种基本形式,即前交叉、中交叉和后交叉。前交叉阻力小,容易掌握,但推进力不均匀;后交叉阻力大,破坏身体平衡,不宜提倡;中交叉介于二者之间。初学者最好学习前交叉配合,利于保持身体平衡。

3. 划水、大腿与呼吸的配合

爬泳配合技术有多种形式,其中 6∶2∶1 配合是较常见的一种,即 6 次打水,2 次划水,1 次呼吸。此外还有 4∶2∶1、2∶2∶1 等多种配合形式。初学者最好学习 6∶2∶1 的配合方式,容易保持身体的平衡。

四、仰泳

仰泳是人体仰卧在水中游进的一种姿势。仰泳呼吸容易掌握,动作简单易学,在民间一直是较受欢迎的一种泳姿。由于仰泳的划水动作在身体两侧进行,肌肉难以充分伸展,不能像自由泳和蝶泳那样充分发挥上肢的力量,因而速度受到一定的影响。仰泳实际上是"易学难精"的一种泳姿,需要游泳者有较强的核心力量和极好的身体柔韧性。仰泳比赛中,在开始阶段和转身时,运动员可以水下游最多 15 米。

(一) 仰泳的身体姿势

仰泳的身体姿势应符合最大限度地减小阻力、增大推进力的要求。身体自然伸展,平直地仰卧于水面,头和肩部略高于腰和腿部,身体纵轴与水平面构成一个很小的仰角。

头的位置在很大程度上决定了整个身体的位置,起着"舵"的作用。头部过于后仰,容易使髋部抬高,腿和脚露出水面,影响打水效果,并容易挺胸弓背,使躯干过于紧张、僵硬。

反之，如果刻意收下颌，抬高头的位置，髋和腿就会下沉，身体容易"坐"在水中，增大身体前进的阻力。

仰泳时，身体也应随划水和打水动作转动。游进中将身体尽量伸展，保持积极的流线型，通过微向前耸肩使脊背保持挺直。

（二）仰泳的腿部动作

仰泳腿部动作的主要作用与自由泳相似，维持身体平衡、调节动作频率、协调身体，并产生一定推进力。

仰泳打水的作用主要是保持身体位置，产生一定的推进力，并给身体一个稳定的支撑力。仰泳打水由上打水和下打水两部分组成。仰泳腿的技术与自由泳相似，同样是从髋关节开始发力，大腿带动小腿做鞭状打水动作。仰泳腿上打水开始时，膝关节弯曲的程度大于自由泳向下打水时弯曲的程度，打水的幅度也比自由泳深。事实上，由于身体的转动，仰泳时，腿的动作并不是垂直向上或向下的，而是伴随着上打水和下打水的动作，还有髋关节的转动。

为了保持身体的流线型，两脚分开不宜过大，应处于身体截面内（以肩宽为标准）。向上打水时，大腿带动小腿屈腿向上踢，脚接近水面时，直腿向下压。上下打腿的幅度约为 40 厘米。向上打水要快而有力，脚略内旋，（内八字脚）并绷直；向下打水时腿和脚自然放松。上打水动作要把握好尺度，即在任何情况下，膝关节、小腿和脚均不能踢出水面。

游泳风云人物

游泳比赛场地和器材

（1）比赛场地。国际标准游泳池长 50 米，宽至少 25 米，深 2 米。设 8 条泳道，每条泳道宽 2.50 米，第一和第八泳道的外侧分道线距离池壁为 2.50 米。

（2）器材设施。主要包括分道线（浮标直径 0.05～0.15 米）、自动计时装置、仰泳转身标志旗、出发台。

第二节　实用游泳

实用游泳的历史悠久。古代人类为了生存的需要，在水中进行的各种活动，就是原始的实用游泳。现代所指的实用游泳是人们在农业生产、工业生产、国防建设、休闲旅游和生活服务中有较大应用价值的游泳方式。实用游泳包括踩水（立泳）、侧泳、潜泳、反蛙泳、武装泅渡等项目。

经常进行实用游泳锻炼，可以改善身体机能、增强身体素质，提高身体对水环境的适应能力，克服人对水的恐惧心理和增强自信心。

> **实用游泳——水上作业的必备技能**
>
> 游泳技术在生产建设中有很高的实用价值。职业院校的学生毕业后,有许多人去从事水上作业,比如海上执法、海洋调查、海上勘探、水利工程施工、水上运输、水下操作、渔业生产、防洪抢险、打捞救护等。从事这些工作都需要具备一定的实用游泳技能,某些工种还需要通过游泳技能的考核才能上岗。只有掌握了实用游泳技能,才能在水中活动时获得更大的自由,更好地完成生产建设任务。
>
> 实用游泳包括踩水、侧泳、潜泳、反蛙泳等几种游泳的基本技术。

一、踩水

踩水也称"立泳",人体直立水中,两腿交替上提下踩,保持身体不沉并能前进,两手则在胸前做横向"摸水"动作。踩水一般用于持物过河、水上侦察、水中救生等活动。

踩水时,身体几乎垂直于水面,稍前倾,头部始终露在水面上,下颌接近水面(图9-2-1)。两臂稍弯曲,在体侧前做向外、向内的摸、压水的动作。向外时,手掌心向外侧下,有分开水的感觉;向内时,手掌心向内侧下,有挤水的感觉。双臂向内摸压至肩宽距离即分开向外,两手掌摸压水的路线呈双"⌒"弧形,腿部动作几乎和蛙泳一样,收腿时,膝关节可外翻,蹬腿时,膝关节向内扣压,同时小腿向脚内侧蹬夹,两腿尚未蹬直并拢即开始做第二次的收腿动作。臂腿的动作配合要连贯、协调,一般是两腿做蹬夹水动作时,两臂向外做摸压水的动作。收腿时,则向内摸压,呼吸要跟随臂腿动作自然进行。蹬夹水(臂向外)时吸气,收腿(臂向内)时呼气。可以一个动作一次呼吸,也可以几个动作一次呼吸。

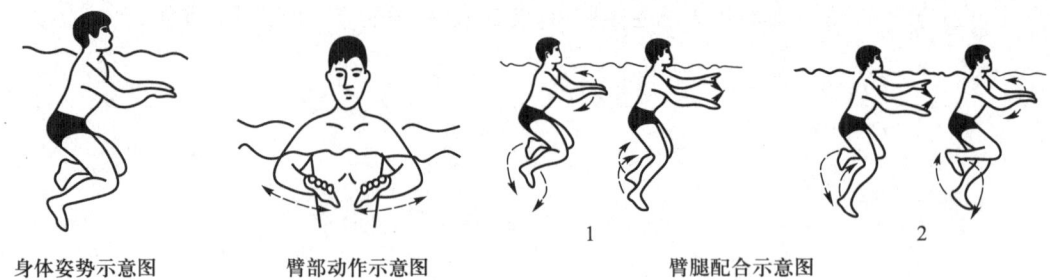

身体姿势示意图　　臂部动作示意图　　1　　臂腿配合示意图　　2

图 9-2-1　踩水示意图

> **踩水的有效练习方法**
>
> ◆ 岸上双杠挂臂模仿踩水:悬挂在双杠上,模仿踩水的腿部动作,着重体会腿部椭圆形动作路线和连贯圆滑、周而复始的动作方式(图 9-2-2)。

图 9-2-2　岸上双杠挂臂模仿踩水示意图

- 水中站立划水：站在齐胸深的水中，两臂稍屈举于胸前，做有节奏的向外、向内弧形摸压水动作，体会水对手臂的反作用力。

二、侧泳

侧泳是身体侧卧在水中向前游进的一种泳姿。用两臂交替划水，两腿做剪水动作游进。常用于水中拖运物品、救助溺水者等。

侧泳时，身体侧卧水中，稍向胸侧倾斜，头的侧下部浸入水中（近似于爬泳的吸气动作），下面的臂前伸，上面的臂置于体侧，两腿并拢伸直，游进时身体绕纵轴转动（图9-2-3）。侧泳的呼吸和爬泳的呼吸动作基本相似，只是无须把头埋入水中呼气。上臂推水和出水时吸气，并且头部也少有转动，移臂时还原，做憋气和呼气动作。为了保证呼吸舒畅，一般是1次腿部动作、两臂各做1次划水、呼吸1次。在上面臂划水结束与下面臂前伸时，应有短暂的滑行动作。

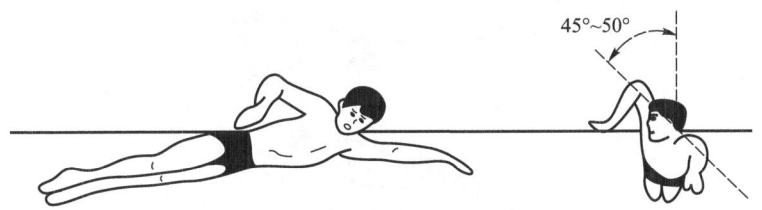

图 9-2-3　身体姿势示意图

侧泳的有效练习方法

- 水中扶板蹬剪腿练习：两臂一前一后扶在浮板上，身体水平侧卧水中，做侧泳腿动作向前游进，要求两腿蹬夹结束后伸直并拢做滑行。
- 水中侧向行进划臂练习：站在水中，上体前倾做侧泳两臂划水动作向前行进，借助划水动作产生的反作用力向侧方移步，可结合转头呼吸动作进行练习。
- 完整配合游练习：蹬壁滑行后身体转成侧泳姿势，做侧泳臂、腿配合的动作向前游进。逐渐加上有节奏的呼吸，形成完整配合技术。

三、潜泳

潜泳是水下游进的一种技术,在水下作业、科学考察、抢救溺水者等方面有较多应用。潜泳时,要求躯干和头始终保持水平,但是两臂开始划水时要稍低头,以防止身体上浮。臂部动作分为外划、下划、内划和前伸四个阶段,两臂划水幅度大于正常蛙泳动作,以产生较大的推进力。潜泳的腿部动作和蛙泳腿的动作只有很小的差别,即收腿时屈髋幅度及两腿向两侧分开的角度比正常蛙泳小些。两臂划水时和划水结束后,两腿自然伸直并拢,在水里做滑行动作。移臂时收腿,臂移至胸前向前伸的同时蹬腿,两臂伸直时蹬腿结束。放慢动作频率,延长滑行时间,充分利用臂腿产生的推进力向前游进(图9-2-4)。

图 9-2-4 潜泳示意图

四、反蛙泳

反蛙泳就是身体翻转过来的蛙泳动作,也叫蛙式仰泳。反蛙泳呼吸自然、动作自如,节省体力,易学实用,是在水中拖运物品、抢救溺水者时常用的技术。

反蛙泳时,身体仰卧水面,两腿做屈收和蹬水动作,两臂同时沿体侧向后划水,一次划臂配合一次蹬腿,使身体前进,形似蛙泳。

> **反蛙泳的有效练习方法**
> - 水中扶板蹬腿练习：仰卧水中，抱着浮板置于腹前，做腿部的动作向前游进。
> - 多次腿一次臂配合：仰卧水中，两臂贴于体侧，做2~3次蹬腿动作后，接着做1次划臂动作，每次蹬腿后要稍做滑行。

第三节　水上救护

水上救护是指发生溺水险情时，遇险者与救助者应采取的救护措施，包括自救与他救。

一、游泳的自我保护和自救

游泳中常会遇到意外情况，如果懂得自我保护和自救，就可以化险为夷，避免事故发生。

（一）体力不支

游泳中发现自己体力不支时应立即采取仰姿，尽量保持冷静，利用漂浮节省体力，然后向岸边或设有支撑物的目标靠近并同时呼救。

（二）呛水

刚学会游泳的人，遇到水浪常会发生呛水情况，这时如果心慌、紧张，可造成连续呛水。当发生呛水时，脸部应转向回避水浪方向，或放松仰浮，使呼吸自如，待呼吸恢复平静后再游。

（三）痉挛（抽筋）

寒冷、疲劳、动作过分紧张都易引起痉挛。局部痉挛并无多大危险，仍可游回岸边。如果必须在水中解除险情，一般可采用牵引方法，拉伸痉挛部位的肌肉而使症状缓解。

二、器材救护

当溺水者离岸较近且神志清醒时，可将救生圈或手边的浮筒、木板、绳索（一端系上漂浮物）、竹竿物品等抛向溺水者进行救援。如果身边无物，而溺水者又过分紧张，挣扎乱动，则不论离岸远近，都必须立即下水做直接救护。

三、直接救护

（一）入水和游近溺水者

脱去身上的厚重衣物，要选择能最快接近溺水者的地点，用带助跑的方法跃入水中。但是，如果不熟悉水情或离溺水者很近时，宜用脚先入水试探一下，以免碰上水中暗石而发生意外。在流动的水域中要根据水流方向,在溺水者的上游入水。入水后,以最快的速度游近溺水者,游近时始终要注视目标,并注意保留一定的体力,以便在水中实施救护。

(二) 水中拖带

拖带溺水者宜采用反蛙泳或侧泳姿势,并时刻注意使溺水者脸部露出水面。施救者可双手托溺水者头部或腋下,用反蛙泳姿势拖带,或单手托住后脑勺、肩部、腋部拖带,另一臂可做划水动作。也可托溺水者肩部、腋部、头部,或抓握其头发、手腕,用侧泳拖带(图 9-3-1)。

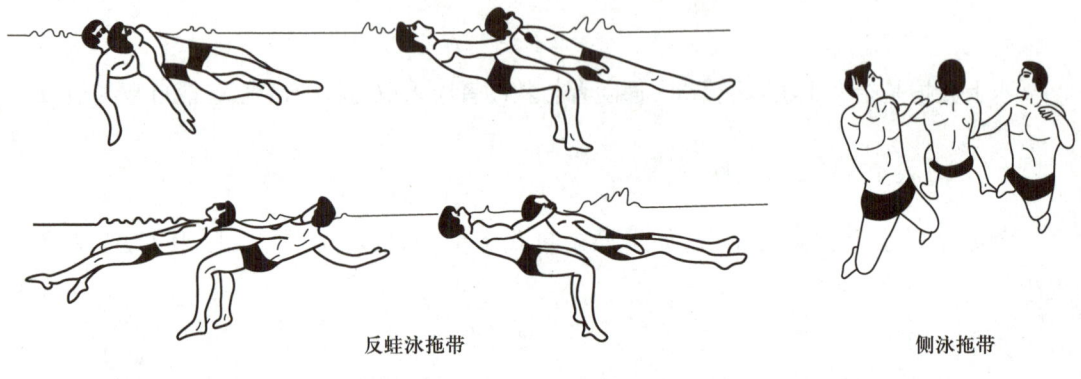

反蛙泳拖带　　　　　　　　　　　侧泳拖带

图 9-3-1　水中拖带

四、水中解脱

由于在水中挣扎的溺水者只要抓住任何东西就不会轻易松手,施救者为保证自身和溺水者的安全,就要采用相应的解脱术解脱溺水者的抓抱。解脱的主要方法是转腕、扳手指、反(扭)关节、推击等。以溺水者从后面抱住施救者颈部为例,施救者应下沉,双手上推溺水者的双肘,同时头部向下抽,趁势抓住溺水者的手腕使自己解脱(图 9-3-2)。然后,将溺水者转至背贴施救者前胸的位置,手托溺水者腋下,用反蛙泳或侧泳方式将溺水者拖带出水。

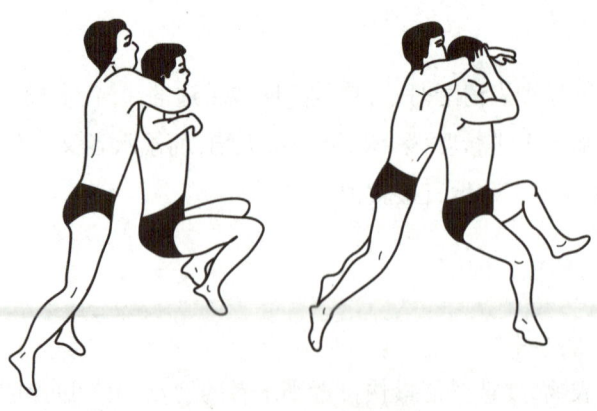

图 9-3-2　水中解脱

五、岸上急救

将溺水者救上岸后,先清除口腔、鼻孔中的堵塞物,如果溺水者腹中有水,需要将水控出,然后进行人工呼吸和胸外心脏按压(图9-3-3)。

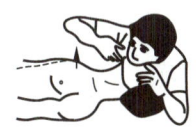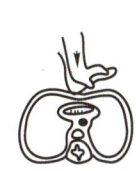

人工呼吸　　　　　　　　　　胸外心脏按压

图 9-3-3　岸上急救

复习与思考

1. 游泳在生活中的价值是什么?
2. 简述自由泳和实用游泳的技术要点。
3. 你是否已掌握了游泳技术?能否把游泳作为自己健身的重要手段?游泳对你的健康有哪些好处?
4. 游泳运动中常见的险情有哪些?如何进行水上救护?

第十章
冰雪运动

　　滑冰与滑雪均是体育项目之一。它由简单的滑行逐渐向速度滑冰和花样滑冰以及竞技性很强的冰球运动发展。滑雪也同样经历了骑木滑行逐渐向高山滑雪、单板滑雪、越野滑雪、自由式滑雪发展。

　　冰雪运动是一项全身运动，它在给练习者带来速度上的享受和刺激的同时，也在无形中锻炼了练习者身体的平衡能力、协调能力和柔韧性。因为，冰雪运动实质就是掌握平衡的过程，它要求在重心的不断切换中找到平衡点。尤其是花样滑冰，它不仅在洁白的冰面上滑行、旋转、跳跃、舒展、激昂、演绎出一个个动人的故事。既表现出了力量、速度和难度，又有艺术的优美和抒情，而且在旋律与韵味上同芭蕾舞极为相似，因而有"冰上芭蕾"之称。而高山滑雪者如银狐般在雪峰间迂回前行，完成各种各样令人眼花缭乱的大回转；看跳台滑雪者如展翅翱翔的雄鹰，从高空俯冲而下；看自由式滑雪者从白雪皑皑的山坡上凌空而起，腾挪飞跃。冰球运动是在冰面上进行的，其高速度、激烈的对抗和冲撞、快速的攻防转换，是其他体育运动所不能同时具有的，所以说魅力无穷。

　　冰雪运动可以充分挖掘人类潜能，挑战自我极限，众多冰雪爱好者，喜欢采用滑冰、滑雪、冰球等方式，体会在户外运动的刺激。目前，越来越多的人对冰雪运动产生了兴趣，随之，我国冰雪运动的水平也得到了很大提高。

　　冰雪运动是一项比较古老的运动，人类的冰上活动最早可以追溯到远古新石器时代。尤其是滑雪，早在距今一万年前的我国新疆阿尔泰地区就有人开始了滑雪活动。新疆考古工作者于2005年在阿尔泰市一个古岩棚内，发现了一组抽象的人体滑雪岩画。这是至今为止世界上最早的滑雪起源的史证。1924年，滑雪被列入冬季奥运会的正式比赛项目。1924年2月2日国际滑雪联合会（FIS）成立，并决定从1925年开始，定期举办世界锦标赛，1948年以后改为每两年举行一次。

　　西方国家的滑冰运动起源于西欧和北欧。公元11—12世纪的荷兰、英国、瑞士以及斯堪的纳维亚半岛一些国家就有脚绑兽骨、手持带尖木棍支撑冰面向前滑行的记载。类似的记载在英国的手抄文献、荷兰的古雕刻画以及瑞士的古文献中都有发现。尽管这种活动只是人们在冬季的一种代步工具，但却为现代滑冰运动的产生和形成奠定了基础。

公元1250年,荷兰人发明了一种安装在木板上的铁制冰刀。1572年,一位苏格兰人制造了一副全铁的冰刀,1850年美国人布什内尔制造了世界上第一副钢制冰刀。这是现代冰刀的起始标志。

最早的滑冰比赛出现于1676年,是在荷兰的运河上进行的。1742年,第一个滑冰组织爱丁堡俱乐部在英格兰创立,并开始了速度滑冰比赛。1885年,在德国汉堡举行了第一次国际速度滑冰比赛。自19世纪70年代,随着滑冰运动日益广泛发展,各国相继建立了全国性的滑冰协会组织。1892年7月,国际滑冰联盟正式成立,从而奠定了速度滑冰发展的基础。1924年1月,在法国夏蒙尼举行了第1届冬季奥林匹克运动会。迄今为止,冬季奥运会已成功地举办了20余届,在全世界已产生了广泛的影响力。

我国早在宋代就出现了由滑雪发展而来的"冰嬉"。元代以后,"冰嬉"更为盛行,而且规模更大。明代有了关于"冰床、冰擦"的记载。清代设"技勇冰鞋营",滑冰成为清朝八旗兵士必须操练的一项军事技术项目。另据文献记载,乾隆皇帝在《冰嬉赋序》里把跑冰运动称为"国俗",并有一套管理制度和训练方法。可见当时滑冰运动的普及。19世纪末,欧洲的滑冰运动传入中国。1935年,在北京举行了第一次滑冰比赛。新中国成立以来,我国滑冰运动得到了迅速的发展,并跻身于世界前列水平。2006年,在都灵冬奥会短道速滑女子500米比赛上,我国运动员王濛获得冠军,摘取了金牌。随着我国体育事业的不断发展,先后涌现出一大批优秀速滑运动员,并在世界锦标赛上为我国赢得了一系列荣誉。

滑冰在向速度方面发展的同时,也随之变化着花样,出现了花样滑冰。1896年,世界花样滑冰锦标赛举行。1924年,花样滑冰被列为冬季奥运会正式比赛项目。我国的花样滑冰在世界上具有较高水平,并取得了一系列的优异成绩。

冰球运动起源于加拿大,并很快传入到欧洲。1908年,在巴黎成立了"国际冰球联合会"。1920年,冰球运动在第7届奥运会上被列为比赛项目。加拿大冰球在世界上一直处于领先地位,多次赢得世界冠军。冰球运动在欧美国家的高校里,颇受大学生的欢迎,水平也相当高超。

冰雪运动由一万余年前原始的"骑木滑行",逐渐形成速度滑冰,并发展成高度艺术性的花样滑冰以及竞技性很强的冰球运动,进而形成了现代的冰雪运动,充分体现出了人类的文明和智慧的结晶。

第一节 滑冰的教学与练习

一、滑冰的源流与发展

滑冰是人们借助冰刀或其他器材在冰面上进行的一种运动,主要包括速度滑冰、短跑道速度滑冰、花样滑冰、冰球、冰壶等。通常,人们所提及的滑冰运动是指速度滑冰、短跑道速度滑冰和花样滑冰。

二、基本滑冰动作练习

(一) 冰上站立与行走

1. 冰上站立与行走

(1) 站立。两脚成外八字站立,不能向内外倾斜或歪倒,稍屈膝,上体含胸微收腹,两臂自然下垂,上体放松,重心落于前脚掌,踝关节要有意控制,使两脚站正。

(2) 行走。在站立基础上,身体重心随着左(右)脚向前移动。冰上行走的支撑点在全脚掌,蹬地前进时提大腿向前迈出,行走时两眼注视前方。

2. 练习方法

(1) 身体重心起伏练习。原地微屈膝站立,做下蹲和起立练习。

(2) 身体重心左右脚移动练习。在原地微屈膝站立的基础上,做身体重心向左、右脚移动练习。

(3) 原地踏步练习。在原地微屈膝站立的基础上,原地踏步速度由慢到快,幅度由小变大。

(4) 向前外"八"字行走练习。在原地练习的基础上,用冰刀内刃行走。

(5) 冰上双脚跳练习。双脚原地跳、双脚开合跳、双脚侧向跳、双脚原地转体跳。注意保持身体的平衡,用两刀正刃中后部着冰。

(二) 蹬冰及冰上滑行

1. 蹬冰

动作要领:蹬冰是推动人体在冰上前进的动力,当惯性滑行将近结束,冰刀在体侧找到有力支点的时候,即进入了蹬冰阶段。这时的蹬冰脚正刃转为内刃滑进,体重集中于蹬冰脚上,向侧方有力地伸展髋关节、膝关节,最后快速伸展踝关节。

2. 单脚蹬冰双脚滑行

单蹬双滑

动作要领:上体前倾,两臂自然下垂,两脚稍分开,用正刃支撑,成外八字站立。右脚用内刃蹬冰,将重心推送到向前滑进的左腿上,右脚蹬冰后迅速与左脚并拢成两脚正刃滑进。当速度下降时,接着用左脚内刃蹬冰,将重心推送到向前滑进的右腿上,左脚蹬冰后迅速与右脚并拢成两脚正刃滑行。

3. 单脚蹬冰单脚滑行

动作要领:上体前倾,两臂自然下垂,两脚稍分开,用正刃支撑,成外"八"字站立,用右脚内刃蹬冰,左脚用正刃向前滑出。伴随蹬冰动作的结束将重心送到左腿,左腿半蹲支撑惯性滑进,持续向前收右腿,滑行将近结束时右脚落冰左脚蹬冰,伴随左腿蹬冰动作的结束将重心送到成半蹲支撑惯性滑进的右腿上。

三、速度滑冰

速度滑冰是以冰刀为工具在冰上进行的一种在规定距离内以竞速为目的的滑冰比赛，是冰上运动项目之一。由男子 500 米、1 000 米、1 500 米、5 000 米、10 000 米、全能、短距离全能、团体以及女子 500 米、1 000 米、1 500 米、3 000 米、5 000 米、全能、短距离全能、团体共 16 个项目组成。速度滑冰历史悠久，它是冰上运动的源头。冰上运动的其他项目都是在速度滑冰的基础上产生和发展起来的。

(一) 速度滑冰的基本技术及练习方法

1. 滑跑姿势

滑跑中上体前倾，膝部弯曲成半蹲姿势，以便于蹬冰，减少空气阻力。滑跑姿势有高姿势和低姿势两种。身体前倾的角度要根据滑跑的距离来确定，短距离滑跑上体前倾的程度要小些。长距离滑跑上体前倾程度要大些，肩部稍高于臀部。一般滑跑姿势为上体前倾约 60°，背部自然放松，大小腿夹角 100°~110°，头部自然抬起，两眼注视前方 5~10 米的冰面。

2. 冰上直道滑行

(1) 直道滑行。蹬冰脚用冰刀内刃扣住冰面，再伸展膝关节向后外侧用力压冰、蹬冰，支撑腿用正刃支撑滑行。蹬冰脚完成蹬冰后，迅速用最短的路线收放于支撑腿的一侧转为支撑滑行，而另一脚由支撑滑行转为蹬冰。两脚支撑和蹬冰交替进行。

(2) 练习方法

① 单脚蹬冰，双脚滑行。

② 单脚蹬冰，单脚滑行或单脚长距离滑行。

直道技术

(二) 冰上弯道滑行

1. 弯道滑行

动作要领：弯道滑行采取向左倾斜的姿势，全身一致向左倾斜，身体重心投影点在左脚外侧，始终保持左脚外刃、右脚内刃支撑和蹬冰以及右脚向左交叉压步滑行。弯道滑行的身体重心总是沿着圆的轨迹行进。

弯道技术

2. 练习方法

(1) 顺势转弯。利用直道滑行速度，重心移至左脚，右脚用内刃支撑滑行。

(2) 左脚支撑右脚蹬冰转弯。左脚外刃支撑滑行，右脚内刃连续向右侧蹬冰转弯。

(3) 右脚支撑左脚抬起转弯。右脚用内刃支撑滑行，左脚抬起放下。

(4) 右脚支撑左脚蹬冰转弯。右脚内刃支撑滑进，左脚外刃蹬冰。

(5) 左右脚交叉向前左转弯。左右脚交叉向前左转弯，自然滑出曲线圆弧。

(三) 冰上停止法

1. 停止动作

随着冰上滑行速度的提高，为了控制滑跑速度和防止碰撞，必须掌握简单实用的停止法。

(1) 内"八"字停止法(犁式停止法)。滑行中重心后压,做后坐动作,两膝内扣,刀尖向内跟向外分开,用两刀刀跟内刃擦冰停止。

犁式停止法

(2) 刀跟停止法(刀尾停止法)。身体重心降低后移并向一侧转动,两膝并拢,用一脚跟向前擦压冰面停止。

(3) 急停法。两腿并拢,两刀平行向左或向右转体90°,屈膝使重心下降。左转时用右脚内刃,左脚外刃压住冰面减速急停,右转时动作相反。

2. 练习方法

(1) 两脚惯性滑进时,两刀由正刃转内刃以"葫芦状"滑行。

(2) 单脚支撑滑行,另一侧脚用内刃后部与前进反方向压冰,左右脚交替。

四、花样滑冰

花样滑冰是一项冰上运动技术与综合艺术表演相结合的竞技体育项目,运动员穿着特制的冰刀伴随音乐的旋律在冰面上做滑行、跳跃、旋转等一系列的规定和自选动作。由男子单人、女子单人、双人、冰上舞蹈以及同步滑5个项目组成。

(一) 花样滑冰的基本技术及练习方法

1. 双脚向后滑行

(1) 动作要领。身体重心在冰刀前半部,双膝微屈。开始时双足同时用内刃向后蹬冰。双足间的距离同肩宽时,将双足向内收紧,双足平行向后滑,此时两膝逐渐伸直,靠拢后再次蹬冰,如此反复,滑行路线为连续的"葫芦"状。在熟练掌握蹬冰、收脚后,可练习双脚内刃左、右交替蹬冰和后滑双曲线滑行。

(2) 练习方法。先练蹬冰,再练收脚。

2. 前交叉步滑行

(1) 动作要领。在向左做前交叉步时,左脚用外刃,右脚用内刃,身体向左倾斜,左臂在后,右臂在前,面向滑行方向。首先用右脚内刃蹬冰,左前外刃滑行,然后将右脚经左腿前交叉放在左脚左前方,同时重心由左脚移向右脚,成右前内刃滑行,并用左前外刃向右后侧方蹬冰,右腿屈膝,左腿伸直,两腿成交叉状,如此反复蹬冰和滑行,便形成了左前外、右前内交叉步滑行。再用相同方法、相反的姿势和动作,做右前外、左前内交叉步的练习。

(2) 练习方法

① 直线向前滑起速后,两足并拢,然后身体向左侧倾倒,使左腿弯曲,右腿伸直,用左脚的外刃、右脚的内刃同时滑行,在冰上的痕迹是向左弯曲的两条沿线,再向右进行滑行练习。

② 当能够初步体会到用外刃支撑滑行后,便可试将内刃滑行脚抬离冰面,以外刃滑行支撑一段距离。最后再按前交叉步滑行动作要求进行练习。

3. 后交叉步滑行

（1）动作要领

在向右后交叉步滑行时，背向滑行方向，左臂在前，右臂在后，左脚向侧用后内刃蹬冰，右腿屈膝用外刃向后滑行，左脚后内刃滑行，然后右足用外刃向左侧蹬冰，左脚在右脚前交叉着冰向后滑行。右腿伸直，离开冰面后，收回到右侧用外刃着冰，同时左脚内刃蹬冰，上体姿势不变，左右脚交替蹬冰，形成左后内、右后外交叉滑行。再用相同方法相反姿势进行左后外、右后内交叉步滑行。

（2）练习方法

① 先复习后滑双曲线练习，加强蹬冰的力量和向后滑行的距离。

② 两人一组，一前一后助力滑行练习。

（二）四种弧线滑行

弧线滑行是花样滑冰的基本技术，它包括前外、前内、后外、后内四种。所有花样滑冰动作都离不开这四种弧线滑行。

1. 前外弧线滑行

开始如以左脚内刃蹬冰，用右脚外刃滑出，身体向右侧圆弧内倾斜转体，右臂在前，左臂在后，右腿膝部逐渐伸直，换脚时右脚用内刃蹬冰，左脚用外刃着冰，滑出前外弧线。在练习时，可以逐渐延长单足外刃滑行长度和提高支撑能力，要左右脚均衡发展。

2. 前内弧线滑行

开始使用右脚滑前内弧线，可先向前用左脚内刃蹬冰，右脚用内刃向前滑出，同时身体重心向左倾斜转体，右臂在前，左臂在后，面向滑行方向。右膝微屈，左脚蹬冰后沿滑线靠近滑足前移，逐渐伸直，滑足膝部也逐渐伸直。换脚时右脚用内刃蹬冰，左脚用内刃滑出。练习时上体不要过于向内倾斜，要保持身体直立，滑行的弧线要均衡，速度平稳。

3. 后外弧线和后内弧线滑行

这两种弧线的滑行原理与前外和前内弧线相同，只是向后滑行，头向后看，浮脚的前后位置与手臂位置相反，难度比前外与前内弧线大。

第二节　滑雪运动简介

一、滑雪的分类

（一）跳台滑雪

跳台滑雪是以滑雪板为工具，在专设的跳台上以自身的体重通过助滑坡道获得速度比赛跳跃距离和动作姿势的一种雪上竞技项目。由个人标准坡度、个人大坡度、个人滑翔、团体标准坡度、团体大坡度以及团体滑翔6个项目组成。

跳台滑雪19世纪起源于挪威。1862年，首次跳台滑雪比赛在海德马克郡东部的特吕西尔举行。从此，跳台滑雪作为雪上的一个独立项目在挪威开展起来。1879年，在挪威奥斯陆郊外举行了首届跳台滑雪赛。初期，跳台滑雪都是在山坡利用自然地形进行。19世纪80年代，土木建筑结构的跳台相继在奥斯陆、希思、德腊门以及利勒哈默尔等地出现。

1900年，挪威人比约默·尼尔森表演了第一个传统跳跃，远度是17米。1902年，另一名挪威人尼尔斯·耶斯特万格采用同样的方法跳出了41米。1994年3月17日，奥地利运动员安德烈亚斯·戈尔德伯格第一个突破了200米大关，他的成绩是202米。

我国开展跳台滑雪运动是在20世纪80年代初。1982年，吉林市成立了第一支跳台滑雪队；1984年，举行了国内首次跳台滑雪比赛；1986年，跳台滑雪项目正式进入全国冬季运动会；1991年，黑龙江省亚布力雪场建起了我国第一座K90米标准跳台；1994年，在吉林省北大湖雪场又建起一座K90米的跳台和一座K50米的跳台。近年来我国的年轻跳台滑雪运动员多次被派出国训练，收效很大，进步较快。

（二）高山滑雪

高山滑雪运动由男、女滑降、回转、大回转、超级大回转、平行回转以及全能12个独立的项目组成。其中滑降要求运动员从山顶按规定线路穿过用旗插成的门形向下滑行，是竞速滑雪比赛项目，线路长2 000米以上，坡度5°~35°，平均20°；回转滑雪，要求运动员从高山上滑下时不断穿过门形和障碍物，连续转弯高速下滑，比赛线路长度男子为600~700米，女子为400~500米，坡度30°以上的段落占比赛全程的1/4，在男子的比赛线路上插有55~75个门形，女子比赛线路上插有45~60个门形；大回转滑雪，是高山滑雪比赛项目之一，运动员要快速从山上向下沿线路连续转弯，穿越各种门形。男子比赛线路长度为1 500~2 000米，女子为1 000米以上，坡度为15°~32°。

高山滑雪在我国起步较晚，加之受场地、器材、气候等诸多方面的制约，发展较慢，目前竞技滑雪水平居世界的中下游。作为民众性的娱乐滑雪在最近几年开始起步。

中国高山滑雪项目正式参加冬奥会是在1980年美国普莱西德湖举行的第十三届冬奥会。当时中国派出两名运动员参加了高山滑雪的大回转和回转的比赛。从第十三届冬奥会之后我国滑雪运动的国际交往逐渐频繁起来，参加了世界大学生冬季运动会、滑雪单项世界锦标赛、世界杯赛及亚洲冬运会。通过这些比赛，运动员开阔了眼界，增长了知识，积累了经验并得到了锻炼，竞技水平不断提高。

（三）越野滑雪

越野滑雪是以滑雪板和滑雪杖为工具在丘陵起伏的山地中沿规定的线路进行的一种雪上竞技运动，是由男子短距离、团体短距离、10千米、15千米、30千米追逐、50千米集体出发、4×10千米接力以及女子短距离、团体短距离、5千米、10千米、15千米追逐、30千米集体出发、4×5千米接力14个项目组成。

越野滑雪的滑行技术分为传统技术和自由技术。运动员若想自如地在起伏多变的丘陵地带滑行，必须掌握各种滑行、登坡、滑降和转弯等基本技术。越野滑雪作为旅游项目在欧美许多国家和亚洲的日本、韩国已开展得相当广泛。同时它一直被人们用于狩猎、巡逻、勘察、抢救等活动。

（四）自由滑雪

自由式滑雪是以滑雪板和滑雪杖为工具，在专门的场地上通过完成一系列的规定和自选动作而进行的一种雪上竞技项目。由男子和女子空中技巧、雪上技巧、双人雪上技巧、多人雪道赛、"U"形场地技巧、特技滑雪以及团体14个项目组成。

19世纪末，挪威滑雪运动的奠基人，弗·南森在其所著《高山滑降技术初级教程》一书中，曾经提议对运动员所完成回转的数量及优美的程度等技巧进行评分。这就是说，高山滑雪中就存在着自由式滑雪的成分，自由式滑雪是在高山滑雪的基础上孕育发展形成的。

我国也开展了自由式滑雪中的空中技巧项目，沈阳体育学院的徐囡囡曾获得第18届长野冬奥会自由式滑雪空中技巧的银牌。这是我国参加冬奥会以来获得的第一块雪上项目的奖牌。2010年温哥华冬奥会，我国运动员李妮娜获女子自由式滑雪空中技巧银牌。

（五）滑（单）板滑雪

单板滑雪是以一块滑雪板为工具，在规定的山坡线路快速回转滑降及在特设的"U"形场地内或借助助滑坡起跳在空中完成各种高难动作的雪上竞技项目。由男、女回转、大回转、平行回转、平行大回转、"U"形场地技巧（"U"形池）、多人雪道障碍赛以及单板空中技巧组成。

20世纪70年代中期，单板滑雪开始兴起。采用新的材料和工艺的滑雪板不断出现，但由于滑雪者控制滑雪板的能力较差，许多滑雪场禁止进行单板滑雪。1985年美国也只有7%的滑雪场对单板滑雪者开放。此后由于高山滑雪、自由式滑雪以及陆地滑板爱好者的加入，使单板滑雪的技术、技巧得到进一步的完善与提高，在一定程度上促进了单板滑雪的发展。

20世纪80年代初，随着单板滑雪的发展和运动技术水平的提高，一些职业选手成立单板滑雪组织并举办了单板滑雪比赛。1980年，在美国滑雪联盟的组织下，制定了第一个单板滑雪竞赛规则，并于1983年在美国举行了首届国际单板滑雪赛。1987年，单板滑雪世界杯开始举行，极大地推动了世界单板滑雪运动的发展。

1996年1月24—28日，第一届单板滑雪锦标赛在奥地利利恩茨举行。从20世纪90年代开始，为提高单板滑雪的竞争性和观赏性，使比赛更具观赏性，一批新的子项目相继诞生，先是平行回转和平行大回转，接着是空中技巧和多人雪道障碍赛。到20世纪末，单板滑雪所有子项基本形成。

二、滑雪基本技术介绍

(一) 平地滑行技术

平地滑雪技术包括二步交替滑行、同时推进滑行(简称同时滑行)、蹬冰式滑行、综合滑行及改变方向等。

(1) 二步交替滑行。是平地滑行最基本的技术和主要的方法之一。二步交替滑行的前进动力来源于双腿的轮换蹬摆动和双臂的轮换撑动。在每一个动作周期内,双脚交替蹬动摆动一次、滑行一步,两支滑雪杖轮换各向后撑动一次,即一个周期是由两个滑步、两次撑杖组成。所谓滑步是指不用指雪杖撑动,只靠两条腿的蹬动和滑行。

(2) 同时推进滑行。简称同时滑行,是指两支滑雪板同时在雪面上滑行。同时滑行的特点是速度快,运用广,易掌握,但上肢力量消耗大。

(3) 蹬冰式滑行。可以理解为"雪面上的速度滑冰",但和速度滑冰相比,上体高、频率低,而且须使用滑雪杖。除常用的双撑两侧蹬冰技术外,还有一侧蹬冰、双侧蹬冰、双撑双蹬、一撑一蹬等。

(4) 综合滑行。又称为联合滑行和混合滑行,它是平地各种不同滑行技术的综合运用。

(5) 改变方向。穿着滑雪板在原位改变方向最简单的方法是提起滑雪杖,双脚踏步式逐渐挪动雪板,这样做安全省力,但费时。

(二) 滑降技术

滑降是指穿着滑雪板在山坡上由上而下地滑行。在滑雪竞赛中,快速滑降是速度最快的项目。

犁式直滑降与制动

(1) 滑降姿势。根据躯干与大腿、小腿的角度大小分高姿势、中姿势、低姿势。要求两支雪板与肩同宽,目视前方 20~30 米乃至更远些的距离。两滑雪杖在腰部的侧前方,也可以双臂轻松自然垂伸。但杖尖和雪轮要提起,不能拖在雪面上,杖杆和雪面大致平行。

(2) 滑降的线路和方向。有直滑降、斜滑降、曲折滑降及横滑降、犁式滑降、半犁式指降等。

(3) 滑降中的加速。滑雪杖的撑动是最常用、最有效的方法,在中、低速情况下均可使用。撑杖时,杖尖要插到双脚的前外侧,滑行的速度越快,雪杖越应前插、快插。

(4) 滑降中的减速。减速方法有犁式滑行、半犁式滑行、横滑行、利用滑雪杖辅助减速及回转滑行等。

(5) 滑降中的起滑和停止。滑降起滑处多在山坡上,滑雪者面对前进方向,摆好滑降的基本姿势,滑雪杖反插于前方,用弯曲的双臂支撑,防止滑雪板滑下,双雪板成直滑降或犁式滑行的状态。滑降中的停止,在可能情况下应尽量逐渐减速进行。实际上在快速的滑降中很难立即停止。理想的停止技术动作与回转技术有密切关系,只要左右连续几个回转动作,或加大回转的弧度,使滑雪板似乎呈向山上逆滑之势即可逐渐停止。

(三) 转弯技术

改变滑雪板方向,达到转弯目的的方法和手段很多,但基本原则是边减轻雪板负重,边移动重心,边立起雪板刃,改变滑雪板运行方向。最简单的手段是借助滑雪板固有的形状,立起板刃,将体重主要移放在转弯主动腿上(主动腿指在转弯中起主导定向作用的那条腿,一般为外腿或山下侧的腿),使滑雪板逐渐沿弧滑行,达到转弯的目的。

犁式转弯

平行转弯

(四) 跳跃技术

滑雪跳跃是指从某一高台地,借助一定的滑行速度冲离地面,在空间运行一段距离之后又着陆继续滑行。竞技滑雪称这项运动为跳台滑雪,是在专门的跳台上进行的竞赛。

(1) 助滑姿势为滑降低姿势,双臂贴体侧后背,上体与雪面平行,头微抬起,力求平稳滑行,身体各部位不要有多余动作。

(2) 起跳是从助滑路上滑行至起跳台边缘,瞬间双腿及时、快速、平稳地向前上方伸直引出,与此同时,整个身体伸展前倾,臀部微屈。起跳时一定不要有急骤的跳动动作。

(3) 空中飞行,保持起跳后的姿势沿起跳后的抛物线飞行,这个阶段的动作要严加控制,应尽力保持前倾引探。双雪板保持助滑时的距离或略宽些,板前部上翘,平齐运行。

(4) 着陆前的瞬间,双腿前收至腹下,之后弯曲着陆,着陆时双雪板迅速前后错开,成蹲踞状态,双膝缓冲,后脚跟可抬起,上体直立,手臂自然放于身体两侧或一前一后。着陆后便进入停止前的滑行阶段,双板逐渐平齐,身体逐渐直立起来,成高姿势滑降。

(5) 停止。采用逐渐停止方式为妥。

(五) 滑雪技术难点释疑

1. 顶不住双膝怎么办?

偶尔顶不住是必然的,随着技术的熟练会好转。总是顶不住双膝就必须改进。

(1) 有意识强化双膝前顶,"锁住"踝关节。反复练习基本姿势。

(2) 应降低出发地点,降低滑行速度。不要超出自己的控制能力。

(3) 选择坡度不太陡的地势,以至能保证向前顶住膝。不要超出自己的适应能力。

(4) 应将上体向前倾些,避免重心落后、上体过直或弯腰过大。在缓坡上多练习。

(5) 有条件者换穿能强制向前倾斜小腿的雪鞋。

2. 立不住雪板刃怎么办?

(1) 修磨雪板刃使之锋利些。

(2) 将体重向一只雪板上的内刃集中,形成明显的单支撑用力。避免双雪板都用力而无重心交换。

(3) 将双膝向前内方向倾压,脚下实实地踏住板刃。

3. 双板前部总"打架"怎么办?

(1) 双脚掌应用力踩实雪板前部。

(2) 注意姿势集中,双板用力均匀。避免多余动作。

(3) 转弯中雪板"打架",是因为雪板刃太钝或主动板、从动板不分明。应修磨板刃、强化单板用力意识。

(4) 改换到雪质不太硬、不太光的滑雪道滑行。

4. 左、右侧技术不一致怎么办?

(1) 不要急于左右侧过快轮换动作,应在较好一侧动作结束后加进"静滑"过程,之后向较差一侧慢慢运作,体验感觉。

(2) 找一个有利体验动作的场地练习,多练薄弱一侧慢速斜滑降,然后再反复练习向这一侧的绕山急转弯,改善向这一侧转弯的质量。

5. "刹不住车"怎么办?

必须降速缓冲,这是刹车的前提。

(1) 大犁式滑降制动停止。立住双板内刃,加大后板外分程度,重心后移。后脚跟用力下蹬。

(2) 用双板平行转弯及绕山急转弯停止。如果一个转弯动作停不住,可用连续两个或多个转弯动作完成。在中陡坡快速停止时,一般最后都是采用绕山急转弯这一招,此时雪板尖尽量朝向山上。

(3) 主动摔倒。这虽然是"损招",却是初学阶段安全和行之有效的"刹车"手段。

刹不住车时,不可用双雪杖在体前斜撑,阻止滑行,更不可瞪着眼睛大声喊叫往坡下冲滑。

第三节 冰球、冰壶、冰橇简介

一、冰球

冰球运动是以冰刀和冰球杆为工具在冰上进行的一种相互对抗的集体性竞技运动。由男子和女子两个项目组成。现代冰球运动起源于加拿大,距今已有百余年的历史。

(一) 滑行技术

冰球的技术是比较复杂的,在众多的技术当中,运动员都需要借助冰刀维持平衡和快速移动。因此,滑行是最重要、最基本的技术,是打好冰球的关键。冰球的滑行技术包括:起跑、直线向前滑行、转弯滑行、急停、转身、倒滑、跳跃等。

(1) 起跑。是运动员从静止状态或慢速滑行中,使用冰刀快速交替蹬冰,做突然加速动作。

(2) 直线向前滑行。面对滑进方向,两脚交替侧蹬冰向前滑进。

(3) 转弯滑行。包括双脚急转弯、单脚内刃转弯、单脚外刃转弯、后脚垫步转弯、压步转弯。不论何种转弯技术都要依靠身体重心的移动以及相应的蹬冰动作来完成。

(4) 急停。见第一节中的冰上停止法。

(5) 转身。滑行中的转身是一种变向,这种变向不同于滑行中的转弯,它是一种沿着身体纵轴的转体动作,可分为滑行转身(正滑变倒滑、倒滑变正滑)、压步转身(正滑变倒滑、倒滑变正滑)和跳跃转身。

(6) 倒滑。即向后滑行,是在防守时阻截对方队员的一种滑行。

(二) 杆上技术

(1) 运球。包括拨球运球、推球运球、拉杆运球、倒滑运球、用冰刀运球。

(2) 假动作。以过人为目的,包括用冰球和球杆做假动作、用冰刀做假动作、用速度差做假动作、用急停起跑做假动作、用射门做假动作、用身体做假动作等。

(3) 传、接球。传、接球是完成进攻战术配合的主要手段,只有快速、灵活、准确、熟练、力量适当地传、接球,才能有效地完成进攻战术组合,只有传、接球好才能加快进攻速度。传球技术包括正手传球(扫传)、反手传球、弹传球、腾空传球、挑球传球、击球传球、后留球、利用界墙传球等。接球技术包括:正拍接球、反拍接球、用冰刀接球、用杆柄接球、腾空接球等。

(4) 射门。射门是各项进攻技术中特别重要的一项。射门方法很多,有拉射、挑射、快拍、击射和补射等。这些方法又分正拍和反拍两种方式。现在又发展了弹射和垫拍等射门方法。

此外,冰球的基本技术还包括抢截和守门员技术,不再一一赘述。

二、冰壶

冰壶又称冰上溜石,是以队为单位在冰上进行的一种推掷性竞技运动,由男子和女子两个小项组成,1998年被列为冬奥会正式比赛项目。

(一) 冰壶的起源与发展

冰壶于14世纪起源于苏格兰。至今,苏格兰还保存着刻写有1511年字样的砥石(即冰壶)。最初,冰壶是苏格兰人冬季在池塘或河堤内进行的一种类似地滚球的游戏。最早的冰壶比赛出现于16世纪中叶。18世纪随着英国移民传入北美。1924年在英国和法国爱好者的努力下,冰壶作为表演项目被纳入了第1届冬奥会。1932年,作为表演项目的冰壶再次被纳入冬奥会,这次有8个队,均来自美国和加拿大。

1957年,为将冰壶运动推向世界,英国和加拿大的冰壶俱乐部在爱丁堡举行了一次具有里程碑意义的会议,会议决定从1959年开始举办两国间的比赛,定名苏格兰杯锦标赛。在苏格兰杯锦标赛的影响下,一些国家开始建立冰壶组织,并纷纷加入苏格兰杯赛的行列。1975年,为进一步推动冰壶运动的开展,扩大冰壶运动的影响,国际冰壶联合会决定举办世界青年冰壶锦标赛,当时仅限于男子,女子比赛直至1979年才开始举行,青年女子锦标赛1988年才获得批准。

为将冰壶运动推向冬奥会,在国际冰壶联合会的努力下,又相继在1988年和1992年冬奥会进行了两次表演。直至1993年,国际奥委会批准了将冰壶列为第十八届冬奥会正式比赛项目。

我国的冰壶运动起步较晚,中国女子冰壶队成立于2003年,在短短五六年间就跻身世界强队行列。在2008年女子冰壶世锦赛上,获得亚军,并且获得了温哥华冬奥会的入场券。2009年2月在哈尔滨大冬会上,又一举夺得冠军。2009年3月25日,获得女子冰壶世锦赛冠军,也因此获得2009年CCTV体坛风云人物的奖项。2010年的温哥华冬奥会,又站在了季军的领奖台上。

(二) 冰壶主要基本技术简介

不同的战术决定了投石的方式,而投石是否准确又取决于投石的技术能力,一个高技术含量的投石配合主将的指挥以及良好的刷冰能够决定一局比赛的胜负。

投石根据击打的目的可以分为:

(1) 拉引击石。将冰壶石掷在得分区之前或得分区内。

(2) 防卫击石。将冰壶石掷在拱线和得分区之间用来防御对手的冰壶石进入得分区。

(3) 敲退击石。将冰壶石放在一个或是多个已经存在场上的冰壶石的前面。

(4) 通道击石。当掷石者需要让他的冰壶石通过两颗或是多颗阻碍石时使用。

(5) 晋升击石。将一颗在得分区之前的冰壶石,由射石撞击到更接近得分区的中心。

(6) 晋升移除掷石。一颗冰壶石被射石撞击之后,往后推进并碰击到对方的冰壶石,而使对方的冰壶石被驱离得分区或出局。

(7) 精彩击石。若希望将冰壶石掷到一颗卫兵石的后面,或是希望将一颗被保护得很好的冰壶石击出场,有一种方式是用冰壶石去撞击一颗停在外围的冰壶石,然后让掷石转向,朝目标方向前进。

(8) 奉送击石和削剥击石。旋球就是在投掷的时候扭动把手,使冰壶带有旋转地前进。旋球的主要目的是击打被障碍球阻挡的对方冰壶,旋转可以使得冰壶在冰道上按照一条弧线前进,从而绕过障碍球而击打对方冰壶。

冰壶的技术其实就是投掷、引导和擦冰,三者都是默契配合的,不同的战术决定不同的投掷技术和力度,不同的战术也决定不同的擦冰方式和速度。

三、冰橇

冰橇又称无舵雪橇、短雪橇或运动雪橇,是运动员通过转动头部和小腿部实施对橇尖的控制,使雪橇沿专门构筑的具有一定坡度的槽状冰道快速回转滑降的一种运动项目。

(一) 冰橇的起源与发展

无舵雪橇诞生于瑞士。据记载,早在1480年无舵雪橇比赛已在挪威出现。1552年在奥地利的埃尔茨山举行过无舵雪橇比赛;17世纪,捷克的矿工在去往德国施米德贝格的边境时也曾用过小型雪橇;18世纪,俄国圣彼得堡已有人将雪橇作为冬季的一种户外游戏,莫斯科则经常有人在人造的冰坡上从事这种活动。就在这个时期,美国新罕布什尔州的柏林在贝尔维宫附近建造了雪橇冰道。

1923年,国际有舵雪橇和平底雪橇联合会在法国巴黎创立,无舵雪橇作为一个组成部分加入了该组织。1935年,为加强对无舵雪橇运动的领导,国际有舵雪橇和平底雪橇联合会决定设立"无舵雪橇部",并定期举办世界锦标赛。

1959年,国际无舵雪橇联合会在慕尼黑举行的国际奥委会会议上获得国际奥委会的承认,并决定从1964年开始将无舵雪橇列为冬奥会项目。

无舵雪橇纳入冬奥会后不久,人们就将这项运动称为"冬奥会的烙铁项目"。因为运动员为了提高雪橇滑进的速度,许多人采用对雪橇的滑铁加热的办法,而当时的规则对这些做法没有限制。1964年,国际无舵雪橇联合会对规则进行了一次修改,禁止使用加热装置,并在出发的时候对雪橇的温度进行检查。

目前,无舵雪橇开展比较普及,水平较高的国家有德国、意大利、奥地利以及俄罗斯,冬奥会和世界锦标赛的冠军基本被这些国家的运动员获得。

(二) 冰橇主要基本技术介绍

在冰橇比赛的起点处有两个手柄,分别位于赛道的两侧。运动员抓住这些手柄,前后摇摆,为比赛开始提供动力。比赛开始时,运动员将自己推到赛道上,然后立刻用手划离赛道3米左右。这有助于在运动员平躺到无舵雪橇上前获得一定的速度。靠近下坡时,冰橇运动员应以仰卧的姿势躺在冰橇上。这是完成余下比赛的身体姿势。从这个仰卧的姿势开始,雪橇运动员只需将头微微抬起,知道自己要前进的方向即可,在保持身体平衡的同时,在环道、弯道和直道上行进。达到这个状态并不是容易的事。身体必须足够紧绷,从而最大限度地增大加速度;而身体还要保持足够放松,以缓冲整个比赛中作用在运动员身上的张力。控制冰橇会增大摩擦力,因此,运动员应尽可能少地控制冰橇;必要时,也只对弯弓施加压力。大多数时间里,控制就是与冰橇合为一体,让重力去发挥作用。

复习与思考

1. 冰雪运动的特点是什么?它对提高身体素质,促进身心健康有哪些功效?
2. 冰雪运动与生物力学有何联系?
3. 冬季进行体育锻炼应注意哪些事项?

第十一章
休闲体育运动

　　休闲作为人类生命和生活的重要组成部分有其悠久的历史。从我国老庄哲学的"大知闲闲"和民俗、民间、民族的友谊活动，到古希腊柏拉图和亚里士多德都提出休闲是自由的人生基础，和奥林匹克运动的形成一样，蕴含着丰富的休闲思想内涵。

　　休闲体育研究有着较强的时代特征与要求。这体现在对休闲体育概念、性质与具体内容的理解应具有时代性。当代社会，精神和物质生活日益丰富，人们越来越重视休闲体育在生活中的重要作用，这就需要我们在当代社会及文化的背景中审视休闲体育，了解其对社会文化传统、价值、经济、环境等的影响。这也意味着，我们需要在时代特征与精神的视野下，理性把握休闲体育的表征方式，进而通过这些表征去分析人们对休闲体育的选择、实践和感受。

　　随着社会的发展，人们对健康的追求，对生命的敬畏，使得休闲体育研究具有明显的时代性。例如，我国国民体质健康状况存在着体能素质、肺活量水平持续下降，肥胖率不断增高，心血管疾病患者成倍增长等问题。面对这些现实问题我们必须思考：如何运用休闲体育来帮助人们建立健康的生活观念与方式？如何开发休闲体育资源？如何树立休闲体育观？如何开展休闲体育教育？这些问题涉及社会的方方面面，比较复杂。因此，需要我们从多学科角度出发，创造性地探索与应用各自不同但又互补的研究方法，实现理论、方法和资料的有机结合，从而对闲暇时间、休闲、个人休闲行为以及休闲与体育、休闲与健康、休闲与生命、休闲与社会的关系等进行哲学思考和研究，高度抽象出休闲体育学中最基本的概念、范式、逻辑关系和实践方法。

　　世界上不少重视人类健康研究的学者认为，减轻压力、和谐心态、预防疾病、增强体质、延年益寿的最有效的措施是选择体育，它是人类迎接挑战、走向幸福的有力保证。尤其是休闲体育，不仅可以使人的身体状态健康、强壮、精神，使人从外在形体的精气神和内在生命素质上，都透射出对生活追求的勇气和智慧，而且也引领着人类塑造自身，塑造美好幸福的生活。

　　人类的健康，不仅是生理学的事实，还是社会和文化的存在。这也说明了健康已超越了医学和体质学的界定，进入了社会学和文化学的研究行列。所以休闲体育的产生，已在当今世界引起了强烈的反响，成千上万的人们走向大自然。走与跑成了全球性的健康处方，体育人口得到了大幅度的上升。与此同时，体育消费也得到了迅速增长，有效地促进了体育产业的发展。可以说,休闲体育已在不断地改变人类生活方式、不断充实和丰富人类生活的内容,从而使人们在一种激荡着追求与充实的氛围中,变得更和谐、更现代化(表11-0-1)。

表11-0-1 休闲体育的发展过程

休闲时代	休闲类型	休闲表现	休闲人群
原始社会	原始混沌型	休闲与劳动没有明显的界线,两者混沌一体	人人平等,劳动与休闲混绕在一起,不存在有意识的休闲
封建农业社会	传统依附型	休闲没有相对独立性,倡导劳动至上。休闲只是从属和依附	出现了"有闲阶级",他们的休闲建立在大多数人劳动的基础上
工业产业社会	现代独立型	休闲脱离了劳动的依附,成为社会生活的组成部分	休闲逐步走向大众化,休闲逐步成为人的基本权利
信息社会	未来融合型	休闲与劳动融为一体,实现人的自由全面发展	人人享有休闲,休闲成为一种普遍存在的社会形式

第一节 健身走和健身跑

一、健身走

> 走路对脑力劳动者,非凡是对创造性的人来说,是一种生理活动的最好方式。
> ——哈拉里德

(一)健身走的简介

世界卫生组织认定,走路是"世界上最好的运动"。据数据统计:每走一步,可使人体50%的血流动起来,活血化瘀;可挤压人体50%的血管,是简单的"血管体操";至少可运动50%的肌肉,有助于保持肌肉总量。走是一项简便易行的健身方法,长时间有节奏地走,对从事脑力劳动、专事伏案工作的人来说,是很好的锻炼方法,能收到很理想的健身效果。

走,有普通走、特殊形式走和竞走之分。日常生活中到处有着各式各样的走,走令人趣味盎然,从幼儿的学步到成人的散步与健身走,从日常生活中的走到战士的急行军走,都属于普通走。特殊形式的走,则是由于人的身体姿势、腿部动作、脚着地方法及前进方向不同而形成的走的特殊形式。走的形式多样,不受年龄、性别、场地、器材的限制;走的距离、速度、时间也可因人而异,因此,走是一项具有广泛群众基础的运动。

从健身与健康的角度设计走的健身练习,即为健身走,可以有人们日常生活中的普通走,有学校体育教学与军事教育训练中的队列队形走,有改变走的方向和姿势的各种特殊形式的走,有发展有氧代谢能力并能获得更加明显的锻炼效果的长距离疾走等。

> **一项最有效的健身方法**
>
> 坚持走步锻炼,也就是坚持全身的经络与穴位的锻炼。经络内属于脏腑,外属于肢节,沟通内外,贯穿上下,将人体各部分的组织器官联系成一个有机的整体,借以运行气血、营养全身,使人体各部分的功能活动保持协调和相对平衡。
>
> 坚持走步锻炼,也就是运用脚掌与地面不断地机械接触和产生的按摩作用,来刺激脚底反射区(类似中医的穴位)。坚持走步锻炼,能调节人体相应的内脏器官和系统功能,达到防病治病、延年益寿的目的。

(二) 健身走的锻炼方法

1. 健身走的步法

由于人的腿形不同,步行的步法也不同。步法可以用步长、步宽和步角来进行分类。

(1) 按步长分类:正常的步长为 80~90 厘米,中步约为 70 厘米,短步为 50~60 厘米。

(2) 按步宽分类:可分为分离步、并跟步、搭跟步、直线步和交叉步。

(3) 按步角分类:可分为外展步、内收步、直行步和非对称步。

2. 健身走的锻炼方法

健身走具有多种锻炼方法,一般有自然步法(缓慢走法、普通走法)、快步走、散步、竞走法、摆臂走法、踏步和正步走几种。

(1) 自然步

① 缓慢走法:每分钟走 70~90 步或更慢,每次 30~60 分钟。此法适用于身体素质较弱者。

② 普通走法:每分钟走 90~120 步,每次 30~60 分钟。走时,身体稍向前倾,匀速而有节奏地走路。此法适用于长期散步锻炼的老年人。

(2) 快步走

快步走是步幅适中、步频快、步速较快(130~250 米/分钟每小时步行 5~7 千米)、走时身体向前趋,加快行走步伐,运动量稍大的走步方法,适用于增强心脏功能和减轻体重时采用。

动作要领:身体适度前倾,抬头,肩背放松,挺胸、收腹、收臀。双臂在体侧自然摆动,摆幅随步幅的变化而变化。前摆腿的脚跟着地后迅速滚动至前脚掌,动作尽量柔和,后脚离地,双脚以脚内侧为准踩成一条较直的线。

练习要求:用脉搏控制运动量,脉搏以 120~150 次/分钟为宜。锻炼时步幅不要过分加大,主要是加快步频。应做好准备活动,特别是使运动器官和心肺机能得到适应;冬天在快步走前应慢走,待脚发热后再快走。

(3) 散步

散步是步幅最小(50~60 厘米)、步速最慢(25~30 米/分钟)的走步方法。

动作要领:身体正直、抬头挺胸、收腹、收臀,保持头部与脊柱成一条直线,双肩放松,两臂自然下垂。双腿交替屈膝前摆,脚跟着地滚动至脚尖时,另侧腿屈膝前摆足跟着地,步幅一般为1~2脚。

练习要求:用脉搏控制运动量,以每分钟脉搏次数比安静时增加5~10次为宜;控制步速和步长,采取一定时间内走一定距离的方法。散步距离、速度和时间要逐步增加。

(4) 竞走

动作要领:此走法躯干始终保持直立或稍向前倾,两臂弯曲90°左右,配合两腿前后摆动。此法适用于中年人常进行走步锻炼者,可增强人的耐力和大关节的灵活性。

练习要求:竞走时先用脚跟着地,然后滚动到全脚掌着地。脚在落地时,膝关节要伸直。脚落地后,身体顺惯性前移,摆动腿弯曲向前摆动。当支撑腿垂直地面时,摆动腿大腿向前摆,小腿随大腿向前摆出,此时摆动腿带动同髋关节向前送出。

(5) 摆臂走

在自然走法的基础上,两臂用力向前后摆动,可增进肩部和胸廓的活动。适用于有呼吸系统慢性病的患者。

(6) 踏步走

踏步走是原地走步或稍向前移动的特殊走法,不受年龄、性别、场地的约束,简易可行。

动作要领:踏步时,双臂协同双腿前后摆动。屈膝抬腿的最高点是大腿抬至髋高,直腿或屈腿落地均可。

练习要求:用脉搏控制运动量,健康者原地快速踏步时脉搏应达到180次/分钟,身体稍差或不适者应控制在120次/分钟以下。为提高运动量和达到减肥目的,可以进行变速原地高抬腿踏步走。

(7) 跷脚走(脚尖走)

跷脚站稳,用髋关节的向前摆动和膝、踝关节的弹力走路。主要用于自然步法走路过程中的花样走法,有助于锻炼下肢关节的弹性和下肢的平稳性及健身走的趣味性。切记,用此法走时间不宜过长,否则容易疲劳。

(8) 正步走

此步法整个过程要昂首挺胸收腹,腰脊挺直。迈步时,身体的重心在支撑腿上,迈出腿整个下肢和脚面自然伸直,整个脚掌同时落地。如此左右交替。肩关节比自然步法摆动幅度大,且上肢摆至身前时,肘关节弯曲,握拳手摆至胸前。此步伐有利于锻炼身体的平衡性及保持挺拔体形。

二、健身跑

> 如果你想强壮,跑步吧! 如果你想健美,跑步吧! 如果你想聪明,跑步吧!
>
> ——古希腊格言

（一）健身跑简介

长期以来，人们对跑步的意义和作用进行了多种论述，认为它是人体进行全面发展、全面锻炼最有效的方法之一，可以培养人们的力量、速度、耐力、灵敏性和协调性等身体素质，并且通过跑的锻炼能培养良好的意志品质。有氧健身跑的技术要求不高，不需要专门的用具和场地，只要有平整的道路和清洁的空气就能够进行锻炼。

（二）健身跑的锻炼方法

健身跑的方法一般有放松跑、变速跑、定时跑、跑跳交替、障碍跑、滑步跑、室内健身跑以及水中健身跑等。

1. 放松跑

放松跑的方法比较简单，其特点一是跑速慢，二是心血管的负荷以及全身的代谢功能以保持有氧代谢为前提。在跑的过程中心率以不超过每分钟(180- 年龄)次为宜。跑步时一定要注意呼吸的"深、长、细、缓"，有节奏。

2. 变速跑

变速跑是指在跑的过程中快跑一段距离后，再慢跑一段距离，快跑和慢跑交替进行。这种方法比较适合体质较好的长跑爱好者，它不仅对一般耐力发展有好处，而且还能提高机体的速度、耐力素质，对提高人体机能大有益处。

3. 定时跑

定时跑一般分为两类，一类是每天跑一定时间，不限速度和距离。另一类是在限定的某段时间内跑完一定的距离，对提高体力有益处。

> 有研究资料表明，倒步走比正向走的氧气消耗量高 30%，心跳快 15%，血液中的乳酸含量也偏高，能获得更好的锻炼效果，是减肥运动中最经济、收效最大的健身方法，适合各种年龄的肥胖者。

4. 跑跳交替

跑跳交替是指跑一段之后跳三五下，再跑一段，再跳三五下，跑速一般采用慢跑或中速跑，具有良好的节奏，使人体在跑的同时又锻炼了弹跳素质。

5. 障碍跑

障碍跑是指在跑步路线的前方有许多障碍物，跑步时脚从障碍物的左右侧跑过。这种跑步的方法非常适合于青少年，是一种游戏式的跑步，可增加跑步的趣味性，还可以锻炼身体的灵活性。

6. 滑步跑

滑步跑是指在跑的时候不是面朝前方，而是侧身而跑，即向左跑或向右跑，这种跑步方式适合于不同年龄的人群，多穿插在其他跑步方式之间进行，可增加机体的灵活性、敏捷性、协调性及平衡能力。

7. 室内健身跑

室内健身跑一般有赤足原地跑、原地提足跑、旋身慢步跑、踮脚退步跑几种。

(1) 赤足原地跑。地上放一块洗衣板或用旧的塑料澡盆,铺上一些小鹅卵石,光脚在上面慢速原地跑,天冷可以穿软底鞋或厚袜子。

(2) 原地提足跑。原地站立后,双手半握拳,双脚轮流提起,双臂随之自然摆动,可以根据身体状况,选择提足的高度和跑步的速度。

(3) 踮脚退步跑。先测量来回的步数,然后背向目标,目视前方,头正身直,双手半握拳置于腰间,踮起双脚,小步跑向后退去,同时摆动双臂,默数步数。这种方法对于腰肌劳损、腰椎病及腰、腿、脚骨质增生等患者尤有益处。

8. 水中健身跑

水中健身跑是指练习者身体垂直浮于水中,头部露出水面,四肢如在陆地上跑步般前后交替运动。

第二节　保龄球、高尔夫运动、气排球

一、保龄球

(一) 保龄球运动简介

保龄是英文"Bowling"的音译,这种在木板球道上用球滚击木瓶的室内体育运动在中国有了一个吉祥的名字——保龄球运动。

保龄球又叫"地滚球"。最初叫"九柱球"。起源于德国,流行于欧洲、美洲、大洋洲和亚洲的一些国家。

保龄球具有娱乐性、趣味性、抗争性和技巧性,给人以身体和意志的锻炼。由于是室内活动,不受时间、气候等外界条件的影响,也不受年龄的限制,易学易打,所以成为男女老少人人皆宜的运动。

(二) 保龄球运动的起源与发展

保龄球运动起源于公元3—4世纪,德国的"九柱戏"被认为是现代保龄球运动的前身。"九柱戏"是当时欧洲贵族间一种颇为盛行的高雅游戏,它首先被作为教会举行宗教仪式的活动之一。人们在教堂的走廊放置9根柱子(象征着叛教徒与邪恶),然后用球滚地击打它们,叫作打击"魔鬼"。他们认为,击倒木柱可以为自己消灾、赎罪,击不中就应该更加虔诚地信仰天主。不过,这项运动的趣味性让人们感到,与其说它是一项宗教仪式,倒不如说它是一种令人愉快的游戏。

宗教改革时期,德国的马丁·路德还专门对这种运动的玩法、球和瓶的大小做了统一

的规定。规定将9个瓶排列成菱形,用大软球投击瓶子,一直投到瓶子被全部击倒,谁投球的次数少谁就得胜。从此,9瓶式保龄球开始风行欧洲,特别是在德国和荷兰。

英国的贵族及上流人士也喜欢玩9瓶式保龄球,不过与欧洲大陆所不同的是,他们的比赛是在室外的草坪上进行的。

17世纪以后,荷兰移民尼加·保加兹将保龄球带入美国。18世纪末,美国人对保龄球进行了改进,增加了1只瓶,并形成了延续至今的10瓶制保龄球。

1875年,美国纽约地区9个保龄球俱乐部的27名代表组成了世界上第一个保龄球协会。

1952年,国际保龄球协会(FIQ)成立,总部设在芬兰的赫尔辛基,它以奥林匹克精神为宗旨,提倡和推动了这项运动的发展。

(三)保龄球的分类

保龄球有通用球(也叫惯例球)和专用球两种。

1. 通用球

适合一般人使用的以及一般的保龄球场馆使用的都是通用球。这种球,可以把拇指插入至根部,中指和无名指则可以插至第二关节,这种球投出后最平稳。在选择这类球时,最理想的情形是把手插入指孔里,而在球与手掌之间,仍然可以放进一支铅笔的距离,这样球的重力才可以平均加在三根手指上,因为手指插得很深,所以不易掉落。但是,这种球投出去时的旋转也比其他球小。

2. 专用球

专用球是根据球员的体重、体力、臂力和握力等各种因素来确定的,一般分为半指球和指球。

(1)半指球。拇指可插入至根部,而中指与无名指插入至第1关节和第2关节之间,这种球容易旋转,所以威力很大。但这种球不容易控制,因此要常常练习才能运用自如,得心应手。真正想体会出保龄球的乐趣,半指球最合适,而且也最能从这种球了解到球道的变化。

(2)指球。拇指插入根部,中指与无名指只插入第1关节,所以拇指与中指和无名指的间隔非常宽,因而灵活性也很高。这种球,投出来的变化最多。使用这种球,要求具备强劲的腕力和握力,如果力量薄弱,容易失去控制力,达不到增强旋转力的目的。

(四)保龄球的选择

对于初学者来说,选球有一个相对的标准,那就是要根据自身的体重、体力、臂力、腕力和握力选择适当质量的球,一般以握得稳固,摆动自如,不感到吃力为原则,这样经过多次练习后,再逐渐增加质量。

> **选择保龄球的标准**
> 6磅(2.72千克)、7磅(3.175千克)——儿童(小学生)
> 8磅(3.629千克)、9磅(4.082千克)——少年(中学生)
> 10磅(4.536千克)、11磅(4.990千克)、12磅(5.443千克)——成年女性
> 13磅(5.897千克)、14磅(6.350千克)——成年男性
> 15磅(6.804千克)、16磅(7.258千克)——专业球员

二、高尔夫运动

(一) 高尔夫球的起源

有专家认为任何"挥杆击物"的运动均可称为高尔夫球运动的一个起源。其实,早在苏格兰人打高尔夫球之前,在中国和古罗马都曾流行过类似高尔夫球的以杆击球的球戏。公元前二三百年时,中国有种被形象地称为"捶丸"的球戏;公元前27年至公元395年的古罗马,有一种以木杆击打羽毛充塞制成的球的游戏。因此,古代有球和杆组成的运动都可能与高尔夫球有关。

"高尔夫"是荷兰文"kolf"的音译,意思是"在绿地和新鲜氧气中的美好生活"。由此可以知道,高尔夫球是一种在优美环境中进行的高尚娱乐活动。因为玩这种游戏设备昂贵,所以在一些国家又叫它"贵族球"。

多数人认为高尔夫球运动诞生在700多年前的苏格兰。圣安德鲁斯作为当时苏格兰地区主要的基督教中心、海港和商贸集散地而在中世纪呈现出非常繁荣的景象。早期的商务活动吸引了当时来往于世界各地的船只和商人,也就是在这时(12世纪)高尔夫球运动开始传播于苏格兰。

(二) 高尔夫球的术语

(1) 发球台。指高尔夫选手每洞发第一个球的平坦区域。他们必须在发球台两个标志之间发球。也指高尔夫选手只可以在第一次击球时使用的木制或者塑料制的"spike"把球举起来,这样打球更容易一些。

(2) 果岭。在球洞周围非常平坦的区域。这个区域的草很特殊,有利于选手将球推到洞中。

(3) 球道。从发球台到果岭之间宽阔的草地区域。

(4) 长草区。球道的边缘区,草更长一些,所以不容易打球。

(5) 洞。高尔夫球场上一共有18个洞,由发球台、球道和果岭组成。洞也指事实上高尔夫选手想把球打进的洞,通常里面插一只旗来指示。

(6) 标准杆。是指高尔夫选手把球打进指定洞里应该使用的标准杆数或者打球的特定

数目。通常由入洞的长度和难度决定,一般为3~5杆。18洞的总杆数应为72杆。当选手打完一洞用完同等数量的杆数,那么他们就使用了为这个洞设定的标准杆同样的数量。

(7) 小鸟球。是指高尔夫选手使用了比标准杆少一杆的数量打完一洞。例如,标准杆是4杆,但选手只使用3杆就打完这洞。

(8) 老鹰球。是指高尔夫选手使用了比标准杆少两杆的数量打完一洞。

(9) 博基。是指高尔夫选手使用了比标准杆多一杆的数量打完一洞。

(10) 沙坑。在球场周围设的沙坑。有一些特殊规则适用于选手从沙坑里打出球。从沙坑里打出球非常困难。

(11) 障碍。指选手不容易打球的地方或者事物。有一些特殊规则适用。包括池塘、河流和湖,这些叫作水障碍。如果他们把球打到障碍里,选手可以弃球,然后从一个特殊地方打球,也有可能招致罚球。

(12) 推杆。有小平头的球杆,用作在果岭上推球使球进洞的杆。

(13) 铁杆。用金属做的杆,有角度的杆头用作中距离击球。高尔夫球手会带很多这种杆。杆号越小(如4号铁杆),球击得越远。

(14) 劈击。劈击击出一杆非常短而高的击球,通常在果岭边缘附近击出,或在沙坑外面或要越过某物体。

(15) 楔形球棒。沙杆或劈起杆是一种特殊铁杆,在杆头有更大的角度,后部设计得光滑,用作从沙坑处非常短而高地击球。

(16) 球童。负责在球场中为专业选手背高尔夫球杆包,向高尔夫球手提出杆的选择和技巧的人。球童通常获得他们所服务的高尔夫球手奖励的10%~15%。

(17) 轮。一"轮"是18个洞。每天选手们进行一轮的比赛。

(18) "Fore"。当高尔夫球被意外地击向另外一人时,该词被喊出,以警告该人躲藏闪避。如果你听到这个词,用手盖上你的头和脸。

(19) 第19洞。在高尔夫行话中指的是会所中的酒馆,在那里,高尔夫球手们在他们打完18个洞后,尽情享受威士忌。

(三) 打高尔夫球的方法

1. 握杆

握杆方法有许多种,总的来说可以分成以下三种:

(1) 重叠握杆法

这种握杆方式被广泛采用,具体握法如下:

① 杆倚靠在体前,用右手支住,将左手掌贴于球杆握柄处,手背正对目标,使球杆握柄从食指的第二关节起斜向通过掌心。握柄尾部余出5毫米左右,以小指、无名指和中指将球杆握在小鱼际和小拇指根间。食指自然收拢握住球杆,拇指沿球杆握柄自然伸出压按在握柄正中稍偏右侧。拇指与食指指根形成"V"形,其尖端指向颈部右侧与右肩之间。

② 将右手手掌张开,掌心正朝向目标方向,紧贴在球杆握柄的右侧方,使握杆的纵长从食指第二关节开始通过中指与无名指的指根,小指勾搭在左手的食指上或食指与中指间隙上,手指收拢,握住球杆,中指和无名指用力握紧,食指呈钩状弯曲,大鱼际包在左手拇指上。拇指与食指指根形成 V 形,其尖端指向颈部右侧。

这种握法之所以使用最普遍,是因为它能够较好地保持两手的一体感,便于控制左右两手用力的平衡,一般手掌大、手指长、力大的人士可采用该握杆法。

(2) 自然握杆法

又称棒球式握法,顾名思义就是像握棒球杆一样,左右两手分开用十指握住球杆,右手的小指与左手的食指相贴。这种握法较适合力量差者、高龄者及女性,其优点在于能够更好地利用右手手臂力量。

(3) 互锁握杆法

互锁握杆法中,右手的小指不是叠搭在左手食指与中指之间的缝隙上方,而是插入左手食指与中指之间,钩锁住食指。这种握法主要用于手小指短的人及力量较差的女性,使用这种握法因为左右手连锁在一起容易产生一体感,而且利于使用右手力量,但是由于此时两手都用手掌来握杆,会产生不适感。

握杆的种类不尽相同,初学者要根据自己手的大小、手指的长短和力量的强弱等条件选择适于自己的握法。

2. 站姿

(1) 站姿

高尔夫球技术中的站姿并不单纯是为了打球而站在球的旁边,而是为正确地击球,使球向目标方向飞行。仓促的站姿很容易产生方向的偏移,即使是很小的站姿方向错误都可能导致一次击球的失败,即平常人们所说的"失之毫厘,差之千里"。

① 在确定站姿之前,应该先从球的后方向目标方向眺望,在目标线上寻找一个标记,并确定球与该标志物之间的连线,即为球的飞行方向。

② 确定球与脚的位置关系,从球的位置引出一条与球的飞行方向垂直的线,一般情况下,左脚脚跟靠近该线。

③ 两脚跨线并拢而立,左脚尖稍向外撇开,左脚跟靠近该线。

④ 将重心移向左脚,根据所使用的球杆适当地将右脚向右跨出,即完成了站位动作。至于站姿的宽度及与球之间的距离,不是固定不变的,要随球员的身体状况及所使用的球杆而改变。

(2) 瞄球的基本姿势

瞄球的基本姿势应该是:在站姿完成后,身体的姿态仿佛是在一个高椅子上似坐非坐,臀部稍向后突出,上体微微前倾,两手握杆,手与球杆握柄位于左腿的大腿内侧处,距离身体一拳左右,两膝放松稍屈,自然微向内扣,眼睛视球。其中十分重要的一点是两肩连线、腰的横线和两膝的连线必须与球的飞行方向平行,这是决定挥杆技术及球的飞行方向的关键因素。

(3) 完成瞄球基本姿势的步骤

① 身体放松,精神集中,进行一两次深呼吸,握杆。

② 根据所使用的球杆,确定球与脚的距离,轻轻踏脚调整姿势,保持两脚的安定。

③ 两肘弯曲,将球杆举至体前,两手向右回旋,检查右手的中指和无名指的握杆;再向左回旋,检查中指、无名指和小指的握杆。

④ 将两臂下放伸出,使杆头位于球的正后方,杆面正对球的飞行方向,杆头底部轻轻触地。

⑤ 两臂弯曲并稍稍内扣,上体微微前倾,头颈部保持竖直、放松,目视球。

⑥ 轻轻晃动杆头。为了使挥杆动作更加流畅,在开始挥杆之前轻轻左右摆动一下杆头有利于松弛全身肌肉,集中精力。

(4) 挥杆

挥杆动作包括:杆后摆(或后摆杆)—上挥杆—杆顶点—下挥杆—冲击球—顺势动作—结束动作几大部分。

三、气排球运动

(一) 气排球的起源

气排球是我国土生土长的一项群众性排球活动,据相关资料显示,1984 年,呼和浩特铁路局济宁分局为了开展群众体育活动,在没有规则限制下的情况,组织离退休职工用气球在排球场上打着玩,由于气球过轻且易爆,他们将两个气球套在一起打。最后又改用儿童软塑料球,随后又参照 6 人制排球规则制定了简单的比赛规则,并将这种活动形式命名为气排球。

气排球由软塑料制成(图 11-2-1)。比赛用球重约 120 克,比普通排球轻 100~150 克;周长 74~76 厘米,比普通排球周长长 15~18 厘米,气排球具有球体大、重量轻、质地软、有弹性、运动缓、易控制等特点,比较安全,不易受伤,深受广大群众和青少年喜爱。作为一个新兴运动项目,它具有健身性、娱乐性、竞技性和观赏性等特点。参加气排球活动,可以达到增强体质、愉悦身心的目的;可以培养团结协作、互相配合的集体主义精神。

图 11-2-1 气排球

(二) 气排球的基本技术

气排球技术动作与排球基本相同,主要技术动作可分为发球、传球、垫球、扣球、拦网、托翻顶球、托抬球、捧球等。

1. 发球(正面上手发球)

准备姿势:面对球网站立,两脚自然开立,左脚在前,左手持球于体前。

动作方法：左手将球平稳地垂直抛于右肩的前上方，抛球高度约 1.5 米。右臂屈肘后引，上体稍向右转，手停于耳旁。当球下降到肩的上方高度时，收腹、振胸、挂肘，上臂带动前臂向前上方弧形挥摆，伸直手臂，用全掌击球的后中下部。手将球包满打转，边包裹边推压；全手扣击球，使球呈下旋飞行（图 11-2-2）。

图 11-2-2

2. 传球

准备姿势：两脚左右开立、约同肩宽，左脚稍前，右脚脚跟稍提起，两膝微屈，上体稍前倾。两臂弯曲置于胸前，两肘自然下垂，手腕稍后仰。两手自然张开，手指微屈成半球状。两拇指相对成"八"字形，两手拇指间的距离不能过大，以防漏球。眼睛注视来球。

动作方法：看清来球，迅速移动到球的落点对正来球，击球点在前额上方一球左右距离。当手触球时，用拇指外侧、食指全部、中指的二三指节、无名指第三指节和小指第三指节的半个指节击球后中下部，蹬腿、展腹、伸臂，最后用手指、手腕的弹力将球向前上方传出。

3. 垫球

准备姿势：两脚开立略宽于肩，一脚在前，两脚跟提起，前脚掌着地、两膝弯曲微内收，重心稍前倾，双臂自然弯曲置于腹前（图 11-2-3）。

图 11-2-3

动作方法：面对来球方向，当球接近腹前时，两手重叠，掌根靠拢，合掌互握，两拇指平行朝前，手臂伸直，手腕下压，前臂外旋靠拢前伸，用两前臂靠近手腕部分形成的平面击球。当球在腹前一臂左右距离时，插入球后下方，手臂上抬，同时配合趴地跟腰动作，使身体重心向前上方移动。垫球时，两臂要有自然的随球伴送动作，以便控制用力大小，并可根据垫球的方向，调整手臂的角度。垫球时，还应根据来球的力量控制手臂的动作。

4. 扣球（正面扣球）

扣球是气排球的基本技术之一，是得分的主要手段。

准备姿势：站在离网 2 米外，根据来球方向，随时准备向各个方向助跑起跳（图 11-2-4）。

图 11-2-4

动作方法：起跳后挺胸展腹，上体稍向右转，右臂向后上方抬起，身体成反弓形。挥臂时，以迅速转体、收腹动作发力，带动肘、腕各部位关节成鞭甩动作向前上方挥动。击球时，五指微张成勺形并保持紧张，用全手掌包满球，以掌心为击球中心，击球点在起跳和手臂伸直最高点的前上方。击球的后中下部，同时主动用力屈腕屈指向前推压，使扣出的球加速下旋。击球后，双脚的前脚掌先着地，同时顺势屈膝，缓冲身体下落的力量。

5. 拦网

拦网是防守的第一道防线，又是得分和转攻为守的主要手段。

准备姿势：拦网队员应当紧盯对方传球的路线，判断对方向本方击球时球在空中的位置，然后迅速平移至球网本方一侧的对应位置，贴近球网（身体任何部位都不能碰到球网），面向对方击球队员。

动作方法：原地起跳，起跳的同时将双手手掌伸直上举，微微前倾，十指尽可能地张开绷紧，手腕与手臂成110°左右的钝角，挡在其球的攻击线路上。要领是直上直下，上身绷紧，切莫下压。拦网的起跳时机非常重要，起跳的时机要与对方击球的节奏一致，才能起到很好的作用。拦网结束后身体下落时，手臂不要弯曲，落地时，屈膝缓冲，双脚落地。

6. 托翻、托抬、捧球

在运用与排球相似的发球、垫球、传球、扣球和拦网技术的同时，气排球常用的特有技术还有：

(1) 双手托翻顶球

双手托翻顶球是气排球中特有的一项技术动作,用于接发球和接各种攻击过网的球。

动作方法:接球前,保持一只手五指分开,手心向上。另一只手五指分开,手心向着来球,在接触来球的瞬间,一只手托在球的下部,另一只手同时翻顶球的中后部,利用托、翻、顶的合力将球传出。

(2) 托抬球

托抬球用于处理飞向运动员腰部以上的轻球,单双手均可以使用。

动作方法:掌心向上,五指分开、手指呈半紧张状态,肘关节、腕关节伸直,自下而上全手掌击球的下部,将球托抬传出。

(3) 捧球

捧球用于接对方攻击过网的一般球。

动作方法:掌心向上,手指张开,呈微紧张状,捧球时,接触球的下方,利用手指手腕、抬臂、屈肘的协调用力,将球捧起。

每一项技术都有其自身的技术特点及其对身体的影响,练习者可以根据自己的个人理解能力、身体素质、身体结构等方面的差异,充分发挥自己的想象力,在不破坏技术结构的前提下,提倡发挥个人的技术风格和特点,形成自己的独特打法,以奇制胜。

(三) 气排球的竞赛规则简介

气排球竞赛规则与排球规则大致相同,主要区别为:

(1) 场地边线长12米,端线长6.0米(采用羽毛球场地边线长13.40米,端线长6.10米即可)(图11-2-5)。

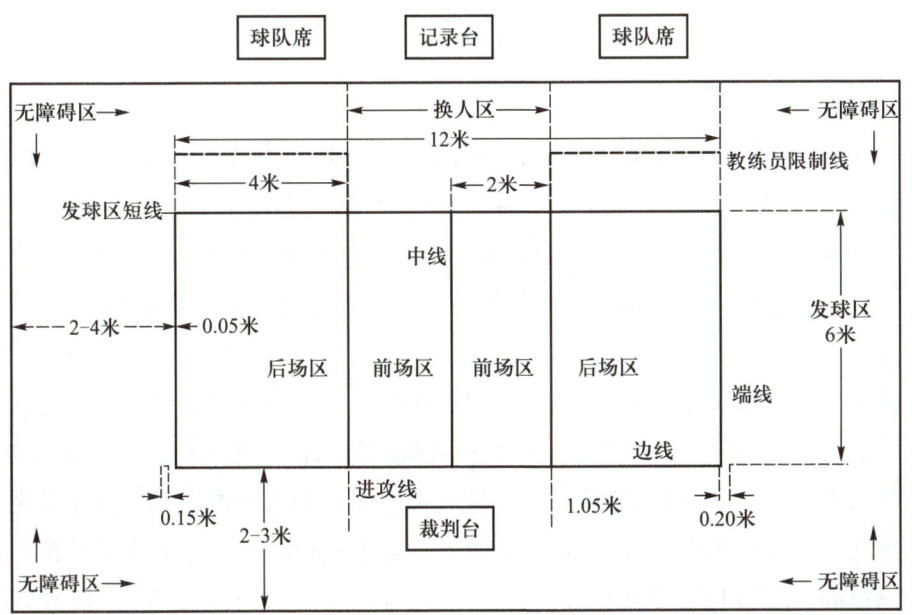

图11-2-5

(2) 球网:男子网高 2.10 米,女子网高 1.90 米。

(3) 球体:球由柔软的塑胶制成,球的周长为 76 厘米、球质量为 110~120 克。

(4) 队员场上位置:每队五名队员进行比赛,分两排站立,前排 3 人,后排两人。前排左边为 4 号位,中间为 3 号位,右边为 2 号位;后排左边为 5 号位,右边为 1 号位(图 11-2-6)。

(5) 发球:第一局由取得发球权的队的 1 号位球员发球,发球队胜 1 球或接发球队取得发球权时,该队队员必须按顺时针方向轮转一个位置,由轮转到 1 号位的队员发球(即每人只能发球 1 次)。发球员必须在裁判鸣哨发球后 8 秒内将球发出。

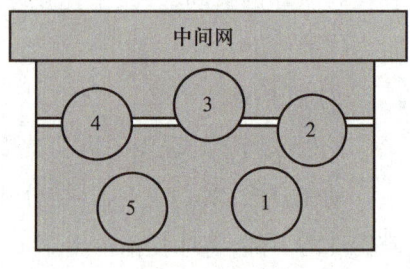

图 11-2-6

(6) 进攻性击球:前场区队员可以进行进攻性击球,但对球的整体高于球网上沿的球不能扣球,只允许传球、顶球、挑球。后排队员也可以在前场区完成进攻性击球,但触球时球的一部分必须低于球网上沿。

(7) 记分方法:比赛采用三局两胜每球得分制。第 1、2 局先得 21 分者为胜一局,当比分为 20∶20 时,先获 21 分的队即胜该局。第三局(决胜局)先得 15 分同时超过对方 2 分的队获胜,当比分为 14∶14 时,比赛继续进行至某个队领先 2 分(16∶14、17∶15)获胜为止。任何一队先得 8 分时交换场地。

第三节　轮滑、跳绳运动、毽球

一、轮滑

(一) 轮滑的起源与发展

在 18 世纪,荷兰一名冰上运动员发现除了冬天,其他季节都不能进行滑冰,这使他非常沮丧,因为他非常喜爱这项运动。直到有一天,他突然产生了一个念头:为什么不能用轮子在陆地上滑呢?于是他急忙跑回家里,用木制线轴做轱辘,用皮带将四个大木头线轴捆绑在皮鞋底下,在平坦的地面上滑来滑去。从此便诞生了用轱辘"滑冰"的轮滑运动。

轮滑运动传入我国的时间在 1930 年前后,当时开展此项运动也仅限于上海、广州、香港等沿海城市。1980 年,中国轮滑协会成立,并同时加入国际轮滑联合会。全国各地相继修建了轮滑场馆。从此,我国的轮滑运动进入了一个蓬勃发展的时期。由于轮滑具有速度的快感和令人炫目的花样技巧,特别受到青少年的欢迎。近几年我国的轮滑运动技术水平飞速提高,还出现了极限轮滑,更是将速度、旋转、翻腾等技巧融为一体,展现了这项时髦运动的风采。

轮滑是一项休闲运动，但同时也是竞技项目，随着它的不断完善，目前已形成多项轮滑竞技项目。现代轮滑运动分为速度轮滑、花样轮滑和轮滑球3大项。

(二) 轮滑的分类

1. 极限轮滑

极限轮滑也叫特技直排轮，玩极限轮滑的人被称为 Rollerblading。极限轮滑受到年轻人的追捧，主要分为街式和专业场地，专业场地分道具赛和半管（"U"形池）。

2. 速度轮滑

速度轮滑是以单排、双排轮滑鞋为比赛工具的竞赛项目，分场地跑道比赛和公路比赛两种。世界锦标赛场地跑道正式比赛距离为：300米计时赛，500米淘汰赛，1 000米、5 000米、10 000米积分赛，20 000米积分赛；公路比赛包括女子21千米半程马拉松赛、男子42千米马拉松赛。跑道赛场地跑道像自行车场一样呈盆形。

3. 花样轮滑

花样轮滑分为规定图形滑、自由滑、双人滑和双人舞4个项目。比赛在不小于50米长、25米宽的场地上进行。参赛各队每项比赛可以参加3人，男女总计12人。根据动作的难易程度、舞姿的优美程度打分确定胜方。

4. 轮滑球

轮滑球看上去像是冰球和曲棍球的结合体，打法同冰球打法相似，比赛两队各上场5人，其中1名为守门员。运动员脚穿轮滑鞋，手执长91~114厘米的木制球杆在一块长22米，宽12.35米的长方形水泥质或花岗石硬质地面球场上进行比赛。运动员可以传球、运球，通过配合把球攻入对方球门为得1分，得分多者为优胜队。球门高1.05米，宽1.54米，分置于球场两端线的中间。比赛用球形如棒球，重量为155.925克。每场比赛分两局进行，每局20分钟。

5. 极限运动和技巧

极限运动和技巧利用"U"形台、滑竿等做各种各样的惊险、复杂技巧表演动作，分街道赛和半管赛，它也是轮滑竞技项目中最吸引人的一项。

6. 休闲轮滑

休闲轮滑以休闲健身为目的，穿着单排轮滑鞋，在各种场地、环境中无拘无束进行各种滑法。最主要的活动是"刷街"，慢慢滑行，浏览着街景，沐浴着阳光，呼吸着新鲜空气，身心放松。

7. 自由式轮滑

自由式轮滑中最有代表性的就是过桩的平地花式。不同于花样轮滑（一般是指双排轮滑），平地花式讲究过桩时的花式技巧，同时也要有全身性的节奏感，具有非常高的观赏性。

> **轮滑的主要项目**
>
> 轮滑的主要项目有双排花样轮滑、单排花样轮滑、速度轮滑(直排)、轮滑球(直排为主)、极限轮滑(街区和"U"形池)、轮舞、自由轮滑(休闲与野街)、平地花式(速度过桩、花式过桩、平地刹停)、速降、跳高(平地、抛台)。在世界各地的参与者中,有热衷于其中一项的,也有参与其中几项的。虽说都是轮滑,但不同项目给参与者带来的感觉不同。

(三) 轮滑基本练习方法

1. 平衡练习

(1) 原地踏步。练习静平衡,熟悉轮滑鞋的性能。

(2) 练习平衡。用互助法和扶助法练习平衡,两个人相互扶助或双手扶住身边的其他物体,前后左右移动,练习平衡技术。

(3) 借助外力练习平衡。可以通过对静止物体的反作用力使自己滑动,或让别人用力将自己推动,也可以抓住正在移动的人或其他物体,使自己前进或后退。

(4) 单脚支撑平衡。在掌握原地踏步基础上,保持原来姿势,手扶栏杆或同伴,将重心移至一条腿上,另一腿向侧伸出再收回成开始姿势,换脚重复以上动作。

(5) 模仿滑行姿势的蹲起练习。正确的滑跑姿势是,上体前倾接近水平,肩背稍高于臀部,腿部弯曲,上体与地面成15°~20°角,大腿和小腿成90°~110°角,踝关节成50°~70°角,两手互握放于背后或在体侧自然摆动,头部自然抬起,眼向前看5~10米处。

(6) "八"字行走练习。两脚成外"八"字站立,保持好站立的姿势,重心移至左脚上,右脚向前迈一小步,重心随之移至右脚上,然后抬左脚向前迈一步,重心随着移至左腿上,重复上述练习。

(7) 交叉步行走。原地站立,先将重心移至左腿上,收右腿,向左腿前外侧迈步交叉姿势,重心随着移至右腿上,接着收左腿左侧跨一步成开始姿势,反复练习。

2. 直道滑行练习

(1) 单脚蹬地双脚滑行练习。右脚用内刃蹬地,将重心推送至向前滑行的左腿上,右脚蹬地后迅速与左腿并拢成两脚滑行。接着用左脚蹬地,将重心推送至向前滑行的右腿上,左脚蹬地后迅速与右腿并拢成两脚滑行。

(2) 单脚蹬地单脚滑行。上体前倾,两臂自然下垂,两脚稍分开,成外"八"字站立,重心移至右腿上,用右脚内侧轮蹬地,左脚用力向前滑出,随着蹬地动作结束,把重心推送至左腿上,左腿成半蹲姿势支撑惯性滑行,接着向前收右腿,同时左脚蹬地,随左腿蹬地运作结束,把重心推送至成半蹲支撑惯性滑行的右腿上。反复进行。

(3) 初步体会直道滑行方法。上体前倾,肩背稍高于臀部,两手互握放于背后或自然摆动,腿部弯曲,上体与地面成15°~20°角,膝关节成90°~110°角,踝关节成50°~70°角。保持这种姿势做单脚蹬地、单脚支撑惯性滑行练习。

（4）直道滑行的摆臂动作。两臂要顺着身体纵轴前后加速摆动，当两臂向上摆动时，可增加蹬地腿的蹬地力量。同时，两臂摆动越快，身体重心的移动也越快。所以，要提高滑动的频率，就必须减小摆臂的幅度，加快摆臂的频率。

3. 弯道滑行练习

弯道滑行技术和直道滑行技术有明显的区别。弯道滑行技术的特点在于练习者用交叉步滑行。由于向心力的作用，上体不仅前倾，而且还要向左倾。

（1）左脚支撑、右脚连续蹬地滑行。从站立姿势开始，左脚用外侧轮支蹬地后迅速与右脚并拢，接着右脚再做一次蹬地动作，左脚继续做向前、向外的曲线滑行。

（2）在圆弧做不连贯的交叉步滑行。在圆弧上用直线滑行步法，中间插入弯道交叉步。当左脚有稳定的平衡时，右脚向左脚左侧前方迈一小步；只要右脚有短暂的滑行之后，左脚就迅速从右腿后方收回，同时右脚蹬地左脚直线滑进。重复上述动作。

4. 停止法

在滑行中，有时需要及时停止滑行，所以在初步掌握滑行基本动作的同时，就要学会停止滑行的方法。常用的停止法有"T"形停止法和双脚急停法。

（1）"T"形停止法。在向前滑行中，将重心放在右脚上，右膝弯曲，同时将左脚横放在右脚后，两脚成"T"形，然后以左脚四轮的侧面摩擦地面，减缓滑行速度，直到停止滑行。

（2）双脚急停法。在向前滑行中，两脚并拢，两脚同时向逆时针方向（或顺时针方向）转体90°，右脚以内侧轮、左脚以外侧轮压紧地面，同时屈膝后坐，上体前倾，身体向左（右）倾倒，两臂前伸，两脚用力压紧地面，就会停止滑行。

（3）脚跟停止法。在慢速滑行时将有制动胶的脚前伸，脚尖抬起使后跟的制动胶着地，前腿用适当力量压地，使制动胶与地面摩擦，逐渐减速而停止。

二、跳绳运动

（一）跳绳起源与发展

跳绳是一项广泛流传于我国民间的体育活动，早在一千多年前的唐代就有这项活动。据记载，唐朝称跳绳为"透索"，每年八月十五以透索为戏。明朝《帝京景物略》中就有关于跳绳的记载，称跳绳为"跳白索"。"二童子引索略地，如白光轮，一童跳光中，曰跳白索"。这段话的意思是二童摇绳配合得很熟练，把长绳摇得犹如一轮白色光轮，在中间跳绳的孩童就好像在光轮中跳。非常形象地将两人摇长绳，一人中间跳绳的情景描述下来。清朝出版的《有益游戏图说》中也有跳绳活动的记述，那时称跳绳为绳飞，可见跳绳活动在我国源远流长，历史悠久。

（二）跳绳运动对身体锻炼的价值

跳绳，是一种以四肢肌肉活动为主的全身运动，两脚跳跃，两腕旋转，肩带、腰、腹、臀部、大腿、小腿直至脚部等各关节都参加活动。近年来不管是学校体育教学或大众体育健身等方面,重视和提倡跳绳运动的人越来越多,尤其受学生的喜爱,跳绳对青少年身心健康具有独特的作用。因此,在新课程标准的学习领域中,特别提出用跳绳练习的活动形式,发展学生体能,增强跳跃能力。经常练习跳绳,对于促进学生运动器官的发育和内脏机能的发展有重要的作用,尤其对发展弹跳力和提高速度、耐力等身体素质具有显著的效果。跳绳还可消耗腹部脂肪,并且由于弹跳刺激大脑,可增强脑细胞活力,提高思维反应能力,增强身体的灵活性和协调性。

(三)跳绳的基本技术

1. 单人基本跳绳法

单人跳绳法包含单摇跳、前摇跳、后摇跳;双脚跳、并脚跳、开合跳;单脚交换跳、普通摇绳跳、交叉摇绳跳;花样跳绳法:正摇跳和反摇跳互换;正、反摇交叉腿跳;正打腿跳、侧打腿跳;正、反摇编花跳;正、反摇蹲跳;行进间跑跳等跳法。

摇绳一回环(一周圈)跳跃一次的配合动作叫单摇跳。单摇跳是单人跳绳中的一种,是比较容易掌握的跳绳方法。

(1) 正、反摇双脚跳

正摇双脚跳:两手握绳,两臂自然弯曲,上臂和前臂约呈120°,绳放于体后。两手腕用力一致,配合前臂发力,由体后向体前摇绳,称正摇(相反,绳由体前向体后摇称为反摇)。绳从身后摇至体前,当绳刚一触地时,两脚立刻同时跳起,待绳通过脚下后,两脚同时落地。落地时稍屈膝,作缓冲,并准备再蹬地跳起。绳连续摇转,当绳从体后往体前转一周再到脚下时,双脚同时再跳起,让绳通过。如此跳跃一次,摇绳围周身转一回环,叫正摇双脚跳。

反摇双脚跳:两手握绳,放于体前。两手腕配合用力反摇绳,当绳从体前经头上向体后摇转触地时,两脚同时跳起,使绳通过。动作与正摇相同,唯摇绳方向不同(图11-3-1)。

(2) 正、反摇两脚交换跳

其预备姿势和摇绳的方法与正摇双脚跳相同。但不是用双脚跳。而是用左右脚轮流交替跳,即原地跑步跳绳。也可以进行向前跑步跳绳,跑两步跳一次绳,称为跳绳跑。

图 11-3-1 正、反摇双脚跳

原地跳绳跑应注意小腿不要后摆。单摇快速跳时多采用这种方法,因为双脚快速齐跳时,两腿始终处于紧张状态,而两脚交换跳则不然,是用两脚交换轮流蹬地,从而两腿交替得到休息,能跳得较持久。快速跳绳时用绳越短越好(图11-3-2)。

(3) 正、反摇单脚跳

正摇绳或反摇绳,一脚悬空抬起,另一只脚支撑连续跳,称为正、反摇单脚跳。练习时先练习较有力量的一只脚,熟练后两脚交替练习(图11-3-3)。

图 11-3-2　正、反摇两脚交换跳　　　　　图 11-3-3　正、反摇单脚跳

（4）正、反摇高抬腿跳

正、反摇高抬腿跳时要注意，上体保持正直，屈膝高抬腿，大腿抬平或高于水平面。支撑腿要伸直，用力下压蹬地，不要有挺腹和臀部后坐的错误动作。高抬腿跳绳也可以行进间做，但步幅不宜过大，抬腿的频率越快越好。正、反摇高抬腿跳绳的运动量比较大（图 11-3-4）。

（5）正、反摇前踢腿跳

正、反摇两脚交换跳时，脚蹬离地面后绷紧脚面，向前踢腿跳。也可以向前异侧方向踢腿跳（图 11-3-5）。

图 11-3-4　正、反摇高抬腿跳　　　　　图 11-3-5　正、反摇前踢腿跳

（6）正、反摇交叉脚跳

正摇绳或反摇绳，两脚同时跳起，落地时，两脚左右交叉着地，也可以前后交叉落地，如交叉幅度较大，并且摇绳慢些，就可以变成弓步跳绳动作（图 11-3-6）。

（7）打脚跳

正打脚跳：两脚左右开立预备，正摇跳起在空中时两脚相碰，即迅速做打脚的动作，然后再左右分开落地。依次连续摇跳。可先练习左右开合跳（即分脚跳起，并脚落地），熟练以后在空中完成打脚的动作。跳起腾空时还可以连续打脚两次或三次后再落地。

侧打脚跳：左腿支撑，右腿向右侧摆起预备。正摇，第一摇跳起在空中时，左腿向右摆起并打右脚，绳过脚后，仍是左脚落地支撑。第二摇变为右腿支撑跳，即右脚跳起在空中打左脚（图 11-3-7）。

图 11-3-6　正、反摇交叉脚跳

图 11-3-7　打脚跳

按以上方法连续摇跳,跳起后在空中完成两侧打脚动作。打脚时注意保持身体平衡,用力不要过猛。同时要注意摇与跳的协调配合。侧打脚时身体可稍向异侧倾斜。这种跳法比较难,应先练习不用绳的模仿动作,而后再配合摇做侧打腿跳绳。

2. 单人花式跳绳法

(1) 正、反摇换把跳

换把跳绳时,摇绳速度要慢,换把要快。正或反摇跳,当绳摇在头上时,两手迅速交换绳把,反摇跳时,绳刚过脚下,两手在体前就可开始交换绳把。无论是正摇还是反摇跳,均可跳一次换绳把一次。初练时,也可以每跳三次(或五次)换把一次,每跳两次换一次把,最后过渡到跳一次一换把(图 11-3-8)。

(2) 正摇跳和反摇跳互换

① 用摆绳法交换

正摇跳变反摇跳:跳绳者原地跳,不变方向,靠两手在体侧摆绳的方式变为反摇绳。

图 11-3-8　正、反摇换把跳

正摇跳若干次后,当绳从体后再摇转到最高点时(即绳在头上时),两手顺势(但不要太用力)引绳向体侧(或向左或右)摆去,绳经体前或体侧落下,此时双手不要用力,由于惯性,绳在体侧会继续向上,到无力时自然会落下来,这时两手顺势(要用力)引绳从身体左右侧下方向正上方摇转,两手左右要分开,使绳转至头上,当绳经头上摇至体后下方时就跳起,这时已变成反摇跳,完成正摇跳变反摇跳的动作。

反摇跳变正摇跳:跳绳者原地跳,不变方向,靠两手在体前摆绳的方式把反摇绳变成正摇绳。

反摇跳若干次后,两手不再继续用力摇绳,绳从脚下至体侧前惯性上升,由于不再用力摇,待绳转到无力时必然下落,这时两手顺势向下向后摇绳,绳从体前摇向脚下,双脚跳起,让绳从脚下通过,这时已变成正摇跳,完成了反摇跳变正摇跳的动作。

② 用转体法互换

正摇跳变反摇跳:跳绳者正摇跳,绳从身后向上升起,当绳快至最高点时,两手也随之上举过头,同时用力向后做转体的动作,绳在空中继续转动,只是因为身体转动了一百八十度,因而摇绳的方向也随之变换了,自然地转成了反摇绳,绳摇转至脚下时跳过,即完成了正摇跳变反摇跳的动作。

反摇跳变正摇跳:反摇跳后,两手随绳上升而上举,同时做向后转体的动作,绳在空中继续不停地转动着,因为转体180°,因而变成了正摇绳,当绳从体前降到脚下时,跳过,成为正摇跳,即完成了反摇跳变正摇跳的动作。

③用摆绳加转体法使正摇跳变反摇跳

正摇跳后,绳从体后到头上,当绳在体前下降时,两手顺势引绳向右侧(向左侧也可以)摆去,同时身体从引绳的同侧向后转体180°,成反摇绳,绳经头上摆到体后,到脚下时跳起来,使正摇跳变反摇跳。

(3)正、反摇编花跳

①活编花跳

先正摇跳,注意两臂分开摇绳,摇跳一次,再摇时两臂在体前交叉摇绳,即编花摇法。依次一摇一变换跳叫活编花跳。活编花使用的绳子应比普通摇跳用的绳子长一些,两臂交叉时,要交换上下位置(开始练习可以固定一臂在上一臂下交叉摇绳,这样比较容易)。两臂交叉的时间是从跳过绳即可开始。跳法也可以变化,如两腿交叉,手脚同时交叉跳等。

②固定编花跳

两臂始终在胸前交叉摇绳,靠手腕用力摇绳,初练时可跳得高一些,熟练后也可低跳(图11-3-9)。

(4)正、反摇蹲跳

身体成深蹲姿势跳绳。用绳可稍短些,摇绳时两手分开。可以分腿蹲跳,这样较容易保持身体平衡,熟练后再并腿蹲跳。这种跳绳方式要求腿部肌肉有力量,难度比较大(图11-3-10)。

图11-3-9 正、反摇编花跳　　图11-3-10 正、反摇蹲跳

(5)单摇跳成联合动作

学会各种跳绳法以后,可把几种单摇跳绳法组合在一起,连续跳,如:交叉脚跳绳10次—单脚交换前踢腿跳10次—左脚单脚跳10次—右脚单脚跳10次—单脚交换前踢腿跳

10次—正打脚跳10次。用以上各种单摇跳绳法连续完成50次跳。也可以增减或变换跳绳方法（图11-3-11）。

图11-3-11　单摇跳成联合动作

（四）双摇跳

双摇跳动作是指跳跃一次，摇绳绕周身两回环。双摇跳要在熟练地掌握单摇跳的基础上进行练习。初学双摇跳可采取以下步骤：

（1）先做徒手模仿双摇跳的动作。

（2）跳起时两手做双摇（连续快摇两次）的动作。

（3）单手持绳把（将绳折叠成四股，中间结一扣，握其中一个把）或双手各持一绳把，在体侧练习双摇跳的摇绳方法。体会单摇变双摇的摇绳动作。然后可正式练习双摇跳，开始时用绳稍短些。

1. 正摇双脚双摇跳

这是最普通的双摇跳法，是各种双摇跳的基础。双摇跳的关键在于摇绳与跳两个动作间的配合。跳的成功的关键是前臂手腕配合快速摇绳，但能高跳才更有利于成功。开始跳双摇时，可稍收腹并屈腿，因收腹屈腿有助于增强腾空时间，使绳能顺利通过脚下两次，完成一跳跃两回环的动作。可先跳几个单摇跳，让绳有了初速度，再突然加快摇绳速度，连续快摇两次，同时高跳，很快就能练会一个双摇跳。一般人刚会双摇跳常常是跳完就蹲下，甚至摔倒了。要熟练跳好一个双摇，争取跳完能站住，再练双摇跳接单摇跳。这样反复练习单摇跳接双摇跳、双摇跳接单摇跳，熟练后，就能很快跳两个双摇跳。会两个双摇跳以后，就可以练习连续双摇跳（图11-3-12）。

图11-3-12　正摇双脚双摇跳

跳绳子时注意不要用太长绳子,短一些为好;上体保持正直,不要过分前倾;两手不要在身体侧后方摇绳,应保持在体前侧方。要求双脚同时跳起,同时落地。两脚可稍前后交错地落地,这样有两个优点,一是左右脚的踝骨不易发生摩擦,二是有利于绳顺利通过,也可两脚左右分开一点落地,这样较平稳。待熟练后再提高对姿势的要求。

2. 反摇双脚双摇跳

反摇双脚双摇跳要点和正摇双脚双摇跳基本相同,不同的只是反摇绳子时,要注意使绳每次都要打两次地,这样便于控制起跳时机。反双摇跳所用的绳子要比正摇跳的绳子稍长些。摇绳子时,两臂应向外展开一些。反摇跳有时绳碰脚步后跟还会继续转,容易抽到脸部,应注意保护眼睛。

(五) 跳长绳

跳长绳一般是由两人摇绳,也可以由一人摇(一人摇时,绳的另一端可系在一固定物上)。根据练习者所在的方向,又分为"正摇"和"反摇"。向练习者方向摇转的称为"正摇";向练习者相反的方向摇转的为"反摇"。还有转圈跳;"8"字跳长绳;跑长绳。根据绳数量的多少又分跳单绳、跳双绳和混合跳。跳长绳一般是集体跳绳项目,两人摇绳,绳中间一人或数人跳,跳长绳的花样变化较多,可由摇跳一条长绳增加到摇二、三、四、五条长绳,或更多的长绳,也可在长绳中加短绳等。

1. 单人跳单绳

单人跳单绳是指两人摇一根长绳,练习者在一根绳子上做各种动作,主要有跑过、跳过两种形式。

跑过是指绳子摇转后练习者迅速由绳下跑过,两脚不越过绳。是当绳子由最高点向着练习者这边往下摇时,练习者在绳摇到与头齐高时,从绳前或绳后跑过。

跳过是指练习者跑入并跳过摇转的绳子。双脚步跳过一次摇转的绳子后跑出为跳过,双脚跳过绳子两次以上为连跳。方法是练习者在绳子的左(右)侧站立,当摇转的绳着地后,立即跑入,当绳再接近腿部时,脚跳起越过绳子。

(1) 原地跳长绳

原地跳长绳是跳绳者预先站到跳绳位置上,摇绳者从静止绳开始摇起,当绳摇至跳绳人脚下时,跳绳的人跳过绳。集体跳长绳时通常是跳绳人站在两摇绳人的中间,或在绳的一侧,成一路纵队,面向一侧的摇绳人。开始可有一人发令,摇绳人一齐向同一方向摇绳,跳绳者应一齐原地跳起,让绳子通过脚下。摇绳者连续不断地摇绳,跳绳者连续不断地跳,跳到失败或达到规定次数为止。此种跳绳方法俗称跳死绳,可用双脚齐跳,也可用单脚跳,或双脚交换跳。初学跳长绳时,可以先学跳地绳,跳拉绳、跳摆绳。再学原地跳长绳,跑动跳长绳。

① 跳地绳

跳地绳时先准备长绳一条,拉直,平放在地上,或以杆代绳,也可以在地上画一条直线,以线当绳。跳绳的人越绳左右跳过,或按"8"字的路线跑动,练习跳地绳(图11-3-13)。

图 11-3-13　跳地绳

② 跳拉绳

也可以二人把绳拉直,绳离地面约 10 厘米高,跳绳者跑"8"字。绳距地面有一定高度,比跳地绳稍难。绳的高低可灵活掌握(图 11-3-14)。

图 11-3-14　跳拉绳

③ 跳摆绳

二人持绳沿地面左右摇动,跳绳者跳过左右摆动的绳,绳向两侧摆起不要过高,最高摆至跳绳者的腰际。跳摆绳,是跳绳者的基础练习。熟练跳摆绳后就可以开始练习原地跳长绳了。

(2) 上活绳

① 正绳(当绳摇转向跳绳人时,绳是从上向下转的,称为正绳)

上绳法:上绳位置一般是跳绳的人站在任一摇绳者体侧,靠近绳转区。趁绳打地之后摇至远离跳绳者一侧之机,快步跑到两个摇绳者中间,当绳摇转到脚下时,跳起让绳通过。

② 反绳

当绳摇转向跳绳人时,是从下向上摇转的,称为反绳。当绳从面部向上摇转时开始上绳,一般情况是跑二至三步到两个摇绳人的中间,待绳落到脚下时,跳起让绳通过(图 11-3-15)。

为了使初学者很快地学会跳长绳和上绳,用一条较粗的绳子(如拔河绳子)用来做示范讲解摇绳和跳长绳的要领。教学时可把粗绳子弯成一条摇起来的绳子样的弧形状,而后两个摇绳人象摇绳子一样,慢速摇转绳子,可根据讲解和练习的需要,将粗绳子在空中任一位置停住。如练习上正绳,当摇绳人把绳由上而下转到跳绳人头下时,使绳停在空中。这时可

正绳　　　　　　　　　　反绳

图 11-3-15　跳活绳

以喊："上绳"，听到口令后，摇绳人继续摇转粗绳子，上绳人要立即跟随粗绳转动方向向前跑去，跑到两个摇绳人的中间停住，而粗绳继续转动。待粗绳转了一回环再转下来时，跳绳人跳过粗绳。用上述方法也可以讲解示范反跳绳。用粗拔河绳当跳绳，讲解示范非常方便，可以缩短学习跳绳的进程。

(3) 斜面、正面上绳法

① 斜面跑入上正(反)绳

跳绳人站在任一摇绳人的一侧，上正绳或反绳，上绳后(或跳到规定的次数)，迅速向另一个摇绳人的一侧跑出绳转区，即下绳。

② 正面跑入跳正(反)绳

跳绳人在两个摇绳人中间的垂直延长线上，用上正绳或上反绳法上绳，跳一次或若干次后向前跑出(图 11-3-16)。

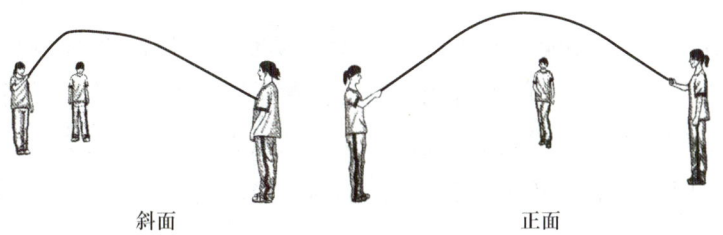

斜面　　　　　　　正面

图 11-3-16　斜面、正面上绳法

(4) 快速跳长绳

① 快速跳

由原地开始，跳固定绳(死绳)。两人摇绳，一人上活绳，先做三次慢摇绳跳，第四次开始快速摇绳，跳绳人随绳快跳。直到跳失败为止，或规定跳的次数，如跳五十次下绳，完成后停绳，摇绳人与跳绳人互相轮换练习。

② 快慢跳(变速跳)

两个摇绳人开始慢摇绳，跳绳人上活绳，跳三次为准备动作，而后，摇绳人开始有快有慢地随意变换摇绳速度。要求跳绳人精神集中，反应快速，动作灵活，根据绳速的变换，及时改变跳绳的速度。开始练习时，摇绳人应根据跳绳人的技术水平适当控制摇绳速度。这种跳法运动量较大。

(5) 行进间跳长绳

行进间跳长绳,边摇边跳向同一方向行进(纵向或横向)。练习者随绳边跳边移动,摇绳者可随时改变移动方向,练习者必须随绳变换方向,变向后继续边跳边移动。

(6) 跳绳跳高

跳上绳后,先在绳中间跳,然后向前移动,跳绳人移动到离摇绳人越近,要求跳得越高。摇绳人摇绳的速度要均匀(图11-3-17)。

图 11-3-17　跳绳跳高

(7) 长绳双摇跳

跳上绳后,先跳三次单摇跳,而后,跳绳人高跳,摇绳人加快摇绳速度,使绳连续两次通过跳绳人脚下,即长绳双摇跳。开始练习时,可用较轻细、较短的绳。这种跳法要求跳绳人具备较好的弹跳力,以及跳绳人和两个摇绳人之间的密切配合。

2. 众人齐跳

众人齐跳可用六米左右的长绳,约二十个跳绳人原地站成几排,开始摇绳时,先由摇绳人发出信号,当绳快转至脚下时众人齐跳。最好用垫跳法跳绳。跳失败者被淘汰,其余的重新开始跳,直至淘汰到只剩三人时结束。摇绳速度开始应慢些,摇绳范围要大。距离摇绳人较近的跳绳人应快些跳。众人齐跳也可以上活绳,可以分批一排排上绳,动作要协调统一(图11-3-18)。

图 11-3-18　众人齐跳

3. 跑长绳

把两条长绳接在一起叫加长。由于绳变得较长而重,摇绳的人需要用更大的力量才能摇好;由于绳变长,跳绳人跑跳距离也就较长。因此,跑长绳的运动量较大,而且跳绳的人越少运动量越大(图11-3-19)。

图 11-3-19　跑长绳

做这种跳绳时,如果场地大,还可以再接一条或两条长绳,变成更长的一条长绳进行摇跳。如果使用的是无把绳,可将绳绕在手上摇动,不过这样会越摇绕得越紧,手会被勒得很痛。可把绳端拴一根圆木棍,将绳夹在食指和中指中间握住圆木棍(拳式握法)这样摇起绳来就省力了。跳绳人需要顺着摇动的绳子边跑边跳,也可以相对进行跑动,在绳子中间错位、交叉跑进,增加跑跳绳的趣味性。

三、毽球

(一) 毽球起源发展

毽球(又称踢毽子)在我国流传久远,是优秀的民族传统体育文化。据历史文献和出土文物证明,踢毽子起源于我国汉代,汉代的画像砖上已记载有踢毽子的图像。唐宋时期,踢毽子的花样和技巧已经有了很大进步。宋代高承在《事物纪原》中记载:"今时小儿以铅锡为钱,装以鸡羽,呼之为毽子,三、四成群走踢,有里外廉、拖枪耸膝、突肚、佛顶珠、剪刀、拐子诸名色。"明清时期,踢毽子进一步发展,关于踢毽子的记载也就更多了。我国历史上有名的散文学家、明代进士刘侗在《帝京景物略》中写道:"杨柳儿青放空锤,杨柳儿死踢毽子。"到了20世纪三十年代,涌现出了一批全国闻名的踢毽能手,使踢毽技术得到了更大提高,各种踢法丰富多彩,高难翻新的动作层出不穷,不同风格争奇斗胜,使观者眼花缭乱,惊叹不已,使我国传统的踢毽运动日趋完善。但是,此后踢毽子运动衰落了,直到中华人民共和国成立后,这项民族传统体育运动才逐渐得到了恢复和发展。1963年,踢毽子同跳绳等运动一起,被列入国家提倡开展的体育活动,踢毽子运动还被编入了体育教材。

(二) 踢毽子动作方法

我国各地踢毽球有不同的风格,名称也不尽相同,一般来说,毽球分为两种。一种,毽球的羽毛短小,底托较重,踢起的毽球,上下飞舞速度较快,其踢法特点是刚劲,动作要求小巧,掌握起来较难一些,此种毽球主要在我国北方广大地区流行。另一种,毽球的羽毛长大,底托较轻,踢起的毽球,上下飞舞速度较慢,其踢法特点是柔软,动作要求开阔、潇洒漂亮,掌握起来较为容易,这种毽球在我国南方流传较广。基本踢法都是:盘踢(足内侧踢)、磕踢(膝盖踢)、拐踢(足外侧踢)、绷踢(用足尖外三趾踢)四种踢法,是踢毽子的基本功。

四种踢法之间有着密切的联系，盘踢是踢毽入门的基础，没有很好的盘踢基础，其他一切踢法都是无法练习的。磕踢是盘踢的变化和提高，并对盘踢起辅助作用。通过反复练习，逐渐形成磕踢弥补盘踢的不足、盘踢促进磕踢的提高方式，同时使用磕踢的花样踢法也有很多变化。因此，这两种踢法都是不可缺少的。拐踢是用足外侧在体侧踢，能起到周转四面八方的作用。在练习踢毽时难免有人踢出飞行的毽球和离身体较远的毽球，这时盘踢、磕踢都无济于事，拐踢可横而求直、远而使返，起到全面照顾的作用。

常见的踢毽方法有：平踢、盘踢、拐踢、蹲踢、抹踢、蹦踢、磕踢、绷踢、砸踢、落踢等；常见的踢毽方式有：单脚踢、双脚踢、脚尖踢、脚内侧踢、脚外侧踢等。还有里接、外落、钓鱼、跳盘踢、钻圈、前蹦儿、后蹦儿、跳儿、项珠、上肩、上背和弹肘等。

1. 基本踢法

(1) 平踢

平踢是基本的踢毽动作，平踢时左腿站立支撑，右腿屈膝外展，小腿向侧上方摆腿，用脚的中间部位将毽球向上踢起，脚落地，等待毽子下落到膝盖以下高度时，再抬脚将毽球向上踢起，依次进行。无论哪种方式，踢的次数越多越好，时间越长越好，不要轻易地失误。

(2) 盘踢

盘踢，就是用足内侧将毽球在体前踢起。膝关节带动大腿自然向外翻转，使脚尖、足跟与支撑腿在一条直线上，脚内侧绷平，脚跟与支撑腿保持一脚距离左右，上体保持正直，髋关节放松，两臂自然下垂，发力点是用踝关节带动小腿向上发力，用脚弓处击毽，高度在支撑腿的二分之一至三分之一处（图 11-3-20）。

(3) 磕踢

磕踢，就是用膝关节将毽球在体前磕起。抬起右腿，与上体保持 90°角，小腿自然下垂，脚尖略微指地，发力时，用膝关节带动大腿向上摆动，上体保持正直，两肩与髋关节要放松，两臂自然下垂在身体两侧。磕起的毽球向体外翻转（图 11-3-21）。

(4) 拐踢

拐踢，就是用足外侧将毽球在体侧踢起。将右腿向体外抬起，膝关节向内扣，踝关节带动小腿向斜后上方摆动，足尖略勾，足外侧绷平，踝关节紧张，上体正直，髋关节自然放松，击毽点在支撑腿二分之一至三分之一处。

双脚连续拐踢时，右脚将毽球击起后，落地同时，脚尖外展，与左脚成八字状，左腿跟上，两脚成平行状，再将毽球踢起，落地时，膝关节外展，两脚成八字状，右脚跟上，两脚成平行状，将毽球踢起，连续进行（图 11-3-22）。

(5) 绷踢

绷踢，就是用脚面的外三趾将毽球在体前踢起。大腿略抬起，膝关节放松，踝关节紧张，收小腿，当毽球下落至离地 20~30 厘米处时，踝关节带动小腿向上发力，用足的外三趾撞击毽子，将毽子踢起。击毽时，重心略向前倾（图 11-3-23）。

 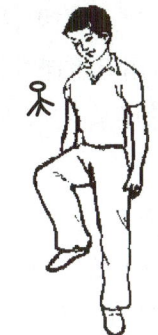  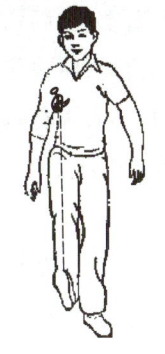

图 11-3-20 盘踢　　图 11-3-21 磕踢　　图 11-3-22 拐踢　　图 11-3-23 绷踢

(6)（鞋底）后勾

后勾,就是将毽球抛向身体右后方,上体略向前倾,左腿屈膝呈半蹲状,重心在左脚上,当毽球下落到适当高度时,右腿屈膝后摆,脚尖向后伸直,用脚底将毽球踢起,踢完后脚尖轻轻着地一次,再踢第二次（图 11-3-24）。

(7) 地拐

地拐,就是把毽子向身体左侧方抛起,当毽球下落时,左腿稍屈膝,右脚内翻从左腿后面摆向左侧,用右脚内侧接踢毽球。踢完后,右脚落地一次准备做第二次接踢（图 11-3-25）。

(8) 剪绷

剪绷就是将毽球抛向身体左侧,当毽球下落到适当高度时,左腿稍弯曲,右腿从左腿后面伸向左前方,用右脚尖将毽球踢向空中（图 11-3-26）。

(9) 缠绕踢毽

缠绕踢毽,就是踢毽脚的踝关节在空中围绕毽球转一周后,再用绷踢将毽球踢起（图 11-3-27）。

图 11-3-24 后勾　　图 11-3-25 地拐　　图 11-3-26 剪绷　　图 11-3-27 缠绕踢毽

2. 跳踢

(1) 打

打毽,也称交踢,是跳起后两腿交叉加脚内侧上摆击毽的动作。预备时身体略向左转,左臂摆向侧后方,右臂自然摆动,将毽球抛向或踢向身体左侧,等毽球下落到适当高度时,左脚蹬地,屈膝跳起,在空中稍摆向右侧,同时右脚也用力蹬地跳起,在空中屈膝从左腿后面摆向左侧,用右脚内侧将毽球踢起。踢完毽球后,左脚在体前落地,右脚随之落地,准备踢第二次(图11-3-28)。

(2) 跪

"跪"动作开始时将毽球踢向身体左侧,当毽球下落到与腰同高时,左脚蹬地跳起,在空中左腿屈膝,小腿尽量贴紧大腿,左腿在空中呈跪状,右脚蹬地跳起后,在空中从左小腿下面摆向左侧,用右脚内侧踢毽。踢完后右脚先着地,左脚随之落地(图11-3-29)。

(3) 跨

"跨"动作开始时在体前将毽球垂直抛起,当毽球垂直下落到适当高度时,身体重心移至右腿上,左脚蹬地抬起,左腿自然屈膝向内摆,跨过下落的毽球,同时右脚用力蹬地跳起,屈膝从左腿下面摆向左侧,用脚内侧踢毽,踢完后左脚落地,右脚随之落地(图11-3-30)。

图 11-3-28 打　　　图 11-3-29 跪　　　图 11-3-30 跨

(4) 拉

"拉"指在体前将毽球垂直抛起,当毽球下落到与腰同高时,左脚蹬地抬起,在空中从下落的毽球上方由内向外(向左)侧摆过,右脚用力蹬地跳起,屈膝内摆,用脚内侧将毽球踢向空中。踢完后,左右脚依次落地,准备踢第二次(图11-3-31)。

(5) 双绷

"双绷"指将毽球在体前垂直抛起,当毽子下落时,双腿发力起跳,髋关节、膝关节、踝关节放松,伸平脚面,脚尖发力带动双脚向上摆动,用双脚交接部将毽球踢起(图11-3-32)。

(6) 双拐

"双拐"指将毽球抛起使其从身体右侧下落,当毽球落至与腰同高时,两脚同时用力蹬地跳起屈膝,身体略向右转,左右小腿并拢同时向右外摆,用右脚外侧将毽球踢起(图11-3-33)。

图 11-3-31 拉　　　　图 11-3-32 双绷　　　　图 11-3-33 双拐

3. 停毽

（1）里接

里接是在盘踢的基础上演变而来的。腿抬起时，膝关节带动大腿向外翻转，脚内侧绷平，脚尖与脚跟同支撑腿保持在一条直线上，脚跟与支撑腿一脚距离，踝关节紧张，用足内侧向上追迎下落的毽球，触毽瞬间，小腿迅速向下回撤缓冲，将毽球停在足内侧的脚弓处（图 11-3-34）。

（2）外落

外落是在拐踢的基础上演变而来的。抬腿，膝关节内扣，小腿自然向外伸展，脚跟内收，脚尖勾起，外展，露出脚外三趾，膝关节带动大腿上摆，追迎下落的毽球，接近毽球时，大腿迅速下摆给予毽球缓冲，将毽球停在脚的外三趾趾跟部（图 11-3-35）。

（3）磕落

磕落是磕踢与外落相结合的花样动作。磕踢时，大腿抬起角度与上体略大于90°，小腿略回收，使毽球顺势向前翻转，小腿向前伸展，用脚外三趾上迎下落的毽球，将毽球接住，小腿收至身体斜后方，再将毽球抛起（图 11-3-36）。

 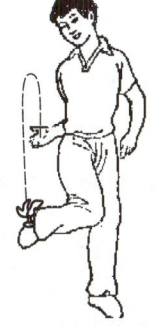 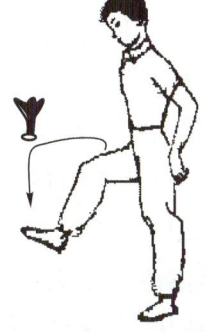

图 11-3-34 里接　　　　图 11-3-35 外落　　　　图 11-3-36 磕落

（4）过鹊桥（担山）

过鹊桥是在外落的基础上，加上身体的转体而完成的。将毽球在体前抛起后，用右脚的外三趾趾跟处将毽球接住,带到身体斜后方,将毽球抛起,高度在肩部左右即可,脚落地时,脚尖内扣,双肩夹紧,向毽球飞行的方向靠,使毽球通过颈右侧,经颈后至左侧下落,用左脚外三趾上迎下落的毽球,将毽子接住(图11-3-37)。

(5) 透腿腕

透腿腕是在里接的基础上演变而来的。用右脚内侧将体前抛起的毽球接住后,脚内侧抬平,带着毽球从左腿右侧经左腿后绕至左腿左侧,绕转时,支撑腿略弯,髋关节顺势扭转,当两脚平行时,踝关节发力,将毽球垂直抛起,左脚迅速用里接的动作将毽球接住。若仍用右脚接毽,右脚与支撑脚约成直角状,这样抛起的毽球就能抛到体前(图11-3-38)。

(6) 油勺

油勺指用各种踢法将毽球在体前垂直踢起,高约同髋关节平齐,当毽子下落时,髋关节、膝关节、踝关节放松,膝关节发力外张,带动大腿自内向外翻转,使小腿从下落的毽球上面一摆而过,用里接的动作将毽球接住(图11-3-39)。

图11-3-37 过鹊桥　　图11-3-38 透腿腕　　图11-3-39 油勺

(7) 缠绕停毽

缠绕停毽指踢毽脚在空中围绕毽球绕一周后用"里接"或"外落"的动作将毽球接住(图11-3-40)。

(8) 脚尖停毽

脚尖停毽指将毽球踢起后,右脚前伸,上体略向前倾,当毽球下落到与膝同高时,立即抬起腿,脚尖绷平,用脚尖将毽球接住,然后用脚尖将毽球挑起,等毽球下落到适当高度时,再用脚尖接住(图11-3-41)。

(9) 鸟登高枝(朝天登)

鸟登高枝又名朝天登。此动作是把毽球踢起后,一脚迅速踢起至头前,成脚掌朝上直立姿势,使毽球落在脚掌上(图11-3-42)。

(10) 过山底

过山底指用绷踢将毽球在体前垂直踢起,高约过头1米以上,眼睛向上看毽球,毽球刚

图 11-3-40　缠绕停毽　　图 11-3-41　脚尖停毽　　图 11-3-42　鸟登高枝

一下降,左腿迅速向前迈出一大步,膝关节微屈,站立不动,同时右腿髋关节放松,踝关节发力,带动小腿向体后上方抬起伸平,绷起脚面,膝关节成僵死状,顶住左腿膝关节后部不动,用脚底将下降的毽球接住(图 11-3-43)。

（11）探海

探海指开始时用脚内侧或脚正面将毽子踢起,上体随即前伸,挺胸抬头,同时右腿尽量向后伸平,两臂侧平举,做成一个探海平衡的姿势,用背部接住下落的毽球。然后,左脚用力蹬伸,使毽球由背部颠起,身体迅速恢复直立,再用脚内侧踢毽,继续同样的动作(图 11-3-44)。

图 11-3-43　过山底

（12）佛顶珠（上前额）

佛顶珠开始时用绷踢将毽球踢起,毽球要踢得比头略高,身体略为下蹲,上体稍向后倾,用前额将毽球接住并稍停,然后用头将毽球向体前抛下,再连续做前面的动作(图 11-3-45)。

图 11-3-44　探海　　　　　　　图 11-3-45　佛顶珠

4. 花样踢法

毽球运动在长期流传过程中,人们还创造了许许多多的花样踢法,使毽球运动成为一种优美的技巧运动。毽球的花样踢法一般分为:接落、绕转、穿插、跳踢、头顶等几个相互关联的部分,并又由这几个部分,分别派生出许多花样。各种花样踢法之间都有着密切的联系,相互演变,而又有层出不穷的变化,动作有大有小,有动有静,有前有后,有左有右,毽球飞来舞去,十分美丽。

各种花样踢法的动作要求和基本规律大体上是一致的,可概括为:"准"是指动作准确,不失误或少失误;"稳"是指一个花样和另一花样之间不能混淆,动作不慌乱;"脆"是指动作要干净利索,不要拖泥带水;"真"是指动作线路要明确、动作来龙去脉要清楚;"恰"指动作的发力和动作的完成恰到好处;"巧"指动作灵活巧妙、美观大方;"变"指踢法变化多端,穿插有致,不单调;"改"指动作偶然失误,能随机应变,有补救的办法,或踢毽时动作不顺势或不顺劲,就要改换其他踢法,不强求;"整"完整无缺,有始有终。

(1) 孔雀摆尾(剪刀)

孔雀摆尾指用右脚内侧将毽球踢起后,脚不落地,右脚从左腿后面伸向左侧,用右脚内侧将毽球踢起,踢完后右脚落地1次(图11-3-46)。

(2) 磕转身(拜四方)

磕转身指将毽球在体前抛起,高约同肩部平齐,左足开始磕踢,左右互换,共4次磕踢,当右腿第四踢时,用力稍大一些,同时向左转体90°,1次到位,不能边转边踢,继续磕踢4次,再向左转体90°,4次转体后,还原成原方向,再磕踢4次,共20次,然后接踢其他花样(图11-3-47)。

(3) 金钱眼(穿花)

金钱眼是指在盘踢的基础上加上手的动作完成的。将毽球盘起,高度在腰部左右,待毽球垂直飞舞,状态稳定后,将手臂伸出平拉回,使毽球上下穿过双手组成的手环(图11-3-48)。

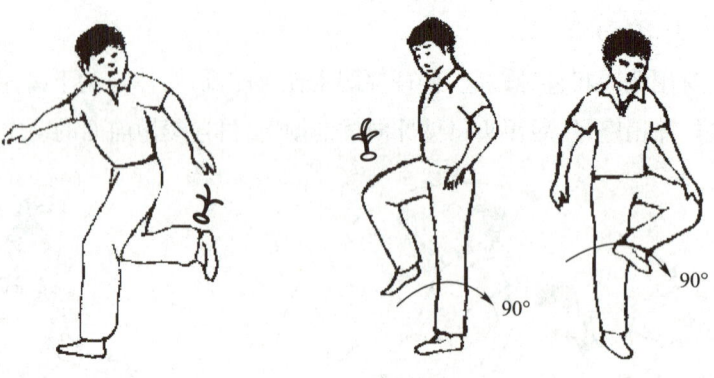

图 11-3-46　孔雀摆尾　　　　图 11-3-47　磕转身

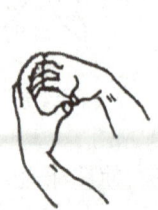  

图 11-3-48　金钱眼

(4) 盘观蝶

盘观蝶这个动作是指在盘踢的基础上加上身体的配合而完成的花样动作。所谓观蝶，就是因当毽球飞起的同时，踢毽的人用眼追逐毽球飞行的轨迹而得名。将毽球在体前抛起，用盘踢将毽球踢起，踢起的高度在前额即可，盘起后，右脚落地的同时，脚尖向外转150°~180°，着地之后，双肩夹紧，带动身体旋转，同时头略向后仰，使毽子从眼前飞过，同时，左腿跟上，脚尖内扣，当毽球滑落至头的右侧的同时，右脚迅速撤回原位，左脚跟上。转体时，重心落在前脚掌上（图11-3-49）。

图11-3-49　盘观蝶

(5) 外落观蝶

外落观蝶是指在外落的基础上，加上身体的转体而完成的。用外落动作接住毽球，将毽球抛起至肩部以上，右脚脚尖内扣，同时双肩夹紧，头略向后仰，用眼追逐毽球，当毽球从眼前撩过，向下滑落的同时，左脚迅速撤回（图11-3-50）。

图11-3-50　外落观蝶

(6) 转蝶（外拐滚脸）

转蝶是指由拐踢加观蝶组成的花样动作。在身体侧面用拐踢将毽球踢起，踢直，高度在额头左右即可，右脚向左前迈一小步，脚尖内扣，同时双肩夹紧，带动身体转体，下腰，同时仰头，眼睛追逐毽球飞行的方向，左腿后撤，右腿还原（图11-3-51）。

(7) 拉燕

拉燕指将毽球停在脚面，髋关节放松，膝关节与踝关节稍紧张，大腿带动小腿向后摆，后

图 11-3-51 转蝶

摆同时,展腰,双肩发力后仰,大腿摆到最大极限时,迅速收小腿绷脚面,同时仰头展肩,借助于腿后摆的惯性,将毽球从体后抛至体前(图 11-3-52)。

(8) 倒打

用绷踢将毽球踢起,约过头 1 米以上,使毽子垂直落向体后,眼睛向上看毽子,当毽子下落到头后时,髋关节、膝关节放松,脚跟部发力,带动小腿向体后上摆,同时绷起脚面,用脚底将下落的毽球踢起,使毽球经体后、头上回到体前(图 11-3-53)。

(9) 捡毽

捡毽指将毽球放在地面上,左脚距毽子约 30 厘米,右髋关节放松,膝关节伸直,右内踝向上,用右后踝对准地面上毽球的羽毛,绷脚面,用脚跟部与鞋的后帮夹住毽球的羽毛。然后,右腿以膝关节为轴,踝关节发力,带动小腿向右后上方摆动,同时膝关节向体内侧扣,当小腿摆至最大限度时,勾足尖,将毽球抛到体前(图 11-3-54)。

图 11-3-52 拉燕　　　图 11-3-53 倒打　　　图 11-3-54 捡毽

第四节　瑜　伽

瑜伽(Yoga)(图 11-4-1)这个词来自梵语词根 yuj,意为联合、加入、结合和束缚,即把人的注意力集中起来加以引导、运用和实施,也有结合或交融的意思。摩诃迪瓦·德赛(Mahadev

Desal)在《甘地谈薄伽梵歌》一书的序言中曾这样写道:"它(瑜伽)意味着对人类的智力、大脑、情感、意志的规范;它还意味着内在宁静,从而使一个人能够均衡地审视生活的所有方面。"同时,瑜伽也被描述为在纷繁事务中所具有的工作智慧或生活艺术,一种和谐相处,适可而止的智慧(图11-4-2)。

图 11-4-1

图 11-4-2

一、瑜伽的历史渊源

瑜伽的渊源古老而久远,几乎所有的学者都认为诸如《薄伽梵歌》《薄伽瓦谭》等瑜伽的古老文献是从不可追忆的远古时代就以师徒间口耳相传的方式代代相传下来,之后被编纂成书。在人类文化历史极早的时期,瑜伽的雏形可能只是人们试着掌握所谓咒法的一种手段。在印度约为公元前2 500年的古代文化遗址出土的文物中就有刻着类似瑜伽姿势图案的制品。古印度吠陀经书(吠陀,梵文写作 Veda,意为真正的知识),内有四部,既有宗教仪轨之学,以悦自然界诸神;复有养生之学,以调体息;更有奥义书,以讲求智慧,启悟自性。这些经书,决定了印度哲学的方向,日后一切瑜伽经典,也莫能离吠陀之经义。

二、瑜伽体位法的来历

关于我们熟知的瑜伽体位法的产生比较流行的说法是很多雪山上修行的圣哲,在冥想的间隙,参照自然万物生灵的特征所创的静态姿势。大家知道,中国著名的华佗五禽戏就是这样发明的。在《哈他瑜伽导论》等古梵文版本书中,只出现了84个体位,而现今坊间流传的姿势据说多达840万个,实则多为后人的演绎。另有一流传甚广的传说,认为瑜伽的创立者是伟大的圣徒和圣人瑞施斯和马哈希斯。他们通过集中精神的力量看到了生命最奥秘的真理,于是他们向大众提供了自身体验的理性解释,使得人们能获得一种实用的、科学的训练方法,让大家沿着真正的生活道路前进,实现最终的目标——天人合一。

19世纪,"印度的现代瑜伽之父"克须那摩却那为了吸引人们对瑜伽的兴趣,开始表演一些瑜伽杂技,后来其弟子将瑜伽带入西方世界,成为风靡一时的健身运动。此后,又出现了以祛病治痛为目的的艾杨格瑜伽。

今天，瑜伽已经完全融入了人类的生活之中，许多印度瑜伽师为发扬瑜伽思想而漂洋过海，向全世界传播这一古老的东方文化和修持技术，使得瑜伽在世界范围内广泛兴起。

三、瑜伽的推广

追踪溯源，佛学在东汉年间进入中国时，"瑜伽"这个词已经进入中国，只是当时所有佛经将瑜伽意译为"相印"。

瑜伽给予练习者最基本的身心协调与均衡。瑜伽是一项理想的预防身体和精神疾病的运动技巧，它可以全面保护身体，逐步培养人的自信和自立。珍爱生命、保持耐心、遵循真理以及坚定意志是修习者练习时不可缺少的品质。因此，修行瑜伽需要全身心的投入，真正的练习者和好的练习方法，绝对不是体式上的机械重复和口头上的说教，从本质上说是对身体每时每刻生命力的实践。

以下坐姿采用印度瑜伽导师 B.K.S 艾杨格的体式，艾杨格被看作是目前在世的全世界最伟大的瑜伽导师，在西方享有盛誉。

（一）坐的姿势

1. 至善坐（图 11-4-3）

（1）坐在地面上，双腿向前伸直。

（2）弯曲左膝，用双手抓住左脚，把左脚脚后跟贴近会阴，左脚脚底抵着右大腿。

（3）再弯曲右腿，把右脚放在左踝上，右脚脚后跟抵着耻骨。把右脚脚底放在左腿大腿和小腿之间。不要把身体放在脚后跟上。

（4）双臂向前伸，手背放在两膝上，掌心朝上。拇指和食指并拢，颈部和头部挺直，视线向内仿佛在注视着自己的鼻尖。

图 11-4-3　至善坐

（5）尽可能保持这个体式，保持背部、颈部和头部挺直，视线向内，仿佛在注视着自己的鼻尖。

（6）松开双脚，放松一会。然后重复这个体式，保持同样的时间。这次先把右脚脚跟贴近会阴，然后再把左脚放在右脚脚踝上。

至善坐的功效

这个体式使趾骨区域保持健康。如莲花式一样，它是所有体式中最为放松的一种。处于坐姿的身体得到了休息，与此同时交叉的双腿和挺直的后背使大脑保持警醒。这个体式也推荐作为呼吸控制和冥想时的体式。从纯身体的角度来看,这个体式对于治疗膝部和踝关节僵硬很有好处。在这个体式中,血液得以在腰部和腹部循环,从而锻炼了脊柱下部区域和腹部器官。

2. 莲花坐(图 11-4-4)

(1) 坐在地面上,两腿伸直,直角坐。

(2) 弯曲右膝,用手抓住右脚使其尽量靠近左大腿的根部,从而使右脚脚跟靠近脐部。

(3) 再弯曲左腿,用手抓住左脚放在右大腿上,尽量靠近右大腿根部,脚跟靠近脐部,脚心翻转向上,这是最基本的莲花坐。

图 11-4-4　莲花坐

(4) 从身体底部到颈部,记住应该始终保持挺直,手臂可以向外伸展,双手放在双膝上,弯曲双手食指和拇指相合,另一种手的放法是在中间,在双腿相交处把一手掌叠放在另一手掌上。

(5) 通过把左脚放在右大腿上,右脚放在左大腿上交换腿部位置,将有助于腿部均衡发展。

莲花坐的功效

在克服了最初的膝部疼痛之后,就会感觉到莲花坐也是比较放松的体式之一。此时身体处于坐姿,在获得休息的同时身体却没有感觉到慵懒。在莲花坐中,交叉的双腿和挺直的背部可使大脑始终保持专注与警醒。因此,这也是练习呼吸控制时的推荐体式之一。

单纯从身体角度来讲,这个体式对于治疗膝关节和踝关节僵硬都有好处。由于促进了腰部和腹部区域的血液循环,因此脊柱和腹部器官也得到增强。

3. 束脚坐(图 11-4-5)

(1) 坐在地面上,两腿向前伸直,直角坐。

(2) 膝关节弯曲膝盖,使双脚贴近躯干。双脚脚跟、脚掌相合,用手抓住双脚脚趾,脚后跟靠近会阴。大腿分开,膝盖放低,直到膝部接触地面。

(3) 手指相扣,牢牢抓住脚趾,脊柱挺直,双眼注视前方或者内视鼻尖,尽可能保持这个体式。

(4) 把肘部抵住大腿下压。呼气,身体前屈,依次把头、鼻子、下颌放在地面上。保持这

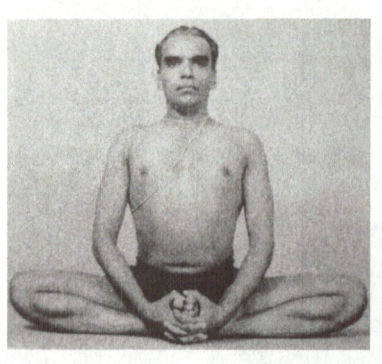
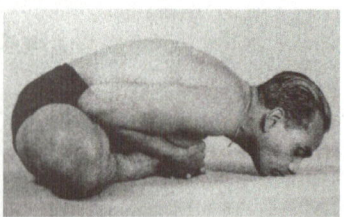

图 11-4-5　束脚坐

个体式 30 秒至 1 分钟，正常呼吸。吸气，躯干从地面抬起，回到第 3 步。然后松开双脚，伸直双腿，放松。

> **束脚坐功效**
>
> 　　这个体式尤其推荐给小便失调的人练习。骨盆和腹部以及背部得到充分的血液供给，并得到刺激。这个体式可以使肾、前列腺和膀胱保持健康。

（二）瑜伽呼吸法的基本要领

瑜伽的呼吸是瑜伽练习的重要部分，也是瑜伽练习能否收到效果的关键所在。呼吸是联系人的生理与精神的纽带，正确的瑜伽练习必须先从呼吸练习开始而不应先从体位法练习开始。

1. 呼吸的要求

在进行呼吸法时，意识必须集中呼吸。在进行瑜伽呼吸法之前，必须通过体位法来锻炼肺、横膈膜、肋间肌和膈肌，以便进行有韵律的呼吸。呼吸变得正确而有韵律之前，意识始终同呼吸成为一体。意识的作用就在于把内在的自我同呼吸、身体联结起来。

在吸气过程中，练功者把自己的脑改变为接受和分配能量流的器官。吸气的时候，不要使腹部鼓起，否则，肺就不能完全扩张。吸气和呼气都不能勉强进行，也不能太快，否则，会加重心脏的负担，引发脑部障碍。

所谓呼气(吐气)，就是把二氧化碳排出体外。呼气时，有意识地提起上胸部，慢慢地、有韵律地排出气体。

2. 吸气的方法

（1）以自己最感舒服的姿势坐定。把胸、浮肋和肚脐提起，伸直脊骨。尽量向下低头，使颈部变柔软。然后进行下颌收束法。

（2）在吸气过程中，胸部向上方和两侧扩张时，切勿向前、后和左右倾斜。不能使横膈膜出现紧张。要把空气深深吸入横膈膜的底部。可以想象从浮肋下，腰的周围开始吸气，这是深吸气的秘诀。

（3）为了顺利地接受吸入的能量，预先处于一种被动的状态是重要的。特别是要使肺内侧的节律与进入空气的流动同步。在肺脏完全发挥机能之前，必须小心翼翼地、一点点地提高肺的肺活量。

（4）在吸气过程中，不能提肩，否则上肺部就得不到完全扩张，颈部也会出现紧张。假如仔细观察一下，则会发现，肩被提起后，要立刻就落下。为了不使肩提起，可以预先抬起胸部。松弛喉部，把舌平放在下颚上，但不能抵到牙齿。要闭眼，并想象它能内视吸气过程，眼球要朝上转动。耳部、脸部的肌肉，前额的皮肤，也要预先松弛。

3. 呼气的方法

（1）调正姿势，其方法参照吸气的1~4点。呼气要缓慢地进行。为此，不能让吸气时抬起的肋间肌和浮肋松弛。否则，很难做到呼气顺畅和缓。

（2）呼气的动作从上胸部开始，因此不要使这部分收回。慢慢地呼气，直到肚脐收缩，气完全呼尽。呼气前，要把脊柱及其左右两侧提起，使全身像扎根于地的树木那样稳固。不能晃动身体，否则会扰乱神经和精神的活动。不要收回胸部，慢慢地、顺畅地呼气。假如气息变得粗而急，那是因为胸部和脊背的回落以及没有注意观察气息的流动。

（3）在吸气过程中，上半身的皮肤趋于紧张。但在呼气过程中，要松弛上半身的皮肤。不过不要使背部的内侧沉落。

第五节 定 向 运 动

一、概述

定向运动是参与者借助地图和指北针，以徒步越野赛跑的形式，按顺序到达地图所标示的各个点标，以最短的时间完成规定赛程的运动项目。它既可以在森林、野外和公园进行，也可以在校园和军营内进行。现如今定向运动已成为一项风靡世界的运动项目。

（一）定向运动的起源与发展

定向运动是由"Orienteering"翻译而来的，目前该项运动在国内有很多汉译词，如野外定向、定向越野、定向越野比赛、越野识图比赛等。近几年来，随着此项运动在我国的普及与推广，定向运动一词渐渐得到业内人士的一致认可，并最终被中国定向运动协会确定为官方名称。

定向运动起源于北欧的瑞典。地处北欧斯堪的纳维亚半岛的瑞典，国土崎岖不平，覆盖着一望无际的森林，散布着无数的湖泊、城镇和村庄，人们主要利用隐现在林中的小径来往于各地。因而人们必须学会并具备精确辨别方向的能力，否则将会有迷失方向的危险。这样地图和指北针就成为人们行走和生活的必需品。生活在半岛上的居民、军队，便成了定向运动的先驱者。

1961年5月,国际定向运动联合会(IOF,以下简称国际定联)在丹麦首都哥本哈根成立,并确定了正式的比赛项目,制定了一系列的比赛规则与技术规范。国际定联的成立,标志着定向运动进入了崭新的发展时期。现在,每两年一次的世界定向锦标赛的影响越来越大。国际军体理事会已将定向运动列为正式比赛项目之一。定向比赛也是国际大学生体育联合会的一个正式比赛项目。

目前,定向运动在我国也初具规模,并且呈现出强劲的发展势头。1992年7月,国际定向运动联合会就批准中国以"中国定向运动委员会"的名义加入该组织,成为该组织正式会员国。1995年"中国定向运动委员会"正式更名为"中国定向运动协会",简称"中国定协"。中国定向运动协会积极推动定向运动在国内的发展,每年在全国范围内组织"全国定向运动锦标赛"和"全国城市定向运动系列赛"。赛事的组织工作与国际惯例接轨,裁判规则与技术标准完全按照国际定向运动联合会颁布的规范实施。

(二) 百米定向介绍

百米定向比赛是由俄罗斯人Mr.Maxim Riabkin最早提出并实现的。所谓的"百米定向"就是在一块100米×50米的场地内进行比赛。在比赛的过程中,观众可以看到运动员比赛的全过程,而且赛场上还伴有音乐。有意思的是运动员可以在出发区得到一张地图,并且在赛前分析地形和做路线选择。起点、终点和比赛区是有严格界限的,因此,以上的这些活动只能在出发区做。未出发的运动员是看不到别的运动员的比赛过程的。在比赛区域内的每一棵树都被标注在图上——非常细致!与此同时,组织者还要另外加上一些"控制旗"以增加比赛的难度。比赛的线路一般为150~400米,设置5~30个点标。预计胜出时间为1~3分钟。

二、定向运动的工具与装备

(一) 地图

地图是定向越野最重要的器材。在定向地图上标有定向越野的路线,一条定向越野路线一般包括一个起点、一个终点和一系列检查点。检查点是用于检验参与者是否按规定跑完了全程。为此,应设置专门的标志,并在地图上准确地标示出来。定向越野的路线通常按环形设计。定向越野路线的设计是组织定向比赛的最重要环节之一,路线设计得好坏直接影响到比赛目的的实现和任务的完成情况。

(二) 指北针

指南针是中国古代的一项伟大发明,早在2 000多年前的战国时期,我们的祖先就用天然磁铁做成司南,即指南针的始祖。指南针与地图结合使用时,因需确定北方,所以也常称指南针为指北针。目前国际上的定向越野比赛常使用由透明有机玻璃材料制成的指北针(图11-5-1)。

图11-5-1　指北针

(三) 点标旗

参与者根据定向越野地图所提供的信息，可利用指北针快速定向，在实际地形中寻找一幅黄色和白色相间的点标旗。该点标旗准确地放置在地图所标示的地点，圆圈的中心点。悬挂点标旗的方法有两种：有桩式和无桩式（图 11-5-2）。

悬挂高度一般从标志旗上端计算，距地面 80~120 厘米。

(四) 打卡器

为了证实参与者通过了比赛中的各个检查点，参与者必须在到达的每一个检查点（点签器）时，使用打卡器在卡纸上打卡，以此证明其确实到达了此点。现在国内外大型定向比赛都用电子打卡系统打卡，它不仅能证实参与者正确通过检查点，而且还能同时记录下参与者通过各检查点的准确时间（图 11-5-3）。

图 11-5-2　点标旗

(五) 检查卡片

为了证明参与者的确到访过各个检查点，主办方会在比赛时给每个运动员一张检查卡片。该卡片用厚纸片做成，当运动员寻找到检查点时，用点签在相应的检查卡上所标示的序号作印痕，以作为验证成绩是否有效的凭证。

(六) 号码布

号码布的规格一般不超过 24 厘米 × 20 厘米，号码数字的高度不超过 12 厘米。参与者要将号码布佩戴于胸前及背后。

图 11-5-3　打卡器

(七) 检查点说明符号

该符号是国际定联规定的世界通用的统一符号标志，它详细标注了检查点所在的地物、地貌及点标旗与该地物、地貌的位置关系（图 11-5-4）。

(八) 参赛者着装

服装方面，应以轻便、舒适及易于活动为准，过紧和太厚的衫裤使人举步难移。可穿旅行靴，保护脚腕，也可穿上比赛用的运动鞋，但要求鞋身防水，鞋底有凸齿，在碎沙地不易滑倒。采用有弹性的面料做成护腿，以便于参赛者在奔跑中不被刮伤或被虫、蛇等咬伤。

(九) 比赛场地

1. 竞赛区域应选择在地形比较复杂，植被覆盖良好的地区，应能为设计较高难度的竞赛路线提供可能。

2. 竞赛区域选择应不宜使本地参赛运动员获益。

3. 竞赛区域一经确定，应视为禁区。除组织者外，任何人不得以任何理由在赛前进入该区域。

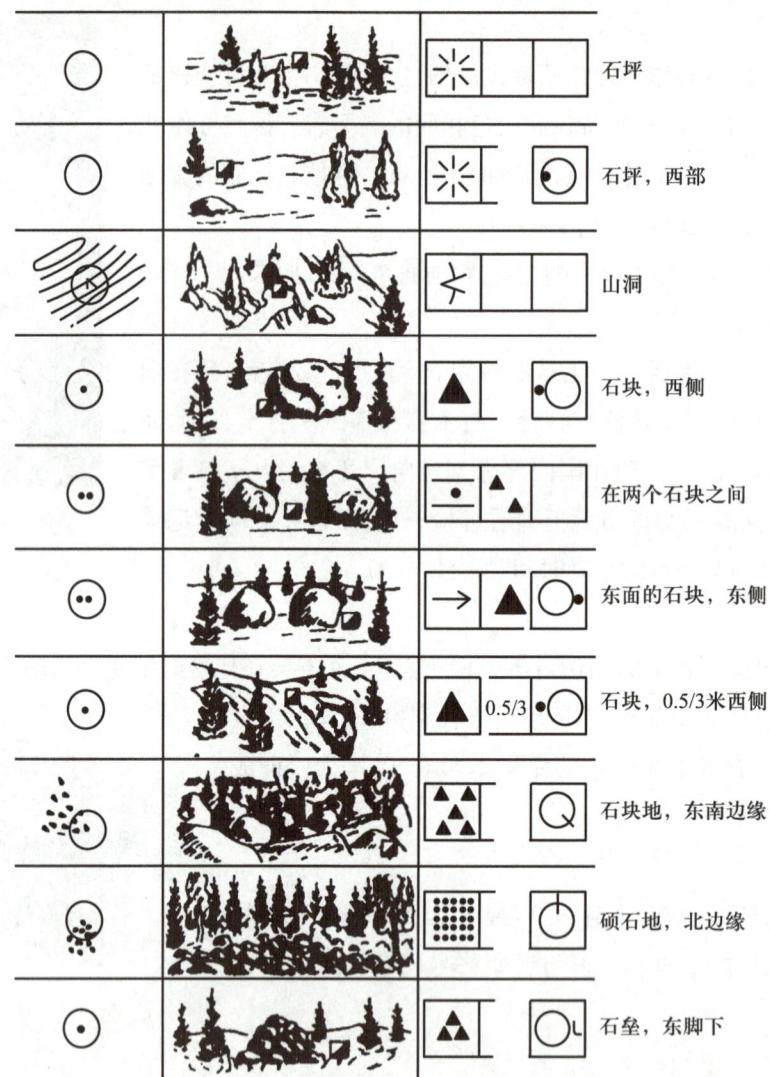

图 11-5-4　检查点说明符号

三、定向运动的基本技能

（一）标定地图

标定地图就是为了使越野图的方位与现地的方向相一致。这是使用越野图的最重要的前提（图 11-5-5）。

1. 概略标定

越野图上的方位是：上北、下南、左西、右东。当我们在现地正确地辨别了方向之后，只要将越野图的上方对向现地的北方，地图即已标定。这种方法简便迅速，是定向越野比赛中最常用的方法。

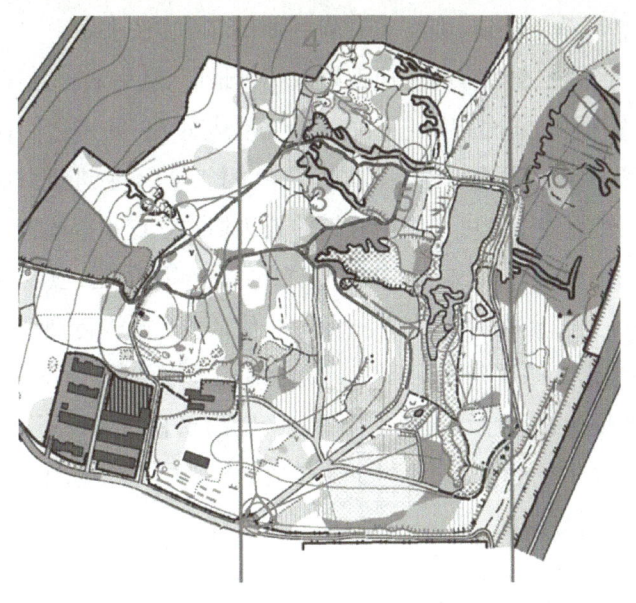

图 11-5-5　标定地图

2. 利用磁北线（MN 线）标定

先使透明式指北针圆盒内的定向箭头"↑"朝向地图上方，并使箭头两侧的平行线与越野图上的磁北线重合（或平行）；然后转动地图，使磁针北端对正磁北方向，地图即已标定。

3. 利用直长地物标定

利用直长地物（如道路、土垣、沟渠、高压线等）标定地图。首先应在图上找到这段直长地物，对照两侧地形，使图与现地各地形点的关系位置概略相符，然后转动地图，使图上的直长地物与现地的直长地物方向一致，地图即已标定。

4. 利用明显地形点标定地图

当你位于明显地形点上，并已从图上找到该地形点的位置（即自己所在的站立点）时，可以利用明显地形点标定地图。方法是：先选择一个图上与现地都有的远方明显地形点，然后转动地图，使图上的站立点至目标的连线与现地的站立点至目标的连线相重合，此时地图即已标定。

(二) 对照地形

对照地形，就是要通过仔细地观察，使图上和现地的各种地物、地貌一一"对号入座"，即相互对应。对照地形在定向越野比赛中的作用主要有两个：一是在站立点尚未确定时——只有正确地对照地形，才能在图上找出正确的站立点位置；二是在站立点已经确定，需要变换行进方向时——只有通过对照地形，才能在现地找到已选定的最佳行进路线。对照地形一般应先标定地图，然后根据不同的需要采用不同的对照方法：

(1) 在站立点尚未确定前。首先应概略地标定地图，然后迅速地观察一下周围，记清最大或最有特征的地物、地貌的大概方位与距离，并从图上找到它们，此时站立点的位置即可概略地确定。若想较精确地确定,则需按下节中所介绍的方法去做。

(2) 在站立点已经确定之后。首先应概略地标定地图,然后从图上查明自己选定的运动路线上前方两侧的特征物,同时记清它们的大概方位与距离,并将它们在现地辨别出来,然后再前进。如果因为地形太复杂,如山丘重叠、形状相似等,不易进行对照,可以先采用较精确的方法标定地图,然后用带刻度尺的指北针的长边切站立点和特征物,并沿这条直长边向前瞄准,则特征物一定在此方向线上。如此方法还不能解决问题,应变换对照位置,或者登高观察和对照。在这里需要特别强调的是,无论在什么情况下进行现地对照地形,都必须特别注意观察和对照地形的顺序与步骤问题。现地对照地形的顺序一般是:先对照大而明显的地形,后对照一般地形;由近及远,由左至右;由点及线,由线及面;逐段分片,有规律地进行对照。在步骤方面,首要的也是必不可少的是要保持地图方位与现地方位的一致,然后再根据不同需要进行下面的步骤。

(三) 确定站立点

熟练地掌握在图上确定站立点的各种方法是学习使用地图的关键。对于这些方法,除了要记住它们各自的步骤、要领,还要学会根据不同情况,对它们进行选择使用和结合使用。

1. 直接确定

当自己所处位置是在明显地形点上时,只要从图上找出该地形点,站立点即可确定。这是一种在行进中,特别是奔跑中最常用的方法。但是,采用直接确定法的困难在于:在紧张的进程中,怎样才能很快地发现可供利用的明显地形点?当同一种明显的地形点互相靠近的时候,怎样才能够正确地区别它们?可以称得上是明显地形点的地物主要如下(图11-5-6)。

(1) 单个的地物。

(2) 现状地物的拐弯点、交叉点(呈"十"字形)、交会点(呈"丁"字形)和端点。

(3) 面状地物的中心或者有特征的边缘。可以称得上是明显地形点的地貌主要有:

——山地、鞍部、洼地。

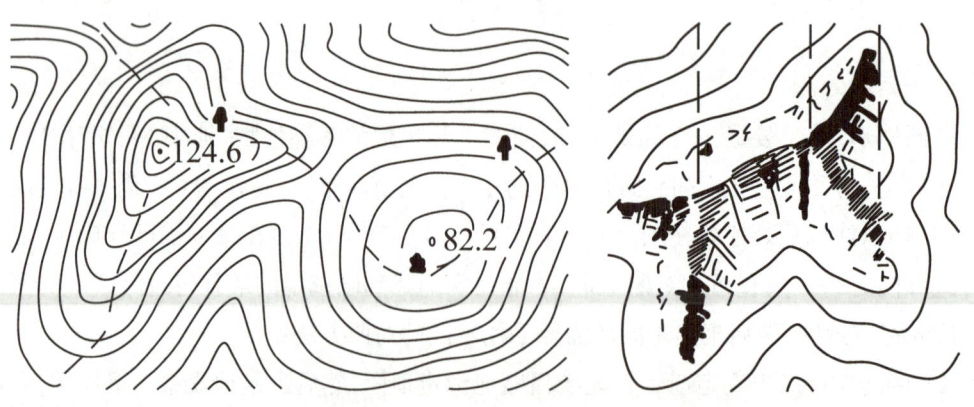

图 11-5-6 明显地形点

——特殊的地貌形态：陡崖、冲沟等。
——谷地的拐弯、交叉和交会点。
——山脊、山背线上的转折点、坡度变换点。

2. 利用位置关系确定

当站立点位于明显地形点附近时，可以采用位置关系法。利用位置关系法确定站立点主要是依据两个要素，一是站立点至明显点的方向，二是站立点至明显点的距离。在地形起伏明显的地方，还可以结合高差情况进行判定。

3. 利用"交会法"确定

当站立点附近无明显地形点时，可以利用"交会法"确定站立点。按不同情况，它又可以具体分为90°法、截线法、后方交会法和磁方位角交会法。这些方法的优点是：不需要判断或测量距离也能确定出较为准确的站立点位置，这对于初学者学习、巩固使用越野图是很有意义的。但是，它们中的一些方法，要么只能在某些特定的条件下才能运用，要么就是步骤烦琐，费时费力，因此在定向越野比赛中一般较少使用。

(1) 90°法。当待测点位于线状地形（包括道路、沟渠、山背线、谷底线、坡度变换线等）上时，如果在与运动方向相垂直的方向上能够找出一个明显地形点，那么确定站立点就简单得多：线状地形符号与垂直方向线的交点即为站立点。

(2) 截线法。当待测点位于线状地形上，但在其与运动方向相垂直的方向上没有明显地形点时，可以采用此法。其步骤是：①标定地图，在线状地形的侧方选择一个图上与现地都有的明显地形点；②利用指北针的直长边缘（也可用三棱尺、铅笔等）切于图上明显地形点的定位点上（为便于操作可插一细针），然后转动指北针，使其直长边照准该地形点；③沿指北针的直长边向后画方向线，该方向线与线状地形符号的交点，就是站立点在图上的位置。

(3) 连线法。当待测点位于线状地形上，同时待测的位置恰好是在某两个明显地形点的连线上，可以利用这种方法确定站立点。

(4) 后方交会法、磁方位角交会法。这两种方法只在下述情况下使用，即在待测点上无线状地形可利用，而且地图与现地相应地都有两个以上的明显地形点。

① 后方交会法。通常要求地形较开阔，通视良好。其工作步骤如下：在图上找到选定的方位物之后，标定地图；然后按照截线法的步骤分别向各个方位物瞄准并画方向线，图上方向线的交点就是站立点。

② 磁方位角交会法。既可以在地形开阔时使用，也可以在丛林中使用。但是，在丛林中需要攀爬到便于向远方观察的树上或其他物体上进行。其步骤如下：

首先选择图上和现地都有的两个明显地形点，并用指北针分别测出至该两地形点的磁方位角。

其次标定地图。将所测磁方位角标在地图上。标定磁方位角时，要先转动指北针的分度盘，让指标分别对正所测的方位角值，再将指北针的直长边分别切于图上被照准的两个地形点符号并转动指北针;待磁针与定向箭头重合后,分别沿直长边描画方向线。两方向线的交点,就是站立点在图上的位置。

(四)利用地图行进是定向运动的基本运动方式

它有赖于运动员对前面所述各种专项技能的综合运用。换句话说就是,学习辨别方向,识别定向图以及标定地图,对照地形确定站立点,都是为了能够熟练地利用地图行进。因此,在实践中要根据地形情况和个人特点,选择下述对自己最适合的一两种方法,反复练习,以便在比赛时不降低或少降低运动速度的情况下,始终正确地行进在自己选定的路线上,顺利到达目的地。

1. 记忆法

一般要按行进的顺序,分段地记住路线的方向、距离、经过的地形点、两侧的辅助(参照)物。通过记忆,应该使自己具备这样一种能力:现地的情景能够不断地与记忆的内容重叠影并得到印证,即"人在地跑,心在图上移"。

2. 拇指辅行法

先明确自己的站立点和将要行进的路线,到达目标,然后转动地图(身体要随之转动),使地图与现地的方向一致,并用拇指压于站立点一侧,再开始行进。行进中要根据自己所到达的位置,不断移动拇指,转动地图,保持位置、方向的连贯性与正确性。

3. 借线法

当检查点位于线状地形或其附近时,可以采用此法。行进时,要先明确站立点,然后利用易于辨认的线状地形,如道路、围栏、高压线、山背线、坡度变换线等,作为行进的"引导",使自己运动时更有信心。由于沿着线状地形前进犹如扶着楼梯的栏杆行走,因此国外称这种方法为"扶手法"。

4. 借点法

当检查点附近有高大、明显的地形点时,可用此法。行进前,要先将目标辨认清楚(亦可用其他物体佐证),然后用最快的速度前往检查点。

5. 导线法

当站立点距离检查点较远,途中地形又很复杂时,可以采用此法。行进过程中,要多次利用各个明显地形点,确保前进方向与路线的正确性。但需注意:切勿将相似的地形点用错。

6. 迷失方向时的解决方法

(1) 沿道路行进时。标定地图,对照地形,判明是从哪里开始发生的错误以及偏差有多大,然后根据情况另选迂回的道路前进。如果错得不多,可返回原路再行进。

(2) 定向行进时。应尽早停止行进,标定地图后选择最适用的方法确定站立点,然后尽量取捷径插到原来的正确路线上去,不得已时再返回原路。

(3) 在山林地中行进时。根据错过基本方向的大概距离,找出最近的那个开始发生偏差的地点,并以此为基础,确定出站立点的概略位置。如果错得太远,确定不了站立点,又不能返回原路,就要在图上看一看,迷失地区附近是否有较大型或较突出的明显地形(最好是线状的),如果有,就要果断地放弃原行进方向向它靠拢,并利用它确定站立点。如果没有这个条件,那么就继续按原定方向前进,待途中遇到能够确定站立点的机会后,再迅速取捷径插向目的地。在山林中行进,最忌讳在尚未查明差错程度和不清楚正确的行进方向的情况下,匆忙而轻易地取"捷径"斜插,这样很可能造成在原地兜圈子。

第六节 拓展运动

一、拓展运动概念

拓展运动、拓展训练,又称外展训练。现今的拓展培训是以体育技术为原理,充分整合各种资源,融入科技手段,运用独特的情景设计,通过创意独特的专业户外项目体验,帮助参与者改变态度及心智模式,以期完善行为并达到追求美好生活的愿望。

拓展训练已不再是简单的体能训练和娱乐活动的组合,而是向传统灌输式教育发出的一次挑战。它通过受训者亲身参与并完成自认为无法完成的任务获得个人体验和感悟,并在培训者的指导下,相互之间共同交流,分享个人体验,提升自我认识。

二、拓展运动起源与发展

拓展训练起源于第二次世界大战期间的英国。当时大西洋商务船队屡遭德国潜艇袭击,使许多人葬身海底,只有极少数人得以生还。后来,著名的教育家科特·哈恩博士经过分析研究惊奇地发现:海难中的生还者并不是那些游泳技术好、体能好、身强体壮的年轻人,而是一些富有经验、年龄较大的老水手,他们具备顽强的意志、坚定的信念、强烈的求生欲望以及丰富的海上求生技能。

针对这种情况,哈恩等人在1934年创办了Gordonstoun School,利用自然条件和人工设施训练海员的心理素质和船触礁后的生存技巧,明显提高了海员的生存率。由于战争原因,学校被迫迁移到威尔士的中部,后来又因课程时间跨度较长、赞助资金短缺面临关闭。这时,当地一位商人劳伦斯·霍尔特资助哈恩,于1941年在英国威尔士的阿伯德威镇(Aberdovey)成立了一所帮助年轻水手提高生存能力的海上生存训练学校——"阿伯德威海上学校"。

战争结束后,海上训练学校的利用价值大大降低,但是拓展训练以它独特的魅力吸引着越来越多关注的目光。一批有识之士发现了它最有价值的方面,并将管理心理学、组织行为学以及发展心理学等相关学科的理论融入其中,以拓展训练的培训模式为载体,研发出一套适应企业管理规范和团队建设的课程。由于这种训练具有非常新颖的培训形式和良好的培训效果,很快就风靡了整个欧洲的管理教育培训领域,并在其后的半个世纪中扩展到全世界。

在国外，关于拓展运动训练的研究已经有30多年的历史了，欧美一些发达国家普遍在学校中开展拓展训练，很多国家还把拓展训练列入学校教育的科目中，作为提高学生健康水平、培养人格、增强适应社会能力和竞争力的教育课程，如新西兰、美国、英国、澳大利亚等。新西兰的健康与体育课程标准认为，拓展训练可以使学生通过体验合作、交流、设置目标、做出决定、解决问题、信任、领导、责任感等发展自己个人和社会活动的能力。在美国和英国，学者们发表了大量的专著和文献资料，并形成了较有影响的一个学校体育的流派。

20世纪六七十年代拓展训练传入香港地区，当时被称作"外展训练"。1996年第一家拓展培训机构"人众人拓展训练培训学校"在北京成立，并以"拓展"作为其注册商标。现在的"拓展"已经成为一种行业名称，成为一种现代人和现代组织全新的学习方式和培训方式。1999年，清华大学率先将体验式培训引入MBA、EMBA的教学体系中，随后北京大学光华管理学院、中欧国际工商学院、中山大学岭南学院、浙江大学、暨南大学等学校的MBA/EMBA教育中也纷纷把拓展训练作为指定课程内容。短短几年中，拓展运动不断发展，备受推崇，逐渐被列入国家机关、高校、外企和其他现代化企业的培训日程。现在每年参加培训的人数在不断增加，据统计，全国每年参加的人数超过30万人。

三、拓展运动的意义

拓展训练吸收了国外先进的经验，同时注意适应中国人的心理特征与接受风格，将大部分课程放在户外。精心设置了一系列新颖、刺激的情景，让学员在特定的环境中主动去思考、去发现、去醒悟、去解决问题，在参与、体验的过程中，对自己、对同事、对团队重新认识、重新定位，然后通过学员共同讨论总结，进行经验分享，感悟出种种具有丰富现代人文精神和管理内涵的道理。达到"磨炼意志、陶冶情操、完善人格、熔炼团队"的培训目的。

它融合了很多现实对人类的挑战元素，学员从中可以在个人和团队的层面，透过针对危机感、领导、沟通、面对逆境等方面的培训而得到身心的发展。拓展运动训练强调学员着重去"感受"，去"体验"和"思考"，而本质区别于在课堂上听讲。研究资料表明，传统课堂式学习的吸收程度大约为25%，而要求学员参与实际操作的体验式学习吸收程度高达75%，能更加有效地将资讯传授给学员。拓展运动的培训正是一种典型的户外体验式培训。

拓展培训这种形式既安全又有一定的趣味性，易于被学员接受。但拓展培训的最终目的，是让学员将培训活动中的所得应用到工作中去。如果缺乏专业培训师的指导及意见，则很难达到理想的效果。通过拓展培训，整合团队，发掘每个人的最大潜力，发扬团队互助协作精神，这就是拓展培训的真正意义。

四、拓展运动的特点

1. 综合活动性

拓展训练的所有项目都以体能活动为引导，引发出认知活动、情感活动、意志活动和交往活动,让学员在团队中、在合作中、在矛盾中、在解决问题中增长适应社会的能力,领悟做人的道理,通过亲身体验来培养自己的团队精神。

2. 挑战极限

拓展训练的项目都具有一定的难度,需要学员克服心理恐惧,突破生理和心理的"极限"。

3. 集体中的个性

拓展训练实行分组活动,强调集体合作。力图使每一名学员竭尽全力为集体争取荣誉,同时从集体中吸取巨大的力量和信心,在集体中显示个性。

4. 高峰体验

让受训者在激动中、在恐惧中、在犹豫中、在喜悦中不断提升对生活的感悟、对挑战的向往,通过亲身体验来培养自己的体育精神。在克服困难,顺利完成课程要求以后,学员能够体会到发自内心的胜利感和自豪感,获得人生难得的高峰体验。

5. 自我教育

自我教育是拓展训练显著特点之一,培训师在课前把项目的内容、目的、要求及必要的安全事项向受训者介绍清楚后,一般在活动中不进行讲述,也不参与讨论,充分尊重受训者的主体地位和主观能动性。即使在课后的总结中,培训师也只是点到为止,主要让受训者来将自己体验后的感受互相交流。这样,对活动的操作、体验和总结,都由受训者自己独立完成。通过项目体验,让受训者们更加了解自己、认识自己,从而正确地评价自己。

通过拓展训练,参训者在如下方面有显著的提高:认识自身潜能,增强自信心,改善自身形象;克服心理惰性,磨炼战胜困难的毅力;启发想象力与创造力,提高解决问题的能力;认识群体的作用,增进对集体的参与意识与责任心;改善人际关系,学会关心,更为融洽地与群体合作;学习欣赏、关注和爱护大自然。

五、拓展运动训练的四个环节

1. 团队热身

在培训开始时,团队热身活动将有助于加深学员之间的相互了解,消除紧张,建立团队感情,以便轻松愉悦地投入到各项培训活动中去。

2. 个人项目

本着心理挑战最大、体能冒险最小的原则设计,每项活动对受训者的心理承受力都是一次极大的考验。

3. 团队项目

团队项目以改善受训者的合作意识和受训集体的团队精神为目标,通过复杂而艰巨的活动项目,促进学员之间的相互信任、理解和配合。

4. 回顾总结

回顾将帮助学员消化、整理、提升训练中的体验,以便达到活动的具体目的。总结,使学员能将培训的收获迁移到工作中去,以实现整体培训目标。

六、拓展运动的主要课程

拓展运动的课程主要由陆、海、空三类课程组成。水上课程包括:游泳、跳水、扎筏、划艇等;野外课程包括:远足露营、登山攀岩、野外定向、伞翼滑翔、户外生存技能等;场地课程是在专门的训练场地上,利用各种训练设施,如高架绳网等,开展各种团队组合课程及攀岩、跳越等心理训练活动。

第七节 跆 拳 道

一、跆拳道的源流与发展

跆拳道古代称之跆跟、花郎道,源于公元688年,新罗王国统一了朝鲜,建立了"花朗制度",到真兴王时,便创立了"花郎道"。花郎道是花郎制度的组织形式,即将年轻人组织到一起进行武艺练习。其宗旨是"事君以忠,事亲以孝。事友以信,临阵无退,杀身有择"。以次磨炼人的意志,锻炼人的体魄,培养造就了一批忠君事孝、英勇顽强、无所畏惧的战士。朝鲜文献《帝王韵记》中详细记叙了"手博""跆跟"等武艺的技术和方法,并将很多技击性很强的无数技艺融会到跆拳道的技法之中。

跆拳道是一种利用拳和脚进行格斗,以脚法为主的搏斗技巧。跆拳道的套路共有24套,另外还有兵器擒拿、摔锁、对拆自卫等十余种基本功夫。跆拳道和日本的空手道、中国的武术相似,颇受韩国人民的喜欢。1961年9月韩国成立了唐手道协会,后更名为跆拳道协会,并成为全国运动会正式运动竞赛项目。1966年,韩国成立了第一个国际性跆拳道组织——国际跆拳道联盟(简称I.T.F)。1973年5月,第二个跆拳道联盟——世界跆拳道联盟在韩国汉城成立。1975年,世界跆拳道联盟(W.T.F)被接纳为国际体育联盟正式会员。1980年,国际奥委会正式承认了世界跆拳道联盟。迄今为止,世界跆联已有144个会员国,6500余万爱好者参加练习。2000年,国际奥委会把跆拳道列为正式比赛项目。

二、跆拳道服装段位腰带和腰带颜色的象征意义

(一)段位腰带

白带(10级)→白黄带(9级)→黄带(8级)→绿黄带(7级)→绿带(6级)→蓝绿带(5级)→蓝带(4级)→红蓝带(3级)→红带(2级)→黑红带(1级)→黑带(1~9段)。未成年人练到黑带授予品(1~3品)。

(二)腰带颜色的象征意义

1. 白带。没有色彩,代表练习者没有任何跆拳道的知识,一切从零开始。

2. 黄带。大地的颜色，代表植物在泥土中生根发芽，练习者在这个阶段要打好跆拳道的基础。意味着学习基础阶段。

3. 绿带。植物的颜色，代表练习者的跆拳道技术开始枝繁叶茂。意味着技术的进步阶段。

4. 蓝带。天空的颜色，代表随着不断的训练，练习者的跆拳道技术逐步成熟，就像大树一直向着天空生长，意味着水平达到相当高的阶段。

5. 红带。危险的颜色，代表练习者要注重自我控制。

6. 黑带。与白色相反，代表练习者跆拳道技术的成熟和专业。黑色也象征了跆拳道黑带不受黑暗和恐惧的影响。

三、跆拳道的礼仪

跆拳道练习推崇"以礼始，以礼终"的尚武精神，练习中要以"礼义廉耻，百折不屈"为宗旨。因此，可以培养人顽强果断、耐劳的精神，磨炼人坚忍不拔、积极向上的品质，养成礼让谦逊、宽厚待人的美德，造就练习者热爱祖国、勇于献身的思想。

跆拳道注重礼仪，进入道场、面对国旗、课前、面对教练、比赛前后等时候都要行礼。

> **跆拳道项目对教练的尊称**
> (1) 1~3 段称为副师范（Assistant Instruclor）。
> (2) 4~6 级称为师范（Instruclo）。
> (3) 7~8 级称为师贤（Master）。
> (4) 9~10 级称为师圣（Grand）。

四、跆拳道主要技法

（一）前踢

1. 动作规格。实战姿势开始。右脚蹬地髋关节向左旋转，双手握拳置于体侧；同时，右腿以髋关节为轴屈膝上提。当大腿抬至水平或稍高时，关节前顶，小腿以膝关节为轴快速向前上方踢出，力达腿尖，整条腿蹬直。踢击后迅速放松，右腿沿原路线弹回，将右脚放置在左脚前面仍成实战姿势。

2. 动作要领。膝关节夹紧，小腿放松，要有弹性；往前送，高踢时往上送；小腿回收与前踢的速度一样快。

（二）横踢

1. 动作规格。实战姿势开始。右脚蹬地，重心前移至左脚，右脚屈膝上提，两拳置于胸前；左脚前脚掌碾地内旋，髋关节左转，左膝内扣；随即左脚掌继续内旋至180°，右腿膝关节向前抬至水平状态,小腿快速向左前横向踢出;击打目标后迅速放松收回小腿。右腿落回原地成实战姿势。

2. 动作要领。膝关节夹紧,向前提膝,尽量走直线;支撑脚外旋180°;髋关节往前顺,身体与大小腿成直线;严格注意击打的力点在正脚背;踝关节放松,击打的感觉像"面团""鞭梢"。

(三) 侧踢

1. 动作规格。实战姿势开始。右脚蹬地,右腿以髋关节为轴屈膝提起,两手握拳置于体侧;随即左脚以前脚掌为轴外旋180°,髋关节向左旋转,右腿以膝关节为轴向前蹬伸,右脚快速向右前上方直线踢出,力点在脚跟。发力后沿起腿路线收腿,放松,重心落下(原处或向前均可),再次回到实战姿势。

2. 动作要领。起腿时大小腿、膝关节夹紧;踢出发力时,头、肩、腰、髋、膝、踝成一直线;大小腿直线踢出,原路线收回。

(四) 后踢

从实战姿势开始,转身后腿后撤背对对方。重心后移至左脚,右脚蹬地后屈膝提起,贴近左大腿,两手握拳置于胸前;随即左脚蹬地伸直,右脚自左大腿内侧向后方直线踢出,力达脚跟。踢击后右脚沿原路线快速收回,成实战姿势。

(五) 下劈

从实战姿势开始,右脚蹬地,重心前移至左脚。同时,右腿以髋关节为轴屈膝上提,两手握拳置于胸前;随即充分送髋,上提膝关节至胸部,右小腿以膝关节为轴向上伸直,将右腿伸直举于体前,右脚过头。然后放松向下以右脚后跟(或脚掌)为力点劈击,一直到地面,成实战姿势。

(六) 勾踢

从实战姿势开始,右脚蹬地重心前移,右腿以髋关节为轴屈膝上提,两手握拳置于体侧;左脚以前脚掌为轴外旋180°,右腿以膝关节为轴继续向前上方伸成直线,顺势右脚的脚掌用力向右侧屈膝鞭打,顺鞭打之势上体右转,右腿屈膝回收,右脚落回原处,成实战姿势。

(七) 后旋踢

从实战姿势开始,两脚以两脚掌为轴均内旋约180°,身体随之右转约90°,两拳置于胸前。上体右转,与双腿拧成一定角度。右脚将蹬地的力量与上体拧转的力量合在一起,右腿继续向右后旋摆鞭打,同时上体向右转,带动右腿弧形摆至身体右侧,右腿屈膝回收;右脚落到右后成实战姿势。

(八) 推踢

从实战姿势开始,右脚蹬地,重心前移,右腿以髋关节为轴提膝前蹬,用右脚脚掌向前蹬推,力点在脚掌,推力向正前方。

旋风踢、双飞都是横踢基础上的腿法。

五、跆拳道竞赛规则

(一) 比赛场地和服装

跆拳道的比赛场地是一个 10 米 × 10 米的垫子,运动员在垫子上进行比赛(图 11-7-1)。比赛时,两名对抗的运动员要穿跆拳道道服,系腰带,还要戴上头盔以保护头部,并且穿上护甲、护腿等护具。护甲的颜色是红色或蓝色。护甲要穿在道服外面,头盔的颜色要与护甲的颜色相一致。

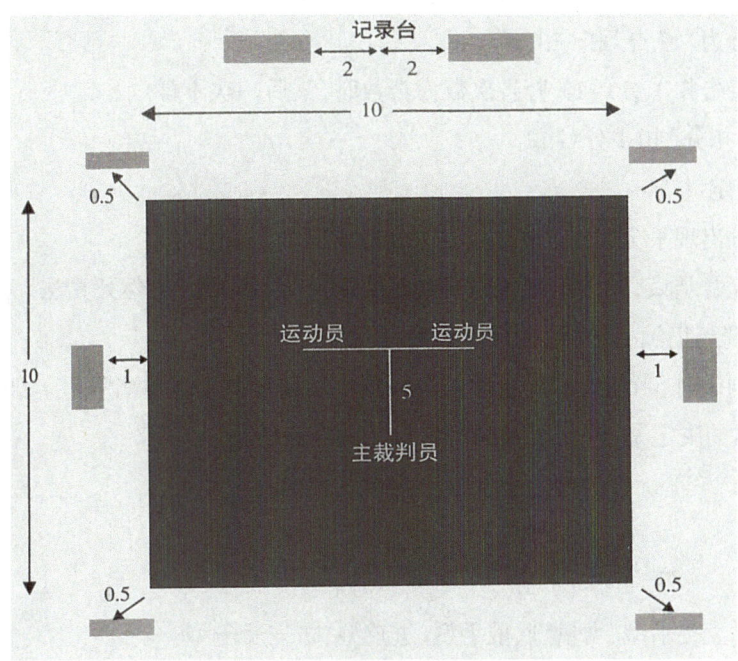

图 11-7-1 跆拳道比赛场地示意图(米)

(二) 比赛时间

每场比赛为 3 局,每局比赛 2 分钟,局间休息 1 分钟;青少年比赛时间可根据情况适当调整。

(三) 允许的技术和攻击的部位

1. 允许的技术

(1) 拳的技术。使用直拳技术攻击。

(2) 脚的技术。使用踝骨以下脚的部位攻击。

2. 允许被攻击的部位

(1) 躯干。允许使用拳和脚的技术攻击躯干被护具包裹的部分,但禁止攻击后背脊柱。

(2) 头部。从两耳向前的头颈的前部,只允许使用脚的技术攻击。

3. 有效得分

(1) 击中躯干中部得 1 分。

(2) 击中头部得 2 分。

(3) 运动员被击倒（主裁判员读秒的情况下），再加 1 分。

(4) 比分为三局比赛得分总和。

(5) 得分无效。使用禁止的动作攻击，得分无效。

4. 犯规行为

(1) 任何犯规行为将由主裁判员判罚。

(2) 处罚分为"警告"和"扣分"。

(3) 两次警告扣 1 分（-1），警告次数为奇数时，最后一次不计。

(4) 一次"扣分"扣 1 分（-1）。

5. 优势判定

(1) 因扣分出现平分时，三局比赛中得分者或得分多者获胜。

(2) 三局比赛结束，双方出现绝对平分时，加赛一局，采取"突然死亡法"（先得分的一方获胜），如果加赛局仍然打平，则进行优势判定。

(3) 优势判定时，当场比赛所有裁判员根据比赛情况判定优胜者获胜。如果三名边裁判员的决定是 2∶1，主裁判员将自行决定获胜方。

(4) 优势的判定是依据比赛中表现出的主动性。

六、跆拳道技术风格

技术型、力量型、散手型、进攻型、防守反击型。

跆拳道风云人物

复习与思考

1. 你参加过哪些户外运动？有何体验？合作、交流在户外运动中的重要作用有哪些？

2. 谈谈你对户外运动中战胜自我、挑战自我、超越极限的认识。

3. 户外运动对你形成健康的生活方式能带来哪些帮助？

参考文献

[1] 冯建军.生命与教育[M].北京:教育科学出版社,2004.
[2] 李金梅.体育理论教程[M].北京:高等教育出版社,2003.
[3] 卢元镇.体育人文社会科学概论高级教程[M].北京:高等教育出版社,2005.
[4] 邹继豪,孙麒麟.体育与健康教程[M].沈阳:辽宁大学出版社,2007.
[5] 李重申.面向新世纪健康教育读本[M].北京:中华书局,1999.
[6] 刘兆杰.中国体育养生学[M].北京:中国古籍出版社,2004.
[7] 郑振坤.中国古代体育思想史纲要[M].北京:人民体育出版社,1989.
[8] 仓养卿.中国养生文化[M].上海:上海古籍出版社,2001.
[9] 路志峻,田桂菊.中国传统养生学[M].兰州:兰州大学出版社,2008.
[10] 张文新.儿童社会性发展[M].北京:北京师范大学出版社,1999.
[11] 颜世富.心理健康与成功人生[M].上海:上海人民出版社,1997.
[12] 王祖爵.奥林匹克文化[M].北京:中国水利水电出版社,2005.
[13] 郭怡.奥林匹克演绎的教育文化[M].杭州:浙江大学出版社,2006.
[14] 何振梁.奥林匹克运动的人文精神[J].新华文摘,2008.
[15] 塞莫斯·古里奥尼斯.原生态的奥林匹克运动[M].上海:上海人民出版社,2008.
[16] 王仁周.冬季奥林匹克运动1924—2002[M].北京:人民体育出版社,2004.
[17] 全国体育院校教材委员会.冰雪运动[M].北京:人民体育出版社,2000.
[18] 廖祥龙,李旭强,张怀军.现代速度滑冰[M].哈尔滨:哈尔滨地图出版社,2006.
[19] 陈建奇.飞动的银光 冰雪运动及历届冬奥会(图集)[M].成都:四川少年儿童出版社,1992.
[20] 韦迪.花样滑冰[M].沈阳:辽宁教育出版社,1995.
[21] 孙孔懿.素质教育概论[M].北京:人民教育出版社,2001.
[22] 刘振中,等.身体素质教育论[M].广州:广东教育出版社,2002.

[23] 李重申.体育实践教程[M].2版.北京:高等教育出版社,2010.
[24] 沈剑威,阮伯仁.体适能基础理论[M].北京:人民体育出版社,2008.
[25] 编写组.身体素质训练法(体育院校函授教材)[M].北京:人民体育出版社,1999.
[26] 李鸿江.学校体能教程[M].北京:北京体育大学出版社,2003.
[27] 刘俊庭,吴纪饶.大学生健康教育[M].北京:高等教育出版社,1999.
[28] 陈俊良.体育测量与评价[M].北京:人民体育出版社,1991.
[29] 曲宗湖.现代社会与学校体育[M].北京:人民体育出版社,1999.
[30] 麻雪田,王崇喜.现代足球运动高级教程[M].北京:高等教育出版社,2002.
[31] 杨国庆,殷恒婵,等.大学体育[M].北京:中国社会科学出版社,2004.
[32] 徐致一.吴式太极拳[M].北京:人民体育出版社,1958.
[33] 王希升.网球打法与战术[M].北京:人民体育出版社,2001.
[34] 李凌沙,文良安.走近网球[M].长沙:湖南科学技术出版社,2001.
[35] 汪俊.网球全程点拨[M].北京:人民体育出版社,2001.
[36] 郎荣奎,等.大学体育[M].杭州:浙江大学出版社,2009.
[37] 贾焕亮.体育与健康教程[M].武汉:武汉大学出版社,2009.
[38] 叶国雄,陈树华.篮球运动研究必读[M].北京:人民体育出版社,1999.
[39] 马振洪.篮球[M].北京:北京体育大学出版社,1998.
[40] 马克·范希尔.篮球技术指导[M].北京:人民体育出版社,2000.
[41] 泰德·圣·马丁,佛兰克·佛兰吉尔.投篮的技巧[M].北京:人民体育出版社,1996.
[42] 中国篮球协会.篮球规则[M].北京:北京体育大学出版社,2017.
[43] 黄汉生.球类运动——排球[M].北京:高等教育出版社,2001.
[44] 俞继英.奥林匹克排球[M].北京:人民体育出版社,2001.
[45] 杨有为,梁进.观赛指南[M].北京:人民体育出版社,1998.
[46] 侯文达.高等学校乒乓球教材[M].北京:北京大学出版社,1994.
[47] 中国羽毛球协会.羽毛球竞赛规则[M].北京:北京体育大学出版社,2017.
[48] 中国羽毛球协会.羽毛球俱乐部[M].北京:中国铁道出版社,2001.
[49] 张清澍,等.体育舞蹈[M].北京:北京体育大学出版社,2001.
[50] 韩巧云,张旭,等.国际体育舞蹈与流行交谊舞[M].西安:西北大学出版社,1997.
[51] 刘卫军.跆拳道[M].北京:北京体育大学出版社,1990.
[52] 杨贵仁.21世纪学校体育工作全书[M].北京:兵器工业出版社,2001.
[53] 荀定邦.大学体育[M].西安:西北大学出版社,1999
[54] 孙麒麟.体育与健康教程[M].大连:大连理工大学出版社,2008.
[55] 李仪.大学体育与健康教程[M].高等教育出版社.2012.

郑重声明

高等教育出版社依法对本书享有专有出版权。任何未经许可的复制、销售行为均违反《中华人民共和国著作权法》，其行为人将承担相应的民事责任和行政责任；构成犯罪的，将被依法追究刑事责任。为了维护市场秩序，保护读者的合法权益，避免读者误用盗版书造成不良后果，我社将配合行政执法部门和司法机关对违法犯罪的单位和个人进行严厉打击。社会各界人士如发现上述侵权行为，希望及时举报，我社将奖励举报有功人员。

反盗版举报电话　　（010）58581999　58582371
反盗版举报邮箱　　dd@hep.com.cn
通信地址　　北京市西城区德外大街4号　高等教育出版社法律事务部
邮政编码　　100120

读者意见反馈

为收集对教材的意见建议，进一步完善教材编写并做好服务工作，读者可将对本教材的意见建议通过如下渠道反馈至我社。

咨询电话　　400-810-0598
反馈邮箱　　gjdzfwb@pub.hep.cn
通信地址　　北京市朝阳区惠新东街4号富盛大厦1座
　　　　　　高等教育出版社总编辑办公室
邮政编码　　100029